# Local Tourism Policy

# 지방관광정책론

경기도 관광정책을 중심으로

오용수 저

백산출판사

# 발간사

관광이란 무엇인가, 누가 언제 무엇을 해야 하는 걸까, 어떻게 하면 잘 할 수 있을까, 정부와 공공단체, 민간 업계가 어떻게 조화를 이루며 나아갈까, 해외에서 불어오는 변화에는 어떻게 대처해야 하고, 국내 환경은 어떻게 바뀌어가고 있는지, 또 자원을 보존하며 개발하는 묘책은 없을까, 개인관광, 도시관광, 복합리조트가 붐인데 어떻게 할까, 관광산업은 10년 후에는 어떻게 변할 것인가, 장·단기계획도 세우고, 어떻게 실행에 옮겨야 할까, 이런저런 상념들이 늘 뇌리에 맴돌고 있다.

관광에 대한 생각도 시간과 환경에 따라 바뀌어가고 있다. 관광을 처음 접할 때 배웠던 관광의 정의도 '1년 미만'이란 시간 개념이 당일여행, 단기여행의 보편화로 변화되고 있으며, '일상 생활권'을 떠나는 장소 개념도 도시 관광 등도 확대되고 있어 일상, 비일상의 구분 없이 여행과 관련되는 모든 서비스로 확대되어야 한다는 주장이 나오고 있다. 또 국내관광도 인바운드·아웃바운드관광자와 함께 사용할 때는 동적 개념의 인트라바운드관광을 사용하게 되었다. 최근에는 장소관광이란 용어도 자주 사용되고 있다. 원래 창조경제라는 용어가 국민들에게 인식되는 데 다소 어려움이 있었지만, 창조관광은 쉽게 받아들여지고 있다. 원래 관광은 타 산업과 융·복합이 쉽게 이루어지고 경험과 함께 창조성이 부각되기 때문이다.

관광정책이란 관광+정책이란 구도에서 볼 때 정책도 비슷하다. 대부분의 나라에서 작은 정부를 주장하고 있지만, 정부뿐만 아니라 공공기관들의 활동까지로 점차 확대되고 있다. 또 관광정책이 의제형성, 정책결정, 홍보 집행, 평가라는 과정을 거치게 되는데, 예전에는 결정되면 세부계획을 수립하여 집행하면 되었지만 지금은 국민들에게 정책의 필요성과 기대효과까지를 알려주고 이해를 구하는 소통이 강조되고 있다.

정책을 뒷받침하는 법적 근거도 「관광기본법」이 1975년 제정되고, 「관광진흥법」이 1986년에 제정되어 사회의 변화에 맞춰 개정, 보완을 거듭해 오고 있다.

그러나 관광정책의 근간이 되는 「관광진흥법」의 체계가 땜질만으로는 다소 미흡한 면도 있어 전면적인 개정이 요구된다. 기왕이면 광의의 관광법규인 「공중위생관리법」, 「의료법」, 「출입국관리법」을 비롯한 각종 특별법까지도 함께 검토할 필요가 있다. 관광은 융합으로 새로운 분야를 이뤄내는 창조산업이기 때문이다.

박근혜정부의 관광정책은 지난 7월 17일 관광진흥확대회의에서 거론된 외래관광객들의 관광불편을 해소할 제도개선과 고부가가치 융복합관광산업 등을 전략산업으로 육성하자는 국제관광정책이 중심이었다. 이어 대체휴일과 장기휴가 제도를 비롯한 손쉽고 저렴한 국내외여행 등 국민들이 행복하게 살도록 하는 데 기여할 기반조성과 관광레저산업 활성화 등 국내관광정책에 비중을 두게 될 것으로 생각된다.

한편 농촌이 농업만으로 살아가기는 어려워지고 있다. 대안으로 농가민박, 농업체험 등 농촌생활을 관광자원으로 활용한 농촌관광 즉 1.5차 산업으로 재활시키고, 공장 등 산업시설과 기업홍보관 등을 활용한 산업관광, 2.5차 산업이 보다 확산되며, 국제회의와 의료, 문화공연 등 신성장동력인 서비스산업과 관광이 융합한 3.5차 산업인 고부가가치 관광산업으로 육성, 발전시키는 것이야말로 창조관광이라 생각된다.

그간 관광산업이 중요하다고 인식하지만 막상 관광호텔을 신축하려면 여러 가지 제약이 많아 결국 수요에 공급이 미치지 못한 결과가 되었다. 물론 최선은 다양한 숙박시설을 신축토록 하는 것이지만, 기존의 모텔이나 서비스드 레지던스도 대체숙박시설로 활용할 수 있도록 과감한 제도개선이 필요하다. 대표적인 사례가 수원 인계동, 시흥 월곶동 모텔을 호텔로 전환하여 중국인관광객들을 맞아들이는 데 요긴하게 활용되고 있다. 또 민통선 내의 미군 철수 군부대인 '캠프 그리브스'를 안보관광시설로 재활용하고 버려졌거나 낙후된 시설을 관광자원으로 재생시키는 것도 중요한 정책이다.

싱가포르가 2000년을 전후로 관광산업이 정체, 쇠퇴하자 과감하게 카지노를 허용하며 치밀한 계획과 준비 끝에 유니버설 스튜디오 싱가포르와 같은 테마파크와 카지노를 핵심으로 호텔 등 관광시설을 갖춘 카지노 복합리조트를 건설하여 관광산업 육성은 물론 싱가포르 경제 전반을 부흥시킨 성공사례를 눈여겨보자. 지금 우리에게 필요한 테마파크, 호텔 등을 한꺼번에 해결하며 새로운 도시재생 혹은 낙후지역 활성화 대안으로 활용하는 좋은 정책 수립이 절실히 요구된다.

전 세계의 과제인 저탄소 자연보존과 함께 지속가능한 개발을 위하여 친환경 실명제 개발을 추진하자. 이미 조선시대 성곽 축성 시 실명제가 시행되었고, 서울 지하철역 구내에는 시공책임자 실명이 벽에 새겨져 있다. 10년을 내다보는 개발계획과 정확한 시공으로 소중한 관광자원을 만들어 후손에게 물려주자. 또 자원이 없으면 예부터 내려오던 놀이나 구전들을 모아 축제로 형상화하고 새로운 산업육성을 병행할 이벤트도 만들어 관광객들을 즐길 수 있도록 만들어 보자.

정전 60년을 맞이하여 DMZ를 비극의 현장에서 세계 유일의 생태보고이자 평화공원으로 조성하자는 정책이 나왔다. 독일의 그린벨트가 사라진 지금 유일하게 남은 DMZ는 한반도 평화를 여는 전 세계 평화의 심벌이다. DMZ세계평화공원이 조성되고 남북한이 통일되어 한반도관광이 이루어지도록 신중하지만 끊임없이 노력해야 한다. 이는 대한민국 국민의 의무이자 새시대 글로벌 리더의 권리이기도 하다.

2013년 말 문화체육관광부가 세종시로 이전하고, 2014년 말에는 한국관광공사도 원주로 이전할 예정이다. 본격적인 지방화시대가 도래하였다. 관광을 서울 중심으로 생각하게 된 것은 우리 관광이 외래관광객 유치와 외화획득이라는 초기 목표에 따라 외래관광객의 80% 가까이가 서울에 들르기 때문이다. 그런데 1980년대부터 국민관광에 눈을 뜨고 국민들의 복지에 더 많은 비중이 실리게 되었으나, 인구의 수도권 집중화로 국내여행도 해외여행도 서울 중심이 되어온 것이 사실이다. 그러나 이제 정부부처는 물론 공공기관과 학교들도 지방이전이 가속화되면 지방관광의 중요성은 더욱 강조될 것이다. 경기도는 서울보다 인구도 많고, 면적도 넓을 뿐만 아니라 서울과 같은 도시 기능과 농산어촌의 지방성도 갖춰 명실상부하게 서울과 지방의 양면을 지니고 있다. 따라서 지방화가 본격화되고 있는 즈음에 대한민국의 관광정책과 경기도를 중심으로 한 지방관광 정책을 비교, 분석하는 것은 34년간 관광외길을 걸어온 관광인의 사명으로 생각되었다.

마침 경기도 인재개발원에서 공무원들을 위하여 경기도의 관광정책에 대한 e-러닝 영상교재 제작을 위한 원고를 의뢰받게 되었다. 한국관광공사에서 해외관광, 국내관광, 관광개발, 관광교육, 이벤트, 기획, 투자유치, 카지노, 면세점에 이르는 제 분야의 경험과 경기관광공사에서 3년간 경기도 관광 마케팅활동을 현장지휘한 경험, 대학에서의 관광정책 강의경험을 바탕으로 원고를 집필하게 되었다. 약 3개월간의 작업으로 "이야기와 멋이 있는 경기도관광"이란 동영상이 제작되었고, 이를 바탕으로 관광정책의 의의와 환경, 중앙과 지자체의 관광정책, 국내관광정책, 국제관광정책, 농촌·산업관광정책, MICE·의료관광정책, 문화관광정책, 숙박관광정책, 테마파크·카지노정책, 축제·이벤트정책, DMZ 생태관광·관광개발정책, 2020년의 지방관광 등 12개 분야로 나누어 재정리하였다. 이 과정에서 이연택 교수님의 『관광정책론』을 비롯하여 문화체육관광부, 한국관광공사, 한국문화관광연구원, 경기관광공사의 자료와 많은 전문가들의 의견이 포함되었다. 특히 지방관광의 현실을 새삼 인식케 해준 경기도와 경기관광공사의 여러분에게 감사드리며, 원고 집필의 기회를 주신 경기도 인재개발원, 러닝팩토리 관계자와 책자 발간을 흔쾌히 받아주며 편집과 인쇄에 수고하신 백산출판사의 진욱상 사장님과 편집부 직원들께도 감사드린다. 특히 그간 많은 글들을 작가적 관점에서 꼼꼼히 지적해 주고, 새로운 도전에 묵묵히 동조해 준 아내에게도 고마움을 전한다.

2014년 정초<br>한일문화관광연구소에서<br>저자

# 차 례

Contents

## 제5장 농촌관광정책과 산업관광정책



## 제6장 MICE정책과 의료관광정책



## 제7장 문화관광정책

## 제8장 숙박관광정책



## 제9장 테마파크정책과 카지노정책



## 제10장 축제 · 이벤트정책



## 제11장 DMZ생태관광과 개발정책

## 제12장 2020년의 지방관광

제 1 장

# 관광정책의 의의와 환경

– 관광정책의 의의와 법, 조직 등 –

# 01 관광정책의 의의와 환경

**– 관광정책의 의의와 법, 조직 등 –**

## 1 관광정책의 의의

### ❐ 관광과 관광정책

#### ❖ 관광의 개념

관광이란 고대 중국의 『역경(易經)』의 『풍지관(風地觀)』에서 "觀國之光, 利用賓于王"라는 말에서 유래하였는데, "타국의 빛나는 문물과 제도를 시찰하는 것은 귀한 손님을 만나는 것에 해당하는 일"이란 뜻이고, 영어의 tourism은 18세기 라틴어 'tornus'에서 유래되었는데, "각지를 순례한다"는 뜻이다.

세계관광기구(UNWTO)에서는 "관광을 1년 미만의 기간 동안 일상 생활권을 떠나 여가, 업무, 기타의 목적으로 여행을 하거나 머무르는 인간의 활동"으로 정의하고 있다. 이는 시간과 공간, 목적, 행동의 개념이 강조되었으나,

McIntosh & Goeldner(1990)는 "관광은 관광자의 행동과 관광 공급자 그리고 이와 관계되는 다양한 공공 혹은 민간서비스 요소들의 행동 그리고 이들의 상호작용으로 일어나는 모든 현상과 관계의 총화"라고 정의하고, 관계자들의 행동과 시스템에 대하여 보기 시작했고,

최근에는 '1년 미만'이란 시간 개념은 당일여행, 단기여행의 보편화로 거의 무시되고 있으며, '일상 생활권'을 떠나는 장소 개념도 당일여행에 도시 관광 등

이 확대되고 있으므로 그다지 큰 의미를 갖지는 않는다.

따라서 미래의 관광개념은 관광현상 그 자체로서, 일상 생활권과 비일상 생활권에 벌어지는 여가 또는 여행, 관광객의 행위와 관련되는 모든 사회서비스 요소의 총합, 관광객의 소비행위와 관련되는 모든 산업을 포괄하는 광의적 관점에서 보아야 한다는 주장[1]이 세어지고 있다.

한편 관광과 비슷한 말로 여행(旅行)은 "자기 거주지를 떠나 객지(客地)에 나다니는 일"로 관광과 혼동하여 사용한다. 그런데 굳이 구분하면, 여행은 떠나는 것이 먼저고 보는 것이 나중인 반면에, 관광은 무엇을 보러 목적을 갖고 떠난다는 차이점이 있다.

여가(餘暇)는 "각자가 자유롭게 선택하고 쓸 수 있는 자유 시간에 각종 의무로부터 벗어난 자발적 활동을 통하여 즐거움이나 행복을 느끼는 것이다."[2] 한편 레저(Leisure)는 "생계를 위한 필요성이나 의무없이 스스로 만족을 얻기 위한 자유로운 활동으로, 노동으로부터 해방된 시간이며 노동이 끝난 뒤 행하는 일과성의 활동이다."

### ❖ 관광정책의 개념

관광정책이란 관광+정책이다. 관광은 앞서 논의하였고, 정책에 대하여 알아보면, 정책이란 '목표달성을 위한 정부의 행동'이라 할 수 있다. 라스웰(Lasswell)은 정책을 "사회변동의 계기로서 미래탐색을 위한 가치와 행동의 복합체"로 정의하였고, 안해균은 "대부분의 사회 구성원과 관련이 있는 시급한 문제들을 권위적으로 해결함으로써 생활의 질과 공익을 향상시키고자 하는 정부 및 공공기관의 미래지향적인 활동방침 또는 활동목표"라 한다.[3]

그런데 정책과 유사하게 사용되는 계획은 목표달성을 위한 미래지향적 기본지침의 수립을 말하며, 행정은 기획, 인사, 예산, 조직 등 정부의 관리시스템으

1) 심원섭(2012), 『미래 관광환경 변화 전망과 신관광정책 방향』, pp.11~14, 한국문화관광연구원
2) 문화관광부・한국문화관광정책연구원(2006), 『2006 여가백서』, pp.9~10.
3) 안해균(1997), 『정책학원론』, pp.23~55, 다산출판사

로 일반적 포괄적으로 집행이 이루어진다. 또 의사결정은 특정한 목표를 달성시키기 위해 최적의 대안을 선택하는 행위를 말한다.[4)]

관광정책을 독일의 뵈르만(Börmann)은 "관광산업의 진흥을 목적으로 하는 것으로 그의 본질적 내용은 선전이며, 선전 이외에도 조직에 관한 문제, 사회적 의미를 갖는 문제, 행정상의 문제가 포함되고 국외정책과 국내정책으로 구별된다". 카스퍼(Kasper)는 "국가 또는 공공단체가 관광에 대해 취하는 정책"으로 정의하였고, 스즈키 타다요시(鈴木忠義)는 "관광정책을 한 나라의 관광행정활동을 종합적으로 조정하고 추진하기 위한 지침과 방향을 설정하는 여러 방책"으로 규정하였고, 굴드너(Goeldner)는 "관광정책을 관광개발과 관광지에서의 활동에 직접적으로 영향을 주는 집합적 그리고 개별적 결정의 틀을 제공하는 일련의 규제, 규칙, 지침, 지시 그리고 개발·촉진목표와 전략"으로 정의하고 있다.

권순 교수는 "관광정책을 지역경관 및 관광자원, 관광조직체, 관광업 종사원들을 관광목표, 관광환경, 관광전략 및 관광효과 등의 요인에 의거 가장 적절히 배치하고 운용하는 것"으로[5)] 정의하고 있고, 이연택 교수는 "관광정책은 관광의 목표달성을 위한 정부의 행동"으로 정의하고 목표지향성과 공공성과 실제성이란 성격을 갖고 있다고 한다, 장병권 교수는 "관광정책은 관광환경의 변화에 대응하여 중앙정부 및 지방자치단체가 관광의 수요 및 공급요소를 종합적으로 조성·촉진·규제하여 관광발전을 도모하기 위한 일련의 행동"으로 정의하며[6)], 환경대응성, 추진주체, 수혜대상, 추진방법, 추진목표, 추진과정을 들었다.

따라서 "관광정책은 관광의 목표달성을 위한 정부와 공공기관의 행동"이라 말할 수 있다.

### ❖ 창조관광과 정부의 관광철학

정부의 핵심 기조인 창조경제는 "과학기술과 산업이 융합하고, 문화와 산업이 융합하고, 산업간 벽을 허문 경계선에서 창조의 꽃을 피우는 것"이라 하고,

4) 이연택(2003), 『관광정책론』, pp.15~22, 일신사
5) 권순(1998), 『관광정책론』, pp.39~45, 백산출판사
6) 장병권(2009), "관광정책", 『관광학총론』, pp.739~740, 백산출판사

"과학기술 및 ICT(Information & Communication Technology, 정보통신기술)를 기반으로 산업·부문 간 융합을 촉진하고 이를 통해 새로운 부가가치와 일자리를 창출하는 경제 전략"으로 본다. 한편, 협의의 창조경제는 창조산업을 기반으로 하는 경제체제를 말하고, 광의로는 창조성이 내포하는 융합과 다양성의 가치를 바탕으로 한 경제 패러다임이라 한다.

이렇게 창조경제가 부각되는 것은 창조성이 경쟁으로부터 우위를 확보하기 위한 가장 결정적인 자원으로 부상하면서 종래 지식경제를 잇는 새로운 패러다임이 필요했기 때문이다.

이러한 창조경제 체제 하에서는 정보기술(IT), 문화, 콘텐츠, 레저스포츠, 농산어업, 제조업, 서비스업 등 모든 분야와의 융·복합 잠재력이 큰 관광산업의 역할과 중요성이 더욱 커질 것으로 전망된다.

한국관광공사에서는 "창조관광을 융·복합화 사업, 성장성 및 모험성을 갖춘 사업, 기술과 지식 집약적 사업을 추진하는 관광"이라 하였고, 리차드(Richards)는 "창조관광은 관광객들이 창조적 능력을 통해 자기만족 및 자기표현과 관련된 경험적 활동"이라 한다. 한편 박광무 원장은 "관광은 개인의 창조성, 상상력, 아이디어에 기반하여 타 산업과 융합할 수 있는 매개산업이며, 타 산업과 융합을 통해 효과를 극대화할 수 있는 고부가가치 산업"이라 하였다.[7)]

창조관광이란 기존의 문화나 자연자원에 창조성을 더해 고부가가치를 만들어내는 관광산업이다. 즉, 기존 관광산업에 기발하고 창의적인 아이디어를 접목시켜 새로운 가치와 시너지를 창출하는 형태로, 관광벤처라고도 한다. 농업, 환경, 의료, 정보기술(IT), 교육, 레저, 예술 등 다양한 영역을 관광과 접목해 융·복합 콘텐츠를 만드는 것이 관건이다.

이상을 정리하면, "창조관광은 기존의 관광산업에 창의성을 부가하거나, 과학·정보통신기술을 활용하거나, 농산어업, 제조업, 교육·문화·의료·레저 등 서비스업과 융·복합함으로써 새로운 가치를 창출하는 신개념의 관광"이라고 정의할 수 있다.

---

7) 박광무(2013) "창조관광, 관광산업에서 창조경제의 실현", 「제1회 제주융합포럼 자료집」

정부는 국정과제인 '창조경제'를 실현하기 위하여 IT・SW 융합을 통한 주력 산업 구조 고도화와 유망 서비스산업 전략적 육성으로 부가가치와 일자리 창출을 확대하는 국가 성장동력으로 활용코자 하며, 한편 '문화 융성'을 위하여 고부가가치 융・복합형 관광산업을 집중 육성하여 2017년 외래관광객 1,600만명을 달성하고, 국내 관광을 활성화하자는 것이다.

### ❖ 관광정책의 요건과 특성

20세기 초 세계 대공황과 2차 대전을 겪으며 정부와 공공부문이 경제에 미치는 영향이 커져가며 정부의 역할은 중시되고 있다. 경제적 어려움이 다소 해소되면 시장경제주의자들은 작은 정부로 전환을 주장하고, 다시 불황의 그늘이 드리워지면 조금씩 정부의 기능이 크지며 결과적으로 큰 정부의 형태를 띠게 된다.

그런데 정부와 민간부문의 자원배분에서 다음 요건에 대한 검토가 필요하게 된다.[8)]

① 효율적 배분을 위하여 공공과 민간부문 중 어디가 적절한가
② 정부 예산이 누구를 위하여, 무엇을, 얼마나, 왜, 어떤 방식으로 지출되는가
③ 공공부문에 동원된 자원을 활용, 효율적으로 생산하고 있나
④ 정부는 규제와 관행으로 무엇을 어떻게 통제하고 있나
⑤ 국유재산을 공공부문에서 제대로 관리하고 있나

이상에서 보듯 정부의 개입이 반드시 바람직한 것은 아니나 일단 관여를 하면 효율적으로 관리해야 되는 것이다. 즉, 관광정책도 민간부문에서 자발적으로 잘 이루어지면 최선이나, 공공부문의 참여가 필요하게 되면 관광을 통한 국가경제의 발전과 국민의 삶의 질의 향상을 위하여 최선을 다해야 하는 것이다.

관광산업은 정부수립 후 60년 동안 정치・경제・사회・문화 분야에서 큰 변화가 있었고, 이러한 환경의 변화에 따라 민간이나 공공부문 영역에서 활발한 참여가 이루어져 왔고, 산업화 과정에서 긍정적 효과와 부정적 효과를 동시에

8) 심원섭(2011), 『해외 관광정책 추진사례와 향후 정책방향』, pp.11~14, 문화관광연구원

경험하기도 했다.

관광정책상 정부개입은 목표달성을 위한 촉진기능과 문제해결을 위한 조정기능의 균형이 필요하다. 특히 과거 경제성장을 배경으로 관광산업도 성장 위주로 발전되어 왔으나, 점차 분배와 복지에 많은 관심을 두게 되었고 관광정책도 성장에서 균형을 중시하며 지속가능한 발전에 비중을 두게 되었다.[9)]

관광정책은 일반적으로 목표성, 공공성, 실제성이란 특성을 가지고 있는데, 여기에 역동성, 규범성, 복잡성, 순환성, 미래지향성, 가치지향성을 추가하기도 한다.[10)] 이밖에도 융복합성, 창조성을 추가함이 적절하다.

## ❒ 관광정책의 과정

### ❖ 정책과정과 관광정책

정책은 주변환경과 상호작용을 통해 만들어가는 일련의 행동과정이고, 정책과정(policy process)은 정책의 단계적 실현과정이다. 또한 관광정책은 관광에 대한 정부나 공공기관에 의하여 이루어지는 행동과정이다.

그런데 관광정책을 정부나 공공기관에 의해 결정됨에 비중을 두는 정책결정론적 시각과 행동으로 옮기는 과정에 중점을 두는 정책과정론이 있다. 특히 관광정책은 관광현상의 복잡성과 이해집단의 증가로 인하여 관광정책의 과정이 세분화 되고 있어 과정적 인식이 이루어지고 있는데 그 배경은 다음과 같다.

첫째, 모든 관광문제가 관광정책의제가 될 수 없다. 즉, 정부개입이 필요한 경우와 필요치 않는 경우가 존재하고, 이에 대한 합리적 판단과 선택의 과정이 필요하다.

둘째, 정책결정에서 다양한 대안들이 존재한다. 정책목표와 정책수단을 결정하는 과정에서 합리적 판단이 중요하며 이에 기초한 최선의 대안선택 과정도 중요하다.

---

9) 이연택(2003), 『관광정책론』, pp.14, 일신사

10) 장병권(2009), "관광정책", 『관광학총론』, pp.739~742, 백산출판사

셋째, 정책집행의 중요성을 인식해야 한다. 정책결정으로 모든 문제가 해결되지 않고 합리적 정책집행이 수반되어야 한다. 이 때 원활하고 공정한 집행이 이루어지도록 관심과 감시가 필요하여 정책홍보 기능이 강화되고 있다.

넷째, 정책평가를 통하여 정책에 대한 성과 검토가 필요하다. 정책의 목표달성 여부를 모니터링과 평가를 통하여 성과와 미비점을 분석, 검토한다. 만약 목표한 결과를얻지 못하는 경우에는 정책의 변화를 통하여 합리적 방향으로 조정해야 한다.

### ❖ 관광정책과정의 개념

관광정책과정(tourism policy process)은 관광정책의 목표를 실현하기 위하여 정책의제형성, 정책결정, 정책집행, 정책평가에 이르는 일련의 과정을 말한다.

관광정책과정은 1990년대에는 관광정책형성, 정책집행, 정책평가로 단순화되었으나, 쟁점발생에서 시작된 정책과제에 대한 정책형성을 세분화하여 의제형성과 정책결정으로 나누게 되었고, 이연택 교수는 "관광정책과정을 관광정책의 단계적 실현과정으로서 관광정책의제형성, 관광정책결정, 관광정책홍보 · 집행, 관광정책평가 등을 포함하는 일련의 과정"이라고 정의하고 있다. 2000년 이후 정부정책의 원할한 추진과 국민적 공감대 형성을 위한 홍보가 중요한 비중을 차지하게 되면서 관광정책홍보를 정책과정의 한 단계로 추가하는 경향을 보이고 있다.[11)]

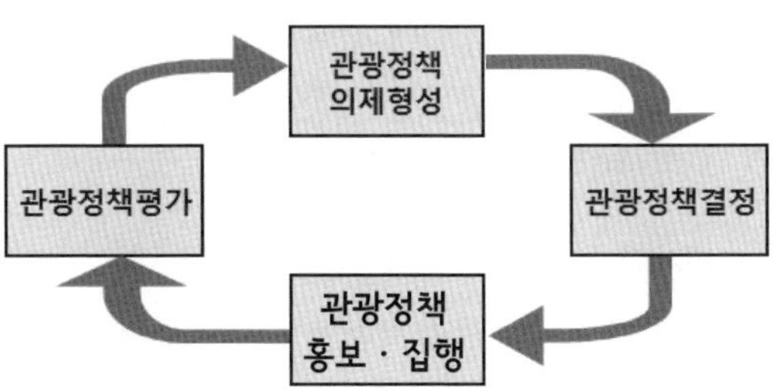


자료 : 이연택(2003 : 37) 그림을 저자가 편집

[그림 1-1] 관광정책의 과정

11) 장병권(2009), "관광정책", 『관광학총론』, pp.743~746, 백산출판사

### 1) 관광정책의제형성(Tourism policy agenda setting)

정책의제형성은 사회문제가 정부에 의해 정책의제로 전환되는 과정을 말하며, 관광정책의제형성은 관광과 관련된 제 문제 중 정부나 공공기관이 해결하기 위하여 정책의제로 전환시키는 과정을 말한다.

아이스톤(Eyestone)은 정책의제과정을 사회문제, 사회이슈, 공중의제, 공식의제 등 네 단계로 제시하였는데, 불특정 다수의 개인이나 단체가 느끼는 불만스러운 상태인 사회문제(Social problem)가 커지면, 논쟁의 대상이 되는 사회이슈(Social issue)가 되어 이해관계자들끼리 토론을 거치면서 일반대중에게 알려지고, 일반대중의 관심을 갖는 공중의제(Public agenda)는 여론조사를 통하여 정부나 공공기관이 관여해야 할 과제라 판단하면 공식의제(Official agenda)가 되는데, 이때 비로소 사회문제가 정책의제(Policy agenda)로 전환된다.

예를 들면, 중국인의 관광객들이 해외여행에서 본인의 의사와는 무관하게 쇼핑센터를 여러곳 들리고 관광지에는 충분한 설명없이 짧게 안내하게 되면, 여행자들은 불만을 가지게 되고 이는 사회문제가 된다. 이런 일이 반복되면, 여행자들이 해외여행을 다녀왔지만 해외의 쇼핑센터만 들리고 왔다는 불만을 제기하면서 사회이슈가 된다. 이 과정에서 여행업체는 여행자들이 저가여행을 선호하니까 적자보전을 위하여 부득이 쇼핑센터를 들릴 수밖에 없다고 항변하며, 여행자는 부실여행이라 주장함에 따라, 이제 대중이 관심을 갖는 공중 의제가 되었다. 이에 중국정부는 민간 여행업계의 자율적인 정화활동을 기대하며 공정관광이 이루어지도록 공식의제 즉 정책의제로 전환되었다.

### 2) 관광정책결정(Tourism policy making)

관광정책결정은 관광과 관련된 사회문제의 해결을 위한 정부 또는 공공기관의 최선의 대안선택과정이다. 특히 정책결정과정에서 공정성이 강조되고 있으며, 합리적 포괄적 정책결정을 위하여 사전 타당성조사 등 분석을 통하여 최선의 대안을 찾는 것이다.

정책결정과정은 문제인지, 목표설정, 대안개발과 평가, 대안선택의 순으로 진행된다.

구체적으로 살펴보면, 해결하고자 하는 문제를 분석하여 핵심을 정확하게 찾아내는 문제인지에서 시작하여, 달성하고자 하는 바람직한 장래의 상태를 의미하는 목표를 설정도 구체적으로 설정되어야 한다.

다음은 목표달성을 위하여 대안, 정책대안 개발이 필요한데 기존의 성공사례나 비슷한 환경에서 극복한 케이스를 벤치마킹하거나, 새로운 지식, 기술과 창조로 지금까지 없던 새로운 대안을 만들어내거나, 기존의 대안과 창조적 대안에다 다른 영역과의 융복합을 통하여 제3의 신영역을 창출해내는 방법이 있다. 또 그 대안이 적합할지 평가를 거쳐 선택을 해야 하는데, 합리적 자원배분을 위한 비용편익 분석(Benefit-Cost analysis)과 미래예측이나 의견조율을 위한 델파이 기법(Delphi Technique), 의사결정분석을 위해 선형계획, PERT(Program Evaluation & Review Technique)/CPM(Critical Path Method), 전사적 자원관리(Enterprise Resources Planning) 등 기법을 활용한다.[12] 이런 과정을 거쳐 선택된 대안은 법률, 방침, 대책, 명령, 계획의 형태를 띄게 되고, 국민들에게 공표되며 정부정책으로써 권위를 갖게 된다.

### 3) 관광정책홍보 · 집행(Tourism policy pablic relation & implementation)

관광정책홍보 · 집행은 관광과 관련하여 결정된 정책을 실현하는 과정이라 할 수 있다. 정책이 결정되었다 하더라도 개괄적, 포괄적인 경우가 많으므로 실질적인 실행계획 수립이 필요하게 된다. 또 국민과 대중들에게 정책의 취지가 충분히 고지가 되었는지, 이에 대한 여론과 반대의견은 없는지, 정책에 대한 지지를 확보가 되는지에 대하여 홍보의 비중이 확대되고 있다.

국정홍보는 제4공화국에서는 문화공보부에서 담당하였는데, 정부의 시책을 각 부처와 지방자치단체에 알리는 중계역할을 담당하였고, 제6공화국에서 공보기능을 분리하여 국정홍보처가 마련되었다. 참여정부에서 국정홍보에 대한 적극적인 추진이 이루어졌고, 정책이 집행되기 전에 반드시 사전 홍보토록 하고

12) 이연택(2003), 『관광정책론』, pp.41~45, 일신사

여론이 추이를 살피고 정부의 지지도를 높이고자 고심하였다. 이후 점차 홍보 기능이 강조되어 정부정책에 대하여 시행전에 반드시 국민들에게 알리고 여론을 알아보는 것이 하나의 절차로 정착되었다.

따라서 정책홍보・집행과정은 조직 구성, 정책 해석, 정책 홍보, 자원의 확보 순으로 진행된다. 먼저 조직 구성은 정책을 담당할 조직을 구성하는데, 기존의 조직을 활용하거나 새로운 조직을 만들어 담당시키거나 혹은 먼저 Task Force 팀을 만들어 추진하다 신 조직으로 전환하는 경우도 있다. 이에 따라 정책에 대한 잘못된 해석이 내리지 않도록 세부실행계획을 수립한다.

정책홍보는 정책에 대한 충분한 고지, 여론의 향방, 지지율 고양 등을 위하여 중요성이 심화되고 있으며, 자원의 확보와 배분은 세부실행계획에 필요한 예산, 인력 등 제 자원을 확보하고 적절하게 배분하는 작업이 이루어지는데 이때 여론의 반영이나 실행계획 간의 차이점을 조정하기도 한다.

### 4) 관광정책평가(Tourism policy evaluation)

관광정책의 내용과 집행 및 그 결과를 측정, 추정하거나 평정하는 것을 관광정책평가라 한다. 정책평가는 정책집행 과정에서 등장하는 여러 가지 문제점을 해결해 더 나은 집행전략과 방법을 모색하기 위해 실시되는 형성적 평가(Ormative evaluation)와 정책집행 후 당초 의도했던 결과를 성취했는지 여부를 판단하는 총괄적 평가(Summative evaluation)로 나누어 볼 수 있다. 형성적 평가는 과정평가・도중평가・진행평가 등으로도 불린다.

정책평가는 목표 식별, 연구설계, 평가기준, 분석 및 적용의 순으로 진행된다. 먼저 목표 식별은 정책집행의 지침이자 정책성과 측정의 기준이 된다. 다음은 연구설계인데 평가를 위한 자료의 수집과 분석 과정으로 정성적 평가와 정량적 평가 모델 모두 마련해야 한다. 정책평가는 그 분류 기준에 따라 여러 가지로 나누어 볼 수 있다. 평가자의 소속에 따라 자체평가, 내부평가, 외부평가로 분류되기도 하고, 평가의 목적에 따라 노력평가, 성과평가, 성과의 적정성평가, 능률성평가, 과정평가 등으로 나누어지기도 하며, 또 사전평가, 중도평가, 사후평가로 나누어 볼 수도 있다.

정책기준은 관광정책 목표달성도, 관광객의 만족도, 국민의 인지도, 관광사업체의 수익성, 공익성과 형평성, 관광환경 개선도 등을 들 수 있다. 끝으로 분석과 적용은 분석결과는 평가결과로 제시되며, 평가결과는 개선, 장려, 시사점을 명기하여 다음 정책에 반영토록 한다.

정책을 평가해 보는 것은 하나의 정책이 국민의 요구에 얼마만큼이나 부응하고 있나를 파악해 보는데 그 목적이 있다. 그러나 정책평가의 필요성은 누구의 입장에서 정책의 결과를 평가하느냐에 따라 달라질 수 있다. 여기서는 정책과정에 직접 관여하고 있는 정책결정자와 정책집행자의 입장에서 설명해 보기로 한다.

첫째, 정책평가는 정책이 당초에 의도한 효과를 어느 정도나 달성하였는지를 분석해 보는 데 필요하다.

둘째, 정책평가는 정부가 국민의 요구에 부응하여 과연 바람직한 행정을 하고 있는지 어떤지를 확인하고 판단하는 자료를 얻는 데 필요한 과정이다.

셋째, 정책평가는 장차 다시 정책을 수립할 때 참고가 될 유익한 자료를 얻는 데 필요하다. 그 이유는 정책개선이나 발전은 과거에 단행한 정책집행의 결과를 평가함으로써 얻어진 자료가 환류 과정을 통해 다시 대안(Alternative)으로 선택되어 나타날 수 있기 때문이다.

## ❒ 관광정책의 환경

### ❖ 관광정책과 정책환경

관광정책은 유동적이며 끊임없이 변화하고, 정책은 관련 집단 간의 갈등과 타협을 거쳐 조정되고 변동되기도 한다. 의제형성과정에서 사회적 환경은 정책의 변화를 가져오게 만들고, 정책결정은 사회변화를 목표로 하는 경우가 많다. 따라서 관광정책을 이해하기 위해서는 관광정책의 환경에 대한 이해가 필수적이라 하겠다.

관광정책을 둘러싸고 지속적으로 상호작용하는 제반 외부요소들을 관광정책환경이라 한다. 거시환경은 정치, 경제, 사회·문화, 기술, 환경, 생태·위생 등을 의미하고, 미시적 환경은 정부, 국회, 정당, 언론, 이익단체, 지자체 등이 포함된다.

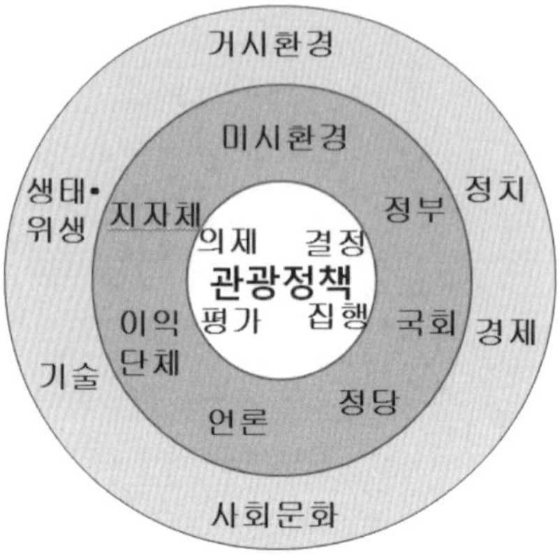


자료 : 장병권(2010 : 755) 그림을 저자가 편집

[그림 1-2] 관광정책과정과 정책환경

거시적 환경을 세부적으로 살펴보면, 먼저 정치적 환경은 정치가의 철학과 법, 정부계획, 국제정세, 사회적 안정 등이 해당된다. 경제적 환경은 산업구조의 변화, 에너지와 곡물 수급, 정부의 경제정책, 정부의 각종 규제 등이 있다. 사회문화적 환경은 저출산·고령화, 인구구조의 변화, 여성의 역할 증대, 소비자 보호 확대, 노동시간 감소와 여가시간의 증대 등이다. 기술적 환경에는 신기술의 등장, 정보사회화, 융·복합화 확대, 교통과 관광 기술의 발전 등이다. 생태·위생적 환경에는 도시화와 인구 증가, 정부의 환경정책, 환경오염, 위생과 질병 등을 들 수 있다.

미시적 환경을 세부적으로 보면, 정부에는 대통령(행정수반), 국무총리, 문화체육관광부 등 각종 부처, 대통령직속 기관, 자문 위원회, 정부투자기관, 공기업, 공공단체 등이 해당된다.

국회에는 국회의장 등 의장단, 상임위원회(교육문화체육관광위 등 16개), 사무총장 등 사무처, 국회도서관, 국회예산정책처, 국회입법조사처 등이 있다.

정책참여란 정책과정에 합법적인 권한을 가지고 있는 공식적 참여자들의 정책행동과 이에 영향을 미치는 비공식적 참여자들의 관여행동이라 하는데, 미시환경을 구성하는 정부, 지자체, 국회, 정당 등이 정책과정에 참여하여 정책변화 역할을 담당하는 이들의 활동을 말한다.

## 2 관광법과 제도

### ❖ 법과 제도

법이란 인간이 사회생활을 평화롭게 영위하는데 필요한 질서를 유지시켜주는 사회규범이다. 또 법을 국가 및 공공기관에서 제정한 강제적인 모든 규범이라고도 한다. 이밖에도 법은 어떤 사회에 있어서 일정의 강제력을 갖춘 행위규범이며, 모든 행위는 법에 비추어 타당한지 타당하지 않는지로 구별된다.

법의 강제력은 근대사회에서는 가장 전형적으로는 경찰이나 사법과 같은 국가권력에 의해 실질화되어 있다. 사람들은 법을 어긴 것을 알고 법을 지키기 위헤 행동힌다. 사회의 구성원 하나 하나가 법을 준수하는 주체적인 능력을 구비하고 있는 것이 법을 성립시키고 있다.

법은 규칙의 일종이다. 따라서 법은 위반을 하지 않도록 하는 것이지만 그것이 진정으로 위협을 주는 것은 아니다. 법은 있어야 할 사회질서에 대한 신념을 표현하고 있다. 문명이 발전하자 법은 권력자(왕)의 명령이라는 형태로 전환되었다. 그리고 법전으로 기록되었다. 법을 의도적으로 변경하고 창조할 수 있게 된 것이다.

법에 인접하는 영역으로서 도덕이 있다. 도덕도 행위규범이지만 그 위반은 윤리적인 비난을 초래할 뿐 법의 경우와 같은 강제력은 작용하지 않는다. 정통성이나 정의도 법과 관련된 중요한 개념이다. 부도덕한 법, 부정한 법이 있을 수 있다는 것에서도 알 수 있듯이 도덕이나 정의는 법과 일치하지 않는다.

법규란 일반국민의 권리·의무에 관계 있는 법규범을 말한다. 예컨대 법규명령의 법규가 이에 해당한다. 이와 같은 법규의 개념은 근대 입헌주의 및 법치주의의 소산인 바, 국민의 권리·자유 및 재산에 대해 침해를 가하는 국가의 작용은 반드시 국민의 대표기관인 국회의 동의를 얻어 제정한 법률에 근거해야 한다는 사상이 바로 법규개념의 연원이다. 이런 의미에서의 법률은 바로 법규와 같은 말이다. 우리 헌법은 제40조에서 '입법권은 국회에 속한다'라고 규정하고 있는 바, 실질설에 의하면 이때의 입법은 바로 법규의 제정을 의미한다. 이와 같이 헌법이 입법, 즉 법규의 제정을 국회에 독점시키는 까닭에 다른 국가기관, 특히 행정부는 법률의 위임이 있는 경우와 헌법이 특히 인정한 예외적인 경우에만 법규명령을 제정할 수 있는 것이다.

또 추상적 의미를 가지는 법규범을 법규라고도 하는 바, 이는 구체적 의미를 가지는 행정행위나 판결에 대립되는 것으로서, 행정이나 재판은 법규에 기해서 행해진다고 할 때의 법규가 그것이다.[13]

법에는 성문법과 불문법으로 구분할 수 있는데, 문서의 형태를 갖춘 제정법이 성문법인데 헌법, 법률, 명령, 규칙, 자치법규, 조약 등이 있고, 불문법에는 관습법, 판례법, 조리법이 있다.

헌법(憲法)은 국가의 통치원리이자 국민 기본권을 규정한 근본법이며 최고의 법원(法源)이다. 법률(法律)은 국회의결로 대통령 공포로 제정된 법을 말하며, 정부정책과 시책의 방향을 제시한다. 명령(命令)은 행정기관에 의해 제정되는 법규를 말하고 대통령령, 총리령 등이 있다. 규칙(規則)은 기관 자체의 역할이나 절차를 규정한 것으로 국회 규칙, 대법원 규칙, 선거관리위원회 규칙 등이 있다. 자치법규(自治法規)는 지방자치단체 자치입법권으로 제정된 것으로 서울특별시 조례, 경기도 조례, 시(市)조례, 구(區)조례 등이 있다. 조약(條約)은 2개국 이상의 국가 간의 합의를 말하며, 조약, 협약, 헌장, 협정, 의정서, 각서 등이 있다.

제도는 관습이나 도덕, 법률 따위의 규범이나 사회 구조의 체계를 말한다. 혹은 국가 혹은 사회질서를 유지하기 위하여 제정된 장치 혹은 구조를 말하며 법

---

13) 이병태(2008), 『법률용어사전』, 법문북스

규, 기구, 조직 등을 포함한다. 여기에서 법규로는 헌법, 행정법, 관광기본법, 관광진흥법 등이 있고, 기구나 조직으로는 정부, 국회, 지방자치단체, 공기업과 공공단체 등도 포함된다.

## ❒ 관광법규

### ❖ 관광기본법

「관광기본법」은 대한민국 관광행정에 관한 기본법으로, 국제친선 증진과 국민경제 및 국민복지 향상과 건전한 국민관광 발전이란 이념 아래, 관광진흥의 방향과 시책을 규정하기 위한 목적으로, 국가나 정부의 관광에 대한 책임·의무를 규정하였다. 성격적으로 일반법보다 상위법이며 기본 방향을 제시하고 있다.

정부는 관광산업의 중요성을 인식하여 관광산업을 국가전략산업으로 육성키로 하고 「관광기본법」을 1975년 12월 31일 제정하였고, 2000년 1월 12일 '관광정책심의위원회' 규정을 삭제하였고, 2007년 12월 21일에 한글로 표기하고 어려운 용어를 쉬운 용어로 바꾸고 복잡한 문장을 간결하게 하는 등 두차례 개정을 하였다.

「관광기본법」은 전문 14조로 구성되어 목적, 정부의 시책, 관광진흥계획의 수립, 연차보고, 법제상의 조치, 지방자치단체의 협조, 외국관광객 유치, 시설개선, 관광자원 보호 등, 관광사업 지도·육성, 관광 종사원의 자질 향상, 관광지 지정과 개발, 국민관광발전과 관광진흥개발기금을 규정하고 있다.

### [관광기본법]

제1조(목적)에는 "이 법은 관광진흥 방향과 시책에 관한 사항을 규정함으로써 국제친선의 증진과 국민경제 및 국민복지의 향상을 기하고 건전한 국민관광의 발전을 도모함을 목적으로 한다."라며 제정 목적이 국제친선 증진, 국민경제 및 국민복지의 향상, 건전한 국민관광의 발전이고, 관광진흥의 방향과 시책의 기본을 제시함으로써 관광의 중요성을 인식하여 능동적으로 관광을 진

흥할 것을 선언적으로 규정하고 있다.

제2조(정부의 시책)은 "정부는 이 법의 목적을 달성하기 위하여 관광진흥에 관한 기본적이고 종합적인 시책을 강구하여야 한다."라며 정부에 관광진흥에 관한 기본적이고 종합적인 시책을 강구할 의무를 부여하고 있다.

제3조(관광진흥계획의 수립)는 "정부는 관광진흥장기계획과 연도별 계획을 각각 수립하여야 한다"라며 정부가 관광진흥을 위하여 5~10년의 장기계획과 1년 단위의 단기계획을 수립하고 집행하도록 의무를 부여하고 있다. 장기계획에는 '관광진흥5개년계획'과 10년 단위의 '관광개발기본계획'이 있다.

제4조(연차보고)에서 "정부는 매년 관광진흥에 관한 시책과 동향에 대한 보고서를 정기국회가 시작하기 전까지 국회에 제출하여야 한다."라며 정부의 관광행정에 대한 감시·통제 대표기관인 국회에 정기국회 시작일인 9월 1일 이전까지 전년도의 '관광진흥에 관한 시책과 동향에 대한 보고서'를 제출함으로써 당해연도의 국정감사와 차기연도의 예산심의에 활용토록 하기 위함이다.

제5조(법제상의 조치)는 "국가는 제2조의 규정에 따른 시책을 실시하기 위하여 법제상·제정상의 조치와 그 밖에 필요한 행정상의 조치를 강구하여야 한다."라며 정부가 수립한 관광진흥에 관한 시책을 실시하는데 필요한 최소한의 법제상·재정상의 조치를 강구하도록 국가에 의무를 부여하였다. 그런데 지금까지 정부가 아닌 국가에 의무를 규정한 것은 법제상·재정상 조치는 정부 단독으로 정할 수 있는 것이 아니고, 국회의 의결을 거쳐야 하는 등 입법부·사법부·행정부 모두 포함되어야 한다는 의미다. 또 법제상 조치로는「관광기본법」,「관광진흥법」,「관광진흥개발기금법」,「한국관광공사법」,「국제회의산업육성에 관한 법률」과 같은 직접적인 관광법 뿐만 아니라「여권법」,「출입국관리법」,「공중위생관리법」,「식품위생법」,「문화재보호법」,「자연공원법」 등 관련법까지가 대상이며, 재정상 조치는 호텔, 테마파크, 복합리조트 등 관광사업은 고정자산 투입율이 높고, 투자회수 기간이 장기이므로 재정·금융상의 지원 등을 말한다.

제6조(지방자치단체의 협조)는 "지방자치단체는 관광에 관한 국가시책에 필요한 시책을 강구하여야 한다."라며 국가의 관광진흥 시책에 발맞추어 지방자

치단체도 필요한 시책을 마련해야 한다는 협조의무를 규정하였다. 즉 지방자치단체의 필요한 시책에는 국가의 위임시책 뿐만 아니라 자치시책까지가 포함된다.

**제7조(외국관광객의 유치)**에서 "정부는 외국관광객의 유치를 촉진하기 위하여 해외홍보를 강화하고 출입국 절차를 개선하며 그 밖에 필요한 시책을 강구하여야 한다." 라며 외국관광객 유치를 촉진하기 위한 시책을 정부가 강구하도록 촉구함과 동시에, 그 방법으로 해외홍보를 강화하고 출입국 절차를 개선하고 그 밖에 관광통역안내, 관광기념품, 관광객들이 이용할 시설에 대한 정비 등을 거론하고 있다.

**제8조(시설의 개선)**에는 "정부는 관광객이 이용할 숙박·교통·휴식시설 등의 개선 및 확충을 위하여 필요한 시책을 강구하여야 한다."라며 내·외국관광객이 필수적으로 이용하게 되는 숙박시설, 교통시설, 휴식시설 등 모든 시설을 수요의 증가와 트렌드의 변화에 맞춰 개선, 확충은 질적 향상과 양적 증대를 포함한 시책의 강구를 정부에게 촉구하고 있다.

**제9조(관광자원의 보호 등)**에서 "정부는 관광자원을 보호하고 개발하는 데에 필요한 시책을 강구하여야 한다."라며 정부는 관광자원의 보호와 개발이란 두가지 임무를 부여하고 있다. 즉, 문화재, 자연경관, 생태환경 등 보존에 비중을 두는 한편, 관광시설 등 관광자원을 개발하는 균형을 이룬 지속가능한 개발을 해야 한다는 것이다. '전국관광종합개발계획'이 1990년 수립되어 관광자원의 특성과 교통 등을 고려하여 5대 관광권, 24개 소관광권으로 권역화하여 개발토록 하였다.

**제10조(관광사업의 지도·육성)**는 "정부는 관광사업을 육성하기 위하여 관광사업을 지도·감독하고 그 밖에 필요한 시책을 강구하여야 한다."라며 정부에 관광진흥을 위하여 관광사업체들이 육성되어야 하며, 이를 위하여 행정지도를 통한 지원책과 행정감독을 통한 통제책을 병행하는 등 필요한 시책을 촉구하고 있다. 여기에서 관광사업은 「관광진흥법」 제2조에서 규정하는 운송·숙박·음식·운동·오락·휴양·용역을 제공하거나, 시설을 갖춰 이를 이용하게 하는 업을 말한다.

제11조(관광종사자의 자질향상)에서 "정부는 관광에 종사하는 자의 자질을 향상시키기 위하여 교육훈련과 그 밖에 필요한 시책을 강구하여야 한다."라며 관광종사자들의 교육훈련을 받게 하고, 또 일정수준 이상의 전문지식과 기술이 필요한 경우에는 자격증제도를 시행함으로써 관광서비스의 질을 향상시켜 관광진흥을 도모하도록 정부에게 촉구하고 있다.

제12조(관광지의 지정 및 개발)는 "정부는 관광에 적합한 지역을 관광지로 지정하여 필요한 개발을 하여야 한다."라며 정부에게 관광에 적합한 지역을 관광지로 지정할 수 있는 지정권과 함께 필요한 개발의무를 동시에 부과하고 있다. 관광지와 관광단지는 문화체육관광부령으로 정하는 바에 따라 시장·군수·구청장의 신청에 의하여 시·도지사가 지정한다. 단, 특별자치도의 경우에는 특별자치도지사가 지정한다.

제13조(국민관광의 발전)에서 "정부는 관광에 대한 국민의 이해를 촉구하여 건전한 국민관광을 발전시키는 데에 필요한 시책을 강구하여야 한다."라며 관광을 통하여 국민들의 정서함양, 여가활용, 국내여행, 해외여행, 복지관광 등이 바르고 건전하게 발전될 수 있도록 정부의 역할을 규정한 것이다. 즉, 행락질서 확립, 퇴폐·사치여행 기피와 같은 관광에 대한 국민들의 이해촉구가 우선하고, 가족관광, 문화관광, 생태관광, 산업관광, 교육관광 등 건전한 관광과 저소득층, 다문화사회 등 복지관광에 대한 시책이 필요하다는 것이다.

제14조(관광진흥개발기금)에서 "정부는 관광진흥을 위하여 관광진흥개발기금을 설치하여야 한다."라며 관광진흥을 위한 시책을 추진하기 위하여 자금조달방법의 하나로 관광진흥개발기금을 설치·운영하도록 정부에게 촉구하고 있다. 관광진흥개발기금은 1972년 12월 29일 제정되었고, 기금의 재원은 정부의 출연금, 관광진흥법 제30조에 따른 납부금[14], 출국납부금, 기금 운용 수익금과 그 밖의 재원에서 이루어지며, 기금의 용도 중 호텔 등 관광시설의 건설·개수, 교통수단의 확보 또는 개수, 관광기반시설의 건설·개수, 관광 편의시설의 건설·개수에 기금을 대여하고, 국외 여행자의 건전한 관광을 위한

---

14) ① 카지노사업자는 총매출액의 100분의 10의 범위에서 일정 비율에 해당하는 금액을 「관광진흥개발기금법」에 따른 관광진흥개발기금으로 납부해야 한다.

교육 및 관광정보의 제공사업, 국내외 관광안내체계의 개선 및 관광홍보사업, 관광사업 종사자 및 관계자에 대한 교육훈련사업, 국민관광 진흥사업 및 외래관광객 유치 지원사업 등에 기금을 보조한다.

### ❖ 관광진흥법

「관광진흥법」은 1980년대 외래관광객의 급증과 국민관광 여건 조성에 따라 관광법규의 개편이 필요하게 되어, 사업자에 대한 규제중심으로 되어 있는 종전의 「관광사업법」을 폐지하고, 「관광단지개발촉진법」을 흡수 · 통합하여 「관광진흥법」을 1986년 12월 31일 제정하게 되었다.

「관광진흥법」은 제1장 총칙, 제2장 관광사업, 제3장 관광사업단체, 제4장 관광의 진흥과 홍보, 제5장 관광지 등의 개발, 제6장 보칙, 제7장 벌칙으로 구성되어 있고, 하위법령으로 「관광진흥법 시행령」과 「관광진흥법 시행규칙」이 있다.

## [관광진흥법]

### 제1장 총칙

제1장 총칙에는 「관광진흥법」의 목적과 용어해설이 있다.

**제1조(목적)**에서 "이 법은 관광 여건을 조성하고 관광자원을 개발하며 관광사업을 육성하며 관광 진흥에 이바지하는 것을 목적으로 한다."라며 관광활동이 원활하게 이루어지도록 필요한 기본적인 여건을 조성하고, 관광자원을 효과적으로 보존하고 지속가능하며 가치를 증진시키도록 개발하고, 관광사업이 건전하게 육성되도록 규제와 지도가 병행되도록 하여 관광진흥에 기여하자는 것이다.

**제2조(정의)**에는 "이 법에서 사용하는 용어의 뜻은 다음과 같다."

1. '관광사업'이란 관광객을 위하여 운송 · 숙박 · 음식 · 운동 · 오락 · 휴양 또는 용역을 제공하거나 그 밖에 관강에 딸린 시설을 갖추어 이를 이용하게 하는 업(業)을 말한다.
2. '관광사업자'란 관광사업을 경영하기 위하여 등록 · 허가 또는 지정(이하

'등록 등'이라 한다)를 받거나 신고를 한 자를 말한다.

3. '기획여행'이란 여행업을 경영하는 자가 국외여행을 하려는 여행자를 위하여 여행의 목적지 일정, 여행자가 제공받을 운송 또는 숙박 등의 서비스 내용과 그 요금 등에 관한 사항을 미리 정하고 이에 참가하는 여행자를 모집하여 실시하는 여행을 말한다.
4. '회원'이란 관광사업의 시설을 일반 이용자보다 우선적으로 이용하거나 유리한 조건으로 이용하기로 해당 관광사업자(제15조 제1항 및 제2항에 따른 사업계획의 승인을 받은 자를 포함한다)와 약정한 자를 말한다.
5. '공유자'란 단독 소유나 공유(共有)의 형식으로 관광사업의 일부 시설을 관광사업자(제15조제1항 및 제2항에 따른 사업계획의 승인을 받은 자를 포함한다)로부터 분양받은 자를 말한다.
6. '관광지'란 자연적 또는 문화적 관광자원을 갖추고 관광객을 위한 기본적인 편의시설을 설치하는 지역으로서 이 법에 따라 지정된 곳을 말한다.
7. '관광단지'란 관광객의 다양한 관광 및 휴양을 위하여 각종 관광시설을 종합적으로 개발하는 관광 거점 지역으로서 이 법에 따라 지정된 곳을 말한다.
8. '민간개발자'란 관광단지를 개발하려는 개인이나 「상법」 또는 「민법」에 따라 설립된 법인을 말한다.
9. '조성계획'이란 관광지나 관광단지의 보호 및 이용을 증진하기 위하여 필요한 관광시설의 조성과 관리에 관한 계획을 말한다.
10. '지원시설'이란 관광지나 관광단지의 관리・운영 및 기능 활성화에 필요한 관광지 및 관광단지 안팎의 시설을 말한다.
11. '관광특구'란 외국인 관광객의 유치 촉진 등을 위하여 관광 활동과 관련된 관계 법령의 적용이 배제되거나 완화되고, 관광 활동과 관련된 서비스・안내 체계 및 홍보 등 관광 여건을 집중적으로 조성할 필요가 있는 지역으로 이 법에 따라 지정된 곳을 말한다.
12. '문화관광해설사'란 관광객의 이해와 감상, 체험 기회를 제고하기 위하여 역사・문화・예술・자연 등 관광자원 전반에 대한 전문적인 해설을 제공하는 자를 말한다.

# 제2장 관광사업

## 제1절 통칙

제3조(관광사업의 종류)의 관광사업 종류는 다음과 같다.

1. 여행업 : 여행자 또는 운송시설・숙박시설, 그 밖에 여행에 딸리는 시설의 경영자 등을 위하여 그 시설 이용 알선이나 계약 체결의 대리, 여행에 관한 안내, 그 밖의 여행 편의를 제공하는 업으로 여행업의 종류는 다음과 같다.
   가. 일반여행업 : 국내외를 여행하는 내국인 및 외국인을 대상으로 하는 여행업(사증을 받는 절차를 대행하는 행위를 포함한다)
   나. 국외여행업 : 국외를 여행하는 내국인을 대상으로 하는 여행업
   다. 국내여행업 : 국내를 여행하는 내국인을 대상으로 하는 여행업
2. 관광숙박업은 호텔업과 휴양콘도미니엄업으로 구분한다.
   가. 호텔업 : 관광객의 숙박에 적합한 시설을 갖추어 이를 관광객에게 제공하거나 숙박에 딸리는 음식・운동・오락・휴양・공연 또는 연수에 적합한 시설 등을 함께 갖추어 이를 이용하게 하는 업
      1) 관광호텔업 : 관광객의 숙박에 적합한 시설을 갖추어 관광객에게 이용하게 하고 숙박에 딸린 음식・운동・오락・휴양・공연 또는 연수에 적합한 시설 등(이하 '부대시설'이라 한다)을 함께 갖추어 관광객에게 이용하게 하는 업(業)
      2) 수상관광호텔업 : 수상에 구조물 또는 선박을 고정하거나 매어 놓고 관광객의 숙박에 적합한 시설을 갖추거나 부대시설을 함께 갖추어 관광객에게 이용하게 하는 업
      3) 한국전통호텔업 : 한국전통의 건축물에 관광객의 숙박에 적합한 시설을 갖추거나 부대시설을 함께 갖추어 관광객에게 이용하게 하는 업
      4) 가족호텔업 : 가족단위 관광객의 숙박에 적합한 시설 및 취사도구를 갖추어 관광객에게 이용하게 하거나 숙박에 딸린 음식・운동・휴양 또는 연수에 적합한 시설을 함께 갖추어 관광객에게 이용하게 하는 업

5) 호스텔업 : 배낭여행객 등 개별 관광객의 숙박에 적합한 시설로서 샤워장, 취사장 등의 편의시설과 외국인 및 내국인 관광객을 위한 문화·정보 교류시설 등을 함께 갖추어 이용하게 하는 업

6) 소형호텔업 : 관광객의 숙박에 적합한 시설을 소규모로 갖추고 숙박에 딸린 음식·휴양 또는 연수에 적합한 시설을 함께 갖추어 관광객에게 이용하게 하는 업

7) 의료관광호텔업 : 의료관광객의 숙박에 적합한 시설 및 취사도구를 갖추거나 숙박에 딸린 음식·휴양 또는 연수에 적합한 시설을 함께 갖추어 주로 외국인 관광객에게 이용하게 하는 업

나. 휴양 콘도미니엄업 : 관광객의 숙박과 취사에 적합한 시설을 갖추어 이를 그 시설의 회원이나 공유자, 그 밖의 관광객에게 제공하거나 숙박에 딸리는 음식·운동·오락·휴양·공연 또는 연수에 적합한 시설 등을 함께 갖추어 이를 이용하게 하는 업

3. 관광객 이용시설업 : 다음 각 목에서 규정하는 업을 말하며 종류는 다음과 같다.

가. 관광객을 위하여 음식·운동·오락·휴양·문화·예술 또는 레저 등에 적합한 시설을 갖추어 이를 관광객에게 이용하게 하는 업

나. 대통령령으로 정하는 2종 이상의 시설과 관광숙박업의 시설(이하 '관광숙박시설'이라 한다) 등을 함께 갖추어 이를 회원이나 그 밖의 관광객에게 이용하게 하는 업

1) 전문휴양업 : 관광객의 휴양이나 여가 선용을 위하여 숙박업 시설(「공중위생관리법 시행령」 제2조제1항제1호 및 제2호의 시설을 포함하며, 이하 '숙박시설'이라 한다)이나 「식품위생법 시행령」 제21조제8호가목·나목 또는 바목에 따른 휴게음식점영업, 일반음식점영업 또는 제과점영업의 신고에 필요한 시설(이하 '음식점시설'이라 한다)을 갖추고, 전문휴양시설 중 한 종류의 시설을 갖추어 관광객에게 이용하게 하는 업

2) 종합휴양업

(1) 제1종 종합휴양업 : 관광객의 휴양이나 여가 선용을 위하여 숙박시

설 또는 음식점시설을 갖추고 전문휴양시설 중 두 종류 이상의 시설을 갖추어 관광객에게 이용하게 하는 업이나, 숙박시설 또는 음식점시설을 갖추고 전문휴양시설 중 한 종류 이상의 시설과 종합유원시설업의 시설을 갖추어 관광객에게 이용하게 하는 업

(2) 제2종 종합휴양업 : 관광객의 휴양이나 여가 선용을 위하여 관광숙박업의 등록에 필요한 시설과 제1종 종합휴양업의 등록에 필요한 전문휴양시설 중 두 종류 이상의 시설 또는 전문휴양시설 중 한 종류 이상의 시설 및 종합유원시설업의 시설을 함께 갖추어 관광객에게 이용하게 하는 업

3) 자동차야영장업 : 자동차를 이용하는 여행자의 야영·취사 및 주차에 적합한 시설을 갖추어 관광객에게 이용하게 하는 업

4) 관광유람선업

(1) 일반관광유람선업 : 「해운법」에 따른 해상여객운송사업의 면허를 받은 자나 「유선 및 도선사업법」에 따른 유선사업의 면허를 받거나 신고한 자가 선박을 이용하여 관광객에게 관광을 할 수 있도록 하는 업

(2) 크루즈업 : 「해운법」에 따른 순항(順航) 여객운송사업이나 복합 해상여객운송사업의 면허를 받은 자가 해당 선박 안에 숙박시설, 위락시설 등 편의시설을 갖춘 선박을 이용하여 관광객에게 관광을 할 수 있도록 하는 업

5) 관광공연장업 : 관광객을 위하여 적합한 공연시설을 갖추고 공연물을 공연하면서 관광객에게 식사와 주류를 판매하는 업

6) 외국인전용 관광기념품판매업 : 외국인 관광객(출국 예정 사실이 확인되는 내국인을 포함한다)에게 물품을 판매하기에 적합한 시설을 갖추어 국내에서 생산되는 주원료를 이용하여 제조하거나 가공된 물품을 판매하는 업

4. 국제회의업 : 대규모 관광 수요를 유발하는 국제회의(세미나·토론회·전시회 등을 포함한다. 이하 같다)를 개최할 수 있는 시설을 설치·운영하거

나 국제회의의 계획·준비·진행 등의 업무를 위탁받아 대행하는 업으로 종류는 다음과 같다.

가. 국제회의시설업 : 대규모 관광 수요를 유발하는 국제회의를 개최할 수 있는 시설을 설치하여 운영하는 업

나. 국제회의기획업 : 대규모 관광 수요를 유발하는 국제회의의 계획·준비·진행 등의 업무를 위탁받아 대행하는 업

5. 카지노업 : 전문 영업장을 갖추고 주사위·트럼프·슬롯머신 등 특정한 기구 등을 이용하여 우연의 결과에 따라 특정인에게 재산상의 이익을 주고 다른 참가자에게 손실을 주는 행위 등을 하는 업

6. 유원시설업(遊園施設業) : 유기시설(遊技施設)이나 유기기구(遊技機具)를 갖추어 이를 관광객에게 이용하게 하는 업(다른 영업을 경영하면서 관광객의 유치 또는 광고 등을 목적으로 유기시설이나 유기기구를 설치하여 이를 이용하게 하는 경우를 포함한다)으로 종류는 다음과 같다.

가. 종합유원시설업 : 유기시설이나 유기기구를 갖추어 관광객에게 이용하게 하는 업으로서 대규모의 대지 또는 실내에서 법 제33조에 따른 안전성검사 대상 유기시설 또는 유기기구 여섯 종류 이상을 설치하여 운영하는 업

나. 일반유원시설업 : 유기시설이나 유기기구를 갖추어 관광객에게 이용하게 하는 업으로서 법 제33조에 따른 안전성검사 대상 유기시설 또는 유기기구 한 종류 이상을 설치하여 운영하는 업

다. 기타유원시설업 : 유기시설이나 유기기구를 갖추어 관광객에게 이용하게 하는 업으로서 법 제33조에 따른 안전성검사 대상이 아닌 유기시설 또는 유기기구를 설치하여 운영하는 업

7. 관광 편의시설업 : 제1호부터 제6호까지의 규정에 따른 관광사업 외에 관광 진흥에 이바지할 수 있다고 인정되는 사업이나 시설 등을 운영하는 업으로 종류는 다음과 같다.

가. 관광유흥음식점업: 식품위생 법령에 따른 유흥주점 영업의 허가를 받은 자가 관광객이 이용하기 적합한 한국 전통 분위기의 시설을 갖추어

그 시설을 이용하는 자에게 음식을 제공하고 노래와 춤을 감상하게 하거나 춤을 추게 하는 업

나. 관광극장유흥업: 식품위생 법령에 따른 유흥주점 영업의 허가를 받은 자가 관광객이 이용하기 적합한 무도(舞蹈)시설을 갖추어 그 시설을 이용하는 자에게 음식을 제공하고 노래와 춤을 감상하게 하거나 춤을 추게 하는 업

다. 외국인전용 유흥음식점업 : 식품위생 법령에 따른 유흥주점영업의 허가를 받은 자가 외국인이 이용하기 적합한 시설을 갖추어 그 시설을 이용하는 자에게 주류나 그 밖의 음식을 제공하고 노래와 춤을 감상하게 하거나 춤을 추게 하는 업

라. 관광식당업 : 식품위생 법령에 따른 일반음식점영업의 허가를 받은 자가 관광객이 이용하기 적합한 음식 제공시설을 갖추고 관광객에게 특정 국가의 음식을 전문적으로 제공하는 업

마. 시내순환관광업 : 「여객자동차 운수사업법」에 따른 여객자동차운송사업의 면허를 받거나 등록을 한 자가 버스를 이용하여 관광객에게 시내와 그 주변 관광지를 정기적으로 순회하면서 관광할 수 있도록 하는 업

바. 관광사진업 : 외국인 관광객과 동행하며 기념사진을 촬영하여 판매하는 업

사. 여객자동차터미널시설업 : 「여객자동차 운수사업법」에 따른 여객자동차터미널사업의 면허를 받은 자가 관광객이 이용하기 적합한 여객자동차터미널시설을 갖추고 이들에게 휴게시설·안내시설 등 편익시설을 제공하는 업

아. 관광펜션업 : 숙박시설을 운영하고 있는 자가 자연·문화 체험관광에 적합한 시설을 갖추어 관광객에게 이용하게 하는 업

자. 관광궤도업 : 「궤도운송법」에 따른 궤도사업의 허가를 받은 자가 주변 관람과 운송에 적합한 시설을 갖추어 관광객에게 이용하게 하는 업

차. 한옥체험업 : 한옥(주요 구조부가 목조구조로서 한식기와 등을 사용한 건축물 중 고유의 전통미를 간직하고 있는 건축물과 그 부속시설을 말

한다)에 숙박 체험에 적합한 시설을 갖추어 관광객에게 이용하게 하는 업

카. 외국인관광 도시민박업 : 「국토의 계획 및 이용에 관한 법률」 제6조제1호에 따른 도시지역(「농어촌정비법」에 따른 농어촌지역 및 준농어촌지역은 제외한다)의 주민이 거주하고 있는 다음의 어느 하나에 해당하는 주택(단독주택 또는 다가구주택, 아파트, 연립주택 또는 다세대주택 등)을 이용하여 외국인 관광객에게 한국의 가정문화를 체험할 수 있도록 숙식 등을 제공하는 업을 말한다.

제4조(등록) ① 여행업, 관광숙박업, 관광객 이용시설업 및 국제회의업을 경영하려는 자는 특별자치도지사・시장・군수・구청장(자치구의 구청장을 말한다. 이하 같다)에게 등록하여야 하며 등록에 필요한 서류는 다음과 같다.

1. 사업계획서
2. 신청인(법인의 경우에는 대표자 및 임원)의 성명 및 주민등록번호를 기재한 서류[외국인의 경우에는 「관광진흥법」(이하 '법'이라 한다) 제7조제1항 각 호에 해당하지 아니함을 증명하는 해당 국가의 정부나 그 밖의 권한 있는 기관이 발행한 서류 또는 공증인이 공증한 신청인의 진술서로서 「재외공관공증법」에 따라 해당 국가에 주재하는 대한민국공관의 영사관이 확인한 서류]
3. 부동산의 소유권 또는 사용권을 증명하는 서류(부동산등기부등본을 통하여 부동산의 소유권 또는 사용권을 확인할 수 없는 경우만 해당한다)
4. 회원을 모집할 계획인 호텔업, 휴양콘도미니엄업의 경우로서 각 부동산에 저당권이 설정되어 있는 경우에는 영 제24조제1항제2호 단서에 따른 보증보험가입 증명서류
5. 「외국인투자 촉진법」에 따른 외국인투자를 증명하는 서류(외국인투자기업만 해당한다)

③ 제1항에 따른 등록을 하려는 자는 대통령령으로 정하는 자본금・시설 및 설비 등을 갖추어야 한다. 다만, 휴양 콘도미니엄업과 전문휴양업 중 온천장 및 농어촌휴양시설을 2012년 11월 1일부터 2014년 10월 31일까지 제3조제1항에 따라 등록 신청하면 다음 각 호의 기준에 따른다.

1. 휴양 콘도미니엄업의 경우, 같은 단지 안에 20실 이상 객실을 갖추어야 한다.
2. 전문휴양업 중 온천장의 경우 다음 요건을 갖추어야 한다.
   (1) 온천수를 이용한 대중목욕시설이 있을 것
   (2) 정구장 · 탁구장 · 볼링장 · 활터 · 미니골프장 · 배드민턴장 · 롤러스케이트장 · 보트장 등의 레크리에이션 시설 중 두 종류 이상의 시설을 갖추거나 제2조제5호에 따른 유원시설업 시설이 있을 것
3. 전문휴양업 중 농어촌휴양시설은 다음 요건을 갖추어야 한다.
   (1) 「농어촌정비법」에 따른 농어촌 관광휴양단지 또는 관광농원의 시설을 갖추고 있을 것
   (2) 관광객의 관람이나 휴식에 이용될 수 있는 특용작물 · 나무 등을 재배하거나 어류 · 희귀동물 등을 기르고 있을 것

**제5조(허가와 신고)** ① 카지노업을 경영하려는 자는 전용영업장 등 문화체육관광부령으로 정하는 시설과 기구를 갖추어 문화체육관광부장관의 허가를 받아야 한다.

② 유원시설업 중 대통령령으로 정하는 유원시설업을 경영하려는 자는 문화체육관광부령으로 정하는 시설과 설비를 갖추어 특별자치도지사 · 시장 · 군수 · 구청장의 허가를 받아야 한다.

**제6조(지정), 제7조(결격사유), 제8조(관광사업의 양수 등), 제9조(보험 가입 등), 제10조(관광표지의 부착), 제11조(관광시설의 타인 경영 및 처분과 위탁경영)** 에 대하여 규정하고 있다.

## 제2절 여행업

**제12조(기획여행의 실시)** 여행업의 등록을 한 자(이하 '여행업자'라 한다)는 문화체육관광부령으로 정하는 요건을 갖추어 문화체육관광부령으로 정하는 바에 따라 기획여행을 실시할 수 있다.

**제12조의2(의료관광 활성화)** ① 문화체육관광부장관은 외국인 의료관광(의료관광이란 국내 의료기관의 진료, 치료, 수술 등 의료서비스를 받는 환자와 그 동반자가 의료서비스와 병행하여 관광하는 것을 말한다. 이하 같다)의 활성

화를 위하여 대통령령으로 정하는 기준을 충족하는 외국인 의료관광 유치·지원 관련 기관에 「관광진흥개발기금법」에 따른 관광진흥개발기금을 대여하거나 보조할 수 있다.

제13조(국외여행 인솔자) ① 여행업자가 내국인의 국외여행을 실시할 경우 여행자의 안전 및 편의 제공을 위하여 그 여행을 인솔하는 자를 둘 때에는 문화체육관광부령으로 정하는 자격요건에 맞는 자를 두어야 한다.

② 제1항에 따른 국외여행 인솔자의 자격요건을 갖춘 자가 내국인의 국외여행을 인솔하려면 문화체육관광부장관에게 등록하여야 한다.

제14조(여행계약 등) ① 여행업자는 여행자와 계약을 체결할 때에는 여행자를 보호하기 위하여 문화체육관광부령으로 정하는 바에 따라 해당 여행지에 대한 안전정보를 제공하여야 한다. 해당 여행지에 대한 안전정보가 변경된 경우에도 또한 같다.

② 여행업자는 여행자와 여행계약을 체결하였을 때에는 그 서비스에 관한 내용을 적은 여행계약서(여행일정표 및 약관을 포함한다. 이하 같다)를 여행자에게 내주어야 한다.

③ 여행업자는 여행일정(선택관광 일정을 포함한다)을 변경하려면 문화체육관광부령으로 정하는 바에 따라 여행자의 사전 동의를 받아야 한다.

## 제3절 관광숙박업 및 관광객 이용시설업 등

제15조(사업계획의 승인) ① 관광숙박업을 경영하려는 자는 제4조제1항에 따른 등록을 하기 전에 그 사업에 대한 사업계획을 작성하여 특별자치도지사·시장·군수·구청장의 승인을 받아야 한다. 승인을 받은 사업계획 중 부지, 대지 면적, 건축 연면적의 일정 규모 이상의 변경 등 대통령령으로 정하는 사항을 변경하려는 경우에도 또한 같다.

② 대통령령으로 정하는 관광객 이용시설업이나 국제회의업을 경영하려는 자는 제4조제1항에 따른 등록을 하기 전에 그 사업에 대한 사업계획을 작성하여 특별자치도지사·시장·군수·구청장의 승인을 받을 수 있다. 승인을 받은 사업계획 중 부지, 대지 면적, 건축 연면적의 일정 규모 이상의 변경 등

대통령령으로 정하는 사항을 변경하려는 경우에도 또한 같다.

**제16조(사업계획 승인 시의 인・허가 의제 등)** ① 제15조제1항 및 제2항에 따라 사업계획의 승인을 받은 때에는 다음 각 호의 허가 또는 해제를 받거나 신고를 한 것으로 본다.

1. 「농지법」, 2. 「산지관리법」, 3. 「사방사업법」, 4. 「초지법」, 5. 「하천법」, 6. 「공유수면 관리 및 매립에 관한 법률」, 7. 「사도법」, 8. 「국토의 계획 및 이용에 관한 법률」, 9. 「장사 등에 관한 법률」

② 특별자치도지사・시장・군수・구청장은 제1항 각 호의 어느 하나에 해당하는 사항이 포함되어 있는 사업계획을 승인하려면 미리 소관 행정기관의 장과 협의하여야 하고, 그 사업계획을 승인한 때에는 지체 없이 소관 행정기관의 장에게 그 내용을 통보하여야 한다.

③ 특별자치도지사・시장・군수・구청장은 제15조제1항 및 제2항에 따른 사업계획의 변경승인을 하려는 경우 건축물의 용도변경이 포함되어 있으면 미리 소관 행정기관의 장과 협의하여야 하다

④ 관광사업자(관광숙박업만 해당한다)가 제15조제1항 후단에 따라 사업계획의 변경승인을 받은 경우에는 「건축법」에 따른 용도변경의 허가를 받거나 신고를 한 것으로 본다.

⑤ 제15조제1항에 따른 사업계획의 승인 또는 변경승인을 받은 경우 그 사업계획에 따른 관광숙박시설 및 그 시설 안의 위락시설로서 「국토의 계획 및 이용에 관한 법률」에 따라 지정된 다음 각 호의 용도지역의 시설에 대하여는 같은 법 제76조제1항을 적용하지 아니한다. 다만, 주거지역에서는 주거환경의 보호를 위하여 대통령령으로 정하는 사업계획승인기준에 맞는 경우에 한한다.

1. 상업지역
2. 주거지역・공업지역 및 녹지지역 중 대통령령으로 정하는 지역

**제17조(관광숙박업 등의 등록심의위원회)** ① 제4조제1항에 따른 관광숙박업 및 대통령령으로 정하는 관광객 이용시설업이나 국제회의업의 등록(등록 사항의 변경을 포함한다. 이하 이 조에서 같다)에 관한 사항을 심의하기 위하여

특별자치도지사·시장·군수·구청장(권한이 위임된 경우에는 그 위임을 받은 기관을 말한다. 이하 이 조 및 제18조에서 같다) 소속으로 관광숙박업 및 관광객 이용시설업 등록심의위원회(이하 '위원회'라 한다)를 둔다.

② 위원회는 위원장과 부위원장 각 1명을 포함한 위원 10명 이내로 구성하되, 위원장은 특별자치도·시·군·구(자치구만 해당한다. 이하 같다)의 부지사·부시장·부군수·부구청장이 되고, 부위원장은 위원 중에서 위원장이 지정하는 자가 되며, 위원은 제18조제1항 각 호에 따른 신고 또는 인·허가 등의 소관 기관의 직원이 된다.

**제19조(관광숙박업의 등급)** ① 문화체육관광부장관은 관광숙박시설 이용자의 편의를 돕고, 관광숙박시설 및 서비스의 수준을 효율적으로 유지·관리하기 위하여 관광숙박업에 대한 등급을 정할 수 있다.

**제19조의2(우수숙박시설의 지정)** ① 문화체육관광부장관이나 지방자치단체의 장은 관광객이 숙박시설을 편리하게 이용하고, 우수한 숙박시설이 늘어나도록 하기 위하여 「공중위생관리법」에 따른 숙박업의 시설(제3조제1항제2호에 따른 관광숙박업의 시설을 제외한다. 이하 '숙박시설'이라 한다) 중 대통령령 또는 조례로 정하는 기준에 맞는 숙박시설을 우수숙박시설로 지정할 수 있다.

② 우수숙박시설로 지정된 숙박시설에 대하여 문화체육관광부장관은 대통령령으로 정하는 바에 따라, 지방자치단체의 장은 조례로 정하는 바에 따라 다음 각 호의 지원을 할 수 있다.

1. 「관광진흥개발기금법」에 따른 관광진흥개발기금의 대여
2. 국내 또는 국외에서의 홍보
3. 그 밖에 숙박시설의 운영 및 개선을 위하여 필요한 사항

**제20조(분양 및 회원 모집)** ① 관광숙박업이나 관광객 이용시설업으로서 대통령령으로 정하는 종류의 관광사업을 등록한 자 또는 그 사업계획의 승인을 받은 자가 아니면 그 관광사업의 시설에 대하여 분양(휴양 콘도미니엄만 해당한다. 이하 같다) 또는 회원 모집을 하여서는 아니 된다.

## 제4절 카지노업

**제21조(허가 요건 등)** ① 문화체육관광부장관은 제5조제1항에 따른 카지노업(이하 '카지노업'이라 한다)의 허가신청을 받으면 다음 각 호의 어느 하나에 해당하는 경우에만 허가할 수 있다.

1. 국제공항이나 국제여객선터미널이 있는 특별시·광역시·도·특별자치도(이하 '시·도'라 한다)에 있거나 관광특구에 있는 관광숙박업 중 호텔업 시설(관광숙박업의 등급 중 최상 등급을 받은 시설만 해당하며, 시·도에 최상 등급의 시설이 없는 경우에는 그 다음 등급의 시설만 해당한다) 또는 대통령령으로 정하는 국제회의업 시설의 부대시설에서 카지노업을 하려는 경우로서 대통령령으로 정하는 요건에 맞는 경우
2. 우리나라와 외국을 왕래하는 여객선에서 카지노업을 하려는 경우로서 대통령령으로 정하는 요건에 맞는 경우

② 문화체육관광부장관이 공공의 안녕, 질서유지 또는 카지노업의 건전한 발전을 위하여 필요하다고 인정하면 대통령령으로 정하는 바에 따라 제1항에 따른 허가를 제한할 수 있다.

**제22조(결격사유)** ① 다음 각 호의 어느 하나에 해당하는 자는 카지노업의 허가를 받을 수 없다.

1. 19세 미만인 자
2. 「폭력행위 등 처벌에 관한 법률」 제4조에 따른 단체 또는 집단을 구성하거나 그 단체 또는 집단에 자금을 제공하여 금고 이상의 형을 선고받고 형이 확정된 자
3. 조세를 포탈(逋脫)하거나 「외국환거래법」을 위반하여 금고 이상의 형을 선고받고 형이 확정된 자
4. 금고 이상의 실형을 선고받고 그 집행이 끝나거나 집행을 받지 아니하기로 확정된 후 2년이 지나지 아니한 자
5. 금고 이상의 형의 집행유예를 선고받고 그 유예기간 중에 있는 자
6. 금고 이상의 형의 선고유예를 받고 그 유예기간 중에 있는 자

7. 임원 중에 제1호부터 제6호까지의 규정 중 어느 하나에 해당하는 자가 있는 법인

제23조(카지노업의 시설기준 등) ① 카지노업의 허가를 받으려는 자는 문화체육관광부령으로 정하는 시설 및 기구를 갖추어야 한다.

② 카지노사업자에 대하여는 문화체육관광부령으로 정하는 바에 따라 제1항에 따른 시설 중 일정 시설에 대하여 문화체육관광부장관이 지정・고시하는 검사기관의 검사를 받게 할 수 있다.

③ 카지노사업자는 제1항에 따른 시설 및 기구를 유지・관리하여야 한다.

제25조(카지노기구의 규격 및 기준 등) ① 문화체육관광부장관은 카지노업에 이용되는 기구(이하 '카지노기구'라 한다)의 형상・구조・재질 및 성능 등에 관한 규격 및 기준(이하 '공인기준 등'이라 한다)을 정하여야 한다.

② 문화체육관광부장관은 문화체육관광부령으로 정하는 바에 따라 문화체육관광부장관이 지정하는 검사기관의 검정을 받은 카지노기구의 규격 및 기준을 공인기준 등으로 인정할 수 있다.

③ 카지노사업자가 카지노기구를 영업장소(그 부대시설 등을 포함한다)에 반입・사용하는 경우에는 문화체육관광부령으로 정하는 바에 따라 그 카지노기구가 공인기준 등에 맞는지에 관하여 문화체육관광부장관의 검사를 받아야 한다.

④ 제3항에 따른 검사에 합격된 카지노기구에는 문화체육관광부령으로 정하는 바에 따라 검사에 합격하였음을 증명하는 증명서(이하 '검사합격증명서'이라 한다)를 붙이거나 표시하여야 한다.

### 제5절 유원시설업

제31조(조건부 영업허가) ① 특별자치도지사・시장・군수・구청장은 유원시설업 허가를 할 때 5년의 범위에서 대통령령으로 정하는 기간에 제5조제2항에 따른 시설 및 설비를 갖출 것을 조건으로 허가할 수 있다. 다만, 천재지변이나 그 밖의 부득이한 사유가 있다고 인정하는 경우에는 해당 사업자의 신청에 따라 한 차례에 한하여 1년을 넘지 아니하는 범위에서 그 기간을 연장할

수 있다.

② 특별자치도지사・시장・군수・구청장은 제1항에 따른 허가를 받은 자가 정당한 사유 없이 제1항에 따른 기간에 허가 조건을 이행하지 아니하면 그 허가를 즉시 취소하여야 한다.

③ 제1항에 따른 허가를 받은 자는 제1항에 따른 기간 내에 허가 조건에 해당하는 필요한 시설 및 기구를 갖춘 경우 그 내용을 특별자치도지사・시장・군수・구청장에게 신고하여야 한다.

## 제6절 영업에 대한 지도와 감독

제35조(등록취소 등) ① 관할 등록기관등의 장은 관광사업의 등록등을 받거나 신고를 한 자 또는 사업계획의 승인을 받은 자가 다음 각 호의 어느 하나에 해당하면 그 등록등 또는 사업계획의 승인을 취소하거나 6개월 이내의 기간을 정하여 그 사업의 전부 또는 일부의 정지를 명하거나 시설・운영의 개선을 명할 수 있다.

1. 변경등록기간내에 변경등록을 하지 않거나 등록한 영업범위를 벗어날 때 등

## 제7절 관광종사원

제38조(관광종사원의 자격 등) ① 관할 등록기관등의 장은 대통령령으로 정하는 관광 업무에는 관광종사원의 자격을 가진 자가 종사하도록 해당 관광사업자에게 권고할 수 있다. 다만, 외국인 관광객을 대상으로 하는 여행업자는 관광통역안내의 자격을 가진 사람을 관광안내에 종사하게 하여야 한다.

② 제1항에 따른 관광종사원의 자격을 취득하려는 자는 문화체육관광부령으로 정하는 바에 따라 문화체육관광부장관이 실시하는 시험에 합격한 후 문화체육관광부장관에게 등록하여야 한다. 다만, 문화체육관광부령으로 따로 정하는 자는 시험의 전부 또는 일부를 면제할 수 있다.

③ 문화체육관광부장관은 제2항에 따라 등록을 한 자에게 관광종사원 자격증을 내주어야 한다.

④ 관광종사원 자격증을 가진 자는 그 자격증을 잃어버리거나 못 쓰게 되면

문화체육관광부장관에게 그 자격증의 재교부를 신청할 수 있다.

⑤ 제7조제1항 각 호(제3호는 제외한다)의 어느 하나에 해당하는 자는 제1항에 따른 관광종사원의 자격을 취득하지 못한다.

## 제3장 관광사업자 단체

**제41조(한국관광협회중앙회 설립)** ① 제45조에 따른 지역별 관광협회 및 업종별 관광협회는 관광사업의 건전한 발전을 위하여 관광업계를 대표하는 한국관광협회중앙회(이하 '협회'라 한다)를 설립할 수 있다.

② 협회를 설립하려는 자는 대통령령으로 정하는 바에 따라 문화체육관광부장관의 허가를 받아야 한다

## 제4장 관광진흥과 홍보

**제47조(관광정보 활용 등)** ① 문화체육관광부장관은 관광에 관한 정보의 활용과 관광을 통한 국제 친선을 도모하기 위하여 관광과 관련된 국제기구와의 협력 관계를 증진하여야 한다.

② 문화체육관광부장관은 제1항에 따른 업무를 원활히 수행하기 위하여 관광사업자 · 관광사업자 단체 또는 한국관광공사(이하 '관광사업자 등'이라 한다)에게 필요한 사항을 권고 · 조정할 수 있다.

③ 관광사업자등은 특별한 사유가 없으면 제2항에 따른 문화체육관광부장관의 권고나 조정에 협조하여야 한다.

**제47조의2(관광통계)** ① 문화체육관광부장관과 지방자치단체의 장은 제49조제1항 및 제2항에 따른 관광개발기본계획 및 권역별 관광개발계획을 효과적으로 수립 · 시행하고 관광산업에 활용하도록 하기 위하여 국내외의 관광통계를 작성할 수 있다.

② 문화체육관광부장관과 지방자치단체의 장은 관광통계를 작성하기 위하여 필요하면 실태조사를 하거나, 공공기관 · 연구소 · 법인 · 단체 · 민간기업 · 개인 등에게 협조를 요청할 수 있다.

③ 제1항 및 제2항에서 규정한 사항 외에 관광통계의 작성·관리 및 활용에 필요한 사항은 대통령령으로 정한다.

제48조(관광 홍보 및 관광자원 개발)문화체육관광부장관 또는 시·도지사는 국제 관광의 촉진과 국민 관광의 건전한 발전을 위하여 국내외 관광 홍보 활동을 조정하거나 관광 선전물을 심사하거나 그 밖에 필요한 사항을 지원할 수 있다.

② 문화체육관광부장관 또는 시·도지사는 제1항에 따라 관광홍보를 원활히 추진하기 위하여 필요하면 문화체육관광부령으로 정하는 바에 따라 관광사업자등에게 해외관광시장에 대한 정기적인 조사, 관광 홍보물의 제작, 관광안내소의 운영 등에 필요한 사항을 권고하거나 지도할 수 있다.

③ 지방자치단체의 장, 관광사업자 또는 제54조제1항에 따라 관광지·관광단지의 조성계획승인을 받은 자는 관광지·관광단지·관광특구·관광시설 등 관광자원을 안내하거나 홍보하는 내용의 옥외광고물(屋外廣告物)을 「옥외광고물 등 관리법」의 규정에도 불구하고 대통령령으로 정하는 바에 따라 설치할 수 있다.

④ 문화체육관광부장관과 지방자치단체의 장은 관광객의 유치, 관광복지의 증진 및 관광 진흥을 위하여 대통령령으로 정하는 바에 따라 다음 각 호의 사업을 추진할 수 있다.

1. 문화, 체육, 레저 및 산업시설 등의 관광자원화사업
2. 해양관광의 개발사업 및 자연생태의 관광자원화사업
3. 관광상품의 개발에 관한 사업
4. 국민의 관광복지 증진에 관한 사업

제48조의2(지역축제 등) ① 문화체육관광부장관은 지역축제의 체계적 육성 및 활성화를 위하여 지역축제에 대한 실태조사와 평가를 할 수 있다.

② 문화체육관광부장관은 지역축제의 통폐합 등을 포함한 그 발전방향에 대하여 지방자치단체의 장에게 의견을 제시하거나 권고할 수 있다.

③ 문화체육관광부장관은 다양한 지역관광자원을 개발·육성하기 위하여 우수한 지역축제를 문화관광축제로 지정하고 지원할 수 있다.

④ 제3항에 따른 문화관광축제의 지정 기준 및 지원 방법 등에 필요한 사항은 대통령령으로 정한다.

시행령 제41조의3(문화관광축제의 지정 기준) 문화관광축제의 지정 기준은 문화체육관광부장관이 다음 각 호의 사항을 고려하여 정한다.

1. 축제의 특성 및 콘텐츠
2. 축제의 운영능력
3. 관광객 유치 효과 및 경제적 파급효과
4. 그 밖에 문화체육관광부장관이 정하는 사항

제48조의3(지속가능한 관광활성화) 문화체육관광부장관은 에너지 · 자원의 사용을 최소화하고 기후변화에 대응하며 환경 훼손을 줄이는 지속가능한 관광자원의 개발을 장려하기 위하여 정보제공 및 재정지원 등 필요한 조치를 강구할 수 있다.

제48조의4(문화관광해설사의 양성 및 활용계획 등) ① 문화체육관광부장관은 문화관광해설사를 효과적이고 체계적으로 양성 · 활용하기 위하여 해마다 문화관광해설사의 양성 및 활용계획을 수립하고, 이를 지방자치단체의 장에게 알려야 한다.

② 지방자치단체의 장은 제1항에 따른 문화관광해설사 양성 및 활용계획에 따라 관광객의 규모, 관광자원의 보유 현황, 문화관광해설사에 대한 수요 등을 고려하여 해마다 문화관광해설사 운영계획을 수립 · 시행하여야 한다. 이 경우 문화관광해설사의 양성 · 배치 · 활용 등에 관한 사항을 포함하여야 한다.

제48조의5(관광체험교육프로그램 개발) 문화체육관광부장관 또는 지방자치단체의 장은 관광객에게 역사 · 문화 · 예술 · 자연 등의 관광자원과 연계한 체험기회를 제공하고, 관광을 활성화하기 위하여 관광체험교육프로그램을 개발 · 보급할 수 있다. 이 경우 장애인을 위한 관광체험교육프로그램을 개발하여야 한다.

## 제5장 관광지 등의 개발

### 제1절 관광지 및 관광단지의 개발

제49조(관광개발기본계획 등) ① 문화체육관광부장관은 관광자원을 효율적으로 개발하고 관리하기 위하여 전국을 대상으로 다음과 같은 사항을 포함하는 관광개발기본계획(이하 '기본계획'이라 한다)을 수립하여야 한다.

1. 전국의 관광 여건과 관광 동향(動向)에 관한 사항
2. 전국의 관광 수요와 공급에 관한 사항
3. 관광자원 보호 · 개발 · 이용 · 관리 등에 관한 기본적인 사항
4. 관광권역(觀光圈域)의 설정에 관한 사항
5. 관광권역별 관광개발의 기본방향에 관한 사항
6. 그 밖에 관광개발에 관한 사항

② 시 · 도지사(특별자치도지사는 제외한다)는 기본계획에 따라 구분된 권역을 대상으로 다음 각 호의 사항을 포함하는 권역별 관광개발계획(이하 '권역계획'이라 한다)을 수립하여야 한다.

1. 권역의 관광 여건과 관광 동향에 관한 사항
2. 권역의 관광 수요와 공급에 관한 사항
3. 관광자원의 보호 · 개발 · 이용 · 관리 등에 관한 사항
4. 관광지 및 관광단지의 조성 · 정비 · 보완 등에 관한 사항

4의2. 관광지 및 관광단지의 실적 평가에 관한 사항

5. 관광지 연계에 관한 사항
6. 관광사업의 추진에 관한 사항
7. 환경보전에 관한 사항
8. 그 밖에 그 권역의 관광자원의 개발, 관리 및 평가를 위하여 필요한 사항

제50조(기본계획) ① 시 · 도지사는 기본계획의 수립에 필요한 관광 개발사업에 관한 요구서를 문화체육관광부장관에게 제출하여야 하고, 문화체육관광부장관은 이를 종합 · 조정하여 기본계획을 수립하고 공고하여야 한다.

제51조(권역계획) ① 권역계획(圈域計劃)은 그 지역을 관할하는 시·도지사(특별자치도지사는 제외한다. 이하 이 조에서 같다)가 수립하여야 한다. 다만, 둘 이상의 시·도에 걸치는 지역이 하나의 권역계획에 포함되는 경우에는 관계되는 시·도지사와의 협의에 따라 수립하되, 협의가 성립되지 아니한 경우에는 문화체육관광부장관이 지정하는 시·도지사가 수립하여야 한다.

② 시·도지사는 제1항에 따라 수립한 권역계획을 문화체육관광부장관의 조정과 관계 행정기관의 장과의 협의를 거쳐 확정하여야 한다. 이 경우 협의요청을 받은 관계 행정기관의 장은 특별한 사유가 없는 한 그 요청을 받은 날부터 30일 이내에 의견을 제시하여야 한다.

③ 시·도지사는 권역계획이 확정되면 그 요지를 공고하여야 한다.

④ 확정된 권역계획을 변경하는 경우에는 제1항부터 제3항까지의 규정을 준용한다. 다만, 대통령령으로 정하는 경미한 사항의 변경에 대하여는 관계 부처의 장과의 협의를 갈음하여 문화체육관광부장관의 승인을 받아야 한다.

제52조(관광지의 지정 등) ① 관광지 및 관광단지(이하 '관광지등'이라 한다)는 문화체육관광부령으로 정하는 바에 따라 시장·군수·구청장의 신청에 의하여 시·도지사가 지정한다. 다만, 특별자치도의 경우에는 특별자치도지사가 지정한다.

② 시·도지사는 제1항에 따른 관광지등을 지정하려면 사전에 문화체육관광부장관 및 관계 행정기관의 장과 협의하여야 한다. 다만, 「국토의 계획 및 이용에 관한 법률」 제30조에 따라 같은 법 제36조제1항제2호다목에 따른 계획관리지역(같은 법의 규정에 따라 도시·군관리계획으로 결정되지 아니한 지역인 경우에는 종전의 「국토이용관리법」 제8조에 따라 준도시지역으로 결정·고시된 지역을 말한다)으로 결정·고시된 지역을 관광지등으로 지정하려는 경우에는 그러하지 아니하다.

③ 제2항 본문에 따라 협의요청을 받은 문화체육관광부장관 및 관계 행정기관의 장은 특별한 사유가 없는 한 그 요청을 받은 날부터 30일 이내에 의견을 제시하여야 한다.

④ 관광지등의 지정 취소 또는 그 면적의 변경은 관광지등의 지정에 관한 절

차에 따라야 한다. 이 경우 대통령령으로 정하는 경미한 면적의 변경은 제2항 본문에 따른 협의를 하지 아니할 수 있다.

제54조(조성계획의 수립 등) ① 관광지등을 관할하는 시장·군수·구청장은 조성계획을 작성하여 시·도지사의 승인을 받아야 한다. 이를 변경(대통령령으로 정하는 경미한 사항의 변경은 제외한다)하려는 경우에도 또한 같다. 다만, 관광단지를 개발하려는 공공기관 등 문화체육관광부령으로 정하는 공공법인 또는 민간개발자(이하 '관광단지개발자'라 한다)는 조성계획을 작성하여 대통령령으로 정하는 바에 따라 시·도지사의 승인을 받을 수 있다.

② 시·도지사는 제1항에 따른 조성계획을 승인하거나 변경승인을 하고자 하는 때에는 관계 행정기관의 장과 협의하여야 한다. 이 경우 협의요청을 받은 관계 행정기관의 장은 특별한 사유가 없는 한 그 요청을 받은 날부터 30일 이내에 의견을 제시하여야 한다.

③ 시·도지사가 제1항에 따라 조성계획을 승인 또는 변경승인한 때에는 지체 없이 이를 고시하여야 한다.

④ 민간개발자가 관광단지를 개발하는 경우에는 제58조제13호 및 제61조를 적용하지 아니한다. 다만, 조성계획상의 조성 대상 토지면적 중 사유지의 3분의 2 이상을 취득한 경우 남은 사유지에 대하여는 그러하지 아니하다.

제55조(조성계획의 시행), 제56조(관광지 지정 등의 실효 및 취소 등), 제57조(공공시설의 우선 설치), 제58조(인·허가 등의 의제), 제59조(관광지등의 처분), 제60조(국토의 계획 및 이용에 관한 법률의 준용), 제61조(수용 및 사용), 제63조(선수금), 제64조(이용자 분담금 및 원인자 부담금), 제65조(강제징수), 제66조(이주대책), 제67조(입장료 등의 징수와 사용), 제69조(관광지 등의 관리)에 대하여 규정하고 있다.

### 제2절 관광특구

제70조(관광특구의 지정) ① 관광특구는 다음 각 호의 요건을 모두 갖춘 지역 중에서 시장·군수·구청장의 신청(특별자치도의 경우는 제외한다)에 따라 시·도지사가 지정한다.

1. 외국인 관광객 수가 대통령령으로 정하는 기준[15] 이상일 것
2. 문화체육관광부령으로 정하는 바에 따라 관광안내시설, 공공편익시설 및 숙박시설 등이 갖추어져 외국인 관광객의 관광수요를 충족시킬 수 있는 지역일 것
3. 임야・농지・공업용지 또는 택지 등 관광활동과 직접적인 관련성이 없는 토지의 비율이 대통령령으로 정하는 기준[16]을 초과하지 아니할 것
4. 제1호부터 제3호까지의 요건을 갖춘 지역이 서로 분리되어 있지 아니할 것

이밖에 제71조 관광특구의 진흥계획, 제72조 관광특구에 대한 지원, 제73조 관광특구에 대한 평가, 제74조 다른 법률에 대한 특례 등이 있다.

또 제6장은 보칙으로 재정지원, 청문, 보고・검사, 수수료, 권한의 위임과 위탁 등이 규정되어 있고, 제7장은 벌칙으로 구성되어 있다.

### ❖ 관광진흥개발기금법

이 법은 관광사업을 효율적으로 발전시키고 관광을 통한 외화 수입의 증대에 이바지하기 위하여 관광진흥개발기금을 설치하기 위하여 1972년 12월 31일 제정되었다.

정부는 이 법의 목적을 달성하기 위한 자금을 확보하기 위하여 기금을 설치하는데, 정부로부터 받은 출연금, 카지노사업자의 매출의 10/100 이내 납부금, 출국납부금으로 1인당 1만원, 기금 운용에 따라 생기는 수익금과 그밖의 재원에서 확보하는데 기금의 용도로 대여와 보조형식을 갖는데, 호텔을 비롯한 각종 관광시설의 건설 또는 개수(改修), 관광을 위한 교통수단의 확보 또는 개수, 관광사업의 발전을 위한 기반시설의 건설 또는 개수, 관광지・관광단지 및 관광특구에서의 관광 편의시설의 건설 또는 개수에 대여할 수 있다.

---

15) 문화체육관광부장관이 고시하는 기준을 갖춘 통계전문기관의 통계결과 해당 지역의 최근 1년간 외국인 관광객 수가 10만명(서울특별시는 50만 명)인 것을 말한다.
16) 관광특구 전체 면적 중 임야・농지・공업용지 또는 택지 등 관광활동과 직접적인 관련성이 없는 토지가 차지하는 비율이 10퍼센트인 것을 말한다

관광정책에 관하여 조사·연구하는 법인인 한국문화관광연구원의 기본재산 형성 및 조사·연구사업, 그 밖의 운영에 필요한 경비를 2008년 2월 29일 개정되어 보조할 수 있게 되었다.

또 다음 사업에는 기금을 대여하거나 보조할 수 있다.

1. 국외 여행자의 건전한 관광을 위한 교육 및 관광정보의 제공사업
2. 국내외 관광안내체계의 개선 및 관광홍보사업
3. 관광사업 종사자 및 관계자에 대한 교육훈련사업
4. 국민관광 진흥사업 및 외래관광객 유치 지원사업
5. 관광상품 개발 및 지원사업
6. 관광지·관광단지 및 관광특구에서의 공공 편익시설 설치사업
7. 국제회의의 유치 및 개최사업
8. 장애인 등 소외계층에 대한 국민관광 복지사업
9. 전통관광자원 개발 및 지원사업
10. 그 밖에 관광사업의 발전을 위하여 필요한 것으로서 대통령령으로 정하는 사업으로 다음과 같다.
    가. 「관광진흥법」 제4조에 따라 여행업을 등록한 자나 같은 법 제5조에 따라 카지노업을 허가받은 자(「관광진흥법 시행령」 제2조제1항제1호가목에 따른 일반여행업을 등록한 자나 「관광진흥법」 제5조에 따라 카지노업을 허가받은 자가 「관광진흥법」 제45조에 따라 설립한 관광협회를 포함한다)의 해외지사 설치
    나. 관광사업체 운영의 활성화
    다. 관광진흥에 기여하는 문화예술사업
    라. 지방자치단체나 「관광진흥법」 제54조제1항 단서에 따른 관광단지개발자 등의 관광지 및 관광단지 조성사업
    마. 관광지·관광단지 및 관광특구의 문화·체육시설, 숙박시설, 상가시설로서 관광객 유치를 위하여 특히 필요하다고 문화체육관광부장관이 인정하는 시설의 조성
    바. 관광 관련 국제기구의 설치

이밖에 기금은 민간자본의 유치를 위하여 필요한 경우 다음의 사업이나 투자조합에 출자(出資)할 수 있다.

1. 「관광진흥법」 제2조제6호 및 제7호에 따른 관광지 및 관광단지의 조성사업
2. 「국제회의산업 육성에 관한 법률」 제2조제3호에 따른 국제회의시설의 건립 및 확충 사업
3. 관광사업에 투자하는 것을 목적으로 하는 투자조합
4. 그 밖에 관광사업의 발전을 위하여 필요한 것으로서 대통령령으로 정하는 사업

기금의 운용을 심의하기 위하여 문화체육관광부장관은 기금운용위원회를 두고, 장관은 매년 「국가재정법」에 따라 기금운용계획안을 수립하여야 한다. 또 기금의 수입과 지출에 관한 사무를 위하여 공무원을 임명하고, 한국은행에 기금의 계정을 설치한다.

### ❖ 국제회의산업 육성에 관한 법률

이 법은 국제회의의 유치를 촉진하고 그 원활한 개최를 지원하여 국제회의산업을 육성·진흥함으로써 관광산업의 발전과 국민경제의 향상 등에 이바지함을 목적으로 2006년 12월 30일 제정되었다.

국제회의란 상당수의 외국인이 참가하는 회의(세미나·토론회·전시회 등을 포함한다)로서 대통령령으로 정하는 종류와 규모에 해당하는 것을 말하고, 국제회의산업이란 국제회의의 유치와 개최에 필요한 국제회의시설, 서비스 등과 관련된 산업을 말한다. 국제회의시설이란 국제회의의 개최에 필요한 회의시설, 전시시설 및 이와 관련된 부대시설 등으로서 대통령령으로 정하는 종류와 규모에 해당하는 것을 말한다. 국제회의도시란 국제회의산업의 육성·진흥을 위하여 제14조에 따라 지정된 특별시·광역시 또는 시를 말한다.

이밖에 국제회의 전담조직이란 국제회의산업의 진흥을 위하여 각종 사업을 수행하는 조직을 말하고, 국제회의산업 육성기반이란 국제회의시설, 국제회의 전문인력, 전자국제회의체제, 국제회의 정보 등 국제회의의 유치·개최를 지원

하고 촉진하는 시설, 인력, 체제, 정보 등을 말한다.

국제회의산업의 육성·진흥을 위하여 국가는 필요한 계획의 수립 등 행정상·재정상 지원조치를 강구해야 한다며 국가의 책무를 명기하고 있는데, 국제회의 참가자가 이용할 숙박시설, 교통시설 및 관광 편의시설 등의 설치·확충 또는 개선을 위하여 필요한 사항이 포함되어야 한다.

문화체육관광부장관은 국제회의산업 육성을 위하여 국제회의 전담조직을 지정할 수 있고, 국제회의시설을 보유·관할하는 지방자치단체장은 국제회의 관련 업무를 효율적으로 추진하기 위하여 전담조직을 설치할 수 있어, 국가 컨벤션뷰로가 한국관광공사에 설치되어 있고, 경기도에는 경기관광공사에 경기컨벤션뷰로가 설치되어 있다.

또 문화체육관광부 장관은 국제회의산업육성기본계획을 수립하여야 하는데, 국제회의의 유치와 촉진에 관한 사항, 국제회의의 원활한 개최에 관한 사항, 국제회의에 필요한 인력의 양성에 관한 사항, 국제회의시설의 설치와 확충에 관한 사항, 그 밖에 국제회의산업의 육성·진흥에 관한 중요 사항 등이 포함되어 있어야 한다.

국제회의 유치·개최에 대하여 지원과 관련하여, 문화체육관광부 장관이 위임한 전담조직인 한국관광공사 사장에게 지원희망자는 국제회의 유치·개최 계획서(국제회의의 명칭, 목적, 기간, 장소, 참가자 수, 필요한 비용 등이 포함되어야 한다), 국제회의 유치·개최 실적에 관한 서류(국제회의를 유치·개최한 실적이 있는 경우만 해당한다), 지원을 받으려는 세부 내용을 적은 서류를 각 1부씩 제출하여야 한다.

또 문화체육관광부 장관이 국제회의도시 지정기준에 맞는 특별시·광역시 및 시를 지정할 수 있는데, 기준은 지정대상 도시에 국제회의시설이 있고, 해당 특별시·광역시 또는 시에서 이를 활용한 국제회의산업 육성에 관한 계획을 수립하고 있을 것, 지정대상 도시에 숙박시설·교통시설·교통안내체계 등 국제회의 참가자를 위한 편의시설이 갖추어져 있을 것, 지정대상 도시 또는 그 주변에 풍부한 관광자원이 있어야 한다.

# 3 관광조직

## ❖ 한국의 관광 조직

관광을 담당하는 국가의 관광행정기관(National Tourism Administration)으로 관광부, 관광청, 문화관광부, 국토교통부, 산업통상부의 형태로 다루고 있다. 통상 행정기관에서 직접 정책을 수립하고 집행은 국가관광기구(National Tourism Organization)를 통하여 관광마케팅활동을 전개하고 있다. 또한 지방자치단체의 관광행정기관(Regional Tourism Administration)도 국가의 행정기관과 연계되어 관광국, 문화관광국, 통상산업관광국 등의 형태로 운영되고 있고, 지방관광정책을 집행하는 지방관광기구(Regional Tourism Organization)가 있다.

한편 관광사업체들의 권익을 보호하고 대변하기 위한 관광협회와 각 관광사업 형태별로 여행업협회, 호텔협회 등 업종별 관광협회도 구성되어 있다. 이밖에도 정책수립을 위한 연구기관과 정부정책을 조정, 조율하는 관광위원회, 민관합동 위원회 등이 있다.

### 1) 중앙 관광행정기관(문화체육관광부)

우리나라의 관광행정을 담당하는 부처는 문화체육관광부이며, 대통령비서실, 국무조정실 이외에도 기획재정부 관세청과는 면세점, 통계청과는 관광통계, 매래창조과학부와는 창조관광, 교육부와는 교육관광, 외교부와는 출입국 관련, 통일부와는 남북관광, 법무부와는 관광법규, 국방부와는 안보관광, 안전행정부와는 지방관광, 관광경찰, 농업축산식품부와는 농촌관광, 산업통상자원부와는 산업관광, MICE, 보건복지부와는 의료관광, 환경부와는 생태관광, 국토교통부와는 교통시설, 해양수산부와는 해양관광 등에서 연관성을 맺고 있다.

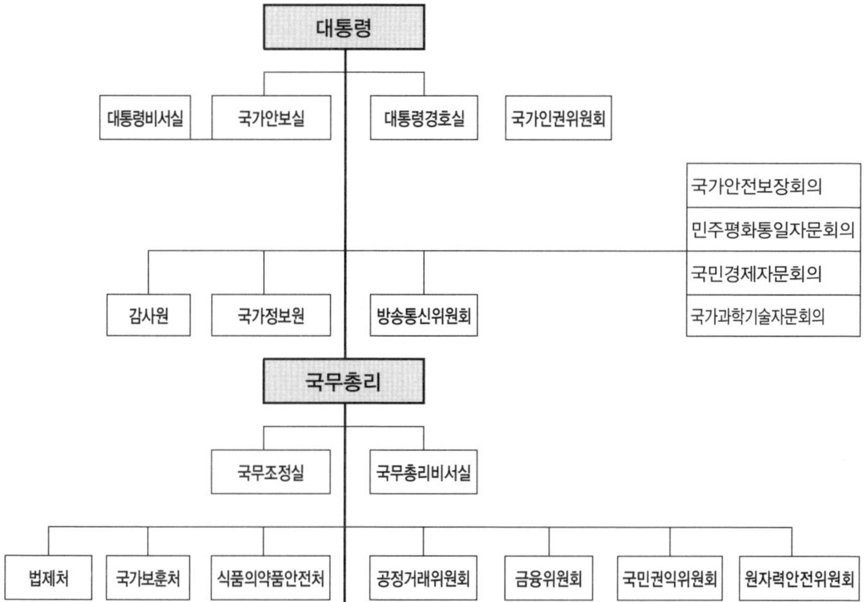


| | | | |
|---|---|---|---|
| **기획재정부** | 국세청/관세청/조달청/통계청 | **미래창조과학부** | |
| **교육부** | | **외교부** | |
| **통일부** | | **법무부** | 검찰청 |
| **국방부** | 병무청/방위사업청 | **안전행정부** | 경찰청/소방방재청 |
| **문화체육관광부** | 문화재청 | **농림축산식품부** | 농촌진흥청/산림청 |
| **산업통상자원부** | 중소기업청/특허청 | **보건복지부** | |
| **환경부** | 기상청 | **고용노동부** | |
| **여성가족부** | | **국토교통부** | 행정중심복합도시건설청/새만금개발청 |
| **해양수산부** | 해양경찰청 | | |

자료 : 위키백과(2013. 10. 2)

[그림 1-3] 대한민국 정부 조직도

우리나라에서 관광업무를 최초로 담당한 기관은 교통부 육운국에서 담당하다 1954년에 관광과가 설치되었고, 1963년 관광국으로 승격한 뒤, 1994년부터 문화체육부로 이관되어 지금의 문화체육관광부에서 담당하고 있다. 2005년에는 관광국 내 관광레저도시기획추진단과 3개과를 설치하며 2013년 현재 관광국 내 1기획관과 6개과로 구성되어 있다.

[그림 1-4] 문화체육관광부 관광국 조직도

### 2) 광역지방 관광행정기관(서울특별시, 경기도)

지방자치단체의 관광담당행정기관은 광역지자체의 경우 관광국, 문화관광국, 문화체육관광국 형태로 구성되어 있으며, 기초지자체는 관광과, 문화관광과, 예술관광과 형태가 많다.

경기도의 문화체육관광국에는 관광과가 설치되어, 관광마케팅, 관광개발, 축제 등을 담당하고, MICE는 경제투자실 내 서비스산업과에서 담당하고, 의료관광은 보건복지국내 보건정책과에서 담당하고, 농촌관광은 농업정책과에서, DMZ관련업무는 균형발전국 DMZ정책과에서 담당하고 있는 등 관광업무가 나눠져 있다.

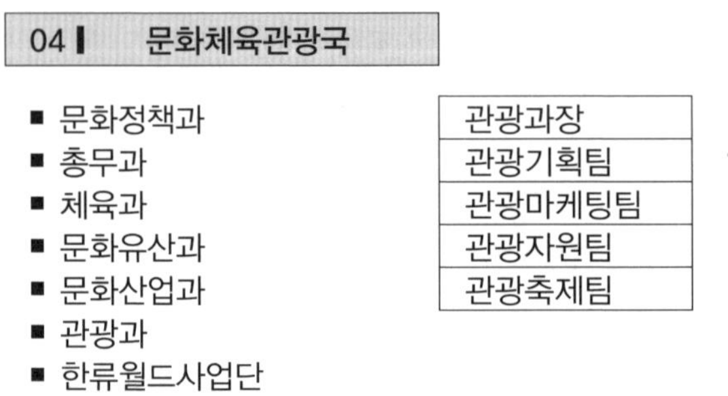


[그림 1-5] 경기도 문화체육관광국 및 관광과 조직도

서울특별시에는 문화관광디자인본부에 관광정책관 산하에 관광정책과와 관광사업과가 설치되어 있다.

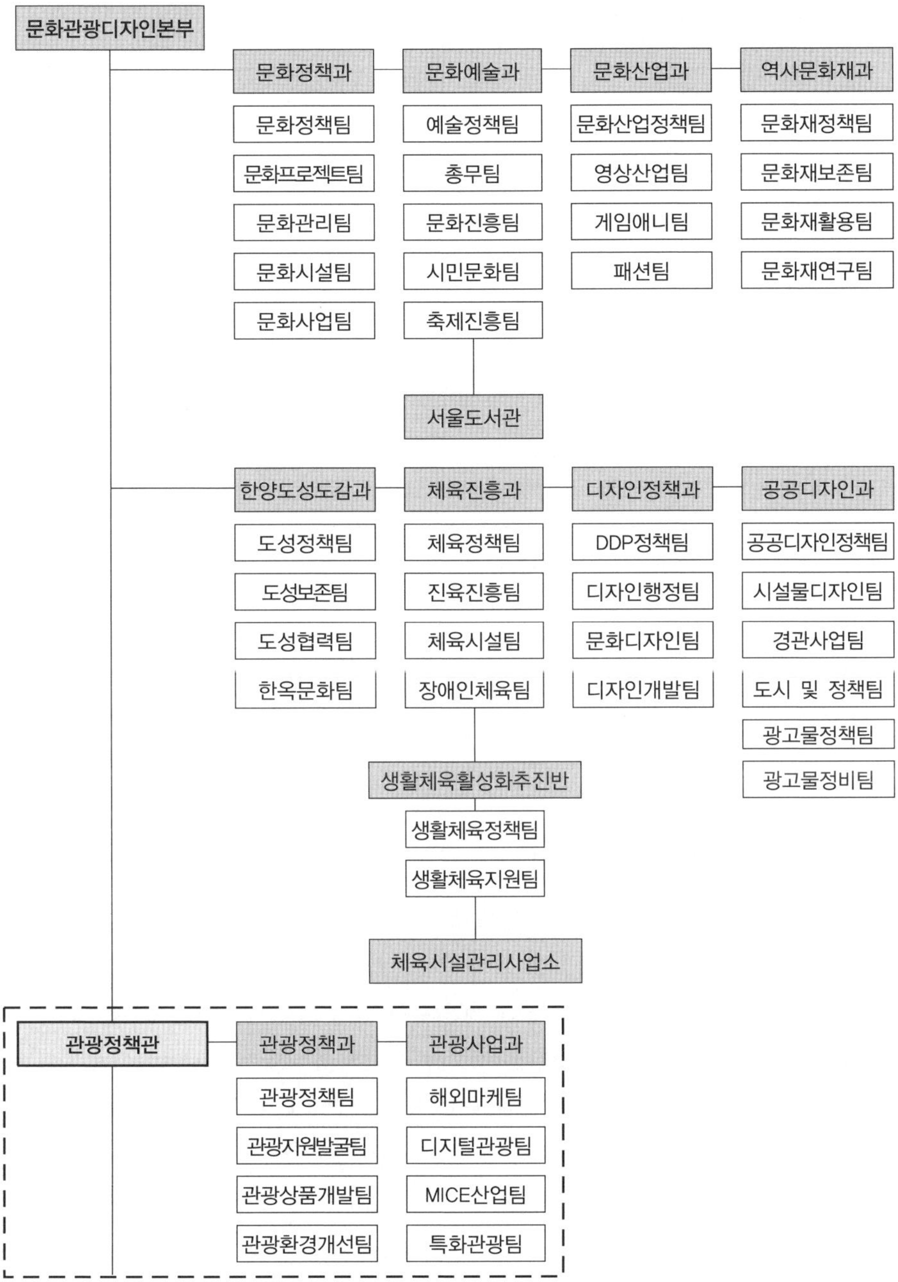


[그림 1-6] 서울특별시 문화관광디자인본부 조직도

### 3) 기초지방 관광행정기관(수원시, 강릉시)

기초지자체인 강릉시에는 관광과에서 관광기획, 관광지도, 단오문화, 관광개발, 관광마케팅, 도립공원 담당이 있지만 농촌관광이나 의료관광인 경우에는 타 과에서 담당하기도 한다. 수원시는 문화관광과에 문화정책팀, 관광팀, 예술팀, 문화시설팀으로 구성되어 있어 사실상 관광은 1개팀 4명이 담당하고 있다.

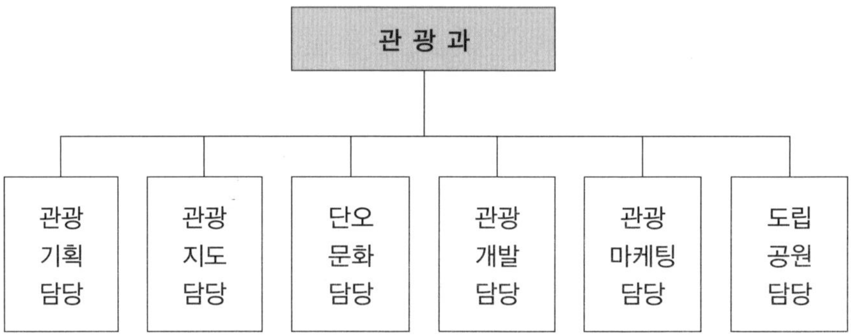


[그림 1-7] 강릉시 관광과 조직도

### 4) 국가 관광기구(한국관광공사)

우리나라 관광정책의 집행을 담당하는 정부관광기구 한국관광공사는 1962년 4월 24일 제정된 국제관광공사법에 의거 같은 해 6월 26일에 설립되어, 현재는 4개 본부, 12실, 50개 단·센터·팀, 29개 해외지사, 3개 국내지사, 5개 지역협력단으로 구성되어 있다. 특히 해외지사는 일본에 도쿄·오사카·후쿠오카·나고야 등 4개 지사와 중국 등 중화권에 베이징·상하이·광저우·선양·청뚜·타이페이·홍콩 등 7개 지사에 우한·시안 2개 지사가 추가로 개설될 전망이다.

아시아·중동지역에는 싱가포르·방콕·두바이·쿠알라룸푸르·뉴델리·하노이·자카르타·마닐라·이스탄불 등 9개 지사, 미주지역에 로스엔젤레스·뉴욕·토론토 등 3개 지사, 구주지역에 프랑크푸르트·런던·파리·시드니·모스크바·블라디보스톡 등 6개 지사 총 29개 지사가 있다.

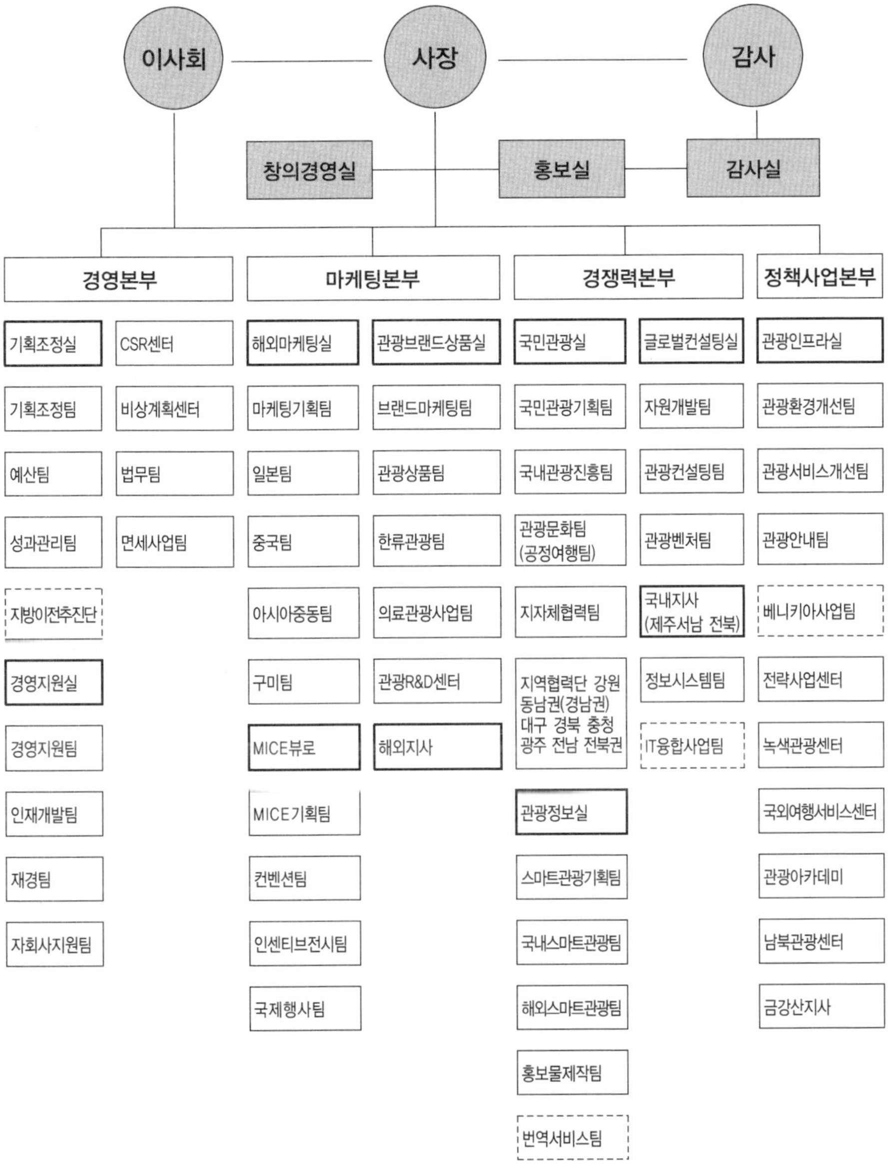


[그림 1-8] 한국관광공사 조직도

### 5) 광역지방 관광기구(경기관광공사)

광역지방자치단체의 분산된 관광정책을 종합적으로 수행하는 기관으로 지방관광공사(경기관광공사, 제주관광공사, 경상북도관광공사, 대전관광공사, 부산관광공사, 인천도시공사)와 서울마케팅주식회사가 있다. 2002년 국내 최초로 설립된 경기관광공사는 경기도의 관광마케팅과 MICE, 의료관광, 농촌관광, 생태관광, DMZ에 이르기까지 종합적으로 정책을 수행하고 있다.

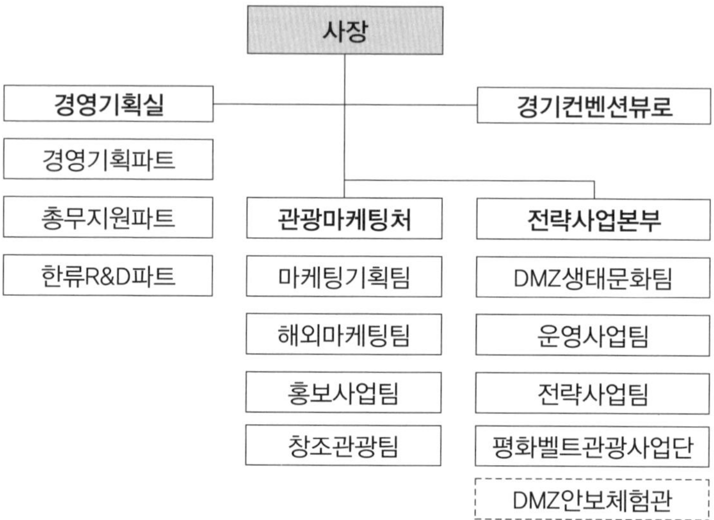


[그림 1-9] 경기관광공사 조직도

### 6) 기초지방 관광기구(강릉관광공사)

기초지자체의 관광정책을 수행기관으로 강릉·태백·통영관광개발공사와 수원·고양·화성문화재단과 같은 형태를 띠고 있는데, 점점 확대될 전망이다. 강릉관광개발공사는 경영관리부와 시설운영팀으로 나뉘어 신규사업과 대행사업 검토 및 통일공원 함전전시관, 안보전시관, 임해자연휴양림과 국민체육센터를 운영하고 있다.수원화성문화재단은 관광사업본부에서 관광기획팀, 관광운영팀, 관광공연팀으로 구성되어 있고, 축제기획단에서 수원화성문화제, 국제연극제, 국제음악제를 담당하고 있다.

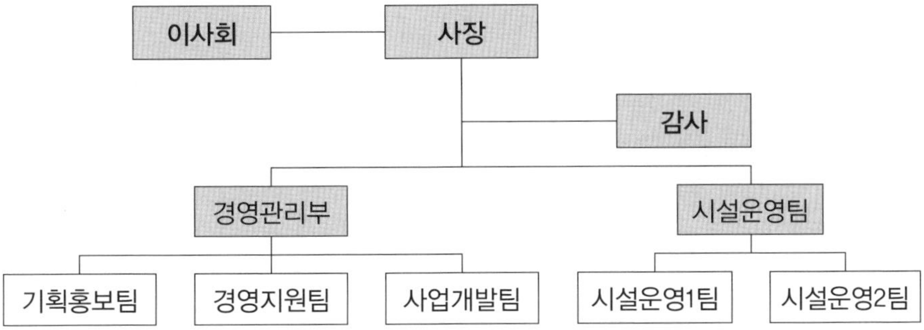


[그림 1-10] 강릉관광개발공사 조직도]

### 7) 관광협회(한국관광협회 중앙회)

관광협회 중앙회는 업종별 협회, 지역별 협회, 업종별 위원회, 특별회원으로 구성되어 관광사업체의 이익을 대변하고 있다.

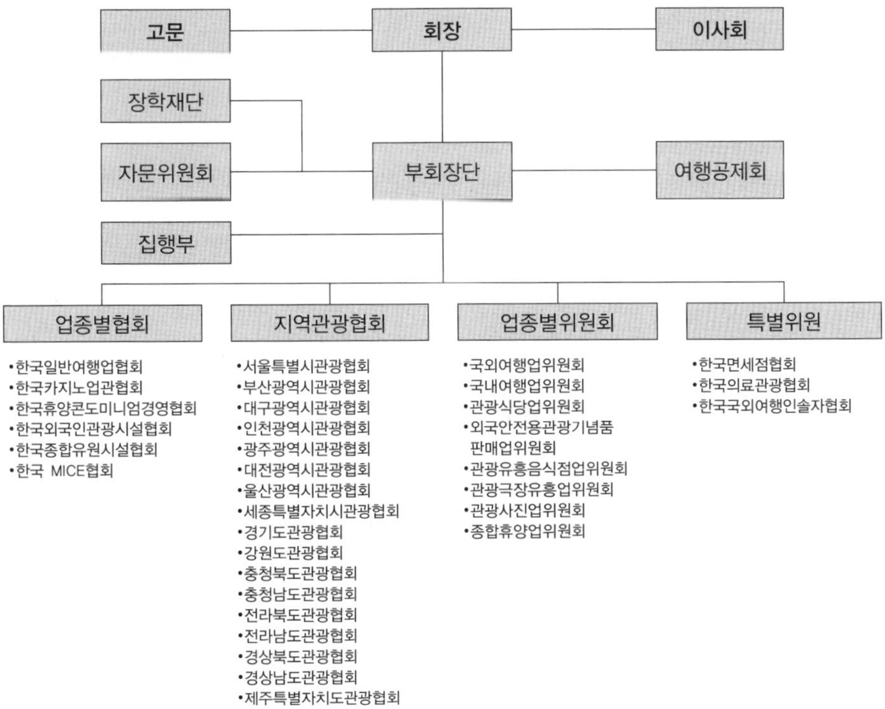


[그림 1-11] 한국관광협회 중앙회 조직도]

### 8) 중앙 관광연구원(한국문화관광연구원)

정부의 정책을 연구·자문하는 기관인 한국문화관광연구원은 1985년 교통개발연구원 내 관광연구실로 설립되어 1996년 한국관광연구원으로 변경, 2002년 문화정책개발원과 통합하여 한국문화관광정책연구원으로 발전되어 오늘에 이르게 되었다.

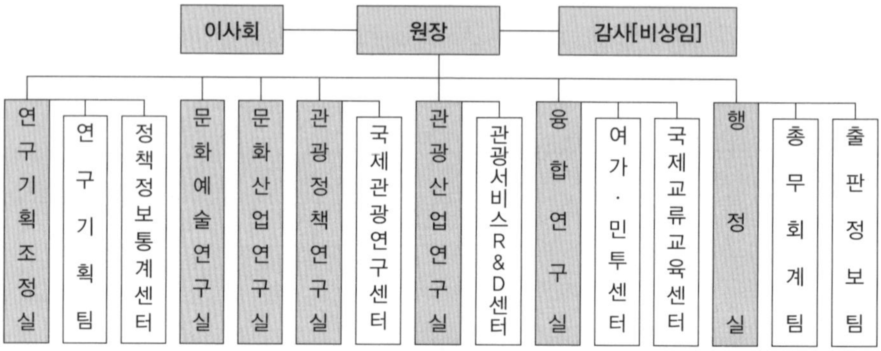


[그림 1-12] 한국문화관광연구원 조직도

### 9) 지방 관광연구원(서울시정연구원, 경기·강원개발연구원, 수원시정연구원)

광역자치단체에서는 서울시정개발연구원, 경기개발연구원 등 시·도의 정책개발연구원에서 관광부문을 연구하는 기능을 가지고 있다. 수원시정연구원이 2013년 기초자치단체로는 최초로 연구원을 개설하였다.

### 10) 감독·심의기관 (국회, 시·도의회, 시·군·구의회)

감독·심의기관으로 국회 교육문화체육관광위원회에서 국정감사와 상임위회의를 통하여 관광문제를 다루고 있으며, 국회문화관광산업연구포럼에서도 관광의 현안문제에 대하여 논의를 하고 있다. 시·도의회 문화체육관광위원회에서 행정감사와 상임위 회의를 통하여 관광 업무에 대한 감독과 심의를 하고 있다. 또한 시·군·구의회에서도 행정감사, 상임위 회의에서 관광 업무를 감독, 심의하고 있다.

이밖에 정부부처 간 조정역할을 담당하는 관광심의위원회는 국무총리가 위원장이었고, 1995년부터는 문화관광부장관이 위원장이었으나 대통령제하에서는 유명무실하여 2000년에 관광기본법에서 삭제되었고, 지금은 대통령 비서실에서 그 역할을 담당하고 있다.

한국의 관광정책에 관여하는 기관들을 정리하면 표와 같다.17)

〈표 1-1〉 관광정책기관 및 관련기관의 조직체계

| | 관광행정기관 | 정부관광기구 | 민간관광협회 | 관광연구기관 | 감독 · 심의기관 |
|---|---|---|---|---|---|
| 중앙정부 | 문화체육관광부/관계부처 | 한국관광공사 | 관광협회중앙회/업종별협회 | 한국문화관광연구원 | 국회 교육문화체육관광위원회 |
| 광역자치단체 | 시 · 도 관광국/관련 실 · 국 | 서울관광마케팅/경기 · 제주 · 부산 관광공사 | 16개 시 · 도 관광협회 | 서울시정 · 경기 · 강원 개발연구원 | 시 · 도의회 문화체육관광위원회 |
| 기초자치단체 | 시 · 군 · 구 관광과/관련과 | 강릉 · 태백 · 통영 관광개발공사/수원 · 화성문화재단 | 서울강남구 · 고양시 의료관광협회/강릉농촌관광협회 | 수원시정연구원 | 시 · 군 · 구의회 문화체육관광위원회 등 |

자료 : 최자은(2013 : 29), 지역관광 추진조직체계를 저자가 편집

## ❖ 외국의 관광조직

### 1) 중국

중국은 1988년 5월 중국 관광산업의 발전을 위한 각종 업무를 수행하고 있는 중앙정부 조직으로 국가여유국(中華人民共和國 國家旅遊局 China National Tourism Administration)이 있고, 국가여유사업위원회가 있는데, 이는 관계부처 간 협력체계를 강화하기 위해 설립된 중국 관광정책 조정기구로 국가여유국의 상위기구이며 위원장은 부총리다.

중국 국가여유국의 주요업무는 관광정책의 입안 및 행정 관장, 관광업계 지도감독 및 관광사업체 인허가, 관광시장개척, 국가관광 이미지 홍보, 판매촉진 등 국제관광 진흥업무, 관광상품 개발 및 관광 수용태세 정비, 관광자원 개발과 이용, 보존 및 관광지 관리, 호텔 등급심사, 관광상품 가격지침 제공, 관광교육

17) 최자은(2013), 『지역관광 발전 추진체계 및 행정방안연구』, pp.29~45, 한국문화관광연구원

훈련, 자격시험 및 외국교환 연수, 인력교환, 국무성이 위임한 기타 관광 관련 업무가 있다.[18)]

베이징(北京), 상하이(上海), 텐진(天津), 충칭(重慶) 등 중국의 4개 직할시 및 28개 성(省)에 분포하여 국내외 관광활동을 총괄하며, 판공실(辦公室), 정책법규사(政策法規司), 국제시장개발사(國際市場開發司), 계획통계사(計劃統計司), 여행사반점관리사(旅行社飯店管理司), 종합업무사(綜合業務司), 국제연락사(國際聯絡司), 인사노동교육사(人事勞動教育司), 재무외화관리사(財務外貨管理司) 등 1실(室) 8사(司)로 구성되어 있다.

해외에는 도쿄, 오사카, 싱가포르, 서울, 뉴욕, LA, 카트만두, 프랑크푸르트, 마드리드, Cnlflgl, 시드니, 모스크바, 뉴델리, 로마, 홍콩 등 14개국 18개 지사를 설치하고 있다.

지방에는 성(省) · 자치구 · 특별행정구로 나뉘어져 있고, 산동성의 여유국도 국가여유국과 같은 업무를 수행하고 있고, 성청이 있는 제남시(濟南市)에도 여유국이 설치되어 있다.

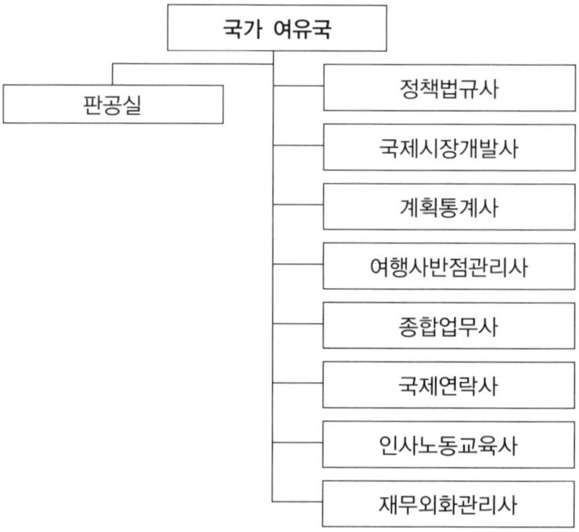


자료 : 최진우(2012 : 149), 「외국의 문화관광정책 및 행정체계 연구」

[그림 1-13] 중국 국가여유국 조직도

18) 최진우(2010), 『외국의 문화관광정책 및 행정체계연구』, pp.157~173, 한국문화관광연구원

### 2) 일본

일본의 관광정책 조직은 정부관광행정기관(NTA)인 국토교통성(MLIT) 외청에 해당하는 관광청(Japan Tourism Agency)이 담당하고 있고, 지방에는 도(都)·도(道)·부(府)·현(県) 관광국(부)이 있고, 시(市)·정(町)·촌(村)에는 정부관광기구(NTO)는 (독)국제관광진흥기구(별칭: 일본정부관광국, JNTO)가 담당하고 있다.

일본은 저출산 고령화로 인구감소가 가속화되어 관광을 통한 소득증가와 고용창출 및 지역경제 활성화를 기하기 위하여 일본 국내 뿐만 아니라 인근 아시아 관광객을 일본으로 유치하기 위하여 2007년 1월 관광입국 기본법이 시행되고, 6월 관광입국추진기본계획이 승인되었고, 이러한 관광입국을 지방공공단체, 민간과 함께 본격적으로 추진하기 위한 전담조직의 필요성이 부각되어 국토교통성에 관광청을 설치하여 종합적으로 추진하게 되었고, 2008년 10월 1일 관광청이 출범하게 되었다.

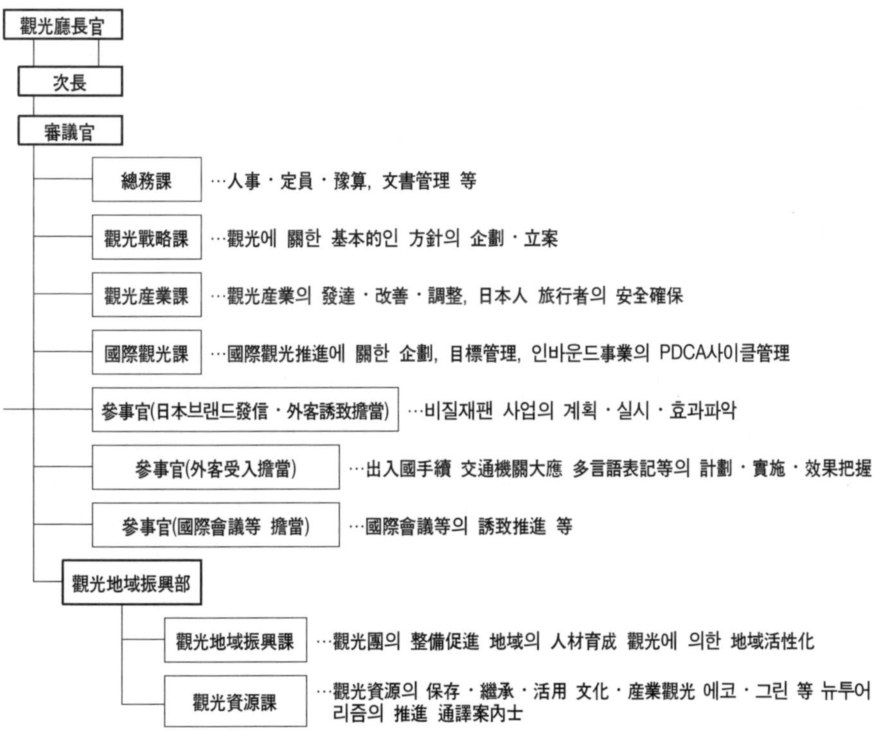


[그림 1-13]일본 관광청 조직도

도쿄에는 산업노동국 내 관광부가 있고 기획과는 관광기획, 조정 및 정보 수집·제공, 웰컴 아시아 캠페인, 유스호스텔을, 진흥과는 관광진흥, 관광자원 활용 및 발굴, 관광시설 정비, 관광개발, 도쿄국제에니메이션 개최, 통역안내사, 여행업 등을 다루고 있다.

후쿠오카시는 우리나라의 광역시에 해당되지만 경제문화관광국 내 관광컨벤션부가 있고 관광전략과, 도시관광추진과, MICE추진과, 프로모션추진과, 관광진흥과가 있다.

### 3) 프랑스

프랑스는 1993년부터 교통·건설·관광·해운부에서 담당하다 2007년 5월 이후에는 경재재정산업부 경쟁력·산업·서비스국에서 담당하고 있다. 국에는 관광·상업·자영업 및 기타 서비스과 내 관광계, 상업·자영업·프리랜서계, 우편·기업체 서비스계, 인력서비스팀으로 나뉘어져 관광을 담당하고 있다.

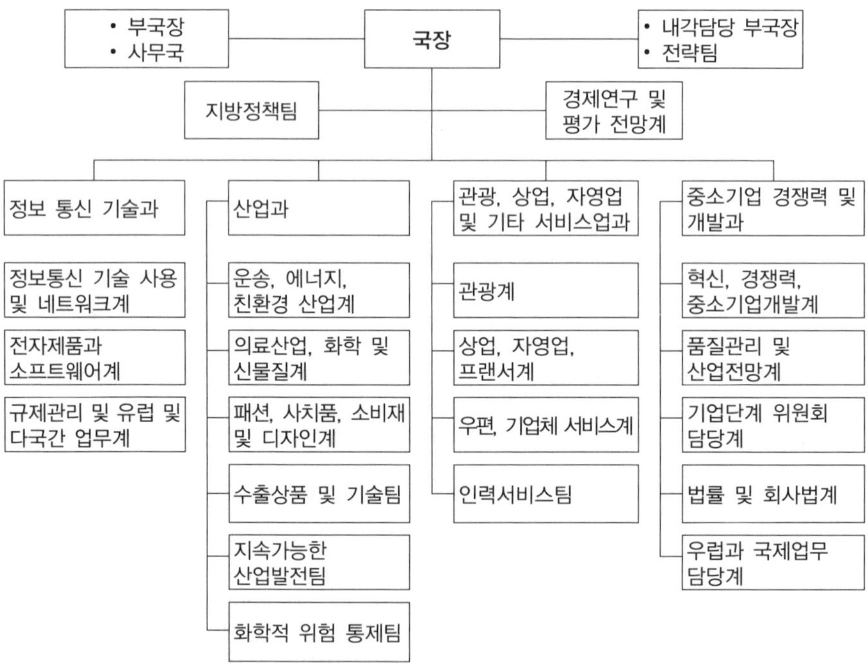

자료 : 최진우(2012 : 26), 「외국의 문화관광정책 및 행정체계 연구」

[그림 1-14] 프랑스 경쟁·산업·서비스국 조직도

경제재정산업부 산하 프랑스 관광청과 관광관측개발기술사업소가 통합되어 프랑스 관광진흥공사(ATOUT France: Agence de Development Touristique de la France)가 출범하였는데, 정부기관이지만, 관광진흥 업무와 연관이 있는 프랑스 국영항공사인 에어프랑스(Air France)와 프랑스 최대 호텔 체인인 아코르(ACCOR) 그룹 등 민관이 협력하는 등 유연한 정책을 보이고 있다.

### 4) 영국

영국의 문화매체체육부(Department for Culture, Media and Sports)는 문화와 관광 관련 정책의 틀을 짜는 정부행정기관이고, 관광은 관광청(British Tourist Authority: BTA)이 DCMS의 정책 틀안에서 정책을 집행하는 역할을 수행하고 있다. DCMS 내 스포츠레저과의 팀에 관광을 담당하는 레저파트가 있는데, 관광정책의 큰 틀을 정하고 영국관광청이 이를 실행토록 하는 것이다. BTA 이사회 의장은 전략적 리더십을 발휘하고 관광산업 업계와의 파트너십 유지를 주로 맡고 있다. 청장 산하에 마케팅, 재무, 해외지사, 연구 및 커뮤니케이션을 담당하는 4명의 이사가 있다.

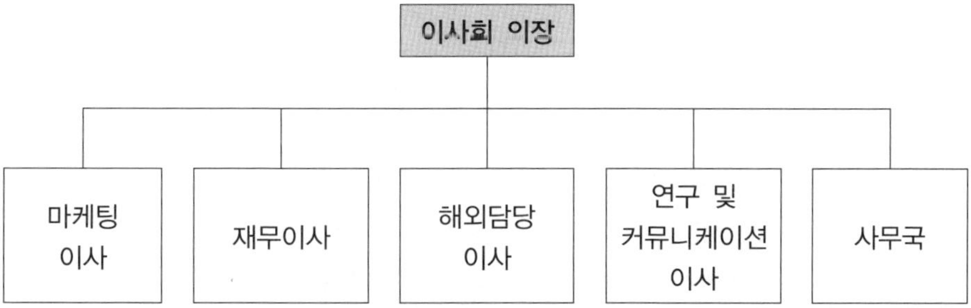


자료 : 최진우(2012 : 73), 「외국의 문화관광정책 및 행정체계 연구」

[그림 1-15] 영국 BTA 조직도

# [평가 문항]

다음 질문에 맞는 답을 골라 번호를 ( )에 넣으시오.

**01** 창조관광을 설명하는 말 중 틀린 것?

① 과학기술, 정보통신기술(ICT)을 활용하여 새로운 가치를 창출한다.
② 기존의 관광산업에 창의성을 부가하여 가치를 창출한다.
③ 산업간 벽을 허문 경계선에서 창조의 꽃을 피우는 것이다.
④ 농업, 제조업, 서비스업과 융복합하여 부가가치를 높인다.

**02** 관광정책을 설명하는 말 중 틀린 것?

① 관광의 목표달성을 위한 정부나 공공단체의 행동이다.
② 관광정책은 성장에 목표를 두어야 한다.
③ 관광을 통한 도민 생활 향상과 세계 속의 경기도 실현
④ 경기도 관광이 대한민국 관광의 미래를 엽니다.

**03** 관광정책 과정을 설명하는 말 중 틀린 것?

① 모든 관광문제는 관광정책의제가 될 수 있다.
② 정책결정에서 다양한 대안들이 존재한다.
③ 정책집행의 중요성을 인식해야 한다.
④ 정책평가를 통한 성과 검토가 필요하다.

**04** 직접적 관광법이 아닌 것은?

① 공중위생관리법 ② 관광진흥법
③ 관광진흥개발기금법 ④ 국제회의산업 육성에 관한 법

**05** **관광진흥법을 설명하는 말 중 틀린 것?**

① 관광사업, 기획여행, 관광지 등의 정의가 있다.
② 여행업, 관광숙박업, 카지노업의 육성을 다룬다.
③ 관광개발기본계획, 권역계획 등 관광지 개발을 포함한다.
④ 관광진흥계획의 수립을 규정하고 있다.

**06** **관광행정조직의 설명 중 틀린 것?**

① 관광업무는 교통부에서 문화체육부로 이관되었다.
② 문화부 관광국에 관광레저개발과, 녹색관광과가 있다.
③ 경기도에는 관광을 다루는 곳이 관광과 밖에 없다.
④ 시군에는 문화관광과, 관광과가 관광업무를 주관한다.

**07** **관광기구을 설명하는 말 중 맞는 것?**

① 한국관광공사는 국가관광기구다.
② RTO는 국가 공기업 형태의 관광전문조직을 말한다.
③ 지방관광기구는 광역지방자치단체에만 있나.
④ 경기관광공사는 경기관광 마케팅, DMZ, 컨벤션 업무를 수행

**정답** 01 ③ 02 ② 03 ① 04 ① 05 ④ 06 ③ 07 ③

**해설**

01 창조관광이란 기존의 관광산업에 창의성을 부가하거나, 과학・정보통신기술을 활용하거나, 농산어업, 제조업, 교육・문화・의료・레저 등 서비스산업과 융・복합함으로써 새로운 가치를 창출하는 신개념의 관광을 말하고, 창조경제는 "과학기술과 산업이 융합하고, 문화와 산업이 융합하고, 산업간 벽을 허문 경계선에서 창조의 꽃을 피우는 것"

02 관광정책도 성장에서 균형을 중시하며 지속가능한 발전에 비중을 두게 되었다.

03 모든 관광문제가 관광정책의제가 될 수 없다. 즉, 정부개입이 필요한 경우와 필요치 않는 경우가 존재하고, 이에 대한 합리적 판단과 선택의 과정이 필요하다.

04 「관광기본법」,「관광진흥법」, 「관광진흥개발기금법」, 「한국관광공사법」, 「국제회의산업육성에 관한 법률」과 같은 직접적인 관광법 뿐만 아니라 「여권법」, 「출입국관리법」, 「공중위생관리법」,「식품위생법」, 「문화재보호법」, 「자연공원법」 등 관련법까지가 대상

05 관광기본법 제3조(관광진흥계획의 수립)는 "정부는 관광진흥장기계획과 연도별 계획을 각각 수립하여야 한다"

06 경기도에서 관광을 다루는 곳은 관광과, 보건정책과(의료관광), 서비스산업과(MICE), DMZ정책과(DMZ) 등이 있다.

07 지방관광기구로 경기관광공사, 제주관광공사, 수원문화재단, 강릉관광공사 등이 있다.

## 선거와 관광

**한국관광공사 오용수 실장(전 도쿄지사장)**

선거는 자유민주주의를 실현하는 수단이다. 대중이 공직자나 대표자를 선출하는 의사 결정 절차로, 대개 투표를 통해 진행된다. 그런데 지난 6.2지방선거 때 유권자들은 무엇을 보고 투표를 했을까. 지방선거니까 후보자의 품성과 걸어온 길, 내 고장을 어떻게 이끌겠다는 공약이 중요했지만, 중간평가와 전국적인 이슈가 표심을 가른 것 같다. 실제로 시・도지사, 교육감과 구・시・군 의회의원에 이르기까지 무려 8항목에 걸쳐 적임자를 선택하기란 여간 어려운 일이 아니었다. 아무튼 선거는 끝나고 당・낙선자의 인사 플래카드가 붙고, 결과에 대한 후평과 마무리가 아직도 이어지고 있다.

그런데 선거가 끝났으니 그만이라 할 것이 아니라 지금부터가 중요하다. 당선자들의 공약을 꼼꼼히 살펴서, 7월 1일부터 시작되는 임기 내내 약속대로 잘 이행하는가를 지켜보자. 특히 관광인들은 어느 당선자가 관광에 관심을 가졌고, 또 이를 얼마나 성실히 수행해 갈 것인가를 살펴보아야 한다. 멋진 공약을 내 건 분들에게는 잘 할 수 있도록 아이디어와 협력을 아끼지 말고, 다른 분야에 더 비중을 둔 분에게는 관광의 중요성을 알리자.

시・도지사의 관광부문 주요 공약을 살펴보면, 서울의 오세훈시장은 '1,200만 관광객 유치로 관광산업 활성화와 중국관광객 무비자 추진'을, 부산 허남식시장은 '영상영화관광, 축제관광 등 10대 명품 관광콘텐츠 개발과 국제적으로 사용될 부산관광카드 개발 및 가덕도에 동북아 제2공항과 해양휴양관광지 조성'을, 대구 김범일시장은 '모발이식, 토탈뷰티산업, 의료관광산업 육성 동남권 신공항의 밀양 건설 추진'을, 인천 송영길시장은 '인천-충청 해저터널로 인천과 당진을 연결하여 자동차로 30분, 새만금까지 1.5시간으로 단축'을, 광주 강운태시장은 '광주문화관광공사 설립과 광주비엔날레, 김치축제, 첨단엑스포 등 3대축제의 상품화'를 공약했다.

경기 김문수지사는 '수도권 급행철도 건설과 전곡 해양산단, 고렴 요트허브 등 해양레저산업을 신성장 동력으로 육성'을, 강원 이광재지사는 '공원형 리조트, 생태공원 조성 등 강원도형 일자리 만들기'를, 전북 김완주지사는 '새만금 관광단지를 통해 매년 5백개 청년 일자리 창출'을, 전남 박준영지사는 '여수엑스포 기반시설 적기완공, F1 코리아 그랑프리, 순천 국제정원박람회 개최 지원'을, 제주 우근민지사는 '외국인 관광객 2백만명 유치 및 관광산업 고부가가치화를 주제로 항공의 국내, 국제노선 확대, 푸드코트와 쇼핑면세 거리 조성, 실내스키 돔 조성 등 다양한 계획'을 공약으로 발표하였다.

이러한 공약은 즉시 실현 가능한 일도 있고, 장기적 과제도 포함되어 있다. 또 이웃 지자체와 조금만 협력하면 더 잘할 수 있는 일도 많다. 한편 이웃과 이해가 상충되고 국익에 저해되는 일이라면 조정할 수 있다. 공약을 잘 지키기 위한 매니패스토 운동이 필요하지만, '조율'을 위한 활동도 절실히 요구된다. 관광분야 조율운동에 함께 동참하자.

여행신문 2010년6월28일

# 제2장

# 중앙정부와 지방자치단체의 관광정책

## - 세계 그리고 경기도의 관광정책 -

# 02 중앙정부와 지방자치 단체의 관광정책

**- 세계 그리고 경기도의 관광정책 -**

## 1 한국의 관광정책

### ❐ 한국 관광의 현주소

#### ❖ 장단점과 위기와 기회

한국관광의 장점은 동북아 시장의 허브로 중국과 일본의 중간에 위치하고 있으며, 한류를 통한 한국문화에 대한 관심이 급증하고 있는 점이다. 단점은 관광수용태세의 불편과 서비스 관련 정부규제와 제도가 경직되어 있어 하드웨어와 소프트웨어의 약점을 가지고 있다.

한편 기회요인은 주위에 3시간 비행거리 이내에 인구 1백만명 이상의 도시가 61개가 있고, 의료관광, 산업관광 등 융복합 콘텐츠가 개발되고 있으며, 위기요인은 남북이 긴장상태로 대치하고 있으며 환율변동과 저가관광 등 피해 발생을 꼽을 수 있다.

〈표 2-1〉 한국관광의 SWOT분석

| 장점(Strength) | 단점(Weakness) |
|---|---|
| • 동북아 시장의 허브로 지리적 강점 보유<br>• 풍부한 자연유산을 통한 자연친화적 관광개발 용이<br>• 한류를 통한 한국문화에 대한 관심 급증<br>• 외래관광객 천만 시대 돌입<br>• 창의적인 관광분야 전문인력 공급 원활 | • 한국방문 선택 저해요인으로 '관광수용태세 불편'<br>• 일부 지역 집중으로 관광효과의 전국적 확산 부족<br>• 한국 고유의 차별성 있는 관광콘텐츠 및 자원 미흡<br>• 서비스 관련 정부 규제 및 제도 경직 |
| **기회(Opportunity)** | **위기(Threat)** |
| • 의료관광과 같은 특화융합모델 개발<br>• 동북아 신흥경제권 부상에 따른 관광수요 확대<br>• 한국경제 위상 강화로 관광산업의 성장기제[1] 확보<br>• 한류를 포함한 다양한 융복합 콘텐츠의 비약 성장 | • 남북 긴장, 환율 변동 등 외부 환경에 취약<br>• 일본과 중국이 차지하는 비중 절반 이상으로 편중<br>• 저가관광 등으로 인한 소비자 피해 발생<br>• 관광수지의 역조 지속 및 국내관광 수요 감소 |

자료 : 문화체육관광부(2013), "관광불편 해소를 위한 제도개선 및 전략 관광산업 육성 방안"

### ❖ 한국 관광의 양적 성장 대비 질적 발전 및 국제경쟁력 미약

2012년 외래관광객 1,114만 명(세계 23위, 아시아 6위), 관광수입 142억$(국가총수출 5,481억$의 2.6%)로 양적으로 크게 성장하였다. 그러나 관광수지는 15.6억$로 적자가 지속되고 있고, 관광산업 경쟁력이 133개국 중 25위[2]로 상대적으로 낮게 평가되고 있다. 한편 경쟁국인 아시아 주요국 관광산업 경쟁력은 싱가포르 10위, 일본 14위, 홍콩 15위를 차지하고 있다.

1) Growth Machine, 성장동력군(群)
2) 세계경제포럼(World Economic Forum)(2013), 『세계경쟁력보고서』

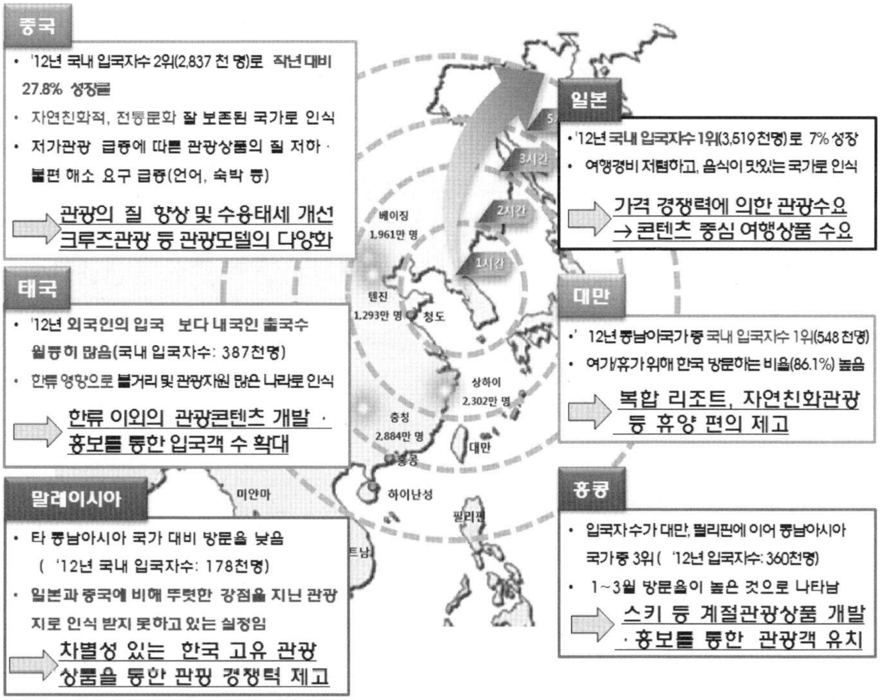


자료 : 문화체육관광부(2013), "관광불편 해소를 위한 제도개선 및 전략 관광산업 육성 방안"

[그림 2-1] 동북아 주요국의 관광현황

## ❖ 대외적 요인에 취약한 관광산업의 자생력 제고 절실

- 최근 환율, 외교관계 등으로 일본 관광객 급감, 외래객 증가율 둔화
  * 외래관광객 증가율 : '08~'12년 연평균 12.7% → '13년 4.2% (예상)
- 매력적인 한국 고유의 관광콘텐츠 및 인프라를 구축하여, 대외 변수의 영향을 최소화하고 외래객 유치를 확대할 전략 필요

## ❖ 국가 전략 산업으로서 창조적 관광산업의 중요성 증대

- 관광산업은 인적 서비스 중심 산업으로 일자리 창출 효과가 크고, 전후방 연계효과가 큰 융복합 산업으로 창조경제의 핵심

* 고용유발효과(10억원당) 관광산업 15.5명(제조업 7.9명), 관광분야 종사자 85만명 추정('12년, 관광위성계정(TSA) 기준)
* 전세계 GDP의 9.1%(한국 5.2%), 고용의 8.7%(한국 5.6%) 차지(WTTC)[3]

### ❖ 세계최대 시장으로 성장하는 동북아의 관광수요 흡인 필요

- 서울에서 비행거리 5시간 이내에 인구 500만 명 이상 도시 90개 존재
- 동북아 경제권의 급성장으로 '20년 세계최대 해외여행 시장이 될 전망으로, 한국 관광산업의 적극적인 대처 요구
  * '20년 중국 아웃바운드 규모는 2억 명으로 예상(연간 12% 증가)

## ❒ 한국관광의 문제점

### ❖ 관광객 불편사항 해소 미흡

- 저가관광 구조가 관광객 불만족, 무자격 가이드의 역사왜곡・엉터리 해설 등 각종 문제점을 야기하고 관광산업 선진화 저해
  * 저가관광시 쇼핑 강요, 저가숙소 배정 등 소비자 불편사항 발생
- 숙박, 음식, 쇼핑, 안내, 교통 등 관광객 수용요소별 불편사항이 한국 방문 주저요인으로 작용

### ❖ 일자리와 투자 창출을 위한 관광산업계의 여력 부족

- 영세기업 중심의 관광산업 구조와 인력 수급 불일치 지속
  * 관광사업체 중 매출액 5억원 미만 72.1%, 종사자 10명 미만 76.7% ('11년)
- 관광고용 비중이 총고용의 5.6%, OECD평균 9.9%에 비해 미흡(WTTC, 2013)
- 외래객 증가세 둔화로 관광업계 신규 투자 위축 우려
  * 관광산업 '13. 3분기 전망(BSI): 업황 78, 매출액 77, 수익성 86

---

3) WTTC(세계여행관광협회: World Travel & Tourism Council), www.wttc.org

### ❖ 외부 환경변수의 영향 증대와 특화된 전략분야 부족

- 국가간 정치적 갈등, 남북간 긴장 고조, 환율 변동 등 외부 충격에 크게 영향을 받는 취약한 관광산업의 기초여건
- 한국 고유의 관광 콘텐츠 및 고부가가치 창출을 위한 관광자원 부족

## ❐ 한국관광의 비전과 전략

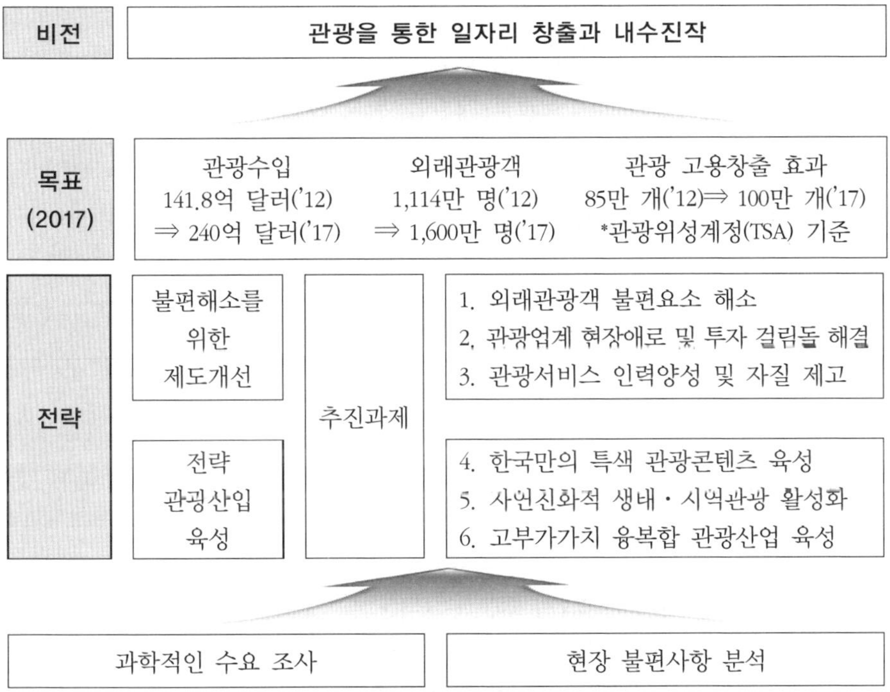


자료 : 문화체육관광부(2013), "관광불편 해소를 위한 제도개선 및 전략 관광산업 육성 방안"

[그림 2-2] 한국관광 비전과 전략

## ❐ 불편해소를 위한 제도 개선

### ① 외래관광객 불편해소 대책

- 중국 관광객 사증제도 완화 등 출입국 제도 개선
- 지방공항의 항공노선 확충 및 관광거점화 추진

- 여행상품 계약위반 피해 해소 등 여행사 관리 강화
- 호텔 등급제 의무화 등 숙박제도 개선
- 중국어 관광통역안내사 확충 및 다문화가정 인력 활용
- 쇼핑 사후면세 확대 및 외국인전용 기념품 판매점 폐지
- 해외 마케팅 강화 및 관광경찰 도입

### ② 관광업계 애로 및 투자 걸림돌 해결

- 외래관광객의 호텔요금에 포함된 부가가치세 사후환급
- 콘도 분양인원 제한 완화로 외자 유치 촉진
- 관광단지 투자 확대 및 효과적 개발을 위한 제도 개선
- 섬, 해양관광 활성화를 위한 제도 개선

### ③ 관광서비스 인력 양성 및 자질 제고

- 양질의 관광서비스 인력 양성
- 관광 · 레저 국가직무능력표준(NCS) 개발

## ❒ 전략 관광산업 집중 육성

| 추진과제 | 추진 방향 | | 중점육성 분야 |
|---|---|---|---|
| 한국만의 특색 있는 관광 콘텐츠 육성 | • 한국적 스토리와 콘텐츠 활용 관광자원 발굴<br>• 영역간 경계를 허무는 창조관광 확대 | ⇨ | 음식관광<br>한류 및 전통문화 |
| 자연친화적 관광자원 개발 | 풍부한 자연유산을 활용한 자연 친화적 관광 환경 조성 | ⇨ | 자연친화적 생태 · 지역관광 |
| 고부가 융복합 관광산업 육성 | 부가가치 창출효과가 높은 융복합 관광산업 육성을 통한 국가 경제 신 동력화 | ⇨ | 복합리조트 및 MICE<br>크루즈관광<br>의료관광 |

자료 : 문화체육관광부(2013), "관광불편 해소를 위한 제도개선 및 전략 관광산업 육성 방안"

[그림 2-3] 관광산업 추진과제 및 육성 분야

④ **한국만의 특색있는 관광콘텐츠 육성**

- K-POP 다음은 스토리가 있는 음식관광
- 공개방송 활용 한류관광 상품화 확대
- 궁궐 등 문화재 활용 문화관광상품 개발
- 문화유산과 천연기념물도 관광에 활용

⑤ **자연친화적 생태·지역관광 활성화**

- 개발 가이드라인 제정 등 생태관광 육성
- 캠핑, 걷기, 자전거, 승마 등 레저관광 확대
- 주민참여형 지역관광개발과 농어촌 민박 활성화
- 레저스포츠와 지방축제를 활용한 관광상품화

⑥ **고부가가치 융복합 관광산업 육성**

- 복합리조트의 개념과 싱가포르 사례
- 복합리조트의 육성
- 국제회의 복합지구와 PCO의 표준요율 도입
- 크루즈 관광객 유치 확대
- 외국인 전용 카지노 허용 등 국적선 크루즈 육성
- 해외환자 유치 활성화를 통한 의료관광 활성화
- 해외 의료 투자 및 보험상품 개발
- 의료관광 홍보 확대 및 인력 양성

## 2 세계의 지방관광정책

### ❐ 일본의 관광정책

#### ❖ 일본의 관광정책 조직

일본의 관광정책 조직은 정부관광행정기관(NTA)인 국토교통성(MLIT) 외청에 해당하는 관광청(Japan Tourism Agency)이 담당하고 있고, 정부관광기구(NTO)은 (독)국제관광진흥기구(별칭: 일본정부관광국, JNTO)가 담당하고 있다.

관광청은 2008년 설립되어 '관광입국의 실현'을 통하여 일본의 경제사회 활성화와 활력에 넘치는 지역사회의 실현 촉진, 국제 상호이해 증진과 국제평화의 실현, 건강하고 문화적인 생활의 실현 등에 공헌하기 위하여 "살기 좋고, 방문하기 좋은 나라 만들기"에 수행하고 있다.

구체적으로 일본의 매력을 국내외에 발신하고, 국내외 교류인구를 확대하여 일본과 지역에 활력을 부여하며, 지역의 자율적 관광지 조성을 지원하고, 관광 관련 산업의 활성화를 기하며, 모든 사람이 여행하기 쉬운 환경을 정비하는 업무를 맡고 있다.[4)]

JNTO의 비전은 인바운드 관광진흥을 통하여 관광입국을 실현하는 것이며, Visit Japan사업에 공헌하며 방일 외국인관광객을 증대시켜 국민경제 발전과 국제상호 이해증진에 기여코자 설립되었다. 주요 업무는 외국인 관광객 유치촉진, 외국인 관광객 수용태세 대책, 통역안내사 시험 시행, 국제관광 조사・연구, 국제관광 출판물 발간, 국제회의 유치촉진과 개최지원을 하고 있다.[5)]

특별 위원회는 '관광입국 추진 각료회의', '국토교통성 관광입국 추진본부', '교통정책심의회 관광분과회', '관광정책고문회의', '보편적 일본매력의 재구축, 발신 검토회', '관광산업정책검토회', 'MICE국제경쟁력 강화위원회' 등이 있는데, '관광입국 추진 각료회의'는 관광입국을 실현하기 위하여 관계 행정기관의 긴밀한 협력을 확보하여 효과적이고 종합적 추진을 기하기 위하여 개최된다. 각 부처간 횡적으로 추진할 필요가 있는 시책에 대하여 검토를 하기 위해 본 회의 하부에 국토교통성 차관을 좌장으로 한 TF팀을 설치하고 있다.

### ❖ 일본의 주요 관광정책

일본 정부는 2003년부터 추진중인 'Visit Japan Campaign'의 강화로 2010년 외

4) 일본관광청 웹사이트(2013), www.mlit.go.jp/kankocho
5) 일본정부관광부 웹사이트(2013), www.jnto.go.jp

래관광객 1천만 명 유치 목표 달성을 위하여 '관광입국추진 기본계획'을 국토교통성이 작성하고 관계부처와 연계하여 사업을 추진하고 있다.

국제적으로 경쟁력 있고 매력있는 관광지 형성, 관광산업의 국제 경쟁력 강화 및 관광진흥에 기여하는 인재 육성 등 구체적 목표를 세워 관광정책을 추진하고 있고, 지방공공단체와 민간의 관광지 조성을 지원하기 위하여 국토교통성의 외국으로 관광청을 설치하여 관광입국을 종합적으로 추진한다.

주요 정책은 국제경쟁력이 높은 매력있는 관광지 조성을 지원하기 위하여 ① 관광지역 조성 정책, 외국과의 관광교류를 추진하기 위한 ②국제관광정책, 여행자의 니즈에 맞는 관광산업의 고도화를 지원하는 ③ 관광산업정책, 관광분야 인재육성과 활용을 촉진하는 ④ 인재 육성·활용 정책, 스포츠와 관광을 접목시킨 ⑤ 스포츠관광정책, 잠재수요 발굴과 교류확대에 의한 지역활성화를 위한 휴가취득 촉진을 꾀하는 ⑥ 휴가취득 촉진정책과 일본인의 해외여행자 안전대책 등 관광 환경 정비 등 ⑦ 기타 정책으로 구성되어 있다.

## ❒ 영국의 관광정책

### ❖ 영국의 관광 조직

영국의 관광정책을 수행하는 조직은 NTA인 문화·미디어·스포츠부(Department for Culture, Media & Sport)과 NTO인 영국관광청(Visit Britain)과 관광관련 특별기구로 구성되어 있다.

DCMS 8개부서 중, 관광업무는 관광·도서관·커뮤니티부(Tourism, Libraries & Communities)에서 맡고 있다. 주요기능은 관광행정 및 정책에 관한 업무, 고용, 교육훈련, 근로자의 안전과 건강, 근로자의 권리, 중소기업, 노동 및 산업관련 통계의 업무, 그리고 박물관, 영화산업, 스포츠, 방송, 레저에 관한 업무를 다루고 있다.

한편 영국관광청(VB)은 2003년 4월 1일 BTA(British Tourist Authority)와 ETC(English Tourism Council)의 합병으로 태어난 국가 관광마케팅기구다. 영국관광청은 8개 부서로 나눠져 있고, 외래객 유치활동(소비자 중심 광고, 마케팅, PR), 외래관광객 유치 방향 제시, 외래관광객 수용시설 개선 협조, 정부의 목표 달성에 기여, 지방관광공사와 협력, 관광업계에 정보 제공, 조사연구 사업, 관광상품개발, 관광산업간의 유대관계 조성, 내국인의 장기 국내관광 촉진 등이다.

관광관련 특별기구인 영국관광발전위원회(British Tourism Development Committtee)는 1995년 DCMS 소속으로 각 지방항공청, 항공사 협회, 여행업협회 대표 등 70명으로 구성되어 있고, 위원장은 VB 사장이 겸임하고 있다. 주요 기능은 관광정책, 해외홍보에 대한 정부에 정책건의다. 또 관광포럼(Tourism Forum)은 DCMS 장관이 주재하는 협의체로 관광 서비스업, 레저, 소비자 그룹, 고용자 대표, 지역 당국자 등 57명의 인사로 구성되어 DCMS의 정책자문과 전략적 개발에 대한 자문이 주요 역할이다.[6)]

### ❖ 영국의 주요 관광정책

영국 방문 외래관광객은 2010년에 2,830만명에서 2011년에는 2,931만명으로 3.6% 증가하였으나, 2012년에는 0.1% 감소한 2,928만명에 머물렀다.

영국에서 추진 중인 세가지 추진전략은 4백만 외래관광객 추가 유치, 국내관광 촉진, 관광생산성 향상이다.

첫째, 4백만 외래관광객 유치를 위하여 정부와 민간에서는 1억 파운드를 공동 출자하여 대규모 마케팅 활동을 추진하여, 20억 파운드의 관광수입과 5만개의 일자리를 창출을 목표로 하고 있다. 2011년 여왕즉위 60주년 기념식, 2012년 런던올림픽 등 대형 이벤트와 관광지 유적 등의 교통표지판을 관광업계의 요구에 맞게 정비하여 를 통해 4년간 4백만명의 외래관광객을 추가로 유치할 계획이다.[7)]

둘째, 국민의 국내여행 촉진을 위하여 국내에서 휴가를 보내는 비율을 해외여행 수준으로 향상시키는데 목표를 두고 추진한다.4박 이상 장기체류 여행을 영국 국내에서 보내는 내국인 비율을 20%에서 29%로 끌어올리는 새로운 국내

6) 최진우(2010), 『외국의 문화관광정책 및 행정체계 연구』, pp.73~77, 한국문화관광연구원
7) 심원섭(2011), 『해외관광정책 추진사례가 향후 정책방향』, pp.41~44, 한국문화관광연구원

관광 촉진 전략을 추진하고, 매년 4.5일간 국내에서 휴가를 보내면 3억 파운드의 소비가 생기며 2만6천개의 신규 일자리가 창출될 것으로 전망한다.

셋째, 관광산업 생산성 향상을 통해 세계 5위권 내 진입을 목표로 다양한 정책을 추진하고 있는데, 관광정보를 전단지나 웹사이트에서 아이폰과 안드로이드 앱을 통해 제공하고, 관광산업에 종사하는 고위인사들로 구성된 특별조사팀을 조직하여 관광산업 발전을 저해하는 규제사항을 발굴, 해소한다.

특히 중앙집권적 개발전략을 폐지하고 지역의 의사결정자들과 지역의회에서 결정을 내리는 것으로 대체한다.

영국관광청인 VB는 2010-2020 중장기 계획을 수립하여 '관광산업이 국가경제, 고용, 국민 삶의 질 향상에 미치는 영향 극대화'를 비전으로 제시하고, 연평균 5% 성장을 달성하기 위한 목표와 전략을 제시하였다.

세계 관광시장에서 영국 점유율 극대화, 매력있는 관광지 개발, 관광산업 진흥을 위한 노력, 관광객의 만족도 증대를 4대 목표로 제시하고 각 목표에 해당하는 전략을 수립하였다

첫째, 글로벌 관광시장에서 점유율 향상을 위하여, 국가차원 마케팅 전략을 수립하고, 런던 올림픽 등 빅이벤트 기회를 극대화와 비즈니스 관광객 유치를 위한 발전계획을 수립하며,

둘째, 매력있는 관광지 개발을 위하여 공공, 민간, 지방단체 등 관련기관간 협력을 위하여 '지역관광협정(Regional Tourism Framework)'체결하고 관광지 관리 기준과 품질평가 및 관광만족도 조사를 실시한다.

셋째, 관광산업진흥을 위한 노력으로 관광시장 동향 및 사업효율성을 평가할 수 있는 조사, 지식프로그램을 개발하고, 해변리조트 등 낙후된 관광자원의 재생계획을 수립하며, 농촌관광 실행계획을 수립한다.

넷째, 관광객 만족도 증진을 위하여 최신 관광정보 프로그램 및 e-tourism 플랫폼 구축과 대중교통 실행계획을 수립하고 시설 점검과 Welcome to England 프로그램을 실행하며 사회적 약자의 접근성 개선을 위한 계획을 수립, 시행한다.

## ❒ 뉴질랜드의 관광정책

### ❖ 뉴질랜드의 관광조직

뉴질랜드의 NTA는 관광성(Ministry of Tourism)이고, 관광업무는 NTO인 뉴질랜드 관광청(Tourism New Zealand)에서 거의 담당한다. 주요 기능은 관광전략개발과 시행, 관광 홍보, 선전, 정부 및 관광업계 대상 관광전략 자문 등이다.

### ❖ 뉴질랜드의 주요 관광정책

뉴질랜드는 2010년도에 252만명에서 2011년에는 260만으로 3.0% 성장하였으나, 2012년에는 1.4% 감소한 256만명이 방문하였다.

그런데 2001년 '뉴질랜드 관광전략 2010'보다 업그레이드 된 '뉴질랜드 관광전략 2015'를 2007년 발표하였는데, 여기에서 외래관광객이 2013년에 320만명, 2015년에는 340만명을 예상하고 있지만, 현실은 계획에 못 미치고 있다.

관광전략은 '보호'와 '환대'라는 두 가지 주요 가치를 토대로 하며, 관광객의 만족을 높여 지출을 늘이는 것이 목적이다.[8)]

첫째, 관광객들에게 세계적 수준의 경험을 제공하기 위하여, 이용이 편리한 예약서비스를 제공하고, I-SITE 네트워크는 양질의 정보를 제공하고, 퀄마크(Qualmark)는 소비자들에게 품질인증제로 인식되어 방문객의 만족과 품질 인식을 상시 모니터링하고 있다.

둘째,지속적 발전과 투자유치를 추진함이다. 재능이 있는 노동력을 끌어들여 비수기의 수요를 높이고, 가치있고 문제해결에 용이하도록 연구토록 한다.

셋째, 환경보호의 선도적 역할을 수행한다. 다음 세대와 미래 방문자들이 계속 즐길 수 있도록 자연환경을 지키고, 탄소배출을 줄이고 운송수단 에너지 효율성을 높이고 재생 에너지 활용을 촉진하며 폐기물 감소에 총력을 기울인다.

넷째, 지역사회와 함께 상호이익을 위해 협력한다. 지역기관은 관광지 관리를 주도하며 편익을 최대화하도록 계획하고, 지방 문화와 특성을 보존하고 장려하며, 핵심인프라 구축과 시설은 적절하게 지원토록 한다.

---

8) 심원섭(2011), 『해외관광정책추진사례와 향후정책방향』, pp.71~74, 한국문화관광연구원

또 관광규제 완화를 위하여 뉴질랜드 이민국은 2011년 중국 관광객의 비자신청 과정에서 구비서류 요건을 낮추고, 서류의 번역도 완화하였는데, 주 광저우영사관은 2011년 5월부터 중국관광객 2명 이상이면 단체관광비자를 발급하며 광저우 소재 여행사와 '고품질 미니관광상품'을 개발하고 소규모 단체를 유치하고 있다.

## ❒ 외국의 지방관광 성공사례

방한 외래관광객이 천만명을 상회하며 일정 수준의 양적 성장을 이뤄낸 이후, 질적 내실화를 위한 정책이 반드시 필요하게 되었다. 수도권에 집중되고 있는 외래관광객의 수요를 지방으로 분산해야 하는 것도 시급히 해결해야 할 현안이다.[9)]

외래관광객 실태조사 결과에 따르면 방한 외래관광객이 방문한 상위 5개 도시는 서울이 79.7%, 경기 23.8%, 경상 19.3%, 강원이 11.1%, 제주가 10.2%다. 한편 일본의 지역별 방문률은 도쿄가 60.3%, 오사카가 26.1%, 교토가 24.0%, 카나가와가 17.8%, 치바가 15.0%다.

외국의 지역관광 활성화 사례를 살펴보면, 일본은 지역간 공동 마케팅을 들 수 있다. 일본 최북단의 홋카이도와 동북지방의 이와테, 아키다, 아오모리 등 3현이 참가하여 한국에 관광사무소를 개설하고 다양한 사업을 공동으로 추진 중이다. 특히 국제항공 노선 조정시 인접 지역간 출입국 스케쥴이 교차하는 방식으로 항공일정을 조율하여 외래관광객의 동선을 주변지역으로 확대하고, 항공스케쥴을 관광객 편의에 맞춰 도착은 오전, 출발은 오후로 조정하였다.

영국은 수도권과 지방을 연계하는 관광전용 버스시스템이 유명하다. 코치관광으로 대표되는 관광전용 버스시스템의 운영주체는 관광청, 지자체, 운영회사 등으로 관민이 공동으로 참여한다. 중앙정부는 코치서비스 운영 보조금을 지원하여 유가 상승에 따른 경영 부담을 경감시키는 실리적인 혜택을 제공하며, 지역에 새로운 관광지나 숙박시설이 건립되었을 때도 관광전용버스의 접근이 가

9) 김현주(2013.7), "지역관광 활성화, 해답은 지방분산,"「웹진 문화관광」, 한국문화관광연구원

능한지 판단하기 위한 가이드 라인을 작성하고 사전에 점검하는 역할을 한다. 지자체는 지역의 주요관광 명소와 코치시스템의 연계를 유도하고 주차시설 및 운전자를 위한 휴게시설의 일부를 지원한다. 코치 승, 하차 지점을 지정하고 지역의 대중교통과 손쉽게 연계되는 시스템을 구상한다.

뉴질랜드의 관광안내소는 I-SITE 시스템으로 전국이 연결되어 있다. 뉴질랜드의 I시스템은 관리기관간 연계뿐만 아니라 지역관련 사업체와 협력체계가 구축되어 있다. 특히 지방관광에 필요한 정보제공만 하는 한국과는 달리 뉴질랜드의 관광안내소는 지방 관광상품에 대한 예약, 판매 서비스를 제공한다. 뉴질랜드의 관광안내소에서는 관광상품을 직접 구성하여 판매하며, 지방관광 상품 판매대행으로 10~20%의 수수료를 받아 수익을 창출한다. 뿐만 아니라 관광안내소 직원을 대상으로 지역의 관광상품을 체험하도록 하여 관광객에게 생생한 정보를 제공할 수 있도록 교육한다. 이를 통해서 수도권을 방문한 관광객이 관광안내소에서 손쉽게 지방 관광상품을 이용할 수 있는 환경을 제공한다.

일본, 영국, 뉴질랜드의 사례에서 공통적으로 나타나는 특징은 모두 수요자 지향형 정책을 추진하고 있다는 점이다. 일본에서 추진한 인접 지역간 항공노선 조율 등을 통해서 관광객의 편의성을 고려한 사례는 지역간 공동 팸투어 추진, 공동 브로셔 제작의 다음 단계에 해당한다. 영국의 관광전용버스 시스템은 수도권과 지역을 연계하는 관광교통 체계구축에 있어서 중앙과 지자체 그리고 민간기업의 협력 모델을 제시한다. 또 뉴질랜드의 사례는 지역관광 활성화 측면에서 관광안내소의 기능 확대에 관한 방향성을 제시해주고 있다.

## 3 경기도의 관광정책

### ❐ 2012년 사업성과

2012년도는 외래 관광객 1,000만명 시대가 도래한 해로, 중국관광객 등 동남아 관광객 수요가 꾸준히 증가하였다. 경기도는 이러한 관광수요 변화 흐름에 따라 경기국제항공전 및 레포츠페스티벌 등 메가 이벤트 개최와 다양한 관광콘텐츠 발굴・홍보 등국내외 관광활성화 사업 추진을 통해 지역경제활성화를 위해 노력하였다.[10)]

## 1) 관광지 개발을 통한 관광 인프라 구축

### ❖ 기존관광지의 개발

- 경기도 관광지(총 13개소): 전국 지정 관광지(231개소)의 5.6%(조성면적 406만 4천$m^2$)
  - 경기도 남부지역 3개소(여주군 신륵사 관광지, 양평군 용문산 관광지, 평택시 내리관광지)
  - 경기도 북부지역 10개소(북부지역 남양주시 수동 관광지, 파주시 공릉・임진각 관광지, 포천시 산정호수・백운계곡 관광지, 양주시 장흥 관광지, 동두천시 소요산 관광지, 가평군 대성・산장 관광지, 연천군의 한탄강 관광지)
- 도내 관광지 방문관광객의 편의시설 설치 추진(주차장 설치, 도로 포장 등 공공 기반시설은 물론 다목적 광장, 야영장, 놀이시설, 조경시설, 야외공연장 등)

### ❖ 신규 관광단지 개발

- 평택호 관광지를 국제적이고 동북아의 관광경쟁력을 갖춘 관광지로 개발함 2009년 10월 7일 최초로 관광단지를 지정, 민간사업자가 개발할 수 있도록 하였고,2009년 12월 21일 용인시 포곡읍 전대리 일대를 에버랜드 관광단지로 지정하여 조성계획이 수립 중에 있으며 향후 경기도의 대표적인 복합문화위락 관광단지가 조성될 전망이다.

10) 문화체육관광부・한국문화관광연구원(2013), 『2012년 기준 관광동향에 관한 연차보고서』

### ❖ 관광자원 개발

- 지역중심형 관광개발을 위해 지역이 보유하고 있는 자연경관 및 문학작품 속 소재, 분단지역의 특수성 등 특색 있고 고유한 관광상품을 발굴하여 소규모 자본투자를 통한 역사·문화·생태·안보 관광자원 개발사업을 추진 중
- 주요 추진사업은 남양주 폐역사 관광상품화 사업, 파주 자유의 다리 전통연못 조성 사업 및 동두천 MTB 특화도시 구축사업 등이 있다.

### ❖ 다목적 캠핑장 조성

- 주5일 근무제의 도입으로 여행수요가 증가하고, 자동차 보급률의 급증으로 자동차를 이용한 레저활동의 욕구가 증가함에 따라 경기도는 이러한 국민관광행태의 변화에 적극 대응하고자 사계절 활용이 가능한 프리텐트, 캐라반, 캠핑카 등 가변숙영시설 및 클럽하우스 등 지원 시설을 갖춘 다목적 캠핑장을 구상하였다.
- 산악, 수변, 역사·문화 등 자연적인 관광자원을 활용한 권역별 조성계획을 수립하여 가평, 연천, 용인, 양평 등 4개 시·군을 대상지로 선정하여 2008년 연천군 한탄강 오토캠핑장, 가평군 자라섬 캠핑장 및 연인산 캠핑장을 준공하였으며, 2011년에는 양평군 다목적캠핑장을 개장, 가족단위 관광객들에게 쾌적하고 저렴한 관광숙박시설을 제공하였다.
- 캠핑문화 확산에 따라 현재 용인 다목적캠핑장, 안산 가족캠핑장, 양평 청운캠핑장 및 포천 비둘기낭캠핑장을 조성 중에 있으며, 이를 통해 가족단위 관광객 유치 및 지역경제를 활성화할 계획이다.

## 2) 관광자원 상품화 홍보

### ❖ 문화관광해설사 양성 운영

- 경기도 25개 시·군 130개 관광지에서 문화관광해설사(488명)가 경기도를 방문하는 외래관광객에게 경기도 관광자원 및 문화유산에 대한 해설 서비스 제공하였다.

• 외래 관광객에게 문화유산에 대한 깊이 있는 해설 서비스를 제공하여 경기도 관광자원 및 문화에 대한 이해 제고

### ❖ 경기도 관광모니터 운영

- 21세기 관광산업 육성시책의 일환으로 양질의 관광서비스 체계를 구축하고자 수도권 거주 내・외국인을 포함한 관광모니터를 모집・위촉하여 관광불편사항 개선하였다.
  • 경기도 관광모니터 요원이 연중 수시로 관광지 답사 후 불편사항 제보, 또는 이를 수렴하여 개선

### ❖ 제13회 관광기념품 공모전 개최

- 경기도의 지역적 특성과 이미지를 형상화한 실용적이며 우수한 관광기념품을 관광상품으로 육성・발전시키기 위하여 2000년부터 총 13회에 걸쳐 공모전 시행하였다.
- 2012년 전국관광기념품공모전에 일반분야 15작품, 창작분야 15작품을 출품하여 동상 1, 입선 3작품 등 총 4작품 입상하였다.

### ❖ 2012 경기관광사진공모전 개최

- 31개 시군의 아름답고 다채로운 모습과 그 속에 있는 이야기를 카메라에 담아 경기도의 관광자원의 우수성을 홍보하고 양질의 다양한 콘텐츠를 확보하여 활용하였다.
  • 2012 경기관광사진공모전은 포토에세이 사진공모전으로 개최되었으며, 경기도 관광지의 매력을 우수하게 표현한 30작품을 선정하여 관광홍보에 활용하였다.

### ❖ 경기도 여행이용권 운영

- 국내여행에 쉽게 참여하지 못하는 사회적 취약 계층에게 여행 참여 및 관

광활동 기회를 제공하고 삶의 질 향상 및 관광향유권에 대한 사회적 인식을 제고하였다.

- 개별 여행이용권(2,204명), 사회복지시설단체 여행이용권(2,379명), 경기도 기획여행이용권(2,097명) 선정
- 여행경비 1인당 15만원을 지원하여 국내 주요관광지 여행 실시

### ❖ 관광객 유치를 위한 홍보

- 경기도 관광매력을 효과적으로 홍보하고 경기관광 이미지 및 브랜드 가치 제고를 위해 국내・외 관광박람회에 참가하여 홍보활동을 전개하였다.
  - 해외 관광박람회 4회(홍콩국제관광박람회・일본세계여행박람회・타이베이 국제여전, 중국국제여유교역회) 및 국내 관광박람회 2회 참가

## 3) 새로운 관광산업 창출

### ❖ 2012 경기안산항공전 개최(2012년 10월 3~7일, 안산시 사동)

- 경기도와 공동주최기관이며 개최장소인 안산시의 지역브랜드 강화를 위해 행사명칭을「경기안산항공전」으로 변경하고 블랙이글 등의 곡예비행 외 비행기끌기 등 새로운 체험프로그램을 강화(20종→44종)하였으며 에어쇼 전용 관람석 설치하여 보다 쾌적한 환경을 조성,42만여명이 방문하여 레저항공에 대한 국민적 관심을 높이는 성과를 거두었다.
  - 항공전 개최기간이 전년에 비해 1일이 줄었으나(6일 → 5일) 1일 평균 관람객 수는 전년 대비 17.4%(73,070명 → 85,773명), 입장권 판매수입은 16.6%(408백만원 → 463백만원)가 증가하는 등 아시아 최고의 항공전으로 자리매김

### ❖ 2012 경기레포츠페스티벌 개최(2012년 9월14일~16일, 양평 나루께 축제공원)

- 캠핑, 등산, 자전거, 패러글라이딩,모터바이크, 건강걷기프로그램외 카라바

닝 프로그램을 신설하여 국내 최대 종합레포츠축제로 규모를 확대하였다.
- 레저스포츠 저변확대로 참여인원이 전년도 대비 18% 증가한 1만2천여명 참가로 직간접적인 소비를 통한 양평 지역의 경제 활성화 및 레포츠 중심지로의 브랜드를 강화하였다.

## ❒ 2013년 사업계획

### ❖ 2013년 여건 및 전망

- 최근 문화, 여가・소비 생활요구 증대에 따라 여가활동 및 문화향유에 대한 욕구 확대와외국인 관광객 1,000만명 시대에 부응하기 위해 관광분야「칸막이를 넘어 융합행정」추진을 통해 경기도만의 특화된 고품질의 체류형 맞춤 서비스를 제공할 계획이다. 특히 의료관광 생태관광 문화관광 등이 새로운 유망관광분야로 등장하고 있다.

### ❖ 외래관광객 유치를 위한 관광수용태세 강화

- 외래관광객 유치를 위해 신규 관광호텔 확충 및 틈새 숙박시설 발굴을 확대힐 계획이며, 도내 인바운드 여행입계 공동상품 개빌지원으로 외국인 단체 관광객을 유치하기 위해 도내 여행업계 경쟁력을 강화하는 한편, 관광안내표지판 설치 등 외국 관광객 관광정보 안내체계도 새로이 구축할 계획 특히, 중국관광객 유치를 위해 요녕성, 광동성, 산동성 등을 대상으로 경기 관광홍보 설명회를 개최할 계획이며, 대중국 관광 활성화 T/F팀도 운영하였다.

### ❖ 경기도만의 특색있는 국내외 관광콘텐츠 발굴

- 경기북부 신규 뷰티 집약지역 쇼핑, 미용 연계 숙박 상품 개발, 경기남부 역사, 문화, 테마파크 집약지역 연계 맞춤형 상품 개발, DMZ평화콘서트, DMZ 60주년 행사 등 메가 이벤트와 연계한 차별화 상품 개발, 춘계 벚꽃테마상

품, 여름 워터파크 상품, 가을 단품상품, 겨울 스키상품 등 국가별, 계절테마 맞춤형 상품을 개발할 계획이다.

- 국내 여행객을 위해 테마별, 당일, 숙박 추천 등 맞춤형 여행코스를 제공하고, 경기도 구석구석 매력있는 관광자원을이달의 가볼만한 곳으로 선정하여 추천하는 등 다양한 기획콘텐츠를 발굴・추진할 계획이다.

또한, 거쳐가는 주유형 관광에서 지역경제활성화를 위해 체험・숙박 중심의 체류형 관광으로 경기관광 페러다임을 전환하고 주말에는 경기도로! 본격 추진.찾아가는 서해안 음학회, 예술과체험 등이 융합한 주말 캠핑가족여행, 매력적인 관광자원을 한번에 둘러볼 수 있는 경기 패스포트여행 등을 주요사업으로 추진한다.

### ❖ 메가 이벤트 및 축제 개최로 지역경제활성화 추진

- 항공기 테마 이벤트 개최로 항공에 대한 관심을 제고하고 레저항공산업 육성기반을 조성하기 위해 경기안산항공전을 5월에 개최하며, 도자의 예술성과 대중성을 유기적으로 연계하여 도자비엔날레의 새로운 가능성 제시 및 국내외에서 각광받는 문화예술행사로 재도약하기 위해 경기세계도자비엔날레를 9월부터 11월까지 개최할 계획이다.
- 이천쌀문화축제, 가평자라섬재즈페스티벌, 수원화성문화제 등 문화체육관광부 선정 3개 우수축제와 경기도 선정 10개 우수 지역축제에 대해 국도비 지원과 지속적인 경쟁력 있는 지역 대표축제 육성을 통해 직접적인 지역경제활성화를 도모할 계획이다.

### ❖ 다양한 온・오프라인 홍보 추진

- 경기관광포털, 유튜브, SNS 등을 통항 경기관광홍보, 홍콩, 대만 등 중화권 해외 박람회 경기홍보관 운영, 경기관광지도・가이드북 등 관광홍보물을 제작하여 호텔, 관광안내소 등에 비치할 계획이다.

또한, 경기도를 방문하는 관광객들에게 관광지에 대한 이해와 재방문을 유도하기 위해 문화관광해설사를 운영하며, 국내외 관광객 수용태세 점검 및 고객 지향적 관광안내체계 개선을 위해 관광모니터를 운영할 계획이다.

### ❖ 2013년 역점사업 : 주말에는 경기도로 !

- 2011년 관광수입 3위(2.1조원) → 2018년 1위(3.5조원)
  관광자원 총망라 관광분야 융합을 통한 주말관광 활성화
- 타깃설정 주말 서울시민 가족단위 숙박형
- 주요내용 : 주말 가족여행 수요를 흡수할 수 있는 프로그램 개발 및 관광자원을 체류형으로 수요자에게 맞춤 정보제공
- 소요비용 3천7백만원 도비
- 가족 숙박여행 프로그램 및 문화관광 이벤트 기획으로 이색체험 캠핑장 발굴 및 훌쩍 떠나는 가족캠핑 프로그램 운영, 코레일과 지방 여행업계 공동 경기도 숙박상품개발, 국화도 제부도 등 서해도서에서 주말 다양한 음악콘서트 개최
- 경기관광 포털 을 도 대표적 관광 소통창구로 활성화하여 교육+체험+관람+봉사+관광 연계 체류형 융합형 정보 제공 및 사용자 정보접근성 개선 경기도 관광 통합 구축 운영, 주말엔 경기도로 등 전방위 통합 홍보 마케팅 전개
  * 2012년 방문자수 : 1,165천명(1일 평균 3,192명)
- 에듀볼런투어 프로그램 확대 개발 및 운영 활성화 유관기관 협의체 구성 융합관광프로그램 개발 및 운영으로 체험시설 체험콘텐츠 업그레이드와 다각적 홍보마케팅 추진

# [평가 문항]

다음 질문에 맞는 답을 골라 번호를 ( )에 넣으시오.

**01** 우리나라 2012년 관광현황을 설명하는 말 중 틀린 것?

① 외래관광객을 1,114만명 유치하였다.
② 관광수입은 142억달러로 총수출의 2.6%다.
③ 관광수지는 15.6억달러 흑자를 기록했다.
④ 관광산업 경쟁력이 133개국 중 25위다.

**02** 우리나라 관광정책을 설명하는 말 중 틀린 것?

① 중국 관광객 유치를 위하여 비자발급을 완화하였다.
② 쇼핑이나 호텔 객실료의 부가가치세를 환급받게 하였다.
③ 주민 참여 지역관광개발보다 기업참여 개발이 우선이다.
④ 한국선적 크루즈에 외국인 전용 카지노 설치를 허용한다.

**03** 각국의 관광정책을 설명하는 말 중, 틀린 것?

① 일본은 관광입국을 기반으로 Visit Japan Campaign을 펼친다.
② 영국은 국내 휴가 비율을 해외여행 수준으로 상승이 목표다.
③ 뉴질랜드의 관광전략은 보호와 환대에 토대를 두고 있다.
④ 일본은 중국관광객 2명 이상이면 단체관광비자를 발급한다.

**04** 외국의 지방관광 활성화 설명 중 틀린 것은?

① 일본은 인근 현과 국제항공노선의 항공일정을 조율하여 외래객의 동선을 편리하게 한다.

② 영국은 중앙과 지방을 연결하는 관광전용버스 운행을 위하여 지자체는 주차시설, 휴게시설을 지원하고 지역 교통과 연계시킨다.
③ 뉴질랜드 관광안내소에서는 정보제공과 관광상품 예약과 판매도 한다.
④ 뉴질랜드 관광안내소는 지방관광상품 판매대행으로 30% 수수료를 받는다.

**05** 2012년 경기도 관광정책을 설명하는 말 중 틀린 것?

① 캠핑 붐에 따라 올해부터 다목적 캠핑장을 조성한다.
② 문화관광해설사를 양성하여 주요 관광지에서 해설케 한다.
③ 모니터 요원이 연중 관광지를 답사하고 불편사항을 점검한다.
④ 국내외 관광박람회에 참가하여 경기도 관광매력을 홍보한다.

**06** 2013년 경기도 관광정책 설명 중 틀린 것?

① 외래관광객 유치를 위하여 신규 관광호텔을 확충한다.
② '주말엔 경기도'는 당일관광객 증대를 위한 정책이다.
③ 의료관광, 생태관광, 문화관광이 새로운 유망분야다.
④ 정전 60주년을 맞아 경기북부지역의 관광활성화를 도모한다.

**정답** 01 ③ 02 ③ 03 ④ 04 ④ 05 ① 06 ②

**해설**
**01** 관광수지는 15.6억달러 적자를 기록
**02** 주민 참여 지역관광 개발이 우선
**03** 뉴질랜드 주 광조우영사관은 중국관광객 2명 이상이면 단체관광비자 발급
**04** 뉴질랜드 관광안내소는 지방관광상품 판매대행으로 10~20% 수수료 징구
**05** 2008년 연천군 한탄강에 오토캠핑장, 가평군 자라섬 캠핑장 준공
**06** '주말엔 경기도'는 당일·숙박관광객 증대를 위한 정책

## 새 관광정책, 실천이 해답이다

경기관광공사 마케팅본부장 오용수

기다리던 박근혜정부의 관광정책이 7월17일 드디어 발표됐다.

크게 두 가지 어젠다로 나뉘었는데, 불편해소를 위한 제도개선과 전략관광산업 육성이다. 새 관광정책에 대해 이미 과거에 나온 내용의 중복이 아니냐는 비판도 있지만, 예전 정책이 단편적 논의에 그쳤다면 이번에는 종합적으로 실현 가능성에 비중을 두었다고 할 수 있다. 앞으로 잘 된 점은 발전시키고, 미흡한 부분은 보완하면 우리관광은 선진국 대열에 서게 될 것이다.

우선 잘된 점을 살펴보면, 관광산업은 융·복합이 많이 이뤄져 관련되는 부처와 법·제도가 얽혀있는 경우가 많은데, 그 실타래를 풀고 조정할 곳을 정하고 리더십을 갖게 한 점이다. 예를 들면, 관광진흥법(관광숙박업), 공중위생관리법(숙박업), 농어촌정비법(농어촌 민박), 청소년활동진흥법(유스호스텔) 등 여러 법에 흩어진 숙박시설 관련 법·제도를 관광객의 이용행태, 서비스 등 특성에 따라 재분류해 관광진흥법을 개정하거나 별도 법안을 제정하고, 여러 부처에서 추진되고 있는 관광업무의 조정역할은 문화체육관광부에 맡기자는 것이다. 지방에서도 관광국이나 관광과가 조정자가 되어야 한다.

다음으로 복합리조트 조성에 적극적으로 나섰다는 점을 높이 평가하고 싶다. 싱가포르는 관광부진을 타개하기 위해 카지노가 포함된 복합리조트 개발을 결정하고, 철저한 타당성 조사에 착수한 뒤, 국민을 대상으로 도박의 해악을 피하기 위한 보완장치를 장기간에 걸쳐 설득했다. 이제 싱가포르처럼 합리적 계획과 설득을 병행하며 카지노를 비롯해 호텔, 테마파크, 쇼핑센터, 레저스포츠 시설을 갖춘 복합리조트를 만들자. 또 국적 크루즈에 카지노를 허용하는 것도 맞다. 외국적 크루즈는 카지노를 설치하고 우리나라를 드나들고 있는데, 국적선에는 카지노를 허가치 않는 것도 역차별이다.

보완이 필요한 부분은 아직 관광업을 수출업과 같이 인식하지 않아 세제와 금융상 차별이 있다는 점이다. 그 예가 호텔 부가가치세 사후환급제다. 과거 5차례에 걸쳐 한시적으로 외국인 관광객의 숙박요금에 부가세를 면제해 주었다. 그런데 이번에는 개인관광객들이 가격을 올리지 않은 호텔에 부가세 포함 객실료를 지불하고 영수증을 받아, 환급소에서 부가세를 돌려 받게 한 것이다. 외국인이 쇼핑시 상품을 구입하면 언제나 부가가치세를 환급받을 수 있는 데, 호텔 객실료 부가세 환급은 어떤 해는 되고 어떤 해는 안 된다면 불공평하다. 따라서 조세특례법을 개정해 항시 적용되도록 해야 한다. 또 여행사나 호텔예약회사에서 객실료를 일괄 지불하는 경우도 단체 환급을 허용하는 것이 옳다. 상품을 개인이 구매하면 개인이 환급을 받으면 되고, 무역회사가 대량으로 수출하면 서류를 갖춰 회사가 환급받을 수 있다. 개인이나 단체나 모두 환급이 가능토록 보완해야 된다.

그리고 호텔가격이 인상되지 않았을 때로만 한정할 필요가 없다. 호텔가격은 물가등락이나 수요공급에 따라 변한다. 과거 부가세를 면제해주니 호텔만 가격을 인상해 이익을 챙긴 사례를 피하고 싶은 것이겠지만, 그때는 공급이 수요를 따라가지 못해 가격보다 객실을 먼저 확보하는 것이 중요했고, 경제민주화가 대세인 지금은 이익만 추구하는 호텔은 없을 것이다.

따라서 객실요금은 시장에 맡기고 지불한 부가세는 환급받을 수 있도록 하자.

한편 마이스(MICE)산업 육성을 위해 외국인 참가자 등록비와 용역비를 마이스 사업체의 과거 수출실적으로 잡고 수출실적확인서를 발급받아 상품수출과 동일한 수준의 금융이 이뤄지도록 한 점은 쾌거다. 기왕이면 모든 관광산업을 수출산업과 같이 보고 금융과 세제상 혜택이 같아지길 손꼽아 기대한다.

여행신문 2013년7월29일

# 제3장

## 국내관광정책

- 강원도, 제주도보다 경기도 -

# 03 국내관광정책

**- 강원도, 제주도보다 경기도 -**

## 1 한국의 국내관광정책

### ❒ 국민들의 관광실태

#### ❖ 국내여행 참가자

2012년 국내여행[1]에 참가하는 15세 이상 국민은 3,691만명으로 이중 숙박여행자가 3,023만명으로 당일여행자 2,865만명보다 약간 많다. 2011년에 비하여 5.4% 증가하였다. 여행유형별로 관광여행[2]에 참가자는 전체의 69%인 2,990만명이고, 기타여행[3]은 68%인 2,952만명으로 비슷하다. 관광여행자 중, 숙박관광여행이 2,245만명, 당일관광여행이 1,923만명이다.

---

1) 국내여행의 여행(또는 관광)은 행정구역상 현 거주지(일상생활권)를 벗어나 다른 지역을 다녀온 모든 여행을 의미함. 단, 단순 영화감상이나 쇼핑 목적, 직장이나 거주지 근처 산책, 등산, 취미, 스포츠 등 일상적인 여가는 행정구역을 벗어나더라도 국내여행에서 제외.
2) 관광여행은 여가, 위락, 휴가와 건강, 치료 및 종교, 순례 목적의 여행임.
3) 기타여행은 단순 가족・친지 방문, 비즈니스나 출장, 교육, 훈련, 연수, 쇼핑 목적 여행임.

〈표 3-1〉 국내여행 총량

| 구분 | | 단위 | 2012년 전체 | 2012년 숙박여행 | 2012년 당일여행 | 2011년 | 2010년 |
|---|---|---|---|---|---|---|---|
| 국내여행 참가자수 | | 명 | 36,914,067 | 30,227,238 | 28,649,336 | 35,013,090 | 30,916,690 |
| | 관광여행 | 명 | 29,896,150 | 22,454,735 | 19,232,407 | 27,812,951 | 25,391,104 |
| | 기타여행 | 명 | 29,521,642 | 20,339,773 | 21,142,248 | 26,889,519 | 21,025,137 |
| 국내여행 참가횟수 | | 회 | 213,468,294 | 92,288,533 | 121,179,761 | 156,594,347 | 168,147,987 |
| | 관광여행 | 회 | 98,260,831 | 42,714,222 | 55,546,609 | 75,218,970 | 68,019,219 |
| | 기타여행 | 회 | 115,207,463 | 49,574,311 | 65,633,152 | 81,375,377 | 100,128,767 |
| 국내여행 총비용 | | 백만원 | 23,891,080 | 15,792,051 | 8,099,030 | 20,205,430 | 16,859,774 |
| | 관광여행 | 백만원 | 13,602,714 | 9,840,085 | 3,762,629 | 11,272,337 | 8,761,348 |
| | 기타여행 | 백만원 | 10,288,367 | 5,951,966 | 4,336,401 | 8,933,093 | 8,098,426 |
| 국내여행 이동총량 | | 일 | 365,282,249 | 244,102,488 | 121,179,761 | 286,947,961 | 339,607,551 |
| | 관광여행 | 일 | 166,346,863 | 110,800,254 | 55,546,609 | 132,812,880 | 129,618,652 |
| | 기타여행 | 일 | 198,935,386 | 133,302,234 | 65,633,152 | 154,135,081 | 209,988,899 |

자료 : 문화체육관광부 · 한국문화관광연구원(2013 : 29), 「2012 국민여행실태조사」

## ❖ 국내여행 시기 및 여행지

국내여행은 9월이 가장 많고, 9월, 1월, 10월 순이며, 여행지별 참가자는 경기, 서울, 강원, 전남 순이고, 숙박여행은 강원이 가장 많고, 경기, 전남, 경북, 경남, 충남, 서울, 전북, 제주, 부산의 순이다. 당일여행은 경기, 서울이 월등히 높다.

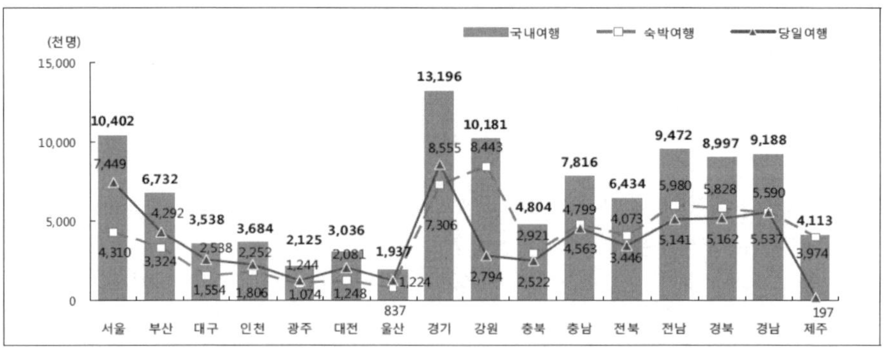


자료 : 문화체육관광부 · 한국문화관광연구원(2013 : 51), 「2012 국민여행실태조사」

[그림 3-1] 여행지별 국내여행 참가자

## ❖ 여행경험 및 여행 횟수

여행경험도 85.2%로 2011년 81.6%, 2010년 72.8%에 비하여 매년 증가하고 있고, 여행 횟수는 연간 4.93회로 2011년 3.65회보다 월등히 많으며, 1인 평균 여행일수도 8.43일로 2011년 6.69회보다 증가하였다.

여행지별 여행횟수는 경기도가 2,836만회, 경남 2,381만회 순이나, 숙박여행은 1,091만회로 강원의 1,194만회에 못 미친다.

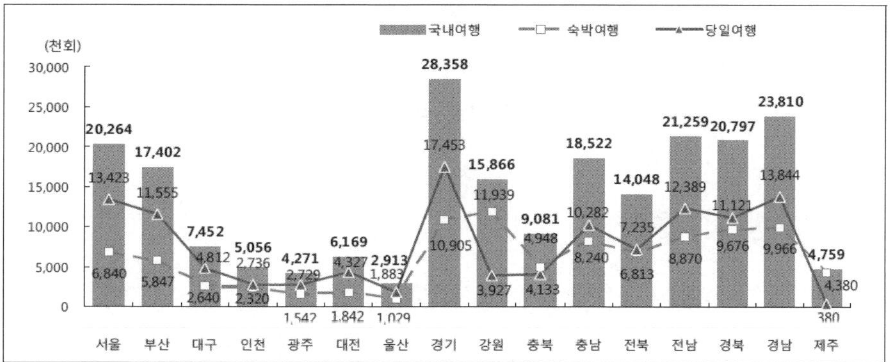


자료 : 문화체육관광부 · 한국문화관광연구원(2013 : 54), 「2012 국민여행실태조사」

[그림 3-2] 여행지별 국내여행 횟수

## ❖ 국내여행 비용

만15세 이상 국민이 지출한 총 국내여행 비용은 약 23조 9천억원이고, 숙박여행은 15조8천억원, 당일여행은 8조1천억원이다. 관광여행 지출액은 전체의 56.9%인 13조6천억원이고, 숙박관광여행이 9조8,401억원으로 당일관광여행의 3조7,626억원보다 2.6배 정도 지출액이 많다.

여행지별 지출액은 강원도가 2조7,216억원이고 경기도가 2조5,047억원이며, 제주가 2조3,844억원, 경북이 2조2,255억원이 순이다. 한편 숙박여행의 지출은 강원도가 2조3,950억원, 제주도가 2조3,516억원, 경북이 1조4,678억원, 전남이 1조3,930억원이고 경기가 1조3,560억원, 경남이 1조3,034억원이다. 여기에서 대도시 근거리의 숙박여행지출보다 원거리 지출이 월등히 높다는 점을 알 수 있다.

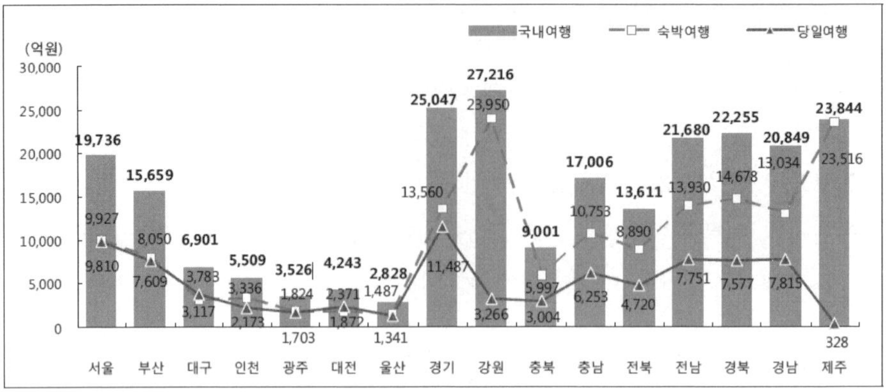


자료 : 문화체육관광부 · 한국문화관광연구원(2013 : 57), 「2012 국민여행실태조사」

[그림 3-3] 여행지별 국내여행 총 지출액

## ❖ 국내여행 이동총량

2012년 국내여행 이동총량은 3억6,528만일로 숙박여행이 2억2,410만일, 당일여행이 1억2,118만일이고, 2011년에 비하여 27.3% 증가되었다. 또 유형별로 보면, 관광여행 이동총량은 전체의 45.5%인 1억1,663만일이고, 이 가운데 숙박관광여행이 1억1,080만일, 당일관광여행이 5,555만일이다.

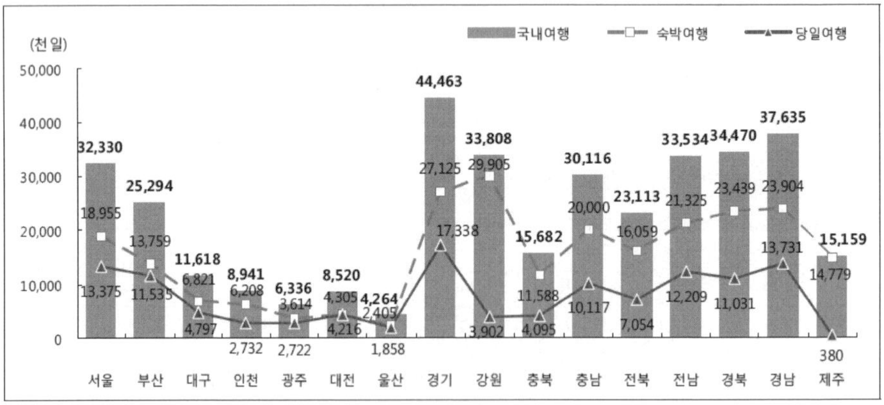


자료 : 문화체육관광부 · 한국문화관광연구원(2013 : 60), 「2012 국민여행실태조사」

[그림 3-4] 여행지별 국내여행 이동총량

여행지별 이동총량은 경기도가 4,446만일, 경남이 3,764만일, 경북이 3,447만일, 강원이 3,381만일, 전남이 3,353만일의 순이다. 이는 숙박여행은 강원이 2,991만일, 경기가 2,712만일이고, 그다음이 경남 2,394만일, 경북, 전남의 순이다.

### ❖ 여행을 하지 않는 이유

국내여행을 않는 주요 이유는 '여가시간 및 마음의 여유부족'(50.4%)가 가장 높고, '경제적 여유 부족'(21.8%), '건강상 이유'의 순이다.

## ❒ 방문지별 국내여행 형태

### ❖ 국내여행의 방문지

관광여행에서는 전남(13.2%), 강원·경남(12.0%)의 순이고, 기타여행에서는 경기(13.9%), 서울(13.8%), 부산·경남(9.8%)이다.

성별로는 남녀 모두 경기가 가장 높고, 경남이 다음인데, 관광여행은 남녀 모두 전남이 가장 높고, 다음이 강원·경남이고, 기타여행은 남자는 서울, 경기, 여자는 경기, 서울 순이었다.

〈표3-2〉 국내여행 주요 방문지

(단위 : %)

| 구분 | | 국내여행 | | | 관광여행 | | | 기타여행 | | |
|---|---|---|---|---|---|---|---|---|---|---|
| | | 1위 | 2위 | 3위 | 1위 | 2위 | 3위 | 1위 | 2위 | 3위 |
| 연도별 | 2010년 | 경기(12.0) | 경북(11.1) | 경남(10.9) | 강원(14.3) | 경남(12.1) | 경북(11.1) | 서울(13.1), | 경기(13.1) | 경북(11.1) |
| | 2011년 | 경기(12.4) | 서울(9.9) | 경남(9.7) | 강원(13.8) | 경남(11.7) | 경기(11.4) | 서울(15.0) | 경기(13.4) | 부산(9.9) |
| | 2012년 | 경기(12.9) | 경남(10.8) | 전남(9.7) | 전남(13.2) | 강원, 경남(12.0) | | 경기(13.9) | 서울(13.8) | 부산, 경남(9.8) |
| 성별 | 남자 | 경기(12.0) | 경남(11.3) | 전남, 경북(9.9) | 전남(13.8) | 강원, 경남(12.2) | | 서울(13.4) | 경기(13.0) | 경남(10.5) |
| | 여자 | 경기(13.7) | 경남(10.4) | 서울(9.5) | 전남(12.7) | 경기(12.4) | 강원(11.9) | 경기(14.8) | 서울(14.1) | 부산(10.9) |
| 연령 | 15~19세 | 경기, 전남(12.1) | | 경남(11.0) | 전남(15.0) | 강원, 경북(12.0) | | 경기(13.5) | 경남(11.3) | 부산(10.7) |
| | 20대 | 경기(13.5) | 부산(12.2) | 서울(9.9) | 강원(13.3) | 부산(12.2) | 경기, 경남(11.7) | 경기(15.3) | 서울(12.9) | 부산(12.2) |
| | 30대 | 경기(18.3) | 서울(11.4) | 충남(11.1) | 경기(21.9) | 강원(11.6) | 충남(10.9) | 서울(15.5) | 경기(15.2) | 충남(11.3) |
| | 40대 | 경남(13.4) | 경기(12.8) | 경북(9.6) | 경남(13.9) | 강원(11.8) | 전남(11.7) | 경기(13.9) | 경남(12.9) | 서울(12.0) |
| | 50대 | 경북(12.0) | 경남(10.8) | 전남(9.8) | 경북(15.2) | 전남(15.0) | 강원(13.1) | 서울(13.4) | 경기(11.5) | 부산(11.1) |
| | 60대 이상 | 전남(12.5) | 경기(11.5) | 서울(10.0) | 전남(18.4) | 경남(12.5) | 강원(11.2) | 서울(19.5) | 경기(15.4) | 부산(8.0) |

자료 : 문화체육관광부·한국문화관광연구원(2013 : 129), 「2012 국민여행실태조사」

나이별로는 30대가 국내여행지를 경기도 선호가 높아 관광여행, 기타여행 모두 1, 2위다. 즉, 유아, 혹은 초등학생을 둔 30대는 근교를 선호한다는 의미다. 한편 50대는 관광여행시 원거리인 경북, 전남, 강원을 선호한다.

### ❖ 1인당 평균여행 횟수

국내여행 참여한 국민들의 1인 평균 여행 횟수는 5.78회, 관광여행에 참여한 횟수는 3.29회, 기타여행 횟수는 3.90회다.

여자가 5.89회, 40대가 6.62회, 소득이 4~500만원 미만 가구가 6.92회로 상대적으로 많다.

부산이 2.69회로 가장 높고, 경남(2.50회), 전남(2.41회), 충남(2.25회), 광주, 전북, 대전, 경기(2.04회)며, 강원(1.41회), 제주는 1.16회다.

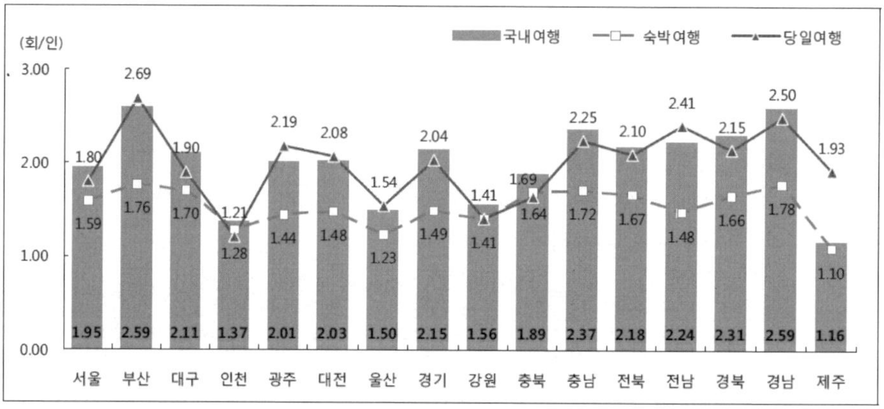


자료 : 문화체육관광부 · 한국문화관광연구원(2013 : 73), 「2012 국민여행실태조사」

[그림 3-5] 여행지별 국내여행 이동총량 여행경험자 1인 평균 여행횟 수

### ❖ 여행 일수

국민 1인 평균 국내여행 일수는 숙박여행이 5.63일 당일여행이 2.80일로 총 8.43일이다. 이 가운데 관광여행 일수는 숙박이 2.56일, 당일이 1.28일로 총 3.84일이다. 여행지별 여행 일수는 경기도가 단연 높으나, 관광여행은 강원(0.61일),

전남(0.46일), 경북(0.42일), 경남(0.41일), 경기(0.39일)며, 기타여행은 경기가 0.63일로 가장 높다.

국내여행 경험자의 1회 평균 여행 일수는 1.87일, 숙박여행 경험자는 2.69일이고, 관광여행 경험자는 1.88일, 숙박관광여행자는 2.63일로 나타났다.

여행지별로는 제주가 3.25일, 강원이 2.16일로 평균(1.87일)보다 높고 경기는 1.61일로 낮은데, 숙박여행도 제주는 3.34일이나 강원은 2.48로 평균 2.69일보다 낮다. 반면 서울이 2.80일인 것은 기타숙박여행이 3.03일기 때문이고, 경기는 2.37일이며 관광숙박여행은 2.23일, 기타숙박여행은 2.50일이다.

〈표 3-3〉 여행지별 여행경험자의 1회당 평균 국내여행 일수〈단위: 일/회〉

| 구분 | 국내여행 | 숙박여행 | 관광여행 | 숙박여행 | 기타여행 | 숙박여행 |
|---|---|---|---|---|---|---|
| 전 체 | 1.87 | 2.69 | 1.88 | 2.63 | 1.84 | 2.70 |
| 서 울 | 1.65 | 2.80 | 1.42 | 2.13 | 1.71 | 3.03 |
| 부 산 | 1.56 | 2.31 | 1.50 | 2.14 | 1.54 | 2.48 |
| 대 구 | 1.55 | 2.48 | 1.31 | 2.00 | 1.60 | 2.60 |
| 인 천 | 1.67 | 2.48 | 1.56 | 2.38 | 1.77 | 2.56 |
| 광 주 | 1.62 | 2.39 | 1.45 | 2.07 | 1.64 | 2.47 |
| 대 전 | 1.43 | 2.20 | 1.34 | 2.14 | 1.47 | 2.25 |
| 울 산 | 1.52 | 2.30 | 1.51 | 2.21 | 1.45 | 2.41 |
| 경 기 | 1.61 | 2.37 | 1.52 | 2.23 | 1.67 | 2.50 |
| 강 원 | 2.16 | 2.48 | 2.20 | 2.51 | 2.05 | 2.47 |
| 충 북 | 1.68 | 2.26 | 1.59 | 2.16 | 1.84 | 2.40 |
| 충 남 | 1.70 | 2.38 | 1.59 | 2.24 | 1.80 | 2.52 |
| 전 북 | 1.67 | 2.27 | 1.63 | 2.24 | 1.77 | 2.39 |
| 전 남 | 1.73 | 2.38 | 1.64 | 2.33 | 1.90 | 2.50 |
| 경 북 | 1.75 | 2.38 | 1.74 | 2.42 | 1.76 | 2.37 |
| 경 남 | 1.67 | 2.33 | 1.58 | 2.18 | 1.81 | 2.70 |
| 제 주 | 3.25 | 3.34 | 3.25 | 3.33 | 3.28 | 3.57 |

자료 : 문화체육관광부·한국문화관광연구원(2013 : 84), 「2012 국민여행실태조사」

## ❖ 여행선택 시 정보원

국민들이 관광여행 선택 시 참고하는 정보원으로 가구여행[4] 시에는 '가족/친지'(38.8%), '과거 방문경험'(21.4%), '친구/동료'(19.8%), '인터넷'((9.3%)의 순이고,

4) 가구여행은 동거하고 있는 가구원 2인 이상이 동행한 여행

개인여행[5] 시에는 '친구/동료'(56.6%), '가족/친지'(14.1%), '과거 방문경험'(14.0%), '인터넷'과 '여행사'가 각각 3.7%의 순이다.

관광 가구여행 선택시 인터넷 이용 응답자가 참고하는 사이트는 '포털 사이트'(81.9%), 'SNS'(6.7%), '개별 관광지 또는 관광시설 홈페이지'(5.7%) 순이고, 개인여행 선택시도 비슷하다.

### ❖ 방문지 선택이유

관광여행 방문지 선택이유는 '여행지 지명도'(45.8%), '다양한 볼거리'(15.5%), '여행 동반자 유형'(8.5%), '이동 거리'(7.4%), '저렴한 여행경비'(5.5%)의 순이다.

### ❖ 예약 서비스 이용

국민의 62.4%가 관광 가구여행 시 예약 서비스를 이용하였고, 숙박관광 가구여행은 54.1%, 당일관광 가구여행은 16.5%만 예약 서비스를 이용하였다. 숙박관광 개인여행은 41.1%, 당일관광 개인여행은 27.8%가 예약 서비스를 이용하였다.

관광가구이용 시 이용한 예약 서비스는 '숙박시설'(56.5%), '교통수단'(19.8%), '차량대여/렌트'(8.1%), '레저 시설'(4.2%) 순이고, 관광 개인여행 시에는 '교통수단'(42.1%), '숙박시설'(31.6%), '차량대여/렌트'(13.3%) 순이었다.

### ❖ 여행상품 구매

국민의 9.8%는 관광 가구여행 시 여행상품을 구매한 경험이 있는데, 숙박 관광 가구여행은 9.1%가 구매, 당일 관광 가구여행은 0.9%만이 여행상품을 구매하였다. 관광 개인여행은 11.3%가 구매, 숙박 관광 개인여행은 10.2%, 당일 관광 개인여행은 1.4%가 여행상품을 구매하였다. 즉, 숙박여행인 경우는 약 10%가 여행상품을 구매하지만, 당일여행의 경우는 거의 이용치 않았다.

구매한 상품을 보면, 관광 가구여행 시 '전체 패키지 상품'(39.2%)보다 '부분 패키지 상품'(60.8%)를 더 많이 구매하고, 부분 패키지 상품 중 '숙박 시설'(22.6%),

---

5) 개인여행은 가구원 혼자 또는 동거 가구원이 아닌 타인과 함께한 여행

'교통'(16.7%), '차량임대'(13.7%)의 순으로 나타났다.

## ❖ 이동 수단

국내여행 시, 이용 이동수단은 '자가용'(72.9%)이며, 숙박여행 시는 '자가용'(75.0%), '고속/시외버스'(7.3%), '철도'(5.4%), '항공기'(4.6%), '전세/관광버스'(3.9%)의 순이고, 당일여행 시는 '자가용'(71.4%), '전세/관광버스'(9.6%), '고속/시외버스'(6.9%), '지하철'(4.9%), '철도'(3.8%) 순이다.

## ❖ 숙박 시설

숙박여행 시 이용 시설은 '가족/친지집'(52.1%), '펜션'(11.6%), '콘도미니엄'(10.3%), '모텔/여관'(6.4%), '호텔'(5.5%), '민박'(3.6%)의 순이다. 숙박 관광여행 시에는 '펜션'(23.2%), '콘도미니엄'(20.0%), '가족.친지집'(12.4%), '모텔/여관'(10.8%), '호텔'(10.1%), '민박'순이었다.

## ❖ 여행지 주요 활동

관광여행 방문지에서 활동은 '자연 및 풍경 감상'(30.6%), '음식 관광'(17.2%), '휴식/휴양'(16.3%), '야외 위락 및 스포츠 활동'(9.4%) 순임. 수박여행 방문지 활동은 '자연 및 출경 감상'(20.6%), '휴식/휴양'(19.3%), '음식관광', '야외 위락, 스포츠' 순이며, 당일여행 활동은 '자연 및 풍경 감상'(31.5%), '음식관광'(19.1%), '휴식/휴양', '야외 위락 및 스포츠' 순이었다.

## ❖ 여행 지출액

국민 1인 평균 숙박여행 비용은 364,514원, 당일여행 비용은 186,943원으로 숙박여행과 당일여행 비용을 합친 국내여행 비용은 551,457원이다.

여행지별 1인당 평균 비용은 강원(62,819원), 경기(57,814원), 제주(55,038원)의 순이고 울산(6,528원), 광주(8,139원), 대전(9,793원)에서 가장 적게 지출한다. 한편 관광여행은 강원(52,754원), 제주(49,780원), 전남(34,494원), 경북(30,942원), 경기(28,442원)의 순이다.

실제 국내여행 경험자들의 1인당 평균 지출액은 647,208원이고, 숙박여행 경험자의 지출액은 522,444원, 당일여행 경험자의 지출액은 282,695원이었고, 관광여행 경험자는 454,999원, 기타여행 경험자는 348,503원을 지출하였다.

국내여행경험자의 여행지별 지출액은 제주(579,744원), 강원(267,313원), 경북(247,363원), 부산, 전남, 경남, 충남, 충북, 대구(195,023원), 경기(189,812원) 순이며 서울, 충북, 광주, 울산, 인천, 대전 순이다. 특히 관광숙박여행 1인당 지출은 제주도가 590,559원인데 비해, 강원(278,841원), 서울(246,440원)이나 경기는 187,932원으로 하위권이다.

또 관광여행 경험자들의 지출액 항목을 살펴보면, '식음료비'(36.8%), '교통비'(23.6%), '숙박비'(13.6%), '문화/오락시설 이용료 및 관련용품 대여/구입비'(8.3%), '기념품 및 쇼핑비'(8.0%), '여행상품 구입비'(3.8%) 순이다.

국내여행 경험자들의 1회 평균 국내여행 지출액은 123,725원, 숙박여행 1회 지출액은 177,381원, 당일여행 1회 지출액은 69,484원이고, 관광여행 지출액은 157,956원, 기타여행 1회 지출액은 92,286원이다.

여행지별 국내여행 1회 평균 지출액은 제주(527,751원)가 단연 높고, 강원이 176,221원이며 전남, 경북 순인데, 경기는 95,609원으로 대전(76,515원)을 제외하고 가장 낮았다.

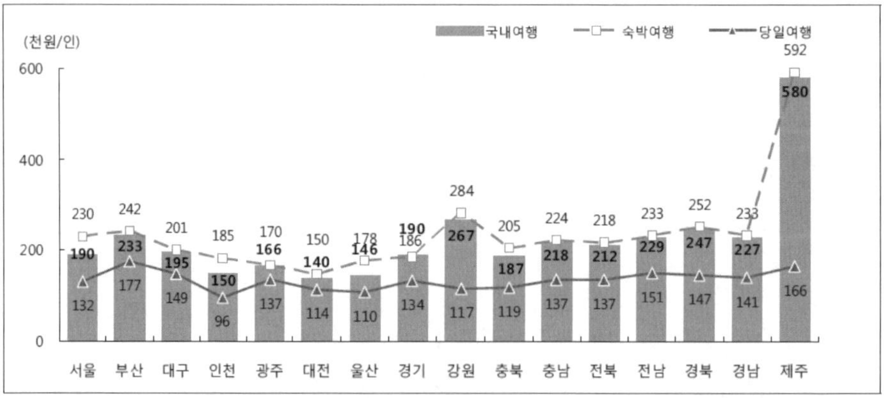


자료 : 문화체육관광부 · 한국문화관광연구원(2013 : 175), 「2012 국민여행실태조사」

[그림 3-6] 여행경험자의 여행지별 1인당 평균 비용

## ❒ 국내여행 여행평가

### ❖ 여행 만족도

가구여행 경험자의 관광여행 만족도는 5점 척도 중 4.03점, 숙박관광여행은 4.09점, 당일관광여행은 3.98점이고, 개인여행 경험자의 관광여행 만족도는 4.02점, 숙박관광여행은 4.13점, 당일 관광여행은 3.94점으로 나타나, 숙박관광여행 만족도가 당일관광여행 보다 높다.

가구여행 경험자들의 방문지별 관광여행 만족도를 보면, 제주가 4.37점으로 가장 높고, 강원(4.10점), 부산과 경북이 각각 4.05점, 경남(4.04점), 충남(4.03점), 전북・대전, 광주, 서울에 이어 경기・충북이 3.98점이다.

개인여행 경험자의 관광여행 만족도는 제주(4.44점), 강원(4.10점), 전북(4.09점), 부산(4.05), 경북・경남・광주(4.04), 대전, 충북에 이어 경기・서울・대구는 3.93점으로 하위권이다.

그러나 경기도의 가구여행 만족도가 2010년 3.85에서 2011년에는 3.95, 2012년은 3.98로 상승 중이라는 점과 개인여행 만족도는 2010년 3.99, 2011년 4.06에 비해 2012년은 3.93으로 후퇴하였다.

### ❖ 여행지별 항목별 만족도

가구여행 경험자의 '자연경관' 만족도는 제주(4.57점), 전북(4.35), 강원(4.34), 경남(4.26), 경북・광주(4.25)이고, 평균은 4.19점, 경기는 3.95점으로 서울(3.83), 대전(3.85)를 제외하고는 가장 낮다. 개인여행 경험자의 '자연경관' 만족도는 제주, 전북, 강원, 경남, 경북의 순이며, 평균은 4.14점, 경기는 3.96점으로 중위권에 해당된다.

'문화유산' 만족도가 가구여행 경험자의 경우 제주(4.36점), 경북, 광주, 경남, 울산 순이나 강원(3.93)이고, 평균은 3.99점, 경기는 3.78점으로 하위권이다. 개인여행 경험자는 제주(4.27), 경남, 전북・경북, 전남・강원의 순이고, 평균은 3.98점이고, 경기는 3.85점으로 중위권에 속한다.

가구여행 경험자의 '교통' 만족도는 제주(4.22점), 광주, 대전, 충남, 경북(3.90) 순이고, 평균은 3.87이나, 경기는 3.80점으로 강원(3.78)과 하위권이고, 개인여행자는 제주(4.08), 광주, 대전, 부산, 울산(3.90)의 순이고 평균은 3,86,, 강원은 3.82점, 경기는 3.79점이다.

가구여행자의 '숙박시설' 만족도는 제주(4.19), 충남, 광주, 강원(4.0), 경북(3.99) 순이고, 평균은 3.99인데 경기는 3.91점이다. 개인여행자 만족도는 대전(4.14), 제주(4.11), 전북, 강원(3.99), 울산 순이고, 평균은 3.91인데 경기는 3.84점이다.

'식당 및 음식' 만족도는 가구여행 경험자 경우, 광주(4.03), 제주(3.93), 전북, 경남, 강원(3.84) 순이고, 평균은 3.80점이나 경기는 3.70점이다. 한편 개인여행 경험자는 광주(4.03), 전북, 강원(3.84), 제주(3.83), 경남・대구 순이고, 평균은 3.79점, 경기는 3.72점이다.

'쇼핑'의 가구여행 경험자 만족도는 인천(3.99), 광주, 부산・제주(3.77), 강원・전남(3.74) 순이고, 평균은 3.70점이나, 경기는 3.66점이다. 한편 개인여행자 만족도는 서울(3.93), 제주(3.81), 강원(3.76), 전남 순이고, 평균은 3.71점이나, 경기는 3.66점이다.

'관광정보 및 안내시설'에 대한 가구여행자 만족도는 제주(4.16), 대전, 서울(3.97), 광주, 전남 순이고, 평균은 3.87인데 경기와 강원은 3.83점이다. 한편 개인여행자 만족도는 광주(4.07), 제주(4.05), 경북(3.96), 전남, 울산 순이고, 평균은 3.85, 강원은 3.88, 경기는 3.79점이다.

'관광지 편의시설'의 가구여행자 만족도는 제주(4.22), 광주, 서울(3.96), 대전, 전북 순이고, 평균은 3.87이나 경기는 3.89점, 강원은 3.83이다. 한편 개인여행자 만족도는 제주(4.12), 광주, 전북, 강원(3.93), 울산의 순이고,평균은 3.89점, 경기는 3.84점이다.

'지역 관광종사자의 친절성'의 가구여행자 만족도는 제주(4.07), 대전, 광주・전북, 전남, 서울・강원(3.86) 순이고, 평균은 3.85인데 경기는 3.83이다. 한편 개인여행자 만족도는 제주(4.05), 광주, 전북, 전남, 강원(3.88) 순이고, 평균은 3.87이나 경기는 3.86점이다.

'체험 프로그램'의 가구여행자 만족도는 전북(4.05), 대구, 제주(3.97), 경기

(3.94), 광주(3.93)이고 평균은 3.88이고, 강원은 3.91점이다. 한편 개인여행자 만족도는 광주(4.14), 제주(4.02), 전북·충북(3.96), 전남, 서울(3.90) 순이고, 평균은 3.90. 경기는 3.84, 강원은 3.89점이다.

'관광지 물가'에 대한 가구여행자 만족도는 전북(3.46), 부산(3.45), 충북·경남, 경북, 강원·충남·제주(3.41) 순이고, 평균은 3.41이나 경기는 3.27로 서울, 인천과 함께 하위권이다. 한편 개인여행자는 광주(3.69), 대전, 전북·제주(3.54), 대구, 경기(3.49)순이고, 평균은 3.44, 강원은 3.47점이다.

'관광지 혼잡도'의 가구여행자 만족도는 제주(3.87), 전북, 대전, 충남, 충북(3.61)순이고, 평균은 3.55인데, 경기는 3,47점, 강원은 3.60점이다. 한편 개인여행자는 대전(3.75), 광주, 제주(3.72), 경남·충북, 경북 순이고, 평균은 3.57인데 경기와 강원이 3.63점이다.

### ❖ 재방문 의향

가구여행 경험자의 재방문 의향은 관광여행은 3.97점, 숙박 관광여행은 4.02, 당일 관광여행은 3.91점이다. 한편 개인여행 경험자의 관광여행은 3.93점, 숙박 관광여행은 4.04, 당일관광여행은 3.86점이다.

방문지역 별 관광 가구여행자들의 재방문의향은 '제주'(4.25), '서울'(4.08), '부산'(4.06), '강원'(4.04), 경북 순이고, 평균은 3.97이나 경기는 3.91점에 그친다. 한편 관광 개인여행자의 재방문 의향은 '제주'(4.39), 광주·강원(4.03), 경남, 부산의 순이고, 평균은 4.04이며, 경기는 3.82점이다.

### ❖ 타인 추천 의향

가구여행 경험자의 타인 추천 의향은 관광여행은 3.96점, 숙박관광여행은 4.00점, 당일관광여행은 3.92점이다. 개인여행 경험자의 추천의향은 관광여행은 3.94점, 숙박 관광여행은 4.04점이다.

관광 가구여행 경험자의 방문지역별 타인 추천 의향은 제주(4.03), 전북(4.02), 서울·경북, 강원(4.00)의 순이고, 평균은 3.96이나 경기는 3.88점에 그쳤다. 한편 관광 개인여행자의 방문지역별 타인 추천 의향은 제주(4.05), 부산, 강원(4.02), 경남, 전북의 순이고, 평균은 3.94점이나, 경기는 3.79점에 그쳤다.

## 2 경기도의 국내관광정책

### ❒ 경기도의 국내여행 개황

#### ❖ 경기도, 당일여행은 부동의 1위, 숙박여행은 전국 2위

국민여행 실태조사[6]에 의하면, 국내 당일여행은 경기도가 2010년부터 2012년 현재 14%대로 부동의 전국 1위를 차지하고 있다. 2, 3위는 경남, 서울이 각축을 벌이고 있고, 전남, 경북, 부산이 다음 그룹을 이루고 있다.

한편 숙박여행은 강원도가 부동의 1위(12.0%~13.7%)를 차지하고 있지만, 경기도는 2010년 4위(10.5%)에서 2011년에는 2위(10.5%), 2012년에도 2위(11.2%)로 상승세를 타고 있다.

특히 2012년 1위인 강원(12.2%)에 근접하였고, 3위인 경남(10.2%)와는 간격이 벌어졌다는 점이 주목할 만하다.

〈표 3-4〉 2010~2012 국내 숙박・당일여행 방문지

(단위 : %)

| 구분 | | | 1위 | 2위 | 3위 | 4위 | 5위 |
|---|---|---|---|---|---|---|---|
| 국내여행 | 숙박여행 | 2012년 | 강원(12.2) | 경기(11.2) | 경남(10.2) | 경북(9.9) | 전남(9.1) |
| | | 2011년 | 강원(13.7) | 경기(10.5) | 경북(10.4) | 경남(9.2) | 충남(9.1) |
| | | 2010년 | 강원(12.1) | 경북(11.3) | 충남(10.5) | 경기(10.5) | 서울(8.9) |
| | 당일여행 | 2012년 | 경기(14.3) | 경남(11.3) | 서울(11.0) | 전남(10.1) | 부산(9.5) |
| | | 2011년 | 경기(14.0) | 서울(11.7) | 경남(10.1) | 전남(8.9) | 경북(8.7) |
| | | 2010년 | 경기(14.0) | 경남(13.3) | 경북(10.9) | 서울(10.2) | 충남(9.0) |

자료 : 문화체육관광부・한국문화관광연구원(2013 : 34), 「2012 국민여행실태조사」

6) 문화체육관광부(2013. 5), 『2012 국민여행 실태조사』

연령별로 유아·초등학생을 가진 30대가 경기도 선호가 높고, 1인당 국내여행 횟수도 경기는 2.04회로 부산(2.69회)보다는 낮지만, 경쟁지인 강원(1.41회), 제주(1.16회)보다 높다. 또 국민들의 여행지별 1인당 평균 비용은 강원(62,819원), 경기(57,814원), 제주(55,038원)의 순이나, 관광여행은 강원(52,754원), 제주(49,780원), 전남(34,494원), 경북(30,942원), 경기(28,442원)의 순으로 경기도가 다소 떨어진다.

### ❖ 경기도 여행지출 2위, 만족도는 전국 하위

경기도의 여행 지출은 강원(2조7,215억원), 경기(2조5,047억원)으로 전국에서 2위다. 강원도는 숙박여행이 대부분을 차지하여 2조3,950억원이나, 경기도는 숙박여행(1조3,560억원)과 당일여행(1조1,487억원)과 비슷하다.

한편 국내여행 이동총량을 보면, 경기도의 국내여행이 4,446만일, 숙박여행은 2,712만일, 당일여행이 1,734만일이나, 강원도는 국내여행이 3,381만일, 숙박여행이 2,991만일, 당일여행이 390만일이다. 이와같이 경기도는 당일여행의 비중이 높기 때문에 1회당 여행일수나 지출액은 낮을 수 밖에 없다.

즉, 국내여행 경험자들의 1회당 국내여행 일수는 여행지별로는 제주가 3.25일, 강원이 2.16일로 평균(1.87일)보다 높으나 경기는 1.61일로 낮다.

국내여행경험자의 1인당 지출액도 제주(579,744원), 강원(267,313원), 경기(189,812원)의 격차가 크고, 제주의 1/3에 불과하다. 또 1회당 평균 지출액도 제주(527,751원)가 단연 높고, 강원이 176,221원인데, 경기는 95,609원으로 매우 낮았다.

방문지별 관광 가구여행 만족도를 보면, 제주가 4.37점으로 가장 높고, 강원(4.10점)에 비해 경기는 3.98점이고, 개인여행자의 만족도는 3.93점으로 하위권이다.

가구여행 경험자 기준으로 경기도 '자연경관' 만족도는 평균(4.19점)에 못미치는 3.95점이고, '문화유산' 만족도는 평균(3.99점)이나 경기는 3.78점으로 하위권이다. '교통' 만족도(3.80점)는 평균(3.87)보다 조금 낮다.'숙박시설' 만족도는 평균(3.99)보다 낮은 3.91점이고, '식당 및 음식'의 만족도도 평균(3.80)보다 낮은 3.70점이다. '쇼핑'의 평균 만족도는 3.70점이나 경기는 3.66점이다.

'관광정보 및 안내시설'의 만족도는 평균(3.87)과 비슷한 3.83점이고, '관광지 편의시설'의 평균 만족도는 3.87이나 경기는 3.89점으로 조금 높다. '지역 관광 종사자의 친절성'의 만족도도 평균(3.85)과 비슷한 3.83이고, '체험 프로그램'의 만족도는 3.94로 평균(3.88)보다 높다. '관광지 물가' 만족도는 평균(3.41)보다 낮은 3.27이며, '관광지 혼잡도' 만족도 평균은 3.55인데, 경기는 3,47점이다.

관광 가구여행자들의 재방문의향도 경기는 3.91점으로 평균(3.97)에 못 미치고, 타인 추천의향도 평균(3.96)보다 낮은 3.88점이다.

## ❒ 경기도 숙박여행도 전국 1위가 되려면

경기도가 당일여행 목적지 1위로 지속적으로 사랑받고 있다. 그러나 숙박여행은 부동의 1위인 강원도를 턱 밑까지 따라왔다. 이제 조금만 손을 뻗으면 숙박여행도 1위가 될 듯하다. 지금까지 펼친 전략을 그대로 이어가면 1위에 도달할 수 있겠다.

### ❖ 지방관광 로드쇼 전개

경기도에 숙박을 하려는 여행자는 전국이 1일 생활권이지만, 그래도 부산, 대구, 광주, 목포 거주자들일 가능성이 가장 높다. 이 지역에 거주자들이 경기도를 방문한 경험이 적고 방문했다 하더라도, 중고교시절 수학여행이나, 군대생활 관련한 면회가 가장 많았다.

이에 각 지역마다 여행업체 임직원대상 경기도 관광설명회를 개최키로 하였다. 2012년 4월에 '대구・경북 국제관광박람회'가 대구에서 개최되기에 박람회 참가와 함께 지역 여행업체 임직원들에게 경기도의 관광매력을 소개하고, 주요 관광지와 새로운 관광소재들, 몇 개의 모델 코스를 소개하였다. 이어 4월 중순에 경기도 팸투어(Familiarization Tour, 답사여행)를 통하여 DMZ, 제3땅굴, 임진각, 경기영어마을, 헤일리마을, 파주 아울렛, 스킨에니버서리(국내 최대 피부 마사지숍) 등 경기북부와 수원화성, 부천 웅진플레이도시, 용인 민속촌, MBC드라미아를 남부를 직접 눈으로 확인하였다. 이후에도 지속적인 세일즈를 통하여 대구에서 경기관광상품이 만들어지도록 꾸준히 노력한 결과, 2012년 말에 200명 단체가 가평 쁘띠프랑스, 포천 허브아일랜드 등을 둘러보는 여행이 이루어졌다.

이어 8월에 광주에서 9월에는 부산에서 관광설명회를 개최하였고, 특히 부산에는 1박2일로 세일즈단을 구성하였는데, 23개 업체에서 40여명이 참가하여 서로간에 열띤 경쟁을 펼치며 각자 준비한 영상물과 파워포인트 자료로 설명을 하고 또 별도로 상담회 코너를 만들어 구체적인 협상을 벌이도록 하였다. 또 설명회후에는 참가자들의 간담회를 통하여 의견을 수렴하고, 팸투어를 하였는데, 성남 분당의 잡월드를 꼭 답사하고 싶다는 요청에 따라 일정에 넣고 추후 상품에 포함시키기로 하였다.

2013년에는 도내 관광업체들의 일정으로 대구에서 오찬을 겸한 관광설명회를 펼치고 이어서 부산에서 만찬 설명회를 가지고 당일로 돌아왔다. 또 경기도 지사의 전남도 직원대상 강연회 일정과 연계하여 광주에서 관광설명회를 가졌다. 이후 각 지역에서 경기도 관광현장답사를 희망하는 사람들을 대상으로 신규 관광자원을 중심으로 팸투어를 추진하였다.

### ❖ 캠핑으로 1위 달성

국민의 절반 이상이 거주하는 서울, 경기, 인천 수도권에서 경기도에 숙박을 그다지 희망하지 않는 경우가 많았다. 그러나 2012년부터 주5일 수업제로 가족들과 함께하는 여행형태를 고민을 하던 중, 캠핑은 수도권 거주자들이 오히려 먼 곳보다 경기도 일원을 선호한다는 점을 알게 되었다.

이에 캠핑문화 확산과 좋은 캠핑을 소개하기 위하여 캠핑사업을 추진하였고, 이는 레저활동을 원하는 국민들의 니즈와 아웃도어 레저업체들의 적극적인 판촉활동이 합쳐져 캠핑은 급속도로 확산되었다.

바로 캠핑을 통하여 경기도 숙박관광여행을 1위로 만들 수 있다는 생각이 들었고, 캠핑에 대한 사업을 점점 확대하여 2013년에는 국내 최대 캠핑사이트인 캠핑존과 캠핑동호회인 캠핑퍼스트와 업무협정을 체결하고, 캠핑을 확산하는데 주력하고 있다.

숙박관광여행 목적의 1위가 '자연 및 풍경 감상'(29.6%), 2위가 '휴식/ 휴양'(19.3%), 3위가 '음식관광(지역 맛집 등/ 15.2%)', 4위가 '야외 위락 및 스포츠 활동'(9.5%), 5위가 '역사유적지 방문/ 테마파크, 놀이시설, 동식물원 방문'(4.7%)이다.

그런데 '야외 위락 및 스포츠 활동'은 2010년 4.8%에서7.9%, 9.5%로 유일하게 급성장하고 있다는 점에 착안하였고, 또 2011년 부터 주5일 수업제로 인한 가족여행이 급증하게 됨에 따라 레저 활동 특히 캠핑에 대한 선호도가 높다는 점에 착안하게 되었다.

더구나 숙박관광인 경우에는 관광여행의 절대 다수를 차지하는 수도권 여행자가 경기도에서 숙박여행을 할 필요가 없다는 점이나, 캠핑이라면 먼 곳보다는 오히려 가까운 곳을 선택할 수 있다는 것이다.

## ❒ 경기도의 1인당 관광수입 증대

### ❖ 방문횟수와 체재일수를 늘여야

숙박여행자를 증가시키는 것이 최선의 방책이다. 경기도내 펜션, 호텔, 콘도미니엄, 전통 한옥촌을 다양하게 활용케 함으로써 체재일수를 늘이도록 노력하며, 당일여행자가 대부분인 캠핑객들은 체재일수보다는 방문횟수에 주력함이 타당하다.

경기도를 더 자주 찾게 하려면 새로운 매력 마련과 홍보선전 노력이 필요하다. 광고의 홍수 속에서 경기도의 새로운 매력을 소개하는 홍보영상물에 매년 새로운 소재들을 첨가해야 한다.

### ❖ 캠핑도 원스톱 서비스로

캠핑이 경기도를 숙박여행 1위로의 공신이나, 지출부문에는 오히려 폐가 될 수 있다. 따라서 캠핑도 최근에는 몸만 가면 캠핑도구, 취사기구, 음식재료 등을 모두 준비하여 주는 글램핑(glamping)도 유행이다. 또 캠핑장 내 혹은 인근에서 식품을 구매하고, 공연을 즐기고, 주변 관광지도 답사하는 다양한 형태의 캠핑으로 발전시켜야 한다.

## ❐ 경기도의 국내여행 만족도 향상

### ❖ 양보다 질로의 발전으로 만족도 향상 시급

경기도의 가구·개인여행 만족도는 국내여행 경쟁지인 제주나 강원에 비해 월등히 낮다. 그간 경기도가 지리적으로 수도권의 당일관광지로 인식되었고, 서비스에 손이 많이 가는 관광여행보다 손이 덜 가는 기타여행자가 많은 것도 만족도가 낮은 원인이다. 또 질적 성장보다 양적 성장에 비중을 둔 것도 한 몫을 하였다.

따라서 경기도는 '자연경관'과 '문화유산'은 없는 것이 아니라 충분한 정비와 설명이 부족한 것이 아닐까 생각된다. '교통', '숙박시설', '식당 및 음식', '쇼핑'의 만족도는 인프라의 문제이기도 하지만 서비스로 보완될 수 있다.

그나마 다행은 '관광정보 및 안내시설', '관광시 편의시설', '지역 관광종사원의 친절성', '체험프로그램의 만족도'는 평균이상이지만, 전국 1위를 하기 위해서는 이 분야의 전국 1위가 선행되어야 한다.

'관광지 물가', '관광지 혼잡도', '재방문의향'이나 '타인 추천 의향'도 평균보다 낮다. 이 분야는 종합적 평가의 의미를 가지므로 시급한 개선이 요망된다.

즉, 관광여행 방문지 선택이유는 '여행지 지명도'(45.8%), '다양한 볼거리'(15.5%), '여행동반자 유형'(8.5%), '이동 거리'(7.4%), '저렴한 여행경비'(5.5%)의 순이다. 결국 만족도도 비슷한 것이라 판단된다. 따라서 여행지 지명도를 높이기 위한 브랜드, 홍보에 대한 노력도 배증되어야 한다.

### ❖ 에듀볼런투어(Edu-Volun Tour)의 확대

주5일 근무제가 2004년부터 시행되어 부모들은 토·일요일에 레저·여행을

즐기게 되었으나, 자녀들이 토요일 등교하여 가족들이 함께 여행을 떠날 수 없었지만 2012년부터 주5일 수업제로 변화됨에 따라 가족여행이 활성화되고, 또 한편 주말학습도 강조되게 되었다.

이런 추세에 따라 가족단위 주말여행 수요가 급증하게 되었고, 교육과 체험에 봉사까지 포함한 형태의 수요가 늘어나게 되었다. 이에 따라 체험+봉사+여행을 결합한 에듀볼런투어 프로그램을 개발 운영하게 되었다.

먼저 에듀볼런투어를 자발적으로 추진코자 하는 가족들에게 가장 필요한 점은 체험과 봉사와 여행을 한꺼번에 정보를 얻을 수 있는 것이었다. 이에 '손가락발가락[7)]'(www.eduvoluntour.or.kr)을 구축하였다.

이어 모델 프로그램을 20개 만들어 경기도내 초등학교에 활용토록 하고, 체험여행 전문회사에도 이를 활용하여 여행상품을 만들도록 하였다. 이밖에 개인차량을 이용하되 체험과 봉사만을 할 수 있는 프로그램으로 확대하여 새로운 형태의 여행이 활발하게 진행되고 있다. 그런데 에듀볼런투어는 당일여행 중심이 되고 있지만, 양보다 질에 비중을 두는 효과를 거두고 있다.

### ❖ 가장 만족스러운 여가활동

2013년 여름휴가에서 가장 만족스러운 여가활동 1위가 TV시청이고, 해외여행과 스포츠 경기 직접 관람의 순이었다. 연령별로는 10대는 인터넷, 20대는 영화, 30대는 쇼핑과 외식, 40-50대는 등산, 60-70대는 산책이었다.

### ❖ 다양한 관광상품 개발

특화상품 개발을 추진하여 지방의 관광상품, 철도상품, 수학여행 등 다변화를 꾀해야 한다. 경기도 수학여행의 메카인 에버랜드를 벗어나 한국잡월드 직업체험을 연계하여, 새로운 수학여행 코스를 만든 상품이며, 또 기존에 DMZ나 남이섬에 국한되어 있던 철도여행을 포천 허브아일랜드를 포함하는 새로운 상품을 개발해야 한다.

---

7) 손으로 체험하고, 발로 여행하고, 가슴으로 봉사한다는 의미

또 세계문화유산인 수원화성과 조선왕릉을 연결하는 수원화성-융・건릉의 효(孝)관광상품, 율곡선생의 자운서원 등 유교문화를 찾는 상품과 스토리텔링도 필요하다.

### ❖ Web, App, SNS로 적확한 정보를 제때에 제공

국내여행자들이 가장 필요로 하는 여행정보를 미리 수집하여 시기적절하게 '이달에 가볼만한 곳', '다음달에 가볼만한 곳'을 웹사이트를 통하여 알리고, 이를 토대로 언론기관에서도 홍보할 수 있도록 한다. 또 이러한 정보는 SNS를 통해서 널리 퍼질 수 있도록 하며, 스마트폰용 앱에도 정보를 업데이트하고, 여행자들이 가장 선호하는 앱과도 연계하여 필요할 때 언제라도 활용할 수 있게 한다.

# [평가 문항]

다음 질문에 맞는 답을 골라 번호를 ( )에 넣으시오.

**01** 국내여행을 설명하는 말 중 틀린 것?

① 국내여행은 거주지를 벗어나 다른 지역을 다녀온 모든 여행
② 영화감상, 쇼핑, 직장 근처 산책, 등산 등 일상적인 여가활동
③ 관광여행은 여가, 휴가, 선강, 치료 및 종교 목적의 여행
④ 기타여행은 가족, 친지 방문, 비즈니스 출장, 교육 목적 여행

**02** 경기도의 국내여행을 설명하는 말 중 틀린 것?

① 경기도가 국내여행 이동총량 전국 1위다.
② 경기도가 당일여행 이동총량 전국 1위다.
③ 경기도가 숙박여행 이동총량 전국1위다.
④ 강원도가 숙박여행 이동총량 전국1위다.

**03** 국내여행 성향을 설명하는 말 중, 틀린 것?

① 관광여행 선택 시 최고 정보원은 '가족/친지'다.
② 관광여행 방문지 선택이유는 '여행지 지명도'가 첫째다.
③ 관광 개인여행자는 '차량대여' 예약서비스를 가장 많이 활용
④ 관광 가구여행 시 '부분 패키지 상품'보다 '전체 패키지 상품'을 더 많이 구매한다.

**04** **여행 지출액 설명 중 틀린 것은?**

① 1인당 평균 비용은 강원, 경기, 제주 순이다.
② 1인당 관광여행 지출은 강원, 제주, 경기 순이다.
③ 관광여행자의 지출 항목은 '숙박비', '식음료비', '교통비' 순
④ 국내여행 경험자의 1회 평균 지출은 '제주'가 제일 높다.

**05** **관광여행 만족도를 설명하는 말 중 틀린 것?**

① 가구여행 경험자의 관광여행 만족도 1위는 강원이다.
② 개인여행 경험자의 관광여행 만족도 1위는 제주다.
③ '자연경관', '문화유산', '숙박시설', '음식, '교통'에 대한 경기도의 만족도는 하위권이다.
④ '관광정보 및 안내시설','관광 종사자의 친절성'에 대한 경기도의 만족도은 평균 이상이다.

**06** **경기도를 숙박여행 전국 1위 전략 설명 중 틀린 것?**

① 대구, 부산, 광주 등 원거리 지역에서 관광로드쇼를 개최한다.
② 관광로드쇼에서 설명만 하고, 팸투어는 향후 추진하지 않는다.
③ 캠핑객 증대를 위한 캠핑문화 확산 캠페인을 전개한다.
④ 향후 양보다 질로의 전략 변화를 추진해야 한다.

**정답** 01 ② 02 ③ 03 ④ 04 ③ 05 ② 06 ①

**해설**

01 단순 영화감상이나 쇼핑 목적, 직장이나 거주지 근처 산책, 등산, 취미, 스포츠 등 일상적인 여가는 행정구역을 벗어나더라도 국내여행에서 제외

02 경기도가 숙박여행 이동총량 전국2위, 강원 2,991만일, 경기 2,712만일

03 관광 가구여행 시 '전체 패키지 상품'(39.2%)보다 '부분 패키지 상품'(60.8%) 많이 구매

04 관광여행 경험자들의 지출액 항목은 '식음료비'(36.8%), '교통비'(23.6%), '숙박비'(13.6%), '문화/오락시설 이용료 및 관련용품 대여/구입비'(8.3%), '기념품 및 쇼핑비(8.0%), '여행상품 구입비'(3.8%) 순

05 가구여행 경험자의 관광여행 만족도 제주(4.37점), 강원(4.10점), 부산과 경북(4.05점), 경남(4.04점), 충남(4.03점), 전북 · 대전, 광주, 서울에 이어 경기 · 충북(3.98점)

06 관광로드쇼에서 설명 후, 팸투어 실시가 효과적

## 대체휴일과 장기휴가

**한국관광공사 오용수 실장(전 도쿄지사장)**

대체공휴일제도는 어떤 공휴일이 토·일요일과 겹치면 대신 다른 날을 쉬도록 하여, 공휴일 수가 줄어들지 않게 하는 제도다. 우리나라는 법안이 국회에 계류 중이다.

대체휴일에 대한 찬반양론이 있는데, 노동계에서는 노동자들의 건강권과 삶의 질 향상을 위하여 대체휴일제 시행을 요구하고 있으며, 경영자 총협회는 소득감소와 서민경제의 어려움 가중을 이유로 반대하고 있다. 심지어 정부 내에서도 문화관광체육부는 찬성하나, 일부 부처에서는 다소 소극적이자 국무총리가 적극적인 검토를 언급한 바 있다.

우리나라 법정공휴일은 14일[8]이나 올해 토·일요일과 중첩되는 현충일, 광복절, 개천절 등 6일을 빼면 실제 공휴일은 8일에 불과하다. 영국, 미국, 일본, 캐나다, 싱가포르는 대체휴일제를 시행하고, 프랑스, 독일, 이태리, 대만은 시행치 않는다.

각국 공휴일이 역사와 종교에 따라 차이가 나고, 법정공휴일과 관습휴일을 구분하기 어려운 나라도 많아 휴일의 과다를 일률적으로 말하기는 어렵다. 오히려 근로자의 연간 노동시간과 휴일을 비교함이 타당하다. 2009년 한국이 2,266시간으로 OECD국가중 가장 길고, 독일이 1,353시간으로 가장 짧다. 일본도 한국보다 458시간 적다. 한국은 휴일이 더 많아질 필요가 있음을 의미한다.

그런데 일본은 1985년에 법(祝日法)을 개정하여 대체휴일제에다 '해피 먼데이'라는 3연휴를 만들었다. 예를 들면, 5월 3일(헌법기념일)과 5일(어린이날)의 사잇날인 4일을 녹음의날(緑の日)로 정하여 4월29일부터 1주 이상의 골든위크를 만들었다. 또 경로의 날을 9월 3번째 월요일로 정하여 3연휴가 되도록 하였고, 추분절과 연결하면 실버위크가 된다.

---

8) 신정, <u>설날(3일)</u>, 삼일절, <u>석가탄신일</u>, 어린이날, 현충일, 광복절, <u>추석(3일)</u>, 개천절, 기독탄신일. 밑줄은 음력

이것도 부족하여 지난 연말부터 휴가 분산화와 휴가 취득을 촉진키 위하여 국토교통성, 후생노동성, 경제산업성 등의 차관들이 협의도 하고, 전경련, 상공회의소, 초중고교 교장회, 노동조합 대표들의 의견도 청취하였다. 대체로 휴가가 골든 위크, 여름방학, 추석에 해당하는 오봉(盆)에 몰려있으므로 성수기에는 고가요금, 도로 정체, 예약난으로 여행자도 힘들고, 관광업계도 안정수익, 인력확보 등 경영에 어려움을 겪고 있다. 이러한 여행수요를 분산, 평준화하기 위하여 골든위크를 도쿄, 오사카 등 8개 지역별로 나누어 1주일씩 늦추자는 발상마저 나왔다.

이제 우리도 국민의 삶의 질과 노동생산성 향상, 관광산업 발전을 위하여 올바른 휴가문화 정착을 서둘러야 한다. 소모적 논쟁보다는 발전적 대안이 필요한 때다. 실천가능한 일부터 찾아보자.

첫째, 대체공휴일제도는 조속히 법제화하자. 다만, 구정과 추석은 즉각 시행하고, 다른 공휴일은 내년까지 시행토록 하자. 달력 제작, 여행기획에도 준비 시간이 필요하다.

둘째, 어린이날(5월 5일), 현충일(6월 6일), 개천절(10월 3일)과 같은 국경일은 몇 일을 몇 번째 월요일로 바꾸어 3연속 휴일로 바꾸어 내년부터 시행하자.

셋째, 휴가분산화와 장기휴가제와 같은 휴가문화를 발전시키자. 여기에는 조직의 CEO가 앞장서야 한다. 또 연휴기간에 수고하는 이들을 위한 보상도 마련토록 하자.

여행신문 2010년6월10일

제4장

# 국제관광정책

- 웰컴 투 경기도 -

# 04 국제관광정책

– 웰컴 투 경기도 –

## 1 한국의 외래관광객 방한 현황

### ❒ 외래관광객 분석

#### ❖ 방한 외래관광객

2012년은 외래관광객 1,114만명이 방한하여 사상 처음으로 천만명을 돌파하였다. 2000년 5백만명을 돌파한 이래 12년 만에 2배로 성장하였다. 한편 국민의 해외출국은 1,373만명에 달하였다.

관광수입은 142억불, 관광지출은 157억불로 15억불의 관광수지 적자를 기록하였다.

#### ❖ 주요국가별 방한 외래객

2012년에는 일본관광객은 352만명이 입국하여 전년대비 7% 증가하는데 머물렀고, 중국관광객은 284만명이 입국하여 27.8% 증가하였고, 미국은 70만명, 대만은 55만명 방한하여 28% 증가세를 보였고, 홍콩은 36만으로 28.2% 증가하여 중화권 전체가 27~8%의 고도 증가세를 나타냈다. 필리핀이 33만명, 러시아가 17만명이었다. 이밖에도 태국이 39만명(25.3%), 말레이시아가 18만명(13.9%), 싱가포르가 15만명(23.7%), 인도네시아가 15만명(19.9%)로 증가세를 보였다.

〈표 4-1〉 연도별 외래관광객 출입국 현황

(단위 : 천명, %, U$백만)

| 구 분 | 입국 | | 출국 | | 관광수입 | | 관광지출 | |
|---|---|---|---|---|---|---|---|---|
| | 인원수 | 증감 | 인원수 | 증감 | 관광수입 | 증감 | 관광지출 | 증감 |
| 1997 | 3,908 | 6.1 | 4,542 | -2.3 | 5,116.0 | -5.8 | 6,261.5 | -10.1 |
| 1998 | 4,250 | 8.8 | 3,067 | -32.5 | 6,865.4 | 34.2 | 2,640.3 | -57.8 |
| 1999 | 4,660 | 9.6 | 4,342 | 41.6 | 6,801.9 | -0.9 | 3,975.4 | 50.6 |
| 2000 | 5,322 | 14.2 | 5,508 | 26.9 | 6,811.3 | 0.1 | 6,174.0 | 55.3 |
| 2001 | 5,147 | -3.3 | 6,084 | 10.5 | 6,373.2 | -6.4 | 6,547.0 | 6.0 |
| 2002 | 5,347 | 3.9 | 7,123 | 17.1 | 5,918.8 | -7.1 | 9,037.9 | 38.0 |
| 2003 | 4,753 | -11.1 | 7,086 | -0.5 | 5,343.4 | -9.7 | 8,248.1 | -8.7 |
| 2004 | 5,818 | 22.4 | 8,826 | 24.5 | 6,053.1 | 13.3 | 9,856.4 | 19.5 |
| 2005 | 6,022 | 3.5 | 10,080 | 14.2 | 5,793.0 | -4.3 | 12,025.0 | 22.0 |
| 2006 | 6,155 | 2.2 | 11,610 | 15.2 | 5,759.8 | -0.6 | 14,335.9 | 19.2 |
| 2007 | 6,448 | 4.8 | 13,325 | 14.8 | 6,093.5 | 5.8 | 16,950.0 | 18.2 |
| 2008 | 6,891 | 6.9 | 11,996 | -10.0 | 9,719.1 | 59.5 | 14,580.7 | -14.0 |
| 2009 | 7,818 | 13.4 | 9,494 | -20.9 | 9,782.4 | 0.7 | 11,040.4 | -24.3 |
| 2010 | 8,798 | 12.5 | 12,488 | 31.5 | 10,321.4 | 5.5 | 14,291.5 | 29.4 |
| 2011 | 9,795 | 11.3 | 12,694 | 1.6 | 12,396.9 | 20.1 | 15,544.1 | 8.8 |
| 2012.1~12월 | 11,140 | 13.7 | 13,737 | 8.2 | 14,176.2 | 14.4 | 15,736.9 | 1.2 |

* 2012년 관광수입 · 지출은 잠정치임

자료 : 한국관광공사(2013 : 5), 「2013년 2월 관광시장 동향」

| 구분 | 일본 | 중국 | 미국 | 대만 | 홍콩 | 필리핀 | 러시아 |
|---|---|---|---|---|---|---|---|
| 2006년 | 2,339(-4.1) | 897(26.3) | 556(4.7) | 338(-3.8) | 143(-14.1) | 248(11.5) | 145(0.5) |
| 2007년 | 2,236(-4.4) | 1,069(19.2) | 587(5.7) | 335(-0.9) | 140(-1.9) | 264(6.3) | 140(-2.9) |
| 2008년 | 2,378(6.4) | 1,168(9.3) | 610(3.9) | 320(-4.5) | 160(14.4) | 277(4.9) | 136(-2.9) |
| 2009년 | 3,053(28.4) | 1,342(14.9) | 611(0.2) | 381(18.9) | 216(34.6) | 272(-1.7) | 137(0.5) |
| 2010년 | 3,023(-1.0) | 1,875(39.7) | 653(6.8) | 406(6.8) | 229(5.9) | 297(9.4) | 151(10.0) |
| 2011년 | 3,289(8.8) | 2,220(18.4) | 662(1.3) | 428(5.4) | 281(22.9) | 337(13.4) | 155(2.7) |
| 2012년 누계 | 3,519(7.0) | 2,837(27.8) | 698(5.5) | 548(28.0) | 360(28.2) | 331(-1.8) | 167(7.7) |

자료 : 한국문화관광연구원(2013 : 1), 「2013년 8월 관광동향분석」

[그림 4-1] 주요국가별 연도별 방한객 현황

2013년 상반기에도 일본시장은 엔저 지속[1)]으로 해외여행 매력의 감퇴[2)]와 일본 국내여행의 증가로 일본관광객은 134만명 방한하여 26.3% 감소하였다. 중국은 지방 전세기 복수취항과 크루즈 취항 증가로 173만5천명이 방한하여 45.6% 증가하였고 방한외래객의 최다 점유율을 자랑하게 되었다. 한편 대만은 북한의 위협과 일본, 태국 상품의 호조로 26만명이 방한하여 1.6% 증가하는데 그쳤다. 홍콩은 18만명이 방한하여 10.6% 증가하였다. 태국관광객이 20만명(0.6%), 필리핀 19만명(16.9%), 싱가포르, 인도네시아가 8만3천명으로 18.8%가 증가하였다. 이밖에 미국은 36만명(3.5%), 러시아는 8만8천명(7.6%)의 증가세를 나타내고 있다.

〈표 4-2〉 2013년 상반기 외래관광객 출입국 현황

| 국가 | 6월 | 증감 | 1~6월 | 증감 | 국가 | 6월 | 증감 | 1~6월 | 증감 |
|---|---|---|---|---|---|---|---|---|---|
| 일본 | 201,163 | -33.5 | 1,339,155 | -26.3 | 미국 | 70,198 | 6.3 | 358,098 | 3.5 |
| 중국 | 399,031 | 70.2 | 1,735,371 | 45.6 | 캐나다 | 11,370 | 19.0 | 65,940 | 4.3 |
| 대만 | 53,808 | 6.4 | 262,986 | 1.6 | 미주 | 87,846 | 9.3 | 450,401 | 4.3 |
| 홍콩 | 34,872 | 19.4 | 184,722 | 10.6 | 러시아 | 15,088 | 2.0 | 88,556 | 7.6 |
| 태국 | 19,853 | -17.6 | 201,822 | 0.6 | 독일 | 8,345 | 2.5 | 49,077 | -3.2 |
| 필리핀 | 40,337 | 47.0 | 193,513 | 16.9 | 영국 | 10,439 | 30.4 | 60,284 | 10.5 |
| 싱가포르 | 18,357 | 13.8 | 71,192 | 7.6 | 프랑스 | 6,338 | 9.0 | 35,223 | 3.5 |
| 말레이시아 | 13,039 | 17.0 | 87,720 | 5.1 | 유럽 | 66,474 | 11.7 | 373,467 | 7.3 |
| 인도네시아 | 18,839 | 34.1 | 83,006 | 18.8 | 호주 | 11,058 | 4.9 | 62,977 | 6.1 |
| 베트남 | 10,608 | 4.4 | 54,873 | -2.6 | 대양주 | 14,095 | 1.8 | 80,739 | 5.1 |
| 인도 | 13,114 | 51.9 | 55,897 | 26.5 | 아프리카 | 4,253 | 0.0 | 20,211 | 1.3 |
| 중동* | 8,802 | 32.1 | 40,243 | 6.5 | 기타 | 27,172 | -5.8 | 152,719 | -5.5 |
| 터키 | 1,817 | -11.4 | 9,392 | -1.5 | 전체 | 1,059,082 | 11.9 | 5,530,102 | 3.6 |
| 아시아 | 859,242 | 13.1 | 4,452,565 | 3.6 | | | | | |

* 중동 국가(9개국: 2012.1월부터): 카자흐스탄, 우즈베키스탄, 이란 및 GCC 6개국 (UAE, 사우디아라비아, 쿠웨이트, 오만, 카타르, 바레인)
자료 : 한국관광공사(2013 : 3), 「2013년 6월 월간 관광시장 동향」

1) 한국은행 일일환율: 100엔 = 2012.12.3. 1,315원 → 2013.6.3. 1,120원 → 12.3. 1,027원
2) 2103. 1~6월 일본인 해외여행자는 825만6천명으로 전년대비 7.9% 감소

## ❐ 외래관광객 실태 분석

### ❖ 방문 목적

외래객의 방한 목적은 '여가/위락/휴가'가 43.9%, '사업/전문활동'이 24.5%나 전년보다 5.6% 감소하였으나, '쇼핑'은 11.8%로 전년보다 2.6% 증가, '교육'도 6.5%(1.9% 증가), '뷰티/건강/치료/도 0.3%에서 1.1%로 성장하였다.

### ❖ 한국여행 결정 시기

여행을 결정하는 시기는 '1개월 전'(38%)이 가장 많고, '2개월 전'(22.7%), '3개월 전'(19.1%)의 순이나, '5~9개월 전'이 13.4%나 된다. 거주국별로 살펴보면, '1개월' 이전에 결정했다는 응답은 태국(43.6%), 일본(43.2%), 홍콩(43.1%)에서 높았고, '2개월' 이전에 결정했다는 응답은 일본(26.4%), 홍콩(24.9%), 중국(23.7%)에서 상대적으로 높았다. 유독 말레이시아 경우에는 3~9개월 이전에 결정하는 경우가 49.8%나 되었다.

〈표 4-3〉 방한 관광 목적

| 구 분 | 2012년 | 2011년 | 2010년 | 2009년 | 2008년 |
|---|---|---|---|---|---|
| 여가/위락/휴가 | **43.9** | 42.4 | 51.3 | 47.6 | 40.4 |
| 사업/전문활동 | **24.5** | 31.1 | 32.2 | 36.3 | 42.0 |
| 쇼 핑 | **11.8** | 9.2 | - | - | - |
| 친구/친지방문 | **11.1** | 10.6 | 11.4 | 11.5 | 11.5 |
| 교 육 | **6.5** | 4.6 | - | - | - |
| 뷰티/건강/치료 | **1.1** | 0.3 | 0.2 | 0.2 | 0.2 |
| 종 교 / 순 례 | **1.1** | 0.9 | 0.6 | 0.9 | 0.6 |
| 기 타 | **0.1** | 0.5 | 4.3 | 3.5 | 5.3 |

주: '쇼핑' 및 '교육'은 2011년 조사부터 새롭게 추가된 항목임
자료 : 문화체육관광부 · 한국문화관광연구원(2013 : 35 ), 「2012 외래관광객 실태조사」

1개월 내 결정은 '사업/전문' 활동(51.3%), '종교 및 순례'(62%)나 되어 필요한 일인 경우 급히 정하고, '여가/위락/휴가'는 35.1%, '친구/친지 방문'은 1, 2, 3~4개월 전이 모두 비슷하다. '교육'은 오히려 10개월 이상이 35.2%로 가장 높고, 4~9개월이 28.2%를 차지해 수학여행, 답사여행은 미리 정해짐을 알 수 있다.

〈표 4-4〉 한국여행 결정 시점

| 구 분 | 2012년 | 2011년 |
|---|---|---|
| 1 개 월 | **38.0** | 39.7 |
| 2 개 월 | **22.7** | 21.1 |
| 3 ~ 4 개 월 | **19.1** | 19.8 |
| 5 ~ 9 개 월 | **13.4** | 13.4 |
| 10 개 월 이 상 | **6.2** | 5.1 |

자료 : 문화체육관광부 · 한국문화관광연구원(2013 : 36 ), 「2012 외래관광객 실태조사」

## ❖ 방문 비교 국가

여행을 결정할 때, 목적지를 비교하는 국가는 일본, 중국, 태국 등 주변국가가 대다수를 차지한다. 따라서 일본, 중국의 관광 신소재, 환율 등에 관심을 두어야 한다. 일본과의 비교는 줄었으나(35.2% → 34.0%), 중국과의 검토는 11.2% → 13.4%로 늘었다.

〈표 4-5〉 거주국별 방문 비교 국가

(중복응답, 상위 10위, 단위: %)

| 구분 | 사례수 | 일본 | 중국 | 태국 | 미국 | 대만 | 싱가포르 | 홍콩 | 말레이시아 | 호주 | 프랑스 |
|---|---|---|---|---|---|---|---|---|---|---|---|
| 전체 | 693 | 34.0 | 13.4 | 9.6 | 9.3 | 8.8 | 6.2 | 5.2 | 2.3 | 1.7 | 1.7 |
| 일본 | 163 | - | 17.3 | 13.7 | 23.9 | 16.3 | 3.9 | 9.4 | 0.0 | 0.0 | 5.2 |
| 중국 | 166 | 57.5 | - | 9.5 | 4.1 | 2.7 | 9.7 | 0.9 | 3.3 | 2.5 | 0.0 |
| 홍콩 | 51 | 50.4 | 9.4 | 10.8 | 0.9 | 16.8 | 6.7 | - | 4.5 | 1.2 | 0.0 |
| 싱가포르 | 17 | 17.0 | 3.3 | 1.2 | 14.6 | 36.5 | - | 7.1 | 0.0 | 7.6 | 0.0 |
| 대만 | 55 | 56.8 | 12.9 | 10.1 | 5.7 | - | 5.7 | 5.4 | 1.5 | 1.4 | 1.5 |
| 태국 | 46 | 52.0 | 17.2 | - | 1.9 | 3.3 | 10.2 | 11.3 | 1.0 | 0.0 | 0.0 |
| 말레이시아 | 20 | 21.9 | 17.4 | 1.2 | 2.2 | 7.1 | 2.5 | 6.0 | - | 10.9 | 0.0 |
| 호주 | 8 | 38.9 | 3.8 | 19.9 | 0.0 | 0.0 | 21.7 | 8.1 | 3.7 | - | 3.7 |
| 미국 | 44 | 31.7 | 24.5 | 16.5 | - | 4.0 | 7.1 | 4.9 | 0.0 | 0.0 | 2.0 |
| 캐나다 | 10 | 53.7 | 32.4 | 7.4 | 0.0 | 0.0 | 2.9 | 0.0 | 9.3 | 3.1 | 0.0 |
| 영국 | 8 | 33.5 | 17.9 | 15.2 | 0.0 | 14.4 | 9.8 | 11.9 | 5.3 | 4.1 | 0.0 |
| 독일 | 6 | 28.1 | 4.1 | 0.0 | 4.0 | 10.9 | 3.8 | 9.0 | 4.0 | 5.2 | 0.0 |
| 프랑스 | 3 | 33.6 | 29.6 | 13.1 | 7.6 | 0.0 | 16.9 | 0.0 | 0.0 | 0.0 | - |
| 러시아 | 14 | 38.8 | 37.3 | 10.5 | 2.6 | 0.0 | 2.4 | 0.0 | 0.0 | 0.0 | 4.4 |
| 중동 | 12 | 23.2 | 19.9 | 7.9 | 11.9 | 0.0 | 0.0 | 4.8 | 12.3 | 0.0 | 2.9 |
| 인도 | 3 | 0.0 | 27.9 | 0.0 | 35.9 | 0.0 | 7.9 | 19.1 | 0.0 | 0.0 | 0.0 |
| 기타 | 68 | 24.6 | 23.1 | 5.1 | 11.5 | 12.4 | 2.7 | 4.4 | 5.0 | 2.3 | 0.0 |

자료 : 문화체육관광부 · 한국문화관광연구원(2013 : 87 ), 「2012 외래관광객 실태조사」

일본관광객은 미국(23.9%), 중국(17.3%), 대만(16.3%)와 비교하고 있으나, 나머지 국가들은 일본과 한국을 여행목적지로 함께 검토했다. 따라서 중국, 대만, 홍콩 등 타국가 마케팅전략 수립시에는 일본의 전략을 함께 검토하는 것이 필요하다.

## ❖ 한국 방문 선택시 고려 요인

'쇼핑'은 2008년과 비교하면 크게 증가(44.4% → 66.0%) 하였으나, 최근에는 정체를 보이고 있고, '음식/미식 탐방'은 5년전과 큰 변화가 없고, '자연풍경'은 2008년부터 2011년까지는 22~25%였으나, 2012년은 32.1%로 증가하였다.

〈표 4-6〉 연도별 한국 방문 선택시 고려 요인

(중복응답, 2012년 상위 10위 기준, 단위: %)

| 구 분 | 2012년 | 2011년 | 2010년 | 2009년 | 2008년 |
|---|---|---|---|---|---|
| 쇼핑 | **66.0** | 66.6 | 59.8 | 56.5 | 44.4 |
| 음식/미식 탐방 | **44.3** | 44.2 | 40.2 | 42.1 | 41.5 |
| 자연풍경 | **32.1** | 23.9 | 25.6 | 22.0 | 23.4 |
| 역사/문화유적 | **21.5** | 19.1 | 21.8 | 20.8 | 26.1 |
| 휴양/휴식 | **17.6** | 16.5 | 16.6 | 14.3 | 14.9 |
| 거리 | **16.9** | 19.0 | 30.1 | 37.6 | 40.1 |
| 경제적인 여행비용 | **11.5** | 14.9 | 25.4 | 38.4 | 27.2 |
| 패션, 유행 등 세련된 문화 | **11.1** | 14.5 | 15.0 | 11.2 | 10.3 |
| 유흥/놀이시설 | **8.1** | 18.9 | 12.5 | 11.2 | 11.0 |
| 여행 가능한 여가시간 | **7.6** | 5.4 | - | - | - |

자료 : 문화체육관광부 · 한국문화관광연구원(2013 : 89 ), 「2012 외래관광객 실태조사」

'역사/문화 유적'은 감소하는 추세며, 거리와 경제적 여행비용은 2008년에는 40.1%, 27.2%였으나, 2012년엔 16.9%, 11.5%로 그다지 중요한 요인이 되지 않음을 알 수 있다.

'쇼핑'은 태국(74.1%), 홍콩(74%), 대만(74%), 중국(73.8%)로 가장 높았고, 일본은 쇼핑(64.7%)에 이어 '음식/미식 탐방'(61.4%), 중국, 대만, 태국은 '쇼핑' 다음에 '자연풍경'이 각각 57%, 50%, 50.9%로 상대적으로 높았다.

〈표 4-7〉 거주국별 한국방문 선택시 고려요인

(중복응답, 2012년 상위 10위 기준, 단위 : %)

| 구분 | 사례수 | 쇼핑 | 음식/미식 탐방 | 자연 풍경 | 역사/문화 유적 | 휴양/휴식 | 거리 | 경제적 여행 비용 | 패션, 유행 등 세련된 문화 | 유흥/놀이 시설 | 여행 가능한 여가 시간 |
|---|---|---|---|---|---|---|---|---|---|---|---|
| 전체 | 6,952 | 66.0 | 44.3 | 32.1 | 21.5 | 17.6 | 16.9 | 11.5 | 11.1 | 8.1 | 7.6 |
| 일본 | 2,966 | 64.7 | 61.4 | 8.7 | 16.8 | 10.8 | 29.1 | 18.0 | 5.0 | 6.2 | 7.0 |
| 중국 | 1,916 | 73.8 | 34.4 | 57.0 | 24.8 | 16.0 | 10.0 | 5.6 | 15.8 | 9.1 | 6.3 |
| 홍콩 | 321 | 74.0 | 36.8 | 31.8 | 17.8 | 31.1 | 5.7 | 6.3 | 10.6 | 15.8 | 7.6 |
| 싱가포르 | 97 | 67.0 | 28.3 | 41.2 | 28.2 | 43.4 | 3.6 | 2.7 | 10.0 | 9.2 | 6.3 |
| 대만 | 613 | 74.0 | 40.2 | 50.0 | 18.5 | 12.4 | 6.1 | 7.1 | 21.8 | 12.9 | 9.3 |
| 태국 | 335 | 74.1 | 15.7 | 50.9 | 17.7 | 40.5 | 6.4 | 11.6 | 20.1 | 3.7 | 9.1 |
| 말레이시아 | 142 | 56.1 | 17.8 | 53.8 | 30.3 | 39.7 | 1.0 | 3.6 | 11.3 | 6.7 | 8.1 |
| 호주 | 49 | 21.1 | 17.5 | 29.7 | 34.3 | 38.0 | 8.0 | 10.0 | 11.9 | 4.0 | 13.1 |
| 미국 | 133 | 24.2 | 28.5 | 34.3 | 40.6 | 37.2 | 6.0 | 10.5 | 10.1 | 5.7 | 16.7 |
| 캐나다 | 29 | 38.0 | 31.5 | 25.9 | 42.5 | 34.7 | 12.1 | 6.9 | 14.2 | 9.2 | 16.1 |
| 영국 | 19 | 20.5 | 22.1 | 33.5 | 37.2 | 34.4 | 9.3 | 17.0 | 9.9 | 10.7 | 16.2 |
| 독일 | 16 | 20.3 | 30.1 | 45.7 | 51.0 | 18.9 | 8.6 | 2.3 | 11.1 | 8.9 | 3.7 |
| 프랑스 | 16 | 29.5 | 26.7 | 43.7 | 51.7 | 15.2 | 8.1 | 9.8 | 21.8 | 12.4 | 10.9 |
| 러시아 | 34 | 39.5 | 13.3 | 20.7 | 14.7 | 30.9 | 8.0 | 6.0 | 2.9 | 14.6 | 2.7 |
| 중동 | 26 | 36.2 | 14.8 | 33.5 | 30.6 | 24.9 | 3.5 | 4.7 | 4.5 | 9.7 | 6.2 |
| 인도 | 4 | 17.7 | 21.7 | 42.7 | 12.7 | 29.9 | 0.0 | 24.7 | 0.0 | 10.8 | 7.1 |
| 기타 | 236 | 35.4 | 22.5 | 32.4 | 41.2 | 32.4 | 7.0 | 8.3 | 13.1 | 6.9 | 12.4 |

자료 : 문화체육관광부 · 한국문화관광연구원(2013 : 91 ), 「2012 외래관광객 실태조사」

## ❖ 한국여행 정보 입수경로

'인터넷'이 가장 많았는데(59.7%), 2008년(55.5%)에 비하여 다소 증가되었으나, 2010(64.2%)을 정점으로 하강세를 보이고 있다. '친지/친구/동료'(51.2%)와 '보도'(15.5%)는 정체상태를 보이고 있으나, '여행사'(33.1%), '관광안내서적'(19.3%)는 감소되고 있다.

〈표 4-8〉 연도별 한국 여행정보 입수경로

| 구분 | 2012년 | 2011년 | 2010년 | 2009년 | 2008년 |
|---|---|---|---|---|---|
| 인터넷 | **59.7** | 60.0 | 64.2 | 61.0 | 55.5 |
| 친지/친구/동료 | **51.2** | 49.7 | 51.2 | 53.0 | 48.0 |
| 여행사 | **33.1** | 35.9 | 38.9 | 38.2 | 35.6 |
| 관광안내서적 | **19.3** | 25.5 | 34.9 | 33.2 | 29.4 |
| 보도 | **15.5** | 16.2 | 16.4 | 19.6 | 15.4 |
| 한국기관 | **5.6** | 7.3 | 8.7 | 8.6 | 8.6 |
| 항공사/호텔 | **4.6** | 5.0 | 7.7 | 8.8 | 9.8 |
| 기타 | **4.8** | 11.3 | 9.1 | 10.2 | 11.4 |
| 정보를 얻지 않았음 | **7.5** | 7.0 | 6.0 | 8.0 | 10.3 |

자료 : 문화체육관광부 · 한국문화관광연구원(2013 : 93 ), 「2012 외래관광객 실태조사」

## ❖ 한국여행시 동반자

외래객의 66%가 동반자가 있는데 여성(75.3%)이 높고, '쇼핑' 때 92.4%, '여가/위락/휴가' 때가 86.4%로 높고, '친구방문', '사업', '교육' 때는 낮다. 또 '처음 방한 시'(73.2%) 높고, '4회 이상'(48%)은 낮다.

동반 인원은 4.4명이나 점차 낮아지는 추세며(2008년 5.8명), 동반자 유형으로는 '가족/친지'(47.2%)가 가장 높고 '친구/연인'(36.3%), '직장동료'(20.2%) 순이다.

〈표 4-9〉 성별 · 연령 · 목적 · 방한횟수별 동반 방문 비율

(단위 : %)

| 성별 | 전체 | 남성 | 여성 |
|---|---|---|---|
| 동반 비율 | **66.0** | 55.8 | 75.3 |

| 연령 | 전체 | 15~20세 | 21~30세 | 31~40세 | 41~50세 | 51~60세 | 61세 이상 |
|---|---|---|---|---|---|---|---|
| 동반 비율 | **66.0** | 67.4 | 66.7 | 66.5 | 64.7 | 64.9 | 64.0 |

| 방한목적 | 전체 | 여가/위락/휴가 | 뷰티/건강 및 치료 | 종교 및 순례 | 쇼핑 | 친구/친지 방문 | 사업/전문 활동 | 교육 | 기타 |
|---|---|---|---|---|---|---|---|---|---|
| 동반 비율 | **66.0** | 86.4 | 67.2 | 56.0 | 92.4 | 37.0 | 38.2 | 34.7 | 81.2 |

| 방한횟수 | 전체 | 1회 | 2회 | 3회 | 4회 이상 |
|---|---|---|---|---|---|
| 동반 비율 | **66.0** | 73.2 | 63.0 | 59.2 | 48.0 |

자료 : 문화체육관광부 · 한국문화관광연구원(2013 : 107), 「2012 외래관광객 실태조사」

## ❖ 한국여행 체재 기간

2012년 평균 체재기간은 6.7일인데, 3일'(23%), '5일'(20.8%), '4일'(18.6%)의 순이다. 다음은 오히려 '11~60일'과 '61일 이상'이 많고, 다시 '7일', '6일'간 순이다.

거주국가별로는 인도(13.8일), 러시아(12.2일), 캐나다(11.8일), 중동(11.5일), 미국(11.2일)로 긴 편이고, 중국(7.5일), 말레이시아(7.3일)나, 일본(4.4일), 홍콩(5.5일), 대만 · 태국(5.1일)은 짧은 편이다.

〈표 4-10〉 연도별 방한 체재 기간

(단위 : %)

| 구 분 | 2012년 | 2011년 | 2010년 | 2009년 | 2008년 |
|---|---|---|---|---|---|
| 평 균 | **6.7일** | 7.5일 | 7.2일 | 6.5일 | 6.8일 |
| 1 일 | - | 0.2 | - | - | - |
| 2 일 | **3.5** | 5.1 | 3.2 | 3.8 | 5.3 |
| 3 일 | **23.0** | 24.9 | 23.2 | 28.1 | 24.9 |
| 4 일 | **18.6** | 17.2 | 18.1 | 17.5 | 18.1 |
| 5 일 | **20.8** | 17.9 | 16.3 | 15.4 | 13.1 |
| 6 일 | **4.9** | 5.0 | 8.6 | 7.4 | 7.5 |
| 7 일 | **6.1** | 5.8 | 4.4 | 5.0 | 5.0 |
| 8 일 | **2.4** | 2.7 | 4.6 | 4.9 | 4.9 |
| 9 일 | **1.1** | 0.9 | 1.6 | 1.4 | 1.6 |
| 10 일 | **2.5** | 3.1 | 1.2 | 1.2 | 1.2 |
| 11~60 일 | **10.6** | 12.9 | 15.3 | 12.3 | 14.5 |
| 61일 이상 | **6.7** | 4.5 | 3.7 | 3.0 | 4.0 |

주 1) 2011년 조사부터 조사 대상에 1일 방문자 및 91일~365일 체류자가 포함되었음(2010년 조사까지는 2일 이상 90일 이하 체류객만을 대상으로 조사를 실시하였음)

2) 체재 기간 응답 단위가 2010년까지는 '박(泊)'이었으나 2011년 조사부터는 '일(日)'로 변경되었음
시계열 비교를 위하여 2010년까지 조사 결과를 '일' 단위로 변경하였음

3) 평균 체재 기간에는 61일 이상 체류자는 제외하였음

자료 : 문화체육관광부 · 한국문화관광연구원(2013 : 116), 「2012 외래관광객 실태조사」

## ❖ 한국여행 숙박시설

'호텔'이용이 73.4%로 가장 높은데, 일본(84.4%), 싱가포르(83.6%), 태국(87.1%) 관광객은 거의 호텔을 이용하고 있다. 대만은 '유스호스텔'(19.5%), '콘도'(10.6%), 홍콩도 '유스호스텔'(10.9%), '콘도'(9.7%) 이용율이 높다. 한편 중국은 '호텔 이용율'(59.7%)이 낮고, '친척집', '유스호스텔' 이용이 많다.

〈표 4-11〉 연도별 외래객 이용 숙박시설

(단위 : %)

| 구분 | 사례수 | 호텔 | 유스호스텔/게스트하우스/여관 | 친척 또는 친구집 | 학교/회사기숙사/연수원 | 콘도/펜션/레지던스인 | 사찰 | 기타 |
|---|---|---|---|---|---|---|---|---|
| 전체 | 12,021 | 73.4 | 11.6 | 10.9 | 7.5 | 4.8 | 0.6 | 0.7 |
| 일본 | 4,265 | 84.4 | 7.4 | 6.2 | 4.3 | 3.0 | 0.2 | 1.0 |
| 중국 | 3,198 | 59.7 | 12.5 | 15.3 | 11.9 | 4.9 | 0.4 | 0.3 |
| 홍콩 | 431 | 80.2 | 10.9 | 5.0 | 1.7 | 9.7 | 0.3 | 0.0 |
| 싱가포르 | 170 | 83.6 | 10.2 | 7.6 | 4.0 | 5.2 | 0.2 | 0.1 |
| 대만 | 658 | 80.8 | 19.5 | 1.4 | 1.1 | 10.6 | 0.1 | 0.1 |
| 태국 | 407 | 87.1 | 13.5 | 5.1 | 2.2 | 2.5 | 0.2 | 0.1 |
| 말레이시아 | 198 | 81.0 | 15.3 | 4.1 | 4.3 | 8.2 | 0.8 | 0.3 |

자료 : 문화체육관광부 · 한국문화관광연구원(2013 : 121), 「2012 외래관광객 실태조사」

### ❖ 한국여행 방문지

2012년 한국여행 시 방문지 10위까지 모두 서울이다. 그 중 2009년과 비교할 때, '명동'(48.3→61.5%)과 '동대문'(41.4→49%), '롯데월드'(18.6→23.2%), '신촌/홍대 주변'(9.4→16.5%)은 증가하였으나, '남대문'은 감소하였다.

〈표 4-12〉 연도별 한국여행 중 주요 방문지

(중복응답, 2012년 상위 10위 기준, 단위 : %)

| 구 분 | 2012년 | 2011년 | 2010년 | 2009년 |
|---|---|---|---|---|
| 명동 | **61.5** | 55.3 | 53.5 | 48.3 |
| 동대문시장 | **49.0** | 45.8 | 45.3 | 41.4 |
| 고궁 | **32.3** | 31.8 | 35.3 | 32.5 |
| 남대문시장 | **31.8** | 33.7 | 36.5 | 38.1 |
| 남산/N서울타워 | **28.9** | 29.1 | 29.0 | 25.0 |
| 인사동 | **26.2** | 26.1 | 25.7 | 22.8 |
| 롯데월드 | **23.3** | 20.6 | 20.3 | 18.6 |
| 박물관(기념관) | **22.4** | 21.8 | 24.3 | 21.4 |
| 이태원 | **17.7** | 16.1 | 16.8 | 15.2 |
| 신촌/홍대주변 | **16.5** | 14.8 | 10.2 | 9.4 |

주 : 2011년 주요 방문지 응답 항목이 변경되었기 때문에 연도별 비교시 주의가 필요함
자료 : 문화체육관광부 · 한국문화관광연구원(2013 : 125), 「2012 외래관광객 실태조사」

국적별로 보면, 일본인은 명동을 중심으로 고궁, 인사동 등 고루 다니고, 중국, 홍콩, 대만인은 명동과 동대문시장, 남대문시장, 남산, 롯데월드 방문이 많

았고, 태국인은 명동, 동대문시장 이외 고궁, 남산이 높았고, 호주, 미국, 캐나다 인들은 명동은 낮고, 고궁, 인사동, 이태원이 높은 편이었다.

〈표 4-13〉 거주국별 한국여행 중 주요 방문지

(중복응답, 상위 10위, 단위 : %)

| 구분 | 사례수 | 명동 | 동대문 시장 | 고궁 | 남대문 시장 | 남산/ N서울 타워 | 인사동 | 롯데 월드 | 박물관 (기념관) | 이태원 | 신촌/ 홍대 주변 |
|---|---|---|---|---|---|---|---|---|---|---|---|
| 전체 | 12,021 | 61.5 | 49.0 | 32.3 | 31.8 | 28.9 | 26.2 | 23.3 | 22.4 | 17.7 | 16.5 |
| 일본 | 4,265 | 62.1 | 34.2 | 16.4 | 30.8 | 13.8 | 22.2 | 9.8 | 7.4 | 7.2 | 11.5 |
| 중국 | 3,198 | 71.0 | 65.2 | 31.8 | 28.2 | 36.4 | 21.9 | 37.9 | 25.8 | 13.1 | 18.4 |
| 홍콩 | 431 | 75.4 | 62.9 | 28.4 | 35.2 | 26.5 | 30.8 | 35.5 | 23.6 | 26.6 | 23.9 |
| 싱가포르 | 170 | 68.4 | 62.1 | 51.2 | 44.8 | 34.2 | 35.4 | 37.0 | 32.1 | 27.9 | 23.4 |
| 대만 | 658 | 75.8 | 84.9 | 34.6 | 20.7 | 45.7 | 21.7 | 46.6 | 30.0 | 12.4 | 30.2 |
| 태국 | 407 | 87.0 | 84.5 | 84.8 | 58.1 | 74.9 | 33.4 | 15.7 | 51.6 | 22.6 | 13.8 |
| 말레이시아 | 198 | 71.6 | 76.0 | 61.2 | 55.4 | 37.6 | 31.3 | 36.5 | 41.5 | 42.6 | 16.1 |
| 호주 | 148 | 45.4 | 30.1 | 45.8 | 31.7 | 29.1 | 42.5 | 14.1 | 30.4 | 34.6 | 16.8 |
| 미국 | 798 | 34.6 | 29.3 | 44.7 | 29.5 | 28.2 | 35.4 | 16.7 | 34.8 | 43.7 | 17.3 |
| 캐나다 | 145 | 45.3 | 39.5 | 53.2 | 39.5 | 33.6 | 43.2 | 17.3 | 37.7 | 41.7 | 22.7 |

자료 : 문화체육관광부 · 한국문화관광연구원(2013 : 127), 「2012 외래관광객 실태조사」

## ❖ 한국여행 방문권역

한국여행 중 방문한 권역 중에서 서울 방문(82.5%)로 가장 높고, 경기(21.3%), 경상(16.1%), 제주(12.0%), 강원(9.7%)의 순으로 나타났다.

연도별로 보면, 서울은 2009년 77.4%에서 82.5%로 증가하였고, 경기와 인천은 2011년부터 분리, 조사하므로 충분한 평가가 어렵고, 경상권, 강원권은 감소세를 나타내고, 제주권은 증감을 반복하고 있는데 2011년에 비해서는 증가(10.2 → 12.0%)하고 있다.

〈표 4-14〉 연도별 외래객의 한국여행 중 주요 방문권역

(중복응답, 단위 : %)

| 구 분 | 2012년 | 2011년 | 2010년 | 2009년 |
|---|---|---|---|---|
| 서울권 | **82.5** | 79.7 | 80.3 | 77.4 |
| 경기권 | **21.3** | 23.8 | 37.6 | 37.2 |
| 인천권 | **7.7** | 9.0 | | |
| 경상권 | **16.1** | 19.3 | 20.9 | 20.9 |
| 제주권 | **12.0** | 10.2 | 13.1 | 12.4 |
| 강원권 | **9.7** | 11.1 | 11.9 | 11.2 |
| 전라권 | **4.1** | 3.9 | 5.8 | 4.1 |
| 충청권 | **4.1** | 5.1 | 7.2 | 6.3 |
| 기타 | **0.3** | 0.7 | 1.2 | 1.7 |

주 1) 2010년 조사까지는 "경기권"내에 "인천"을 포함하여 조사하였으나 2011년 조사부터는 "인천권"과 "경기권"을 분리하여 조사하였음.
2) 2011년 조사시 방문지 항목이 변경되었기 때문에 연도별 비교시 주의가 필요함
3) "기타" 항목은 권역 구분이 불가능한 응답을 의미함(예: 산, 박물관 등)

자료 : 문화체육관광부 · 한국문화관광연구원(2013 : 129), 「2012 외래관광객 실태조사」

〈표 4-15〉 거주국별 한국여행 중 주요 방문권역

(중복응답, 단위 : %)

| 구분 | 사례수 | 서울 | 경기 | 경상 | 제주 | 강원 | 인천 | 전라 | 충청 | 기타 |
|---|---|---|---|---|---|---|---|---|---|---|
| 전체 | 12,021 | 82.5 | 21.3 | 16.1 | 12.0 | 9.7 | 7.7 | 4.1 | 4.1 | 0.3 |
| 일본 | 4,265 | 73.7 | 11.6 | 17.9 | 4.5 | 2.0 | 2.2 | 2.8 | 2.9 | 0.5 |
| 중국 | 3,198 | 86.2 | 21.0 | 10.7 | 25.8 | 7.9 | 12.0 | 3.2 | 2.7 | 0.1 |
| 홍콩 | 431 | 94.6 | 14.4 | 7.4 | 4.4 | 19.4 | 7.7 | 3.0 | 2.4 | 0.0 |
| 싱가포르 | 170 | 92.1 | 28.3 | 11.9 | 21.2 | 24.6 | 6.5 | 4.7 | 2.0 | 0.7 |
| 대만 | 658 | 94.4 | 28.2 | 2.4 | 8.3 | 25.2 | 15.2 | 1.7 | 3.0 | 0.5 |
| 태국 | 407 | 97.9 | 69.0 | 7.2 | 5.4 | 68.1 | 12.6 | 2.5 | 6.3 | 0.0 |
| 말레이시아 | 198 | 97.1 | 42.9 | 14.3 | 32.7 | 40.5 | 14.4 | 6.3 | 8.8 | 0.0 |
| 호주 | 148 | 85.4 | 25.7 | 22.0 | 6.5 | 5.1 | 11.4 | 7.4 | 4.6 | 1.2 |
| 미국 | 798 | 86.0 | 31.6 | 25.0 | 8.5 | 7.8 | 9.3 | 9.5 | 9.1 | 0.1 |
| 캐나다 | 145 | 86.4 | 28.5 | 28.4 | 13.8 | 8.1 | 9.8 | 11.7 | 9.3 | 0.2 |
| 영국 | 127 | 79.2 | 19.5 | 25.6 | 6.4 | 7.4 | 5.7 | 3.4 | 5.3 | 0.2 |
| 독일 | 104 | 78.9 | 18.3 | 24.5 | 5.2 | 4.6 | 5.8 | 7.9 | 8.4 | 0.0 |
| 프랑스 | 76 | 86.4 | 19.4 | 25.1 | 5.4 | 3.3 | 6.9 | 5.8 | 6.2 | 0.0 |
| 러시아 | 125 | 72.6 | 19.0 | 35.0 | 8.4 | 9.0 | 9.9 | 4.4 | 4.5 | 0.0 |
| 중동 | 135 | 83.7 | 19.3 | 24.3 | 6.8 | 5.3 | 8.1 | 5.6 | 5.5 | 0.0 |
| 인도 | 68 | 81.4 | 31.2 | 29.1 | 6.7 | 8.0 | 9.8 | 9.9 | 11.2 | 0.0 |
| 기타 | 967 | 82.6 | 27.4 | 26.1 | 8.9 | 6.5 | 6.8 | 7.6 | 7.5 | 0.7 |

자료 : 문화체육관광부 · 한국문화관광연구원(2013 : 131), 「2012 외래관광객 실태조사」

거주국별로 보면, 일본관광객은 서울(73.7%) 이외, 경상(부산포함, 17.9%), 경기(11.6%), 제주(4.5%) 순이고, 중국관광객은 서울(86.2%)외 제주(25.8%), 경기(21.0%), 인천(12.0%), 경상(10.7%)의 순이다. 태국은 서울(97.9%) 다음에 경기가 69.0%였고, 강원도 68.1%였다. 말레이시아도 서울(97.1%) 다음 경기(42.9%), 강원(40.5%), 제주(32.7%)였다. 그런데 홍콩은 서울(94.6%) 다음 강원(19.4%), 경기(14.4%)의 순이었다.

### ❖ 한국여행 유형

'개별여행'(64.4%)로 가장 높고, '단체여행'(25.3%), '에어텔'(10.3%)의 순이었다. 일본관광객은 '개별여행'(57%), '단체여행'(17.3%), '에어텔'(10.3%)로 거의 '개별여행' 비율이 높고, 중국은 '개별여행'(63.4%), '단체여행'(33.4%), '에어텔'(3.2%)며, 대만(77.9%)과 태국(72.3%), 말레이시아(57.3%)는 '단체여행'이 '개별여행'보다 많았다.

〈표 4-16〉 거주국별 한국여행 유형

| 구분 | 사례수 | 개별여행 | 단체여행 | Air-tel |
|---|---|---|---|---|
| 전체 | 12,021 | 64.4 | 25.3 | 10.3 |
| 일본 | 4,265 | 57.0 | 17.3 | 25.7 |
| 중국 | 3,198 | 63.4 | 33.4 | 3.2 |
| 홍콩 | 431 | 56.5 | 40.8 | 2.7 |
| 싱가포르 | 170 | 67.3 | 32.7 | 0.0 |
| 대만 | 658 | 18.1 | 77.9 | 4.0 |
| 태국 | 407 | 27.3 | 72.3 | 0.3 |
| 말레이시아 | 198 | 42.5 | 57.3 | 0.1 |

자료 : 문화체육관광부 · 한국문화관광연구원(2013 : 171), 「2012 외래관광객 실태조사」

### ❖ 방한기간중 활동

한국 방문기간 중 활동으로 '쇼핑'(72.8%), '식도락관광'(48.4%), '업무수행'(16.5%)의 순으로 나타났고, '쇼핑'(57.1→72.8%)과 '식도락관광'(33.3→48.4%)은 2008년

보다 증가, 하는데, '업무수행'(25.1→16.5%)은 감소하였다.

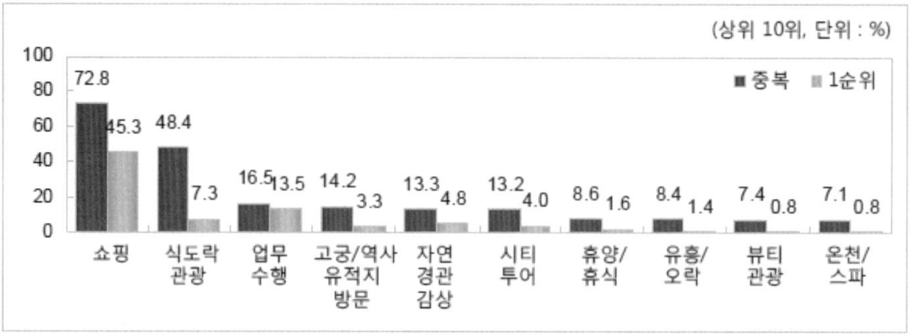


자료 : 문화체육관광부 · 한국문화관광연구원(2013 : 173), 「2012 외래관광객 실태조사」

[그림 4-3] 방한기간 중 외래객의 참여 활동

일본관광객은 쇼핑, 식도락관광, 뷰티관광, 업무수행이었으나, 중국은 쇼핑, 식도락, 자연경관 감상, 홍콩은 쇼핑, 식도락, 시티투어, 싱가포르도 쇼핑, 시티투어, 식도락, 대만은 쇼핑, 식도락, 고궁/역사유적으로 쇼핑은 모든 관광객이 가장 선호하나, 나머지는 식도락 이외 다양하였다.

〈표 4-17〉 거주국별 방한기간 중 참여 활동

(중복응답, 상위 5위, 단위 : %)

| 구분 | 사례수 | 1위 | 2위 | 3위 | 4위 | 5위 |
|---|---|---|---|---|---|---|
| 전체 | 12,021 | 쇼핑 (72.8) | 식도락관광 (48.4) | 업무수행 (16.5) | 고궁/역사유적 방문 (14.2) | 자연경관 감상 (13.3) |
| 일본 | 4,265 | 쇼핑 (77.2) | 식도락관광 (61.7) | 뷰티관광 (17.9) | 업무수행 (12.9) | 자연경관 감상 (12.3) |
| 중국 | 3,198 | 쇼핑 (85.7) | 식도락관광 (60.0) | 자연경관 감상 (18.6) | 휴양/휴식 (12.1) | 유흥/오락 (12.0) |
| 홍콩 | 431 | 쇼핑 (78.0) | 식도락관광 (41.5) | 시티투어 (28.6) | 휴양/휴식 (16.8) | 업무수행 (13.2) |
| 싱가포르 | 170 | 쇼핑 (71.0) | 시티투어 (27.6) | 식도락관광 (22.2) | 휴양/휴식 (21.3) | 업무수행 (20.6) |
| 대만 | 658 | 쇼핑 (88.7) | 식도락관광 (63.6) | 고궁/역사유적 방문 (17.7) | 시티투어 (13.9) | 자연경관 감상 (12.2) |
| 태국 | 407 | 쇼핑 (82.6) | 식도락관광 (42.4) | 시티투어 (30.9) | 자연경관 감상 (21.3) | 고궁/역사유적 방문 (20.7) |
| 말레이시아 | 198 | 쇼핑 (79.8) | 시티투어 (31.3) | 식도락관광 (26.1) | 휴양/휴식 (22.2) | 고궁/역사유적 방문 (20.9) |

자료 : 문화체육관광부 · 한국문화관광연구원(2013 : 167), 「2012 외래관광객 실태조사」

## ❖ 한국여행 중 1인당 지출경비

한국여행에서 1인당 평균 지출비는 $1,529이며, 중국은 $2,153, 싱가포르는 $2,001, 말레이시아는 $1,853이나, 일본($1,173), 호주($1,148)는 지출액이 적은 편이다.

〈표 4-18〉 거주국별 외래객 1인당 지출경비

(단위 : %)

| 구분 | 사례수 | 500$ 이하 | 500$초과 1,000$이하 | 1,000$초과 1,500$이하 | 1,500$초과 2,000$이하 | 2,000$초과 3,000$이하 | 3,000$ 초과 | 최대금액 초과 | 평균 (US$) |
|---|---|---|---|---|---|---|---|---|---|
| 전체 | 12,021 | 17.9 | 24.8 | 21.9 | 11.6 | 9.6 | 10.3 | 3.9 | **1,529.5** |
| 일본 | 4,265 | 19.0 | 30.2 | 27.2 | 10.8 | 7.8 | 3.7 | 1.2 | **1,173.1** |
| 중국 | 3,198 | 12.1 | 17.4 | 17.5 | 12.9 | 10.6 | 20.1 | 9.3 | **2,153.7** |
| 홍콩 | 431 | 14.0 | 31.4 | 24.6 | 13.2 | 9.0 | 6.3 | 1.6 | **1,340.3** |
| 싱가포르 | 170 | 16.7 | 20.7 | 10.9 | 11.3 | 18.0 | 18.9 | 3.5 | **2,001.9** |
| 대만 | 658 | 5.7 | 23.5 | 37.9 | 13.5 | 12.6 | 4.3 | 2.5 | **1,422.8** |
| 태국 | 407 | 9.5 | 28.1 | 35.4 | 15.2 | 7.1 | 3.9 | 0.8 | **1,328.2** |
| 말레이시아 | 198 | 10.7 | 15.5 | 13.6 | 25.0 | 21.2 | 12.6 | 1.4 | **1,853.0** |
| 호주 | 148 | 33.9 | 24.0 | 14.8 | 8.1 | 9.2 | 7.6 | 2.5 | **1,148.2** |
| 미국 | 798 | 30.3 | 24.8 | 12.4 | 8.6 | 9.3 | 11.3 | 3.4 | **1,465.9** |

자료 : 문화체육관광부 · 한국문화관광연구원(2013 : 183), 「2012 외래관광객 실태조사」

## ❖ 개별여행자들의 지출경비

개별여행자들은 '쇼핑비', '숙박비', '식음료비', '교통비' 순으로 지출되고 있다.

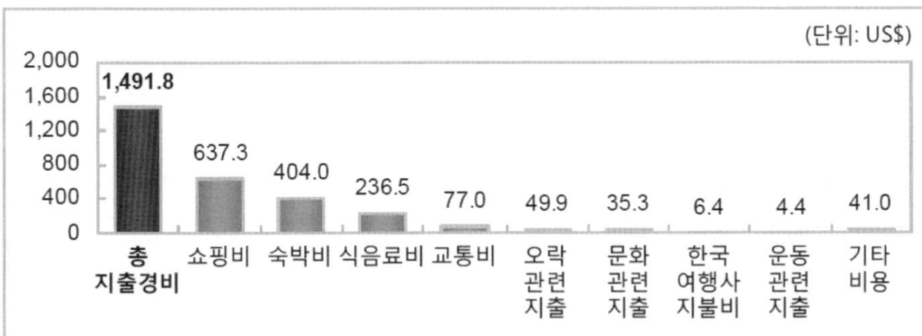


자료 : 문화체육관광부 · 한국문화관광연구원(2013 : 185), 「2012 외래관광객 실태조사」

[그림 4-4] 개별여행객 1인당 지출 경비

일본관광객은 쇼핑비나 숙박비가 비슷하나, 중국관광객은 '쇼핑비'(41,409.1)가 가장 높고, '숙박비', '식음료비' 순이다. 홍콩, 싱가포르, 대만관광객은 '쇼핑비'나 '숙박비'가 비슷하나, 말레이시아, 호주관광객은 '숙박비'가 '쇼핑비'보다 많았다.

〈표4-19〉 거주국별 개별여행객 1인당 지출경비

(단위 : US$)

| 구분 | 사례수 | 총 지출 경비 | 쇼핑비 | 숙박비 | 식음료비 | 교통비 | 오락 관련 지출 | 문화 관련 지출 | 한국 여행사 지불비 | 운동 관련 지출 | 기타 비용 |
|---|---|---|---|---|---|---|---|---|---|---|---|
| 전체 | 7,745 | 1,491.8 | 637.3 | 404.0 | 236.5 | 77.0 | 49.9 | 35.3 | 6.4 | 4.4 | 41.0 |
| 일본 | 2,431 | 1,023.6 | 375.0 | 334.8 | 147.5 | 62.8 | 42.8 | 7.0 | 7.4 | 3.0 | 43.1 |
| 중국 | 2,029 | 2,317.5 | 1,409.1 | 292.8 | 285.3 | 103.7 | 86.1 | 99.7 | 4.8 | 2.8 | 33.0 |
| 홍콩 | 244 | 1,189.9 | 468.2 | 432.7 | 171.9 | 41.2 | 25.5 | 9.8 | 5.9 | 8.5 | 26.0 |
| 싱가포르 | 114 | 1,528.7 | 590.5 | 538.8 | 266.6 | 79.0 | 24.6 | 8.5 | 2.3 | 10.9 | 7.6 |
| 대만 | 119 | 1,231.8 | 598.9 | 305.2 | 174.7 | 72.0 | 48.3 | 7.0 | 4.6 | 0.3 | 20.9 |
| 태국 | 111 | 1,100.9 | 503.0 | 237.4 | 178.2 | 101.0 | 45.7 | 20.2 | 3.9 | 1.1 | 10.3 |
| 말레이시아 | 84 | 1,258.1 | 441.5 | 519.5 | 157.1 | 71.5 | 25.3 | 12.8 | 8.0 | 6.2 | 16.2 |
| 호주 | 146 | 1,134.0 | 324.4 | 409.6 | 239.4 | 69.5 | 36.9 | 15.3 | 11.2 | 8.6 | 19.0 |

자료 : 문화체육관광부 · 한국문화관광연구원(2013 : 187), 「2012 외래관광객 실태조사」

## ❖ 단체여행자들의 지출경비

단체여행자의 1인 평균 지출은 $1,647이었고, '본인 거주국 지불경비'($787)과 '쇼핑비'($759)가 대부분이다.

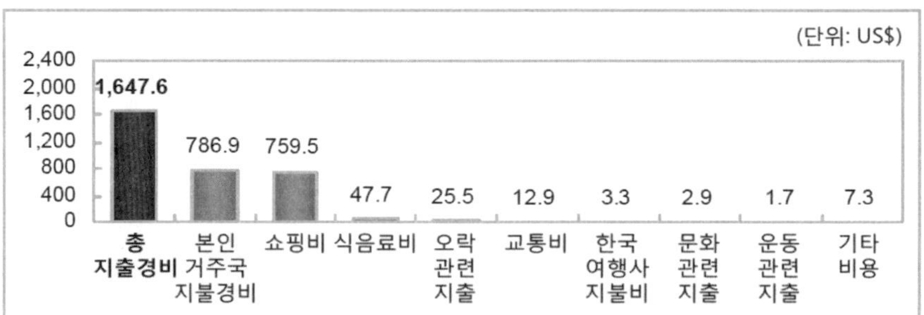


자료 : 문화체육관광부 · 한국문화관광연구원(2013 : 189), 「2012 외래관광객 실태조사」

[그림 4-5] 단체여행객 1인당 지출 경비

### ❖ 한국여행자의 쇼핑품목

‘향수/화장품’(46.2%), ‘의류’, ‘식료품’, ‘신발류’, ‘김치’, ‘인삼/한약재’ 순이었다. ‘향수/화장품’은 2008년에 비하여 배증(23.0 → 46.2%)하였고, ‘의류’도 증가(26.6 → 40.8%), ‘신발류’도 증가(9.4 → 17.5%)했지만, ‘식품류’는 정체(38.1 → 36.2%), ‘김치’(18.7 → 13.4%), ‘인삼/한약재’(17.2 → 12.2%)도 감소하였다.

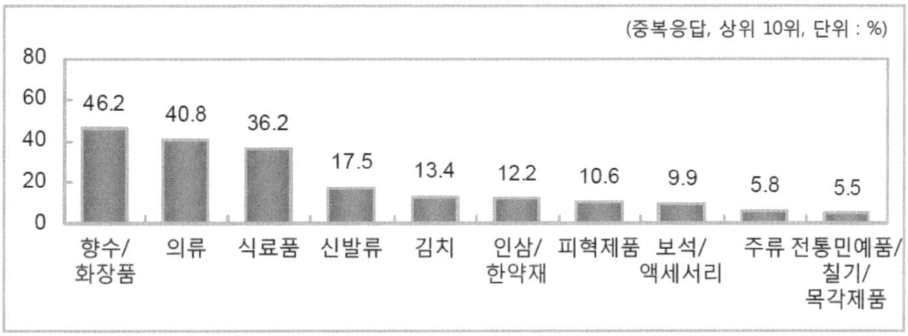


자료 : 문화체육관광부 · 한국문화관광연구원(2013 : 205), 「2012 외래관광객 실태조사」

[그림 4-6] 외래관광객 주요 쇼핑 품목

〈표 4-20〉 기주국별 개별여행객 주요 쇼핑 품목

(중복응답, 상위 10위, %)

| 구분 | 사례수 | 향수/ 화장품 | 의류 | 식료품 | 신발류 | 김치 | 인삼/ 한약재 | 피혁 제품 | 보석/ 액세 서리 | 주류 | 전통 민예품/ 칠기/ 목각제품 |
|---|---|---|---|---|---|---|---|---|---|---|---|
| 전체 | 12,021 | 46.2 | 40.8 | 36.2 | 17.5 | 13.4 | 12.2 | 10.6 | 9.9 | 5.8 | 5.5 |
| 일본 | 4,265 | 47.5 | 29.9 | 54.2 | 15.4 | 15.7 | 5.3 | 15.6 | 8.2 | 5.8 | 3.6 |
| 중국 | 3,198 | 68.5 | 51.3 | 29.8 | 21.4 | 8.0 | 19.1 | 10.9 | 9.6 | 3.6 | 2.5 |
| 홍콩 | 431 | 48.7 | 51.0 | 28.1 | 19.5 | 20.4 | 15.0 | 9.1 | 10.7 | 3.5 | 4.0 |
| 싱가포르 | 170 | 40.6 | 54.3 | 21.1 | 22.9 | 14.8 | 19.9 | 8.9 | 13.8 | 3.1 | 6.5 |
| 대만 | 658 | 54.7 | 51.9 | 36.5 | 20.9 | 37.4 | 26.8 | 5.0 | 7.3 | 2.3 | 3.0 |
| 태국 | 407 | 69.1 | 49.7 | 36.1 | 21.5 | 15.1 | 29.2 | 4.0 | 8.0 | 5.8 | 3.2 |
| 말레이시아 | 198 | 40.9 | 56.4 | 18.0 | 21.7 | 17.6 | 27.5 | 12.4 | 19.5 | 1.3 | 10.4 |

자료 : 문화체육관광부 · 한국문화관광연구원(2013 : 207), 「2012 외래관광객 실태조사」

일본관광객은 '식료품'(54.2%), '향수/화장품'(47.5%), '의류', '김치' 순이었고, 중국관광객은 '향수/화장품'(68.5%), '의류'(52.3%), '식료품', '신발류' 순이었다. 대만관광객은 '향수/화장품'과 '의류'를 가장 많이 구입했고, '식료품', '김치'도 관심이 많았다. 말레이시아는 '의류'와 '화장품'에, 호주관광객은 '의류', '식료품'에 관심이 높았다.

### ❖ 한국여행 만족도

한국여행의 전반적인 만족도는 2008년에 비하여 2012년에는 향상(3.93 → 4.17점)되었고, 특히 '만족'은 향상(69.8 → 81.0%)되었다. 한편 '보통'(25.2 → 13.7%), '불만족'(2.0 → 0.8%)로 감소 된 점은 고무적이다.

언어소통 만족도는 3.64점으로 '만족'은 57.7%, '불만족'은 9.5%였고, 여행경비 만족도는 3.89점으로, '만족'은 72%, '불만족'이 2.3%였고, 치안에 대한 만족도는 4.20점으로 '만족'은 86.2%, '불만족'은 1.1%였다.

〈표 4-21〉 한국여행 전반적 만족도

(5점 만점,단위: %)

| 구 분 | 2012년 | 2011년 | 2010년 | 2009년 | 2008년 |
|---|---|---|---|---|---|
| 평 균 | 4.17점 | 4.12점 | 4.08점 | 4.03점 | 3.93점 |
| 만 족 | 81.0 | 77.6 | 76.9 | 75.9 | 69.8 |
| 보 통 | 13.7 | 15.8 | 17.4 | 19.7 | 25.2 |
| 불 만 족 | 0.8 | 0.9 | 1.4 | 1.7 | 2.0 |

자료 : 문화체육관광부 · 한국문화관광연구원(2013 : 207), 「2012 외래관광객 실태조사」

### ❖ 한국 여행시 좋았던 점

한국여행 시 좋았던 점은 '쇼핑하기가 좋다'(52.2%)가 가장 높았고, '사람들이 친절하다'(50.5%), '음식이 맛있다'(42.7%), '안전하다'(38.9%)의 순이었다.

'쇼핑하기가 좋다'는 2008년(34.5%)에 비해서는 증가되었으나, 2011년(56.8%)에 비해서는 감소되었고 '사람들이 친절하다', '음식이 맛있다', '안전하다'는 2008년과 비교시 차이가 없으나, 오히려 2011년과 비교시에는 만족도가 감소하였다.

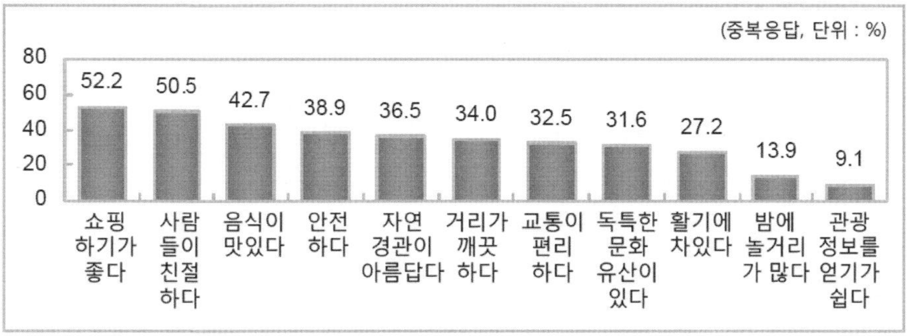


자료 : 문화체육관광부 · 한국문화관광연구원(2013 : 258), 「2012 외래관광객 실태조사」

[그림 4-7] 한국여행 시 좋았던 점

## ❖ 한국 여행시 불편했던 점

한국여행 시 겪었던 어려움이나 불편했던 점은 '언어소통이 잘되지 않는다'(46.9%)가 가장 높았고, '교통이 혼잡하다'(15.7%), '안내 표지판이 부족하다'(13.0%), '물가가 비싸다'(11.3%) 순으로 나타났다.

'언어소통'(58.8 → 46.9%), '교통 혼잡'(20.5 → 15.7%), '안내 표지판 부족'(19.4 → 13%)는 해소되었으나, '음식이 입에 맞지 않는다'(10.1 → 9.9%)와 '상품구입 강요'(8.6 → 7.4%)는 약간 감소하였다.

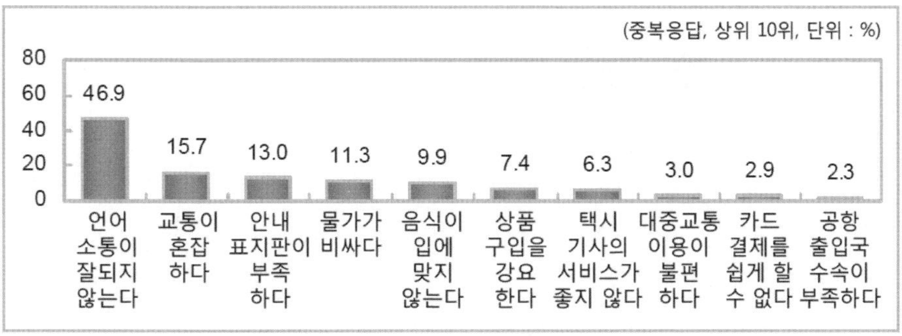


자료 : 문화체육관광부 · 한국문화관광연구원(2013 : 262), 「2012 외래관광객 실태조사」

[그림 4-8] 한국여행 시 불편했던 점

## ❖ 3년 내 재방문 의향

향후 3년 내 관광목적으로 재방문 의향에 대하여 4.05점으로 2008년(3.86점)에 비해 향상되었다. 특히 '만족'(70.0→84.6%), '불만족'(5.1→2.9%)로, '보통'(24.9→12.5%)로 감소된 점은 고무적이다.

〈표 4-22〉 3년 내 재방문 의향도

(5점 만점, 단위 :%)

| 구 분 | 2012년 | 2011년 | 2010년 | 2009년 | 2008년 |
|---|---|---|---|---|---|
| 평 균 | **4.05점** | 3.97점 | 3.95점 | 3.91점 | 3.86점 |
| 만 족 | **84.6** | 75.2 | 73.9 | 72.1 | 70.0 |
| 보 통 | **12.5** | 21.4 | 21.9 | 23.3 | 24.9 |
| 불 만 족 | **2.9** | 3.3 | 4.1 | 4.4 | 5.1 |

자료 : 문화체육관광부 · 한국문화관광연구원(2013 : 266), 「2012 외래관광객 실태조사」

## ❖ 타인추천 의향

한국여행을 타인에게 추천 의향이 2012년에 4.08점으로 2008년(3.93점)보다 향상되었고, '만족'도 향상(76.7→86.9%)되었고, '불만족'(2.7→1.2%), '보통'(20.4→11.8%이 감소된 점도 바람직하다.

〈표 4-23〉 타인추천 의향도

(5점 만점, 단위 :%)

| 구 분 | 2012년 | 2011년 | 2010년 | 2009년 | 2008년 |
|---|---|---|---|---|---|
| 평 균 | **4.08점** | 3.94점 | 4.01점 | 4.01점 | 3.93점 |
| 만 족 | **86.9** | 74.2 | 80.9 | 81.0 | 76.7 |
| 보 통 | **11.8** | 23.6 | 16.9 | 16.8 | 20.4 |
| 불 만 족 | **1.2** | 2.0 | 2.0 | 2.1 | 2.7 |

자료 : 문화체육관광부 · 한국문화관광연구원(2013 : 271), 「2012 외래관광객 실태조사」

# 2 경기도의 외래관광객 방한 현황

## ❒ 경기도 방문 외래객 통계 분석

### ❖ 2012년 경기도 방문 관광객

경기도 방문 외래관광객은 전체 방한 외래객(1,114만명)에서 외래객 실태조사에서의 경기도 방문율(21.3%)을 곱하면 237만명으로 추산된다.

〈표 4-24〉 주요 국적별 경기도 방문 외래객 현황

(단위 : 명, %)

| | 2011년 | | | 2012년 | | |
|---|---|---|---|---|---|---|
| | 방한 객수(명) | 경기도 방문율(%) | 경기도 방문객수(명) | 방한객수(명) | 경기도 방문율(%) | 경기도 방문객수(명) |
| | A | B | A*B | A | B | A*B |
| 전체 | 9,794,796 | 23.8 | 2,331,161 | 11,140,028 | 21.3 | 2,372,826 |
| 일본 | 3,289,051 | 12.3 | 404,553 | 3,518,792 | 11.6 | 408,180 |
| 중국 | 2,220,196 | 26.4 | 586,132 | 2,836,892 | 21.0 | 595,747 |
| 홍콩 | 280,849 | 21.2 | 59,540 | 360,207 | 14.4 | 51,870 |
| 싱가포르 | 124,565 | 32.1 | 39,985 | 154,073 | 28.3 | 43,603 |
| 대만 | 428,208 | 43.5 | 186,270 | 548,233 | 28.2 | 154,602 |
| 태국 | 309,143 | 78.4 | 242,368 | 387,441 | 69.0 | 267,334 |
| 말레이시아 | 156,281 | 37.7 | 58,918 | 178,082 | 42.9 | 76,397 |
| 호주 | 122,494 | 22.1 | 27,071 | 128,812 | 25.7 | 33,105 |
| 미국 | 661,503 | 31.0 | 205,066 | 697,866 | 31.6 | 220,526 |
| 캐나다 | 122,223 | 25.5 | 31,167 | 128,443 | 28.5 | 36,606 |
| 영국 | 104,644 | 22.5 | 23,545 | 110,172 | 19.5 | 21,484 |
| 독일 | 99,468 | 18.4 | 18,302 | 102,262 | 18.3 | 18,714 |
| 프랑스 | 69,459 | 16.3 | 11,322 | 71,140 | 19.4 | 13,801 |
| 러시아 | 154,835 | 23.2 | 35,922 | 166,721 | 19.0 | 31,677 |
| 중동 | 104,163 | 21.3 | 22,187 | 122,191 | 19.3 | 23,583 |
| 인도 | 92,047 | 31.4 | 28,903 | 91,700 | 31.2 | 28,610 |
| 기타 | | 27.8 | | | 27.4 | |

자료 : 저자가 작성

국적별로는 중국관광객이 59만6천명, 일본이 40만8천명, 태국이 26만7천명, 미국이 22만명, 대만이 15만4천명, 말레이시아 7만6천명, 홍콩이 5만2천명, 싱가포르가 4만3천명이다.

2011년과 비교하면, 태국과 말레이시아는 증가하였으나, 홍콩, 대만은 감소하였고, 중국과 일본은 소폭 증가하였다.

또 2012년 국적별, 경기도 방문 비율은 태국이 69%, 말레이시아가 42.9%, 싱가포르와 대만이 각각 28.3%, 28.2%, 중국은 21%며, 일본은 11.6%에 불과하다. 홍콩도 14.4%다. 한편 미국(31.6$)과 캐나다(28.5%), 인도(31.2%), 호주(25.7%)로 비교적 높은 비율을 나타냈다.

## ❒ 경기도 방문 외래객 실태 분석

### ❖ 경기도 방문지

경기도에서 '에버랜드'(41.8%) 방문율이 가장 높았고, '수원화성'(24.3%), '휴전선/판문점'(22.7%, '민속촌'(21.3%)의 순으로 나타났다.

연도별로 보면, '에버랜드'는 2009년보다 증가(30.7 → 41.8%)하였고, '수원화성'은 정체(23.2 → 24.3%), '휴전선/판문점'(26.9→22.7%)과 '민속촌'(37.5 → 21.3%)은 감소하고 있다.

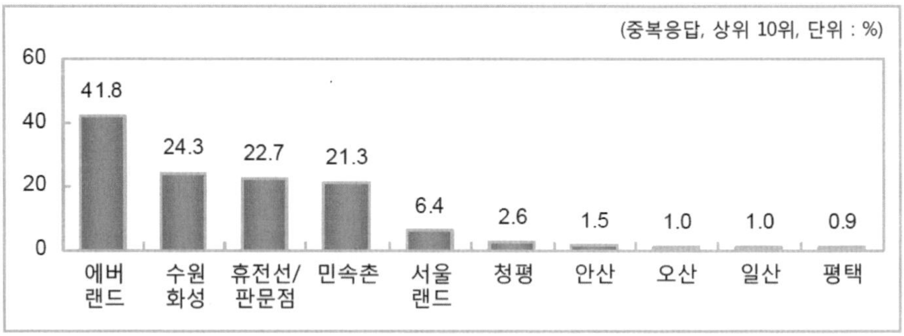


자료 : 문화체육관광부 · 한국문화관광연구원(2013 : 141), 「2012 외래관광객 실태조사」

[그림 4-9] 외래객의 경기도 방문지

〈표 4-25〉 연도별 외래객 경기도 방문지

(중복응답, 2012년 상위 10위 기준, 단위 : 명, %)

| 구 분 | 2012년 | 2011년 | 2010년 | 2009년 |
|---|---|---|---|---|
| 에버랜드 | **41.8** | 41.0 | 35.2 | 30.7 |
| 수원화성 | **24.3** | 26.7 | 24.8 | 23.2 |
| 휴전선/판문점 | **22.7** | 18.9 | 22.2 | 26.9 |
| 민속촌 | **21.3** | 8.1 | 37.1 | 37.5 |
| 서울랜드 | **6.4** | 9.0 | 9.9 | 6.8 |
| 청평 | **2.6** | 1.1 | 1.3 | 1.7 |
| 안산 | **1.5** | 1.0 | 0.7 | 0.7 |
| 오산 | **1.0** | 1.2 | 0.9 | 1.6 |
| 일산 | **1.0** | 1.4 | 0.4 | 1.0 |
| 평택 | **0.9** | 1.0 | 0.9 | 1.2 |

주 : 2010년 조사까지는 “경기권” 내에 “인천”을 포함하여 조사하였으나 2011년 조사부터는 “경기권”만을 별도로 조사하였기 때문에 연도별 비교시 주의가 필요함.

자료 : 문화체육관광부 · 한국문화관광연구원(2013 : 141), 「2012 외래관광객 실태조사」

### ❖ 국가별 방문지

일본관광객은 ‘수원화성’(46.9%)을 가장 많이 방문하였고, ‘휴전선/판문점’(17.8%), ‘민속촌’(13.7%), ‘청평’(11.4%) 순이나, ‘에버랜드’는 2.7%에 불과하였는데 이는 일본 내 테마파크가 많기 때문인 듯하다.

중국은 ‘에버랜드’(55.1%), ‘민속촌’(30.9%), ‘수원화성’(16.2%), ‘휴전선/판문점’(10.3%)의 순이고, 대만, 태국도 ‘에버랜드’, ‘수원화성’, ‘민속촌’ 순이었다. 그러나 태국의 경우는 ‘와우정사’ 방문율이 높다.

홍콩은 ‘에버랜드’(58.8%), ‘민속촌’(23.3%), ‘휴전선/판문점’(15.3%), 서울랜드(12.5%)의 순으로 나타났고, 싱가포르도 ‘에버랜드’, ‘민속촌’, ‘휴전선/판문점’에 집중되고 있다. 말레이시아는 ‘에버랜드’, ‘민속촌’, ‘휴전선/판문점’, ‘수원화성’ 순이다.

미국, 캐나다, 영국은 ‘휴전선/판문점’이 50% 이상으로 가장 높고, ‘민속촌’, ‘수원화성’, ‘에버랜드’ 순이었다. 러시아는 ‘민속촌’, ‘수원화성’, ‘에버랜드’에 관심을 보였고 중동은 ‘수원화성’, ‘휴전선/판문점’, ‘민속촌’의 순이었다.

〈표 4-26〉 거주국별 경기도 방문지

(중복응답, 상위 10위, 단위 : %)

| 구분 | 사례수 | 에버랜드 | 수원화성 | 휴전선/판문점 | 민속촌 | 서울랜드 | 청평 | 안산 | 오산 | 일산 | 평택 |
|---|---|---|---|---|---|---|---|---|---|---|---|
| 전체 | 2,555 | 41.8 | 24.3 | 22.7 | 21.3 | 6.4 | 2.6 | 1.5 | 1.0 | 1.0 | 0.9 |
| 일본 | 494 | 2.7 | 46.9 | 17.8 | 13.7 | 0.3 | 11.4 | 3.9 | 0.7 | 3.2 | 1.0 |
| 중국 | 673 | 55.1 | 16.2 | 10.3 | 30.9 | 9.8 | 0.0 | 1.7 | 0.2 | 0.2 | 0.2 |
| 홍콩 | 62 | 58.8 | 8.1 | 15.3 | 23.3 | 12.5 | 0.0 | 0.0 | 0.0 | 0.0 | 0.0 |
| 싱가포르 | 48 | 61.6 | 5.3 | 26.8 | 31.3 | 3.5 | 0.0 | 0.0 | 0.0 | 0.7 | 0.0 |
| 대만 | 186 | 78.5 | 16.8 | 5.6 | 11.1 | 5.0 | 0.8 | 0.0 | 0.8 | 0.0 | 0.0 |
| 태국 | 281 | 91.1 | 28.5 | 1.9 | 12.7 | 2.6 | 0.0 | 0.5 | 0.4 | 0.0 | 0.1 |
| 말레이시아 | 85 | 73.8 | 10.0 | 12.6 | 31.1 | 8.0 | 0.0 | 0.0 | 0.5 | 0.4 | 0.0 |
| 호주 | 38 | 15.2 | 7.7 | 83.9 | 21.6 | 4.8 | 0.0 | 0.0 | 0.7 | 0.8 | 0.0 |
| 미국 | 252 | 18.9 | 19.7 | 55.6 | 22.4 | 7.6 | 1.5 | 0.6 | 6.3 | 0.9 | 5.1 |
| 캐나다 | 41 | 17.3 | 15.5 | 67.4 | 21.3 | 6.2 | 0.9 | 0.0 | 0.0 | 1.7 | 0.9 |
| 영국 | 25 | 12.1 | 17.9 | 63.4 | 23.6 | 4.5 | 1.2 | 2.9 | 1.2 | 0.0 | 2.3 |
| 독일 | 19 | 11.0 | 25.3 | 54.6 | 13.7 | 13.4 | 1.5 | 0.0 | 0.0 | 3.2 | 5.0 |
| 프랑스 | 15 | 26.0 | 19.1 | 55.4 | 32.2 | 9.8 | 0.0 | 0.0 | 0.0 | 0.0 | 1.3 |
| 러시아 | 24 | 45.3 | 18.6 | 21.4 | 9.7 | 30.9 | 0.0 | 9.4 | 0.0 | 2.9 | 0.0 |
| 중동 | 26 | 31.4 | 12.3 | 30.5 | 17.3 | 16.4 | 0.0 | 1.7 | 2.1 | 0.0 | 3.7 |
| 인도 | 21 | 40.3 | 50.4 | 18.9 | 36.0 | 16.0 | 0.0 | 0.0 | 1.2 | 0.0 | 2.5 |
| 기타 | 265 | 20.7 | 24.0 | 46.2 | 21.1 | 7.6 | 1.8 | 0.4 | 0.7 | 1.6 | 0.3 |

자료 : 문화체육관광부 · 한국문화관광연구원(2013 : 143), 「2012 외래관광객 실태조사」

### ❖ 성별, 연령별, 목적별 방문지

남성은 '에버랜드', '휴전선/판문점', '수원화성' 순이고, 여성은 '에버랜드', '민속촌', '수원화성' 순이었다.

'에버랜드'는 10대, 20, 30대 순으로 연령이 낮을수록 좋아하고, '수원화성'과 '휴전선/판문점'은 61세 이상이 가장 선호하였다.

여가/위락/휴가 목적자는 '에버랜드', '수원화성', '민속촌', '휴전선/판문점' 순이었고, 쇼핑 목적자는 '에버랜드', '민속촌', '수원화성'을 선택하고, 뷰티, 건강, 치료 목적자는 '수원화성', '에버랜드', '청평', 서울랜드 순이었다.

여행횟수가 많아질수록 '에버랜드'는 낮아졌고, '수원화성'은 높아졌다. '휴전선/판문점'과 '민속촌'도 1회 때가 가장 많았다.

〈표 4-27〉 성별 · 연령 · 목적 · 방한횟수별 경기도 방문지

(중복응답, 상위 10위, 단위 : %)

| 구분 | | 사례수 | 에버랜드 | 수원화성 | 휴전선/판문점 | 민속촌 | 서울랜드 | 청평 | 안산 | 오산 | 일산 | 평택 |
|---|---|---|---|---|---|---|---|---|---|---|---|---|
| 전체 | | 2,555 | 41.8 | 24.3 | 22.7 | 21.3 | 6.4 | 2.6 | 1.5 | 1.0 | 1.0 | 0.9 |
| 성별 | 남성 | 1,279 | 35.2 | 26.2 | 26.3 | 19.2 | 6.0 | 1.9 | 2.3 | 1.5 | 1.2 | 1.4 |
| | 여성 | 1,276 | 48.4 | 22.4 | 19.0 | 23.5 | 6.8 | 3.4 | 0.6 | 0.6 | 0.8 | 0.5 |
| 연령 | 15~20세 | 178 | 77.6 | 13.3 | 11.0 | 10.6 | 4.1 | 0.0 | 0.7 | 0.0 | 0.8 | 0.0 |
| | 21~30세 | 983 | 52.2 | 20.5 | 23.4 | 23.2 | 9.1 | 0.6 | 0.7 | 0.7 | 0.6 | 1.1 |
| | 31~40세 | 579 | 40.1 | 27.2 | 19.3 | 24.4 | 7.0 | 2.5 | 2.2 | 0.8 | 0.4 | 0.3 |
| | 41~50세 | 429 | 26.6 | 27.4 | 25.4 | 21.3 | 3.9 | 4.6 | 1.6 | 1.6 | 1.6 | 1.8 |
| | 51~60세 | 273 | 15.8 | 29.1 | 26.2 | 15.8 | 3.5 | 9.0 | 3.3 | 1.8 | 2.5 | 1.2 |
| | 61세 이상 | 102 | 16.3 | 38.8 | 36.8 | 19.4 | 0.8 | 2.7 | 1.5 | 3.3 | 3.1 | 0.9 |
| 방한목적 | 여가/위락/휴가 | 1,088 | 48.5 | 25.5 | 19.6 | 25.0 | 5.3 | 0.5 | 0.0 | 0.2 | 0.7 | 0.1 |
| | 뷰티, 건강 및 치료 | 10 | 39.9 | 47.4 | 2.1 | 5.4 | 15.1 | 23.0 | 0.0 | 0.0 | 0.0 | 0.0 |
| | 종교 및 순례 | 64 | 7.3 | 9.7 | 11.2 | 8.9 | 0.0 | 70.8 | 0.0 | 0.0 | 0.0 | 1.1 |
| | 쇼핑 | 172 | 62.9 | 22.5 | 7.9 | 25.9 | 9.1 | 0.0 | 0.0 | 0.5 | 0.0 | 0.0 |
| | 친구/친지 방문 | 280 | 30.9 | 13.0 | 37.2 | 17.3 | 11.7 | 0.0 | 2.7 | 1.1 | 2.1 | 1.8 |
| | 사업/전문 활동 | 578 | 15.8 | 34.4 | 29.5 | 16.7 | 4.8 | 0.5 | 4.7 | 3.6 | 2.3 | 3.0 |
| | 교육 | 359 | 68.3 | 15.3 | 19.2 | 21.8 | 8.0 | 3.1 | 1.0 | 0.0 | 0.0 | 0.0 |
| | 기타 | 4 | 0.0 | 84.2 | 45.3 | 0.0 | 0.0 | 0.0 | 0.0 | 0.0 | 0.0 | 0.0 |
| 방한횟수 | 1회 | 1,753 | 46.4 | 21.9 | 25.9 | 22.4 | 5.0 | 0.8 | 0.7 | 0.6 | 0.6 | 0.7 |
| | 2회 | 335 | 43.1 | 25.2 | 16.4 | 23.1 | 10.2 | 5.5 | 1.2 | 1.3 | 0.5 | 0.7 |
| | 3회 | 146 | 32.9 | 33.7 | 19.6 | 17.8 | 13.5 | 7.9 | 1.9 | 1.2 | 1.5 | 0.9 |
| | 4회 이상 | 322 | 19.2 | 32.3 | 13.1 | 15.4 | 7.0 | 7.2 | 5.9 | 2.8 | 3.8 | 2.6 |

주 : 사례수가 적은 항목들의 결과는 이용시 주의가 필요함

자료 : 문화체육관광부 · 한국문화관광연구원(2013 : 144), 「2012 외래관광객 실태조사」

## 3 한국의 외래관광객 유치정책

### ❐ 불편해소를 위한 제도 개선

박근혜정부가 출범하고 반년만에 관광에 대한 정책방향을 알리는 기회가 있었다. 2013년 7월 7일 대통령참석 관광진흥확대회의가 열렸는데, 그간 한국관광

의 문제점이나 과제 중 인바운드관광과 인트라바운드 관광에 비중을 두어 제도 개선이나 촉진책 등을 제시하였다. 이 장에서는 외래관광객 증대 정책에 대하여 발표키로 한다.

## ❖ 외래관광객 불편해소 대책

### 1) 중국 관광객 사증제도 완화 등 출입국 제도 개선

최근 급증세를 보이는 중국, 동남아 신흥 관광시장의 해외여행 수요를 선점하기 위하여 아시아 각국에서는 경쟁적으로 출입국 제도를 개선하고 있는데, 일본은 2013년 6월 태국과 말레이시아에 대해서는 비자면제를, 필리핀과 베트남에는 복수 비자를, 인도네시아에는 체재기간을 연장하는 조치를 발표하였다.

이에 중국 관광객 대상으로 2013년 하반기에 제도를 개선하여 복수비자 발급대상을 현행 본인 이외에도 배우자와 미성년 자녀로 확대하고, 또 중국의 211개 유수대학의 재학생과 2천7백만명에 달하는 북경과 상해의 호적을 둔 거주자나 국내 콘도 회원권 구매자를 대상으로 복수비자를 허용하고, 동남아 관광객들이 지금은 2년동안 4회 이상 방문한 실적이 있는 사람이나 연소득이 1만불 이상의 소득이 있는 사람에게 3년간 복수비자를 제공하였으나, 1회 이상이라도 방문하였고 또 불법체류 전력이 없는 경우와 연소득이 8천불 이상인 사람에게 5일간의 복수비자를 제공하며, 기업 인센티브 단체나 청소년 수학여행 단체에게는 단체관광 비자를 제공하며, 3년간 1만불 이상 구매실적이 있거나, 5천만원 이상 예치금 보유자나 플래티넘 카드 소지자 등 구매력이 높은 관광객에게 '한국방문 우대카드'를 도입하여 출입국 전용 심사대를 이용과 복수 비자 발급 등 혜택을 부여할 계획이다.

### 2) 지방공항의 항공노선 확충 및 관광거점화 추진

한·중·일 지방공항과 관광공사, 지자체 등과 협력을 바탕으로 지방공항간 국제항공 노선을 확대함으로써 국제노선이 미약하여 외국관광객 유치에 어려움을 겪던 무안, 대구, 양양공항을 거점으로 여행상품을 개발할 계획이다.

### 3) 여행상품 계약위반 피해 해소 등 여행사 관리 강화

여행사에서 보험가입증명서를 여행자에게 제공해야 된다는 의무를 신설하여 피해사례를 줄이도록 「관광진흥법」을 개정하고, 여행상품 광고시 핵심정보는 전면에 표시하고, 필수 제공정보의 범위를 설정하는 등 여행상품 광고안내 표준안을 소비자보호원과 함께 마련할 계획이다.

'중국전담여행사 업무 시행지침(문체부 고시, '13. 5월)'에 따라 현재 179개 지정여행사 중 저가관광 근절을 위하여 시장 질서를 문란하게 하는 여행사는 2년 주기로 전수 조사를 통하여 퇴출시키고, 우수여행사는 추가할 계획이다.

### 4) 호텔 등급제 의무화 등 숙박제도 개선

암행평가 도입과 소비자 의견 반영 확대, 사후 모니터링 강화 등 호텔등급 심사를 내실화하고, 전국의 모든 호텔의 등급 정보를 소비자들이 쉽게 찾을 수 있도록 한국관광공사 홈페이지에 등록할 계획이다.

또 전국 851개 게스트하우스 중 38%인 321개가 미등록인데, 이 가운데 48%인 154개가 일반주거지역에 위치하고 있어 등록을 할 수 없는 상태이므로 '호스텔업[3]'의 입지요건을 완화하고, 특색있는 소형호텔 신축을 유도하기 위하여 객실이 20실 이상의 소형호텔업을 신설하고 입지요건도 완화할 계획이다.

특히 「관광진흥법」(관광숙박업), 「공중위생관리법」(숙박업), 「농어촌정비법」(논어촌 민박), 「청소년활동진흥법」(유스호스텔) 등 여러 법에 흩어진 숙박시설 관련 법·제도를 관광객의 이용행태, 서비스 등 특성에 따라 재분류하여 「관광진흥법」을 개정하거나 별도 법안을 제정할 계획이다.

### 5) 중국어 관광통역안내사 확충 및 다문화가정 인력 활용

급증하는 중국관광객 수요에 부응하기 위하여 중국어 가이드 대폭 확충 및 미활동 가이드 인력에게 취업기회 제공을 위한 취업박람회 개최 및 중국, 태국,

---

3) 「관광진흥법 시행령」 제2조, 배낭여행객 등 개별 관광객의 숙박에 적합한 시설로서 샤워장, 취사장 등의 편의시설과 외국인 및 내국인 관광객을 위한 문화·정보 교류 시설 등을 함께 갖추어 이용하게 하는 업

베트남 등 결혼이주 여성을 가이드로 양성하여 활용하는 한편, 무자격 가이드 고용 여행사 뿐만 아니라 본인에게도 과태로를 부과할 수 있도록 「관광진흥법」을 개정할 계획이다.

이밖에도 VIP를 위한 '맞춤형 프리미엄 가이드'도 양성하며, 기존 가이드의 자질향상을 위한 보수교육도 추진키로 하였다.

또 전국의 관광안내표지판의 전수조사를 실시하고, 이에 대한 추가설치와 개보수를 할 계획인데, 외래객이 많은 주요관광지와 국제행사 개최지를 우선적으로 추진할 계획이다.

### 6) 쇼핑 사후면세 확대 및 외국인전용 기념품 판매점 폐지

명동, 동대문 등 외래 관광객들의 쇼핑장소 인근에 도심 환급창구를 설치하는 등 환급절차 간소화로 쇼핑 관광객 편의를 제고하는 한편, 여행경비 손실을 보전하거나 수익을 확보하기 위한 과다한 쇼핑수수료를 매개로 저가관광의 구조적 원인이 되는 '외국인전용 기념품 판매점' 제도를 폐지키로 하고, 대체 수단으로 기존의 쇼핑명소에서 사후면세제도를 활성화시킬 계획이다.

### 7) 해외 마케팅 강화 및 관광경찰 도입

관광브랜드 슬로건을 재검토하여 'Dynamic Korea'와 연계하여 활용토록 할 계획이며, 해외 관광홍보 마케팅을 강화하기 위하여 전통적 매체인 TV와 신문, 잡지에 대한 광고와 관광공사 홈페이지와 모바일 앱, SNS 등 뉴 미디어를 활용할 전략이다.

또 관광객들의 안전과 편의를 도모하며 관광 불법행위를 방지하기 위하여 관광경찰제도를 시행하며 선발된 경찰관들에게 관광과 외국어 교육을 시킬 계획이다.

## ❖ 관광업계 애로 및 투자 걸림돌 해결

### 8) 외래관광객의 호텔요금에 포함된 부가가치세 사후환급

「조세특례제한법」을 개정하여 외래관광객이 직접 결제하면 호텔에 지불한 숙박요금에 포함된 부가가치세를 한시적으로 사후환급해 주는 제도다.

과거의 부가가치세 영세율제도와 다른 점은 사전면제가 아닌 사후환급제이며, 호텔에 객실료를 직접 지불해야하는 것이고, 같은 점은 특별법에 의한 한시적이란 것이나, 외국인이 사용하고 지불한 부가세는 가격변동이나, 개인・단체와 상관없이 수출처럼 언제나 환급해주도록 된 점이다.

### 9) 콘도 분양인원 제한 완화로 외자 유치 촉진

부동산 투자이민제 적용지역에 설립되는 휴양콘도미니엄을 한국인에게 전매제한이나 주거용으로 사용하지 않는 경우에, 외국인 1인 분양을 시범적으로 허용키로 하였다.

### 10) 관광단지 투자 확대 및 효과적 개발을 위한 제도 개선

박물관 등 문화시설과 관광단지 입주 관광휴양시설(관광호텔업, 한국전통호텔업, 종합유원시설업, 휴양콘도미니엄업) 투자자에게도 취득세 감면혜택을 부여하고, 해수욕장 등 특수 여건의 관광지는 지구단위 계획수립시 현행 30% 이상인 녹지비율을 완화하고, 산업단지와 같이 폐기물처리시설의 설치 기준도 완화하며, 사업시행자가 투자유치를 위하여 조성한 토지를 감정평가액 또는 조성원가로 매각할 수 있도록 「관광진흥법」을 개정함으로써 USKR 설립에 걸림돌이 된 토지가격 이견이 해소될 전망이다.

### 11) 섬, 해양관광 활성화를 위한 제도 개선

해상 국립공원 내 숙박시설 설립시 입지적정성 평가와 자연환경 영향평가를 통합실시하여 평가기간을 2개월로 단축하고, 연안여객선 현대화를 위한 건조시 대출이자 보전을 추진하며, 신규 여객선을 관광항로에 우선 투입키로 하였다.

## ❖ 관광서비스 인력 양성 및 자질 제고

### 12) 양질의 관광서비스 인력 양성

실무교육 위주의 교육기관에 '호텔학교 인증제'를 부여하고 실습교육 비용을 지원하며, 현장 실무와 교육이 융합된 '관광 아카데미'를 각 관광업종에 확산시켜 관광업 단체와 대학과의 연계 현장교육을 확대할 계획이다.

또 관광・레저 직무능력을 표준화한 '국가직무능력표준(NCS)'를 개발하여 관광종사원 교육훈련에 활용하고, 관광종사원 필기시험과 자격증 발급에도 활용하며, 특히 관광산업 취업지원 체계를 구축하고 전문인력과 일자리의 DB를 활용하여 취업정보를 제공하고 종합 취업박람회를 연례화하여 구인, 구직의 장을 마련할 계획이다.

## ❒ 전략 관광산업 집중 육성

### ❖ 한국만의 특색있는 관광콘텐츠 육성

#### 1) K-POP 다음은 스토리가 있는 음식관광

고택・종택 연계 종가음식 체험프로그램 운영과 전통음식 명인 체험프로그램 개발 등 음식관광 상품화를 추진하고, 국제행사와 국제기구 활용 음식 컨퍼런스 개최와 한류와 한식의 연계 홍보, 해외문화원 한식 강좌를 운영하고, 관광통역안내사나 문화관광해설사 등 음식관광안내 전문인력을 양성하고, 미슐랭가이드 한국판 발간을 추진하며 '관광 맛 지도'도 제작 배포하고, 메뉴판 표기 통일안을 마련하며 메뉴판 제작 보급과 식당 친절 환대서비스 교육 등 식당문화를 향상시킬 계획이다.

#### 2) 공개방송 활용 한류관광 상품화 확대

K-POP 공개방송의 관광상품화를 위하여 공중파・케이블 음악방송 내 외국인 관광객 전용좌석 확보 및 여행사에 배정했는데, MBC 뮤직 '쇼챔피언'의 경우 월 2회씩 100석씩 외국인 관광객 전용좌석을 확보하여 연간 1,000명 모객이 예상된다.

1만2천석 규모의 올림픽 체조경기장의 공연 인프라를 개선하여 대관하며, 2016년 한류월드에 개관될 'K-POP아레나'에 대중음악체험관을 건립하여 유무형 자료 전시 및 체험케 한다.

이밖에 한류 이미지와 웨딩산업을 융합하여 중국, 동남아 관광객 유치를 확대하며, 해외 영상물의 국내촬영 지원을 통하여 한류관광 목적지로 개발하였는데 이를 확대할 계획이다.

### 3) 궁궐 등 문화재 활용 문화관광상품 개발

4대궁, 종묘, 무형문화재, 영상, 뮤지컬 등을 융합하여 새로운 문화관광상품을 창조하는데, 경복궁 자경전 다례체험과 같은 문화행사를 열고, 국제기구 회의 등에도 궁궐을 활용토록 한다. 또 광화문 담장을 공연장으로 활용하며, 궁궐 호위군 사열의식을 재현하는 등 다양한 궁궐행사를 관광에 접목시킬 계획이다.

### 4) 문화유산과 천연기념물도 관광에 활용

세계문화유산, 기록유산 등 유네스코 등재 유산에 맞는 관광프로그램을 개발하고, 명사와 함께하는 자연유산 탐방프로그램을 운영하며, 옛길 복원으로 지역관광을 활성화하며, 향토성이 강한 민속행사의 관광자원화를 도모할 계획이다.

## ❖ 자연친화적 생태 · 지역관광 활성화

### 5) 개발 가이드라인 제정 등 생태관광 육성

자연친화적 관광자원을 입지선정 때부터 생태녹지축과 지형, 지세를 고려하며, 계획수립 단계에서는 원형보존, 생태복원을 감안하고, 공사시행 때에는 친환경 자재를 사용하고 건설 폐기물을 재활용하는 가이드라인을 만들어 유도하고, DMZ과 철새도래지 등 대표 생태관광지를 지정 확대하고, 유엔환경계획(UNEP)가 장려하는 그린패스포트를 개발하여 보급할 계획이다.

### 6) 캠핑, 걷기, 자전거, 승마 등 레저관광 확대

각 부처별로 조성한 '문화생태 탐방로', '해안길', '숲길'을 테마별로 정리하여 홈페이지(www.koreatrails.or.kr)를 구축하고, 스토리텔링, 엡 등 다양한 정보를 제공하며, 체류형 자전거 레저관광 확산을 위한 편의시설을 확충하고 이에 대한 정보를 제공할 계획이다.

쾌적한 공공캠핑장 조성을 지원하며, 캠핑장비 임대방식의 풀옵션 캠핑장도 조성하며, '캠핑장업'을 신설하여 안전, 시설 등 기준을 마련하고, 캠핑장의 종합정보를 제공하고, 저렴하고 대중적인 승마체험 및 승마관광을 확대할 계획이다.

### 7) 주민참여형 지역관광개발과 농어촌 민박 활성화

주민참여형 개발과 중복개발 방지를 위하여 '지역관광 기획평가센터'를 설치하고 '관광개발 정보 통합시스템'을 구축 추진하고, 농어촌 민박업을 '숙박·취사 시설 등 제공하는 사업'으로 규정하여 제도적으로 가능토록 하며, 한옥체험, 도시민박과 함께 한국형 체험형 B&B의 모델로 정착시킬 계획이다.

### 8) 레저스포츠와 지방축제를 활용한 관광상품화

요트, 카누, 보트 등 수상레저 스포츠와 마라톤, 골프 등 스포츠를 활용한 이벤트를 통하여 관광자원화와 상품화를 추진하고, 성장가능성이 있는 지역축제를 문화관광, 문화예술, 지역특화로 구분하고, 평가에 의한 축제 등급제도 추진할 계획이다.

## ❖ 고부가가치 융복합 관광산업 육성

카지노 관련 복합리조트 육성과 국제회의, 크루즈, 의료관광에 대해서는 다른 장에서 다루기로 한다.

1) 복합리조트의 육성
2) 국제회의 복합지구와 PCO의 표준요율 도입
3) 크루즈 관광객 유치 확대
4) 외국인 전용 카지노 허용 등 국적선 크루즈 육성
5) 해외환자 유치 활성화를 통한 의료관광 활성화
6) 해외 의료 투자 및 보험상품 개발
7) 의료관광 홍보 확대 및 인력 양성

# 4 경기도의 외래관광객 유치정책

## ❒ 경기도 방문 외래객 유치 증대

### ❖ 주요 해외시장별 마케팅전략 수립

| 구 분 | 2012 추진전략 |
|---|---|
| 일본 | • 일본시장 항공사 협력 네트워크 확대<br>- 기존 아시아나에서 대한항공 협력 네트워크 추가<br>• 현지 여행업자 대상 공동 경기팸투어 시행(7월)<br>• 대한항공 협력 경기상품개발 추진(5건) |
| 중화권 | • 중국 내륙 시장 및 대만, 홍콩 시장 마케팅 기반 구축<br>• 중국내 경기도 자매결연 성·시 협력 네트워크 구축<br>• 홍콩 ITE 박람회 참가 홍보(6월) 및 하절기 집중홍보<br>• 대만 TTE 및 ITF 참가 연계 세일즈콜 (5월, 10월) |
| 동남아 | • 태국 TTAA박람회 참가 및 인도네시아 세일즈콜(2월)<br>• 수도권 3개 광역지자체 연합 세일즈콜 추진<br>- 태국 방콕, 싱가포르, 인도네시아 자카르타 (7월) |
| 러시아 | 의료관광 및 도내 영어마을 어학연수 프로그램 개발 |

### ❖ 주요 해외시장 맞춤형 상품개발

• 국가별 방한특성에 맞는 상품테마 발굴

| 구 분 | 주요 상품테마 |
|---|---|
| 일본 | • 역사문화, 재래시장, 삼남길 등 역사문화상품<br>• 한류 촬영지 방문상품 |
| 중국 | • 테마파크, 쇼핑 상품<br>• 단체 교류상품(노인, 청소년) |
| 동남아 | • 뷰티 & 쇼핑 상품<br>• 지리적 특성에 따른 계절상품(벚꽃, 가을 단풍, 스키) |
| 러시아 | • 의료관광<br>• 테마파크, 스파 상품 |

### ❖ 해외마케팅 협력체계 구축

| 구 분 | 주요 상품테마 |
|---|---|
| 국내외 네트워크 강화 | • 한국관광공사, 해외지사, 한국방문의해 위원회 등 관광 유관기관 협력 강화<br>• 항공사 네트워크 확대(1개 항공사 → 5개 항공사)<br>• 해외 여행사 직접 네트워크 확대 |
| 해외 자매지역 활용 마케팅강화 | • 경기도의 해외 자매지역 협력강화 및 실질적인 사업도출 |
| 31개 시군 | • 관광상품개발, 해외 프로모션 등에 경기도 및 31개 시군 공동 참여 유도 및 실질적 상품개발 성과도출을 통한 |
| 도내 관광업계 | • 경기도내 주요관광지 인바운드 마케팅 전문가 협의체 구성 (GOMPA, Gyeonggi Overseas Marketing Professional`s Association) |

### ❖ 주요 해외시장 맞춤형 상품개발

• 국가별 방한특성에 맞는 상품테마 발굴

| 구 분 | 주요 상품테마 |
|---|---|
| 일본 | • 역사문화, 재래시장, 삼남길 등 역사문화상품<br>• 한류 촬영지 방문상품 |
| 중국 | • 테마파크, 쇼핑 상품<br>• 단체 교류상품(노인, 청소년) |
| 동남아 | • 뷰티 & 쇼핑 상품<br>• 지리적 특성에 따른 계절상품(벚꽃, 가을 단풍, 스키) |
| 러시아 | • 의료관광<br>• 테마파크, 스파 상품 |

중국 청소년 문화교류 단체 유치

칭다오+경기도 연합 상품 광고

한 · 중 노인 교류상품

한 · 중 청소년 태권도 교류상품

러시아 상품광고

JAL PAK 옵션상품

## ❖ 국가별 트렌드에 맞는 맞춤형 상품 개발

- 일본 시장
  - JTB, JALPAK 등 유력여행사 옵션투어 상품개발
  - 한류 관심층 공략 맞춤상품개발(평화콘서트, 드라미아 등)
  - 미용, 쇼핑, 한식 연계 상품개발(스킨애니버셔리, 아울렛, 수원갈비, 이천쌀밥)
  - 아름다운 행궁길 거리조성 기여 공정여행 상품개발 등
- 중화권 시장
  - 급증하는 중국 여성관광층 겨냥 경기도 뷰티, 쇼핑 상품 전략적 개발 (절강, 강소, 광동 등 지역 20여개 상품 출시)
  - 대규모 노인, 청소년 단체 유치를 위한 문화교류상품 개발
  - 청소년 문화교류 상품 개발(6,400여명 유치)
  - 경기도 최초 대만 가을 단풍 상품 성공적 개발
  - 스키상품 출시를 통한 동계 대규모 대만관광객 성공적 유치
- 동남아 시장
  - 경기도의 4계절을 활용한 계절 상품과 한류 관광지(용인 MBC 드라미아, 수원화성 등) 연계 경기도 상품 개발

- 한국기업 공동 마케팅 일환으로 인도네시아 롯데마트 (8개점) 및 태국 웅진코웨이 법인과 공동으로 경기 관광 홍보 및 방문 상품 판매 실시(웅진코웨이 연계 상품 2,271명 모객)

**경기관광공사 - 중국 칭다오 市 공동 한중연합상품 개발**

**한중 정부 협력 마케팅의 롤모델 제시**

- 경기관광공사와 중국 칭다오시간 공동으로 한중 연합상품 개발
- 주요일정 : 중국 칭다오 1박 + 경기도 2박)
- 중국 내륙지역 대상 판매 추진 (2012. 1월 ~ 10월간 약 7천명 유치)

**⇨ 국내 최초 한중 지자체간 협력을 통한 융복합상품 개발**

## ❖ 주요 해외시장 맞춤형 상품개발

- 사계절이 뚜렷한 한반도 기후특성을 관광테마로 활용하여 홍콩, 대만 등 중화권 및 동남아 시장 대상 계절 테마상품 개발
- 계절별 특화소재를 테마로 한 외국인 관광객 유치 상품 판매 기획

| 상품명 | 판매여행사 | 주요코스 및 성과 |
|---|---|---|
| 벚꽃상품 | **태국**<br>저니투어<br>엑설런트 투어 등<br>**대만**<br>웅사(雄獅)여행사<br>롯데JTB 등 | • 에버랜드, 서울랜드, 쁘띠프랑스, 스킨애니버셔리 방문 봄철상품 (2013년 판매 협의 완료) |
| 테마파크 상품 | | • 홍콩 여름휴가 관광객 및 러시아 학생연수 단체 에버랜드, 웅진플레이도시 방문 (8,125명) |
| 단풍상품 | | • 동두천 소요산, 양평 용문산 방문 가을단풍 상품 (427명 유치) |
| 스키상품 | | • 양지파인리조트 스키(1박2일) + 에버랜드, MBC 드라미아 등 도내 주요 관광지 2개소 이상 |

## ❖ 계절상품 개발 우수사례

**대만 유력여행사 전일정 (3박4일) 경기도 단풍상품 최초개발**

**▌추진배경**

- 기존 강원도 상품의 거리/시간 등 불만족 사항에 대한 업계 의견 수렴, 경기도 단풍소재 설명회 개최, 팸투어 시행으로 신규 선도상품 개발

**▌동두천 소요산, 양평 용문사, 양평레일바이크, 에버랜드, 한국민속촌 등 일정의 상품 개발**

**➡ 단풍상품 모객인원 : 427명**

**동계 경기도 브랜드 스키상품 "Super SKI" 모객 확대**

**▌추진배경**

- 대만시장 '경기도 수퍼스키'상품 브랜드화, 단독 홈페이지 신설, 2011년 대비 메이저여행사 참여를 통한 '수퍼스키 PAK'형성(11개여행사 참여)으로 모객 급증

**➡ 동계 스키상품 모객인원 : 약 7,500명(2013.1.25기준)**

- 경기도 Super Ski 상품 : 3,256명 (2011년 405명 대비 700% 증가)
- 일반스키상품 : 4,000여명 (2013. 1. 25 기준)

대만 스키상품 광고

## ❖ 중국 15개 성의 1,300명 대형 노인 문화교류단체 유치

- 대형 노인 단체 성공 유치를 위한 공격적 마케팅 활동 전개
  - 행사 주최측(중화문화촉진회) 초청, 도내 문화공연시설 팸투어(4.2)
    ※ 중화문화촉진회 : 중국 중앙부처 문화부 산하 단체
  - 베이징 방문 중화문화촉진회 총책임자 면담, 업무 협의 및 유치 확정(4.11)
- 도내 지자체 협력 체계 구축을 통한, 교류행사 프로그램 강화
  - 용인시 및 용인노인복지관 노인공연팀 축하공연 초청
  - 수원시 예기보존회 축하공연팀 초청
- 중국 최대 언론매체 CCTV 취재를 통한, 경기도 대외 이미지 제고 극대화

**2012 한 · 중 노인 문화교류행사 개요**

- 주최 : 중화문화촉진회(中華文化促進會), 중국인터넷TV
- 주관 : 중화문화촉진회 무용예술위원회 등
- 행사일자 : 2012.6.7 〈방한 기간 : 2012.6.4~ 6.8(4박 5일)〉
- 장소 : 경기도 문화의 전당
- 행사내용 : 중국 중노년 댄스 애호가 팀의 경기도 관광 및 경연대회 등
- 참가인원 : 중국 노인단체 1,300여명, 한국 노인 축하공연팀 60명

## ❖ 다양한 특별관심단체(SIT) 유치

**태국 소방 · 경찰 공무원 경기도 소방학교 방문**

- **단체명 : Thailand Innovative Administration Consultancy Institute (TIA), Bangkok Metropolitan Administration (BMA)**
- **방문개요 : 2012. 10. 31 ~ 11. 14 (4회) / 경기도소방학교 방문**
- **응급구조 강의 청취, 재난 대응 및 헬기 긴급 출동 관련 강의 및 시설 답사**

**➡ 태국 소방·경찰 공무원 514명 유치 및 경기도 소방학교 관계자 태국 소방 공무원 단체 방문 교류 실시**

**러시아 경기도 영어마을 연수 신규상품 개발**

- **상품개요**
  - 경기도 파주, 양평 영어마을 연수 + 경기도 주요관광지 방문
- **러시아 현지 언론매체 광고 통한 모객(한국관광공사, 현지 7개 여행사 공동)**
  - 광고매체 : 주간신문 '졸로토이록', 잡지 '사브라니에' 등 4개 인쇄매체 광고

**➡ 모객인원 1,004명, 7개 상품 개발**

## ❖ 외국인 개별관광객 유치환경

| 시장의 이슈 및 경기도의 특성 | • 방한시장에서 차지하는 FIT 비중 지속증가<br>• 객실부족, 주차난, 식사, 가이드 문제 등 단체여행의 문제 지속<br>• SNS, 스마트폰 등 뉴미디어 확산으로 개별관광 정보 수요 증대<br>• 도내 관광지의 대중교통을 통한 접근성 상대적 취약 |
|---|---|

## ❖ 외국인 개별관광객(FIT) 유치활성화 주요성과

### 외국인 전용 시티투어버스 운행 지원

- **외국인 개별관광객 (FIT) 대상 서울 출발 경기도 주요 관광지를 방문하는 버스투어 운영 지원**
  - 파주코스('12년 신규) : 오두산 통일전망대, 스킨애니버셔리 뷰티타운, 신세계사이먼아울렛, 헤이리 예술마을
  - 용인코스 : 에버랜드, 한국민속촌
- **투어코스 운영비에 대한 예산 지원을 최소화하여 상품 자체의 매력도 강화 및 업계 자생력 강화**
- **업계간, 시군과의 네트워크 구축의 촉매제 역할을 담당함으로써 업계의 자발적 상품기획과 상품성 제고**

<파주지역 코스>

용인지역코스

외국인버스투어 홍보물

### FIT 유치 활성화 캠페인 및 맞춤형 자료집 제작, 배포

- **홍콩 하절기 경기관광 집중홍보 캠페인**
  - 현지 파워블로거, 관광가이드북 작가 경기도 개별관광 세미나
  - 경기도 관광사진전, 가고 싶은 관광지 투표 경품 증정
- **중국 개별관광객 안내서(간번체) 발간 배포 : 경기도 자유행**
- **경기도 대표 10대 관광지 할인쿠폰북 발간 배포**
  - 입장료, 체험비용 할인쿠폰, 상품교환권 제공 등 특전수록

➡ **할인쿠폰북 회수율 6%, 도내 업계 적극요청으로 2013년 발간부수 확대배포 (업계 비용분담 추진)**

<경기도 자유행>

• 중국 은련카드 활용 수원지역 외국인 관광객 유치 활성화

| 인계동 일대 숙박시설 및 식당은련카드 결제 단말기 보급 | ▶ | 업소별 할인혜택 및 추가혜택 프로모션 추진 | ▶ | 연계 관광상품 개발 추진 (1박 2일 수원관광 여행상품 구성) | ▶ | **2012년 중국·동남아 관광객 유치 114,000명** (전년비 17% ↑) |
|---|---|---|---|---|---|---|

할인쿠폰북

중국은련카드 활용 중화권관광객 유치활성화

### ❖ 해외 언론의 경기도 취재 및 촬영 지원

• 다각화된 해외 시장의 주요 언론 취재 지원으로 경기관광 위상 제고

| 구분 | 취재 및 촬영 지원내용 | |
|---|---|---|
| 중국(5) | • 절강성 TV 홈쇼핑 수원화성, 에버랜드 등 3개소 촬영 지원(3월) | |
| | • 요녕성 TV 임진각, 한국민속촌 등 18개소(5월) | |
| | • 광주 TV 한국민속촌(9월) | |
| | • 광동성 TV MBC 드라미아, 프로방스 등 10개소(9월) | |
| | • 산동성 TV 스킨애니버셔리, 수원화성, 한국민속촌 촬영 지원(12월) | |
| 일본(3) | • RCC TV 수원화성, 조선왕릉 촬영 지원(6월) | |
| | • 니혼카이 TV 수원화성, 조선왕릉 촬영 지원(6월) | |
| | • RNC TV 수원화성, 조선왕릉 촬영 지원(9월) | |
| 동남아(7) | 싱가포르 | • 채널 8 임진각, 헤이리 등 4개소 (2월) |
| | | • The Sunday Times 경기관광 홍보 지원 |
| | 인도네시아 | • TRANS 7 파주 프리미엄 아울렛 등 4개소 (3월) |
| | | • TRANS 7 웅진 플레이도시, 호수공원 등 7개소 (5월) |
| | | • INDOSAIR 한국민속촌, 쁘띠프랑스 등 7개소(5월) |
| | | • antv 수원화성, 스킨애니버셔리 등 14개소 (12월) |
| | 태국 | • 채널 9 용문산, 용문사, 양평농촌체험 등 15개소(11월) |
| | 홍콩 | • 홍콩 여행업자, 언론인 팸투어(3월) |
| | 대만 | • 대만 여행업자, 언론인 팸투어(9월) |
| 인도(2) | • 인도 현지 유력언론 팸투어(6월) | |
| | • 블룸버그 TV 구리 동구릉 취재 지원(11월) | |

- 경기도 집중 취재 프로그램 방영으로 경기도 인지도 향상

**태국 공중파 채널 9**

| | |
|---|---|
| 매체특성 | 연예, 교양, 뉴스 |
| 프로그램 | 퍼 푸어 콘 (관광기행) |
| 방영일시 | 2012.12.23 |
| 촬 영 지 | 용문산, 용문사, 양평레일바이크, 와우정사 |

**인도네시아 공중파 antv**

| | |
|---|---|
| 매체특성 | 연예, 한류드라마 |
| 프로그램 | 프렌즈(데일리 관광프로) |
| 방영일시 | 2012.12월 3회 |
| 촬 영 지 | 양평 농촌체험 마을, 수원화성, 웅진 플레이도시 |

**중국 요녕성 TV**

| | |
|---|---|
| 매체특성 | 지역공식방송국 |
| 프로그램 | 좋은 날 여행 |
| 방영일시 | 2012.5~6월 2회 |
| 촬 영 지 | 스킨애니버셔리, 파주 유일레저타운, 프로방스 등 10개소 |

**중국 광동성 TV**

| | |
|---|---|
| 매체특성 | 지역공식방송국 |
| 프로그램 | 미식특공, Fun향생활 |
| 방영일시 | 2012.10월 2회 |
| 촬 영 지 | 프로방스, 웅진 플레이도시, 벽초지 수목원 등 18개소 |

해외언론 취재지원 추이

인도네시아 antv 방영

## ❖ 경기도 및 시·군의 협력 네트워크 적극 활용으로, 실질적 상품개발을 촉진하는 다각도 마케팅 활동 전개

- 시군별 킬러콘텐츠 활용, 다양한 관광객 유치 프로그램 개발
- 사업 예산 절감을 통한 저비용 -고효율 마케팅 실현
- 기관별 핵심역량의 전략적 통합 구현을 통한 윈윈 효과 달성

### ❖ 경기도, 시 · 군 공동협력 프로모션 및 유치 활동

| 사업명 | 주요내용 | 기간 | 협력기관 |
|---|---|---|---|
| 중국 청소년 문화 교류 단체 유치 | • 중국 하얼빈 지역 청소년 문화교류단체(80명) 유치 | 1월 | 용인시 |
| 중국시장 의료관광설명회 | • 의료관광 신규시장 개척을 위한 중국 강소, 절강지역 현지 관계자(여행업계, 의료에이전시, 의료기관 등 100명) 대상 설명회 개최, 비즈니스 상담 실시 | 5월 | 경기도 보건복지국 |
| 래주배 2012 한중 오션레이스 연계 관광설명회 개최 | • 중국 칭다오, 래주시 여유국, 선수단 등 관계자 대상 경기관광 홍보, 관광교류 활성화 업무협의 | 5월 | 경기도 체육과, 화성시 |
| 중국 대형 노인문화공연 단체 유치 | • 중국 전역(15개성)에서 참가한 대형 노인단체(1,300명) 유치, 도내 문화공연교류 행사 개최 | 6월 | 용인시, 수원시 |
| 몽골 의료관광설명회 | • 현지 의료인, 여행업계, 의료관광 전문 에이전시 등 약100명 관계자 대상 의료관광 설명회 개최 및 비즈니스 상담 실시 | 9월 | 경기도 보건복지국 |
| 대만 타이베이 국제여전(ITF) 참가 | • 경기관광홍보관 설치 홍보, 경기 · 인천 · 강원 연합 관광홍보설명회 개최, 현지 주요여행사 대상 경기도 홍보간담회 실시 | 10월 | 고양시 |
| 카작스탄 메디컬 바이어 팸투어 | • 경기도-카작스탄 메디컬 비즈니스 상담회 개최, 경기도 의료기관 답사 및 의료기기, 의약품 제조업체 시찰 | 11월 | 경기도 보건복지국 |
| 홍콩 의료 · 성형 박람회 및 세미나 | • 홍콩 COSMOPROF 전시회 참가 홍보 및 현지 참관객, 주요 에이전시, 의료기관, 바이어 등 200여명 대상 The Gyeonggi Medical Beauty 세미나 개최 | 11월 | 경기도 보건복지국 |
| 태국 공중파TV 초청 팸투어 | • 태국 공중파 채널9 초청 도내 관광자원 촬영 및 현지 방영을 통한 홍보 강화 | 11월 | 양평군, 수원시 |
| 중국 청소년 유치 관계자 팸투어 | • 중국 유네스코 및 유네스코 협동학교 교장 등 주요 관계자(13명) 초청 경기도 교육관광자원 답사 | 12월 | 수원시 |
| 인도네시아 공중파 TV 초청 팸투어 | • 인도네시아 ANTV 초청 도내 관광자원 촬영 및 현지 방영을 통한 홍보 강화 | 12월 | 수원시 |

중국 대형 노인문화공연 단체 유치 용인노인 교류 6월

경기도 공동 몽골 의료관광설명회 9월

중국 청소년 관계자 팸투어 수원화성 답사 12월

태국 공중파TV 팸투어 양평군수 인터뷰 11월

## ❖ 지역 관광활성화를 위한 업계 컨설팅 및 마케팅 지원

- 지원체계

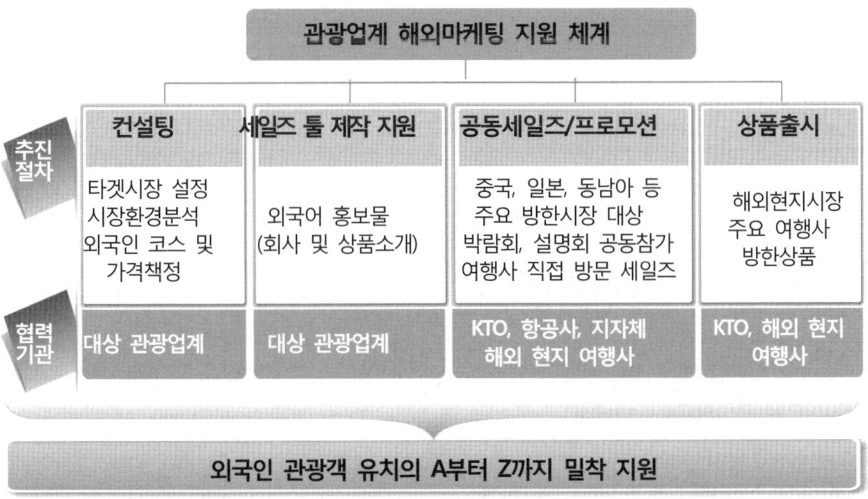

• 도내 인바운드 업계 해외 박람회 · 설명회 참가 및 세일즈콜 지원

| 업체명 | 지역 | 주요내용 | 비고 |
|---|---|---|---|
| 스킨 애니버셔리 | 태국 | • 태국 TTAA 관광박람회 참가<br>• 공사 Let`s Go! Gyeonggi-do 상품출시 성과 | |
| 한국민속촌 | 홍콩 | • 홍콩 관광설명회 및 세일즈콜<br>• 기존 취약시장인 홍콩시장 공략 | 공사 공동참가 |
| 조선왕가 | 일본 | • 일본 JATA 관광박람회 참가<br>• 역사문화, 한류 관심층 및 여행업계 판촉 | 공사 공동참가 |
| 쁘띠프랑스 | 중국 | • 중국 CITM 관광박람회 참가<br>• 신규시장인 중국시장 공략 발판마련 | 경기도, 협회 공동참가 |
| 양지리조트 | 대만 | • 대만 ITF 관광박람회 참가<br>• 겨울 Super Ski 상품 출시 및 현지 판촉 | 공사 공동참가 |

도내업계 홍보물제작지원

-드라미아-

-벽초지수목원-

• 도내 관광업계 홍보물 제작 및 팸투어 지원

| 구 분 | 업체명 | 지원내용 |
|---|---|---|
| 도내 여행사 | 국제문화서비스클럽 | 외국어 브로슈어 60,000부(영문) |
| | 에어투어스 | 관광상품 홍보책자 1,000부(영문) |
| 숙박시설 | 조선왕가 | 외국어 리플렛 50,000부(영문) |
| 관광지 | 쁘띠프랑스 | 외국어 리플렛 120,000부(영문) |
| | 산머루영농조합법인 | 외국어 브로슈어 5,000부(영문) |
| | 스킨애니버셔리 | 외국어 리플렛 48,000부(영/일/중) |
| | 한국민속촌 | 외국어 리플렛 160,000부 |
| | 벽초지수목원 | 외국어 리플렛 126,000부(영문/일문/중문) |
| | MBC드라미아 | 외국어 리플렛, 브로슈어 26,000부(영문/일문) |
| | 양지리조트 | 외국어 리플렛 30,000부(영문/중문) |
| | 헤이리예술마을 | 외국어 지도 19,000부(영문/일문) |
| | 허브아일랜드 | 외국어 리플렛 60,000부(영문/중문) |

## ❖ 관광업계 경쟁력 및 서비스 향상을 위한 교육컨설팅

• 도심 숙박시설(모텔) 업주 대상 외국어 및 서비스 교육

| 구분 | 주요내용 | 비고 |
|---|---|---|
| 컨설팅서비스 | • 외국인관광객 유치를 위한 시설기준 제시 (트윈베드, 오픈형 카운터, 가림막 철거 등) | • 중복, 과잉투자 방지<br>• 외국인 수용태세 개선 |
| 수용태세 개선 | • 외국어 안내판, 주변 안내지도 비치<br>• 조식 서비스 제공방안 강구<br>• 버스 주·정차공간 확보 등 | • 업주 연합 협의회 및 주변상권 대상 |
| 교육 | • 외국어 교육(중국어)<br>• 서비스마인드 개선 교육 | • 기본외국어회화<br>• 에티켓 교육 |
| 비즈니스파트너 발굴 및 매칭서비스 | • 국내 인바운드 여행사 중 판매상품의 가격대와 동선, 주요 시장을 고려한 후보업체 엄선, 매칭서비스 제공<br>• 인바운드여행사 팸투어 실시 | • 단기간내 외국인유치 성과 |

• 방한 관광객 환대 겜페인 실시

| | |
|---|---|
| 방한 집중 성수기 환대겜페인 추진 | • 일본 황금연휴(5월), 중국 노동절(5월), 중추절(10월) 인도네시아 르바란(8월), 태국 송크란(4월) 대비 대표 방문지 환영 현수막 게시<br>• 방문 기념품, 경기관광 홍보물 배포, 방문객 만족도 제고 |
| 대만 송산-김포 항공노선 신설 관련 방한객 환영식 | • 대만 시장 항공사 공동 경기도 프로모션 관련 이스타항공 송산-김포 구간 첫 입항 방문객을 대상으로 환영행사 |

## ❖ 인바운드 여행 활성화를 위한 협의체 구성

• 경기도 해외마케팅 전문가 협의체 'GOMPA' 발족 및 활동
  - 국내 최초 해외마케팅 전문가 협의체를 구성
  - 신속한 관광업계 동향 파악, 경쟁업체 마케팅전략에 따른 공동 대응방안 강구, 업계의 정확한 니즈 파악을 바탕으로 보다 실질적인 외국인관광객 유치 가능

- 경기도 최초 벚꽃, 단풍상품 개발 및 판매 성공
- 2012. 12월 업계간담회 2회 실시로 2013년 협력 방안 논의

| 주요회원사 | 에버랜드, 민속촌, 웅진 플레이도시, 스킨 애니버셔리, 양평레일 바이크, 용인드라미아, 원마운트, 파주 및 여주 프리미엄아울렛, 쁘띠프랑스, 양지리조트, 곤지암리조트 |
|---|---|

국내 최초

**GOMPA**

(Gyeonggi Overseas Marketing Professional Association)

- 국내 최초 해외마케팅 전문가 협의체를 구성하여 도내 업계관계자간 활발한 의사소통으로 상시 상품기획 및 출시

⇨ **경기도 최초 벚꽃, 단풍상품 개발 및 판매**

(태국 대상 서울랜드 벚꽃 상품, 대만 대상 용문사, 소요산 단풍 상품)

### ❖ 경기도 자매성(省) 마케팅을 통한 중국시장 개척

- 사업명: 중국 자매지역 문화관광 홍보로드쇼 추진
- 기　간: 2013.5.26(일) ~ 6.1(토), 6박 7일
- 방문지역: 랴오닝성 선양시(沈阳), 산둥성 지난시(济南), 광둥성 광저우시(廣州)
- 경기도 대표단(총33명 )
  - 경 기 도(6명): 행정1부지사, 비서, 관광과장, 교류통상과 팀장, 주무관(2)
  - 경기관광공사(4명): 사장, 해외마케팅팀장, 직원(2)
  - 시 · 군, 유관기관(4명): 포천시(2), 한국도자재단(2)
  - 관 광 업 계(9명): 에버랜드(1), 웅진플레이도시(1), 한국민속촌(1), 허브아일랜드(1), 쁘띠프랑스(2), 산머루농원(1), 양지리조트(1)
  - 공 연 팀(4명): 경기도문화의 전당 공연단원(가야금, 해금, 대금, 성악)
  - 뷰티박람회 유관기업(7명): 쥬비코스, 뷰티솔루션, 한솔생명과학, 경기과학기술진흥원

• 주요행사

- 경기도 부지사 - 중국 각 성정부 부성장 면담
  - 내용: 양 도·성간 문화관광우호교류 협력 강화 방안 등 논의
- 현지 주요 여행사 방문 세일즈 및 MOU 체결
  - 장소: 각 도시별 주요 여행사(랴오닝 3개사, 산둥 3개사, 광둥 2개사)
  - 내용: 경기도 관광자원 홍보, 여행사 현황 파악, 상품개발 협력방안 협의 등
- '경기관광 홍보상담회' 및 '경기도 - 자매성간 우호교류의 밤' 개최
  - 장소: 방문도시 시내 호텔
  - 참석인원: 현지 여행업계, 언론매체, 성정부 등 초청 약100명 규모(광둥성은 130명 규모)
  - 내용: 경기도 관광지 홍보테이블 설치, 홍보 및 상담 진행, 경기도 문화관광자원 홍보, 한·중 문화관광교류 관련 업계·기관간 네트워크 구축

• 주요 성과

- 경기도-자매지역 성정부 간 다양한 분야의 외교 협력 기반 강화
- 3개성 방한 중국관광객 최대 송출여행사(연간 약15만명)와 MOU체결
  - 경기도 관광상품 공동개발 및 판매 합의
  - 도내 1박 이상, 유료관광지 2곳 이상 방문 등
- 한·중 뷰티기업(㈜쥬비코스, 도후무역유한공사)간 파트너십 체결
  - 중국내 미용원 중심의 전문가용 화장품 유통
  - 화장품 마케팅 및 중국 소비자 트렌드 조사 협조 등
- 최초 우호교류 대표단 파견을 통한, 향후 지속적인 교류협력 추진 기반 구축
- 양 도·성 정부 주도의 행사 추진을 통한, 양지역 교류협력 질적 성장 계기 마련
- 도내 기관 및 업계의 중국시장 신규 사업 발굴, 사업 확대 계기 마련
- 자매지역간 우호교류 확대를 통한, 지역 경제활성화 촉진
- 중국 자매우호지역 유관기관, 업계와의 협력네트워크 강화를 통한 양지역 상호 교류 촉진

랴오닝성 부성장 면담

랴오닝성 여행업계 방문 세일즈

산둥성 여행업계 MOU 체결

산둥성 비즈니스 상담회

뷰티업계 MOU 체결

경기도-광둥성 우호교류의 밤

자료 : 경기관광공사 (2013), “중국 자매지역 문화관광 홍보로드쇼 추진 결과보고”

[그림 4-10] 중국 자매도시 홍보로드쇼 활동

- 향후 추진 계획
  - 자매지역 성급TV 초청 경기관광 홍보프로그램 제작 · 방영
    - ◦ 랴오닝TV 초청 도내 뷰티, 체험, 한류, 테마파크 등 콘텐츠 6월 촬영
    - ◦ 산둥성TV 초청 도내 체험, 청소년, 휴양 등 콘텐츠 촬영
    - ◦ 광둥성TV 초청 도내 스노우, 테마파크, 휴양 등 콘텐츠 촬영
  - 자매지역 주요 여행사 MOU 연계 경기도 선도 상품 개발 · 출시
    - ◦ ‘랴오닝성-경기도 자매결연 20주년 기념 특별상품’ 개발
    - ◦ ‘광동성-경기도 자매결연 10주년 기념 특별상품’ 개발

# [평가 문항]

다음 질문에 맞는 답을 골라 번호를 ( )에 넣으시오.

**01** 국제관광을 설명하는 말 중 틀린 것?

① 2012년 방한 외래관광객은 1,114만명이다.
② 관광수입은 142억불, 관광지출은 157억불로 15억불의 관광수지 흑자
③ 2012년 방한 관광객 중 일본관광객이 가장 많다.
④ 2013년 방한 관광객 중 중국관광객이 가장 많다.

**02** 방한 외래관광객 성향을 설명하는 말 중 틀린 것?

① 방한 목적은 '여가/위락/휴가'가 가장 높다.
② '쇼핑'목적의 관광객은 계속 증가한다.
③ 방한여행을 결정하는 시기는 3개월 전이 가장 많다.
④ 수학여행 등 교육목적 여행은 10개월 전에 정해진다.

**03** 한국여행을 결정할 때 비교 방문국을 설명하는 말 중, 옳은 것?

① 방한여행을 결정할 때 대체로 원거리 국가와 비교한다.
② 일본관광객은 한국여행 결정 시, 중국을 제일 먼저 비교한다.
③ 중국관광객은 한국여행 결정 시, 일본을 제일 먼저 비교한다.
④ 대만관광객은 한국여행 결정 시, 중국을 제일 먼저 비교한다.

**04** 외래관광객이 선호하는 관광형태 설명 중 틀린 것은?

① 일본관광객은 쇼핑, 식도락관광, 뷰티관광 순으로 선호
② 중국관광객은 쇼핑, 식도락관광, 자연경관 순으로 선호

③ 대만관광객은 쇼핑, 고궁/역사유적, 식도락 순으로 선호
④ 싱가포르관광객은 쇼핑, 시티투어, 식도락관광 순으로 선호

**05** **경기도 방문 외래객 성향을 설명하는 말 중 틀린 것?**

① 수원화성, 에버랜드, 휴전선, 민속촌 순으로 방문한다.
② 일본관광객은 수원, 휴전선, 민속촌 순으로 방문한다.
③ 중국관광객은 에버랜드, 민속촌, 수원화성, 휴전선 순이다.
④ 대만, 태국관광객도 에버랜드, 수원화성, 민속촌 순이다.

**06** **경기도 외래관광객 1천만명 유치전략 설명 중 틀린 것?**

① 중국관광객 입국편의를 위하여 사증제도를 대폭 완화한다.
② 여행사들이 질적 성장을 위하여 관광경찰제는 필요치 않다.
③ 호텔객실료나 관광기념품 구매 부가가치세 환급제 시행한다.
④ 복합리조트 개발을 통한 관광인프라를 조성한다.

**정답** 01 ② 02 ③ 03 ③ 04 ③ 05 ① 06 ②

**해설**

**01** 2012년 관광수지 15억불 적자

**02** 방한여행을 결정 시기는 1개월 전(38%), 2개월 전(22.7%), 3개월 전(19.1%) 순

**03** 중국관광객은 한국여행 결정 시, 일본(57.5%), 싱가포르(9.7%), 태국(9.5%) 순 비교

**04** 대만관광객의 선호 관광형태는 쇼핑(74.0%), 자연경관(50.0%), 식도락(40.2%) 순

**05** 에버랜드(41.8%), 수원화성(24.3%), 휴전선/판문점(22.7%), 민속촌(21.3%)의 순

**06** 외래객 증대전략 중 불편해소 대책으로 사증제도 완화, 여행사 관리 강화, 관광안내사 강화, 쇼핑 사후면세제도 확대, 관광경찰제 도입이 필요

## 일본관광객 다시 불러들이자

[오용수 칼럼] 경기관광공사 마케팅본부장

명동, 인사동과 동대문에 일본인들이 줄었다. 2008년 9월 이래 약 4년 동안 편하게 들러 먹고, 놀고, 쇼핑도 하던 일본인 관광객들이 작년 9월 들어 감소하더니 10월부터 급기야 20% 이상 줄었다. 갑자기 냉랭하게 된 한일관계와 '원고엔저' 가 원인이다. 한국인들에게는 물러설 수 없는 자존심인 독도 문제와 일본인들이 금기사항으로 여기는 일왕에 대한 언급으로 양국 국민 모두의 감정이 상하게 됐다. 그 결과, 작년 11월 일본정부의 조사에서 '한국에 대한 친근감을 느끼지 않는다'가 59%나 되었고, '한일 관계가 양호하다고 생각하지 않는다'가 42.8% 늘어난 78.8%로 역대 최악이었다.

여기에 환율마저 3년 반 동안 엔고원저가 유지되다가, 작년 7월 100엔이 1,441.8원에서 12월에는 1,235.04원, 1월21일에는 1,171.36원으로 반년 사이에 18.8%나 낮아졌다. 즉 반년 사이에 한국에 대한 친근감도 식었고, 환율로 인한 구매력도 떨어져 일본인들은 여행지를 한국에서 일본 국내로 많이 바꿨다. 방한 관광객의 31%를 차지하는 일본관광객을 어떻게 다시 불러올 수 있을까?

첫째, 선택과 집중이다. 친한, 지한 일본인에게 타깃을 맞추자. 방한 일본인 중 친한 성향의 관광객과 테마, 목적형 관광객은 큰 영향을 받지 않는다. 특히 한류 스타와 만나는 여행은 여전히 인기가 높고, K-pop공연 관람객도 줄지 않는다. 한국을 좋아하는 관광객들에게 한국어를 구사할 수 있는 장을 마련해 주고, 한국 전통과 현대문화 탐방, 다양한 장르와 가격의 한식체험 등을 자세히 제시하자. 그럼 변함없이 한국을 찾게 될 것이다.

둘째, 기본에 충실하자. 관광마케팅의 기본 수단인 관광 소재의 자세한 소개와 답사, 홍보를 강화하자. 영화제, 콘서트, 한국어 · 노래 콩쿠르, 박물관 · 미술관 특별전, 주요 한식당 특선요리, 지역 축제 등을 캘린더화해 각각의 소재를 TV, 인터넷 등 온 · 오프라인을 통해 정기적으로 알려주자. 또 여행업계, 언론 팸투어도 대폭 늘리자. 그럼 패키지여행도 만들어 지고, 개인관광객에게도 도움이 된다.

셋째, 민간교류 확대다. 한류의 혜택을 가장 많이 본 곳이 바로 제조업, 특히 수출업체들이다. 마침 일본관광객 감소로 호텔예약이 쉬워졌고, 가격도 인하된 만큼 이를 활용해 거래선, 세일즈맨, 관련 단체를 초청해 생산현장과 관광지를 답사케 하자. 물론 엔저원고로 수출여건도 어려워져서 부담이 되겠지만 수출확대에 기여할 것이다. 수출과 관광과 한류가 융합하면 위기극복을 이룰 수 있다.

넷째, 인프라를 갖추자. 산이 높으면 골도 깊다. 장기적 관점에서 호황 때 부족했던 부분을 보완하는 기회로 삼자. 그간 일본관광객들이 서울을 많이 찾아주었다. 전례 없는 도심관광 붐이다. 그러나 도심에는 호텔이 부족하고 가격은 비싸다. 사무실을 호텔로 개조하고 신축하다가 일본관광객이 줄어들자 중단하는 경우도 생겨났다. 다시 일본인 관광객이 몰려올 때를 대비하자.

다섯째, 지방을 살리자. 아무리 좋은 곳도 수차례 가면 다른 곳도 가보고 싶어진다. 그러나 지방으로 이동하는 교통편, 지방 관광지의 안내시스템이 부실하다면 서울에 머무를 수밖에 없다. 차제에 서울에서 지방으로 편하게 여행할 수 있는 시티투어도 확대하고, 매력 있는 관광지들을 재미있게 안내할 수 있도록 잘 훈련된 통역안내사, 문화유산 해설사도 배치하고, 무인안내시스템도 확대하자.

끝으로 정부도 나서야 한다. 이번 사태의 원인은 정부가 단초를 제공했고, 환율의 급격한 변화도 정부의 몫이다. 정부에서 적극적으로 환율방어에 나서고, 일본과 새로운 관계도 정립하고, 이를 상징할 수 있는 대규모 교류행사를 만들자. 관이 앞장서면 민간에서도 기운을 차리고 환대 서비스와 세일즈에 박차를 가할 것이다.

2007년은 방한 일본인보다 방일 한국인이 많았던 유일한 해다. 그 때도 원고엔저 위기를 적절한 마케팅 전략으로 잘 극복하고 장기호황을 이뤘다. '온고이지신'을 통한 전략수립으로 실기하지 말아야 한다.

여행신문 2013년1월28일

제 5 장

# 농촌관광정책과 산업관광정책

- 자연과 공장, 관광을 만나다 -

# 05 농촌관광정책과 산업관광정책

**- 자연과 공장, 관광을 만나다 -**

## 1 농촌관광정책

### ❒ 관광의 속성

#### ❖ 관광은 0.5차 산업

관광은 어떤 산업과 분야와도 융합과 복합을 할 수 있다. 그래서 관광은 모자와도 같다고도 하며, 관광산업을 0.5차 산업이라고도 한다.

농업과 만나면 농업관광이지만, 농촌관광, 녹색관광으로 불리운다. 어업과 관광이 만나면 어촌관광, 산촌에서는 산림관광, 즉 1차산업인 농산어업과 0.5차 관광산업이 만나 농산어촌관광이란 1.5차 산업이 되었다. 2차산업인 제조업과 관광이 만나면 공장견학여행, 공장체험관광과 같이 산업관광이 되고, 2.5차 산업으로 변한다.

한편 3차산업 서비스산업과 만나면 다양하게 변한다. 대표적으로 고부가가치 산업인 MICE산업과 만나면 MICE관광, 의료산업과 만나면 의료관광이 되고, 한류와 만나면 한류관광, 문화예술과 만나면 문화관광이 되고 3.5차 산업이 된다. 즉, 관광이란 모자를 씌우기만 하면 얼굴이 달라져 보이는 것이다.

## ❒ 농촌관광의 개념

### ❖ 농촌관광은 대안관광, 지속가능한 관광

일반관광은 대중관광과 대안관광으로 구분되는데, 농촌관광은 대안관광에 해당한다. 그런데 대안관광이란 대중관광으로 인한 환경파괴, 자연훼손, 관광개발지의 공동체 해체 등의 부정적 요소를 줄이고 지역의 자원과 자연환경에 바탕을 둔 대체로 소규모 관광시설과 소규모 관광객을 대상으로 지역주민이 중심이 되어 관광산업을 유치·발전시키는 것을 의미한다. 모험관광, 학습관광, 생태관광, 농촌관광 등 대중관광 유형과는 다른 특별관심 분야의 다양한 관광 종류가 있다.[1)]

또 지속가능한 관광이란 미래 세대를 위한 관광기회를 보호증진시키는 동시에 현 세대 관광객 및 지역사회 욕구 충족을 위해 문화 보전, 생태계 유지, 생물다양성과 생명 부양체계를 유지하고 경제적, 사회적, 심미적 욕구가 충족될 수 있도록 모든 자원을 관리하는 관광을 말하며, 생태관광, 대안관광, 농촌관광이 지속가능한 관광의 형태로 보는 것이 적합하다.[2)]

한편 1982년 국제자연보호연합(IUCN)이 제창한 생태계 보전이란 거시적 개념 틀 속에서 관광을 지속시키는 것을 말하는 데, 자연에 기반한 관광으로 지역이 가지고 있는 자연환경과 문화를 보전하면서 즐기는 관광을 말한다. 생태관광지가 자연, 생태, 경관 등의 측면에서 인공적 간섭이 적은 농촌지역에 위치한다는 점에서 농촌관광과 구분이 모호하다는 의견이 제시되기도 한다. 농촌관광이 농가 혹은 농촌주민이라는 주체를 강조하는 반면, 생태관광은 자연과 생태에 대한 관찰, 학습과 교육, 보적 목적을 강조하는 점에서 차이가 있다.

농촌관광(Rural tourism)은 농업지역 혹은 비도시지역에 존재하는 매력적인 요소나 행위로 구성되는 전원체험이라고 정의할 수 있다. 농촌관광은 농장체험, 목장체험, 농산물 가공체험, 농산물 판매, 농산물 수확, 농가와 목장 숙박, 농업 관련 축제나 박물관 견학, 기타 체험활동을 포함하며 농촌관광 > 농업관광(Agriculture

1) 박시현(2012), 『농촌관광의 새로운 방향과 정책과제』, pp.13-15, 한국농촌경제연구소
2) 김남조·조광익(1998), 「지속가능한 관광개발과 지역주민참여」, 한국관광연구원

tourism) > 농장관광(Farm tourism)이란 구도가 형성되어 있다.

영국에서는 농촌관광 혹은 지속가능한 관광에서 농가와 자연보호와의 연계를 강조하고, 프랑스는 농촌의 전원공간에서 이루어지는 체류형·휴양형 관광을 그린투어리즘, 독일은 '농가에서의 휴가'란 용어를 사용하고, 일본에서는 그린투어리즘이란 용어를 사용하는데, 풍요로운 자연을 가진 농산어촌지역에서 그 지역의 자연, 문화, 사람과의 교류를 즐기는 체재형 여가활동을 말한다.

### ❖ 농촌관광의 범위

유럽연합(EU)의 농촌관광에 대한 지원조건을 살펴보면, 농촌관광은 농가의 경제활동 다각화를 촉진하여 농가소득을 향상하며, 유럽연합이 지양하는 농촌지역개발정책 달성에 기여할 수 있는 수단으로서 다음과 같은 5가지를 주요 지원 조건으로 한다.

- 농촌지역을 기반으로 할 것
- 농촌지역의 자연, 전통, 생활문화를 바탕으로 사람 간의 교류가 있을 것
- 소규모 사업으로 지역의 전통과 지역에서 생활하는 사람들과 관련있을 것
- 농촌 환경과 지역의 자원을 유지·보존하는 지속가능한 사업일 것
- 농촌지역의 역사, 경제, 환경의 다양성을 반영하는 사업일 것

따라서 농촌관광은 자연속에서 이루어지는 관광활동으로 농촌성에 바탕을 두고, 경영주체로서 농가를 강조하며 마을단위 농촌관광활동을 주요 대상으로 하되, 농촌자원을 활용하는 관광활동을 배제하지는 않는다.

## ❐ 농촌관광의 현황

### ❖ 외국의 농촌관광 동향

세계관광기구(UNWTO)는 2004년 세계 여행자의 3%가 농촌관광을 목적으로 하고, 농촌관광은 매년 평균 6% 성장으로 다른 관광보다 성장률이 높다고 추정하였다.[3)]

선진국 농촌관광에 영향을 미치는 것은 장기휴가, 농촌에의 인식, 농촌 경관, 농장 규모, 농가 건축물의 용도 전환, 경영 주체 등이다. 유럽의 농촌관광은 농가가 운영하는 민박에 장기 숙박하면서 다양한 여가 활동을 즐기는 특징을 보이고 있는 반면, 일본의 농촌관광은 단기간의 도농교류체험에 참여하며 농촌적 삶을 경험하는 특징을 보이고 있다.

유럽에서 농촌관광시장이 동유럽과 발칸반도 국가로 확대되고, 노년층의 크루즈관광 참여, 농촌지역의 리조트나 호텔 체인 활용 등 경쟁도 심화되고 있다. 이밖에 로컬푸드와 농촌관광의 결합, 철도여행과 농촌관광의 결합, 경관보전과 농촌관광의 결합, 지역문화유산 등 문화관광과 농촌관광과의 결합 등 농촌관광의 범위도 확대되고 있다. 이에 따라 농촌관광 형태도 농가민박이 주류를 이루지만, 캠핑사이트 임대, 자취용 농가 임대, 전원 걷기, 문화유산 답사, 유기식품 구매, 농사체험, 숲가구기 체험 등이 포함된다.[4)]

〈표 5-1〉 선진국의 농촌관광의 현황과 특징

| | 영국 | 프랑스 | 독일 | 일본 |
|---|---|---|---|---|
| 시장규모* | 국내 관광의 18% | 국내 관광의 17% | 국내 관광 6% | 6차산업화의 3.3% |
| 주요정책 | 농가 직접지원<br>경영조언 평가 | 농가 직접지원<br>교육 및 연수 | 농가 직접지원 | 도농교류차원<br>조직체 지원 |
| 관련규제 | 농업과 관광업의 중간 규제 | 농가의 사회적 지위별 차별화 | 일반적인 규제 적용 | 농가민박 규제 완화 |
| 조직활동 | 「농장휴가협회」 등 회원 조직 활성화 | 「지트 드 프랑스」 등 다양한 조직 | 「농가민박 및 농촌관광연방협의회」 등 조직 활동 다양 | 공공 단체 주도 (「(재)도시 농산 어촌교류활성화기구」 |
| 품질관리 | 전국관광위원회의 등급제 | 민간 단체에 의한 등급제 | 민간 단체별 등급제시행 | 우수민박 100선 |

* 농촌관광 범위의 국가별 차이도 반영됨. 영국은 전원관광을 포함, 프랑스는 비농가의 농촌관광 포함. 독일은 주로 농가에 의한 관광, 일본은 농업경영자에 의한 관광활동임.
자료 : 박시현(2012 : 35), 「농촌관광의 새로운 방향과 정책과제」

3) WTO(2004), Abstract of Rural Tourism in Europe, WTO
4) 박시현(2012), 『농촌관광의 새로운 방향과 정책과제』, pp.19~38, 농업경제연구원

## ❖ 한국의 농촌관광 동향

한국에서 농촌관광 정책이 시작된 것은 1984년부터로 당시 농림부는 농외소득 증대정책의 일환으로 관광농원과 민박마을, 주말농원 등 농촌관광휴양자원 개발사업을 추진하였다. 대표적으로 관광농원 조성 시 4.5억원까지 융자하는 정책으로 전국에 491개 관광농원이 지정되었다. 이밖에 농협이 농사체험과 문화체험을 결합한 팜스테이사업을 1999년부터 추진하였는데, 농촌관광을 알리는데 기여하였다.

농촌관광이 본격화된 것은 2002년부터로 이전의 개별농가 단위에서 벗어나 마을경영형 농촌관광 정책을 추진하였다. 이와 관련, 정부 5개 부처도 경쟁적으로 8개사업으로 약 1조6,600억원의 예산을 투입하여 1,700개의 농촌관광마을 조성하게 되었다.

## ❖ 한국 농촌관광의 제도

1994년 「농어촌 정비법」제정을 통해 농어촌민박을 농어촌지역 주민이 거주하는 주택을 활용하는 것으로 정의하였으나, 도시 자본의 펜션 조성이 이루어졌다. 2005년 농어촌민박사업을 농어촌 주민이 거주하고 있는 단독 또는 다세대 주택을 이용하는 경우에만 해당하는 것으로 정하고, 면적도 주택면적이 150m$^2$ 이하로 한정하고, 소화기 비치 조건을 갖춘 농어촌민박을 등록하는 농어촌민박 등록제를 도입하였다.

2008년에는 「도시와 농어촌 간의 교류촉진에 관한 법률」(이하 '도농교류촉진법'이라 함)이 제정되어 마을단위 농촌관광 사업을 추진할 수 있게 되었다.

〈표 5-2〉 정책사업을 통한 농촌관광 마을 조성 현황(2011년 기준)

(단위 : 개소, 억 원)

| 소관부처 | 관련 사업 | 사업 기간 | 조성 마을수 | 투입 예산 | 지원 내용 |
|---|---|---|---|---|---|
| 농식품부 | 농촌마을종합개발사업 | '04~'17 * 권역당 5년 | 392 | 8,849 | 권역당 40~70억 원 (국비80%, 지방비 20%) |
| | 녹색농촌체험마을 | '02~'13 * 마을당 1~2년 | 571 | 1,042 | 마을당 2억 원 (국비50%, 지방비 50%) |
| | 어촌체험마을 | '01~'13 * 마을당 1년 | 107 | 702 | 마을당 5억 원 (국비50%, 지방비 45%, 자부담 5%) |
| 행정안전부 | 정보화마을 | '01~'14 * 마을당 3년 | 400 | 1,658 | 마을당 3억 원 (국비50%, 지방비 50%) |
| | 아름마을 | '01~'03 * 마을당 3년 | 23 | 435 | 마을당 국비 10억 원 |
| 문환관광부 | 문화역사마을 | '04~'09 * 마을당 2년 | 13 | 239 | 마을당 10~30억 원 (관광진흥개발기금 및 지방비) |
| 농촌진흥청 | 농촌전통테마마을 | '02~'09 * 마을당 2년 | 170 | 340 | 마을당 2억 원 (국비50%, 지방비 50%) |
| 산림청 | 산촌생태마을 | '95~'17 * 마을당 3년 | 242 | 3,364 | 마을당 14~16억 원 (국비70%, 지방비 30%) |
| 합계 | 8개 사업 | | 1,918 | 16,629 | |

주 : 1) 조성 마을 수는 조성 중인 곳까지 포함한 마을(권) 수임.

2) 투입 예산은 국비, 지방비 및 일부 자부담 포함이며 2010년 말 기준

자료 : 박시현(2012 : 40), 「농촌관광의 새로운 방향과 정책과제」

## ❖ 한국의 농촌관광의 규모

농촌관광 이동총량은 2003년 984만명일에서 2012년 1,505만명일로 매년 급증하는 추세다. 또 농촌관광 경험횟수도 2003년 244만회에서 2012년에는 595만회로 크게 상승하였다.

〈표 5-3〉 농촌관광 이동총량 변화

(단위 : 일, %)

| 구분 | 2003 | 2004 | 2009 | 2011 | 2012 |
|---|---|---|---|---|---|
| 농촌관광 이동총량 (A) | 9,843,945 | 7,524,224 | 13,024,136 | 14,002,748 | 15,052,044 |

* 농촌관광이동총량 : 13세 이상 주민수 x 경험일 수 x 지난 1년 간 농촌관광 경험율
자료 : 박시현(2012 : 49), 「농촌관광의 새로운 방향과 정책과제」

농촌관광의 지출규모는 2012년 2,953억원으로 전년대비 69억원 증가한 것으로 분석되는데 이는 농촌관광객 1인당 지출금액은 2011년(65,278원)보다 감소한 49,636원이지만, 농촌관광 경험횟수가 급증한 결과다.

〈표 5-4〉 농촌관광 지출규모 변화

| 년도 | | 1인당 지출규모 (원) | 농촌관광 총 지출액 (백만 원) | 국내 관광시장 대비(%) |
|---|---|---|---|---|
| 농촌 관광 | 2003 | 37,911 | 92,589 | |
| | 2004 | 40,770 | 102,404 | |
| | 2009 | 45,248 | 181,389 | 1.1 |
| | 2011 | 65,278 | 288,488 | 1.4 |
| | 2012 | 49,636 | 295,329 | 1.4 |

* 농촌관광 총 지출액 : 1인당 지출규모 x 농촌관광 경험횟수
자료 : 박시현(2012 : 51), 「농촌관광의 새로운 방향과 정책과제」

## ❖ 한국 농촌관광의 성향

농촌관광 의향은 2003년(43.4%) 이후, 2011년(70.4%)까지 꾸준히 상승하였으나, 2012년(69.3%)에는 다소 감소하였다.

농촌관광 동기는 휴식과 휴양이 63.8%로 가장 높고, 농업체험 목적은 6.3%에 그쳤고, 농산물 구입도 4.2%에 불과하고, 오히려 .자녀 교육' 목적이 9.2%로 나타났는데 이는 초등학생, 유치원생을 둔 40대가 가장 많았고, 향후 농촌관광 목

적의 다양화가 필요하다는 점을 보여준다.

농촌관광 일정은 '1박2일'이 50%로 가장 많고, 당일여행이 36.3%며, '2박 이상'은 감소하고 있다. 숙박시설 이용도 '친구,친척집 이용'(22.4%)이 가장 높고, '펜션'(19.5%), '농가 민박'은 14%로 반등하는 추세다.

농촌관광의 지출을 보면, '식비'가 34.3%로 가장 많고, '교통비'가 27.9%, '숙박비'(16.7%)와 '지역 특산품 구입비'(13.2%), '체험비'는 5,481원(8%)에 불과하지만, 2011년(2,975원)에 비해 대폭 증가되었다. 농촌관광 경험자의 평균 경비는 31만원이며, 미경험자는 20~30만원이 가장 많았다.

농촌관광의 만족도는 2012년(72점)으로 2011년(78.3점), 2009년(75.2%)보다 낮고, 국내 일반여행 만족도(2011넌 81.6%)보다 낮은 것은 개선이 시급하다. 또 농촌관광을 구성 요소로는 '농촌관광 인프라'(3.37점), '접근성'(3.37점), '프로그램 콘텐츠(3.12점)', '안내 정보'(3.36점), '마을 자원, 매력'이 3.82점으로 가장 만족도가 높았고, 프로그램 콘텐츠가 가장 낮았는데 체험 등 프로그램 다양성 등 개선이 요구된다.

## ❖ 외래관광객의 농촌관광

농촌관광 마을을 찾는 외국인은 주로 아시아계가 많으며, 특히 중국관광객이 많은 비중을 차지하고 있으므로 이들에 대한 언어적, 문화적 서비스 제공에 대한 준비가 필요하다.

외국인의 농촌관광은 여행사 중심 단체관광형이므로 여행사와의 긴밀한 연계가 필요하고, 농사체험 프로그램과 자연경관이 우수한 지역을 선호하는 것으로 나타나, 체험프로그램의 충실화가 중요하며, 농촌관광 서비스 수준은 향상이 요구되며, 특히 언어소통을 위한 대비책이 필요하다. 또 농촌관광 재방문 의사가 낮으므로 농촌관광 매력을 높이기 위해서는 수용태세 개선과 프로그램 개발이 필요하다.

## ❒ 농촌관광의 대책

### ❖ 마을단위 농촌관광 지원책 개선

#### 1) 농촌관광 마을 선정기준 강화

농촌관광 마을을 신규로 선정할 때 평가기준을 강화할 필요가 있는데 가장 중요한 점은 농촌관광을 운영할 인력이 마을에 있는지 파악하는 것이다. 즉, 농촌관광에 대한 주민들의 이해도가 낮은 마을, 소득이 높은 농사일에 바빠 농촌관광 필요성이 높지 않거나, 지나치게 고령화된 마을의 선정은 가급적 억제한다. 또 마을의 관광자원 보유 여부를 감안하고, 마을사업을 추진하며 발생되는 마을 갈등의 주요 요인은 사업부지와 관련이 있는 만큼, 마을 선정단계에서 토지구입 가능성의 심사를 강화할 필요도 있다. 특히 농촌관광 마을사업은 광특회계에 편입되어 시도지사가 예산편성권을 갖고 있으므로, 전국 통일지침을 마련하여 선정기준으로 활용토록 해야 한다.

#### 2) 농촌관광 마을 운영 개선

농촌관광 마을 운영의 투명성과 공정성을 강화해야 한다. 농촌관광 마을 운영조직, 대가 지급, 수익금 분배 규약을 명확하게 규정하고, 주민간 분화를 방지할 수 있도록 회의록 작성, 장부 기록, 마을 통장 개설을 충실히 이행토록 해야 한다.

#### 3) 사무장 등 전문 인력 지원 제도 개선

농촌관광 마을 운영의 중심적 역할을 담당하는 사무장 운영제도의 개선이 필요하다. 현재는 마을별로 최대 5년간 사무장 활동비의 90%를 정부가 지원하고 있는데, 마을 인력의 고령화를 감안하여 기간은 10년까지 연장할 수 있도록 하되, 지원비율은 점차 낮춰가는 것이 바람직하다. 또 사무장 채용 제안서에 주민과 사무장의 역할을 명확하게 명시하며, 사무장의 교육 이수 등 자격심사를 강화한다.

#### 4) 체험마을 평가와 인증제 추진

체험마을 평가를 지속적으로 추진하여 경영개선 노력을 유도토록 하고, 결과를 활용토록 한다. 또 체험마을 등급제 실시에 앞서 소비자 만족도와 다양성을 감안한 인증제 추진은 필요하되, 체험마을 평가 시 연계 실시함이 바람직하다.

### ❖ 농촌 민박 개선

#### 5) 농어촌 민박 가구의 육성

농어촌체험민박 가구를 대상으로 등급제를 실시하고, 평가항목에 민박시설 규모, 수용가능 인원, 농가 부업여부, 지역농어업과 연계 여부 항목을 강화하여 농촌관광 기본취지에 맞는 농어촌 민박 가구가 높은 평가를 받을 수 있도록 한다. 좋은 등급을 받은 농어촌민박에 대한 홍보와 시설개선비를 지원하고, 부업형태인 농어촌 체험민박에 대해서 아침식사 제공을 허용토록 한다.

#### 6) 주민참여형 지역관광개발과 농어촌 민박 활성화

주민참여형 개발과 중복개발 방지를 위하여 '지역관광 기획평가센터'를 설치하고 '관광개발 정보 통합시스템'을 구축 추진하고, 농어촌 민박업을 '숙박 · 취사 시설 등 제공하는 사업'으로 규정하여 제도적으로 가능토록 하며, 한옥체험, 도시민박과 함께 한국형 체험형 B&B의 모델로 정착시키도록 한다.

### ❖ 농촌관광 지원 체제 정비

#### 7) 보험, 온라인 예약 및 결제 시스템 충실

농어촌민박을 포함한 농촌관광 경영자가 쉽게 가입할 수 있는 보험상품을 개발하여, 방문객의 상해, 경영업체의 시설물 배상을 포함토록 한다. 현재 한국농어촌공사의 농어촌체험관광보험을 확대하여 개별 경영자도 가입할 수 있도록 함이 적절하다.

또 저렴한 가격으로 농촌관광 경영자가 쉽게 이용할 수 있는 예약, 결재시스템을 개발하되, 현재 활용 중인 정보화마을 홈페지와 웰촌 포털 사이트의 통합이 바람직하다.

### 8) 농촌관광 컨설팅 지원

농촌관광의 경쟁력을 높이기 위해서 지역별, 분야별 연계와 협력 및 컨설팅이 요구되는데 이를 위한 경영(회계, 세무, 노무), 시설 및 조경 관리, 고객관리, 마케팅 컨설팅과 시군과 도의 체험마을 간 연계, 협력사업 등 프로그램 개발을 지원토록 한다.

## ❖ 농촌관광 수요 확대

### 9) 농촌관광 상품 개발 확대

농촌관광 시장이 확대되고 새로운 상품이 개발됨에 따라 농촌관광 시장규모가 커지고 있는 것이 세계적 추세다. 슬로시티, 슬로푸드, 생태관광, 전통문화 보존수단으로 농촌관광이 확대되어 향토음식, 도보여행, 캠핑활동, 주변지역과의 연계관광 등 농촌관광 상품이 개발되고 있다.

제주도의 올레길 등 전국의 걷기, 자전거, 캠핑 수요가 확대되고 있어 이들이 농촌지역에서 체험과 숙박을 즐길 수 있도록 새로운 수요개발에도 노력해야 한다.

농어촌민박과 체험마을 상품에 캠핑사이드 임대, 자취용 농기 임대, 전원 걷기, 문화유산 답사, 유기식품 구매, 숲가꾸기 체험 등을 기존의 농사체험과 연계하여 참여할 수 있도록 다양한 상품조합이 가능토록 한다. 특히 정부의 캠핑, 걷기, 자전거, 승마 등 레저관광을 확대할 계획과 연계하여 농촌관광상품을 개발하는 것이 바람직하다.

### 10) 캠핑, 걷기, 자전거, 승마 등 레저관광 확대

정부는 쾌적한 공공캠핑장 조성을 지원하며, 캠핑장비 임대방식의 풀옵션 캠핑장도 조성하며, 캠핑장의 종합정보를 제공하고, 각 부처별로 조성한 '문화생태 탐방로', '해안길', '숲길'을 테마별로 정리하여 걷기여행길 홈페이지(www.koreatrails.or.kr)를 구축하고, 스토리텔링, 엡 등 다양한 정보를 제공하며, 체류형 자전거 레저관광 확산을 위한 편의시설을 확충하고 이에 대한 정보를 제공할 계획이다.

또한 저렴하고 대중적인 승마체험 및 승마관광을 확대할 계획이다.

### 11) 외국인 농촌관광 수요 확대

아직은 외국인의 농촌관광의 수요가 많지 않은 상태이므로 과다한 공급은 자칫 경영상 부담이 될수 있다. 따라서 국내 특히 대도시 주민을 대상으로 농촌관광이 활성화될 수 있도록, 관광안내 사이트의 광역지자체, 시군지자체, 마을과 통일화된 정보운영시스템을 가동하고, 홍보 팜프렛의 발간, 비치 등을 통한 통합 홍보, 마케팅도 수행함으로써 외래관광객을 맞이할 서비스, 매너, 에티켓을 숙지토록 한다. 이후 외국인들의 농촌관광에 대한 관심과 수요가 높아짐에 따라, 한국의 농촌관광에 대한 정보 접근성 향상을 위해 체험마을, 농어촌 민박 등 농촌관광 경영체의 홍보를 위한 외국어 홈페지 추가 및 외국어 팜프렛 제작 등과 함께 주민들에 대한 교육도 병행함이 바람직하다.

## ❒ 경기도 농촌관광의 활성화

### ❖ 농촌관광 홍보 강화

### 1) 여름휴가, 녹색농촌체험마을 힐링

녹색농촌마을은 양평, 가평, 여주 등 14개 시군에 58곳(2013년 기준)이 조성돼 운영 중이며, 서울, 경기권역에서 1시간 내외면 접근할 수 있어 접근성이 뛰어나면서도 수려한 경관을 자랑한다. 특히 국가와 도의 지원으로 자연과 어우러진 쾌적한 편의시설을 갖추고 있는 것도 장점이다. 도는 올해도 4곳의 마을을 신규로 조성하고 8곳에는 편의시설을 확충했다.

녹색농촌체험마을에는 민물고기잡기 등 물놀이 체험뿐만 아니라 곤충 생태투어, 감자 캐기, 옥수수 따기 등 농작물수확체험과 떡 만들기 등 전통음식 만들기 등 마을마다 특색 있고 다양한 프로그램이 준비되어 있다. 각 마을의 위치, 특색, 프로그램 등 자세한 정보 및 예약 등은 경기도 농촌체험관광 홈페이지(www.kgtour.kr)에서 확인할 수 있다.

한편, 여름휴가철을 맞아 양평군은 8월 31일까지 단월 수미마을 등 17곳 농촌체험마을에서 여름 물놀이 축제를 연다. 자세한 물놀이 축제 내용은 (사)물맑은양평농촌나드리 홈페이지(www.ypnadri.com 모바일 m.ypnadri.com)나 전화(031-774-5427, 5431)로 문의 또는 예약하면 된다.

## ❖ 농촌체험기반 조성

### 1) 녹색농촌체험마을 조성

자연경관과 전통문화 등 농촌 특색을 살린 녹색농촌체험마을 조성을 위하여 4개 마을을 선정, 체험객 유치에 나서고 있다.

### 2) 농촌체험마을 편의시설 지원

체험객 편의를 위한 기초 편의시설 보완하기 위하여 8개 농촌체험마을을 선정하여 지원하고 있다.

### 3) 체재형 주말농장 조성

도시민들이 주말에 전원생활을 즐길 숙박이 가능한 작은 체재형 주말농장을 5동을 조성하고 있다.

### 4) 클라인가르텐 조성

자연과 영농체험을 통해 체험교육과 농경생활 가능한 텃밭도 조성하여 도시민들이 쉽게 접근할 수 있도록 만들고 있다.

## ❖ On-off Line을 통한 농어촌체험마을 홍보 강화

### 1) KGtour 포털사이트 운영

농어촌체험마을 소개 및 계절별 체험프로그램 소개하며 바로 마을 홈페이지 링크

### 2) 농촌관광관련 전시회 참가

농어촌여름휴가 페스티벌 등 농촌관광관련 전시회 참가

## ❖ 농어촌체험 활성화를 위한 소통공간 운영

### 1) 농촌체험휴양마을 사무인력 지원

39개 마을에 체험프로그램 운영, 체험활동 지도, 마을 홍보, 회계관리 등 담당할 사무장 인력을 지원으로 사무, 행정 및 운영에 활력 도모

### 2) 도단위 농어촌체험휴양마을 협의체 운영

마을 간 협력체계 구축으로 공동 마케팅, 체험품질관리, 정보교환을 통한 상호 벤치마킹 및 소통 등 추진

## ❖ 경기도 농촌관광 발전방향

### 1) 주민 주도로 추진

농촌관광이 많은 시도에도 불구하고 성공하지 못하는 원인 중 대부분은 발전방향에 대한 비전과 주민들의 열정과 참여가 부족하기 때문으로 먼저 주민들의 농촌관광에 대한 의식전환과 참여가 이루어져야 한다. 또한 인재육성 등에 중점을 두고 전문가 교육을 통해 농촌문화관광해설사, 마을 해설사 등 주민들을 농촌관광 전문 인력으로 육성해야 한다.

### 2) 농촌다움의 보존과 개발

농촌관광이 활성화되려면 농촌만이 가지는 정체성과 쾌적성의 유지가 중요하다. 도시의 번잡함과 대조되는 조용함, 자유로움을 느낄 수 있도록 경관 및 어메니티를 갖춰야 한다. 특히 향후 자연환경이 훼손되지 않고 보존될 수 있는 지속가능한 개발이 이루어져야 한다. 특히 경기도내 문화유산, 자연환경 등 지역이 보유한 하드웨어 시설들과 함께 경기도의 농촌다움을 느낄 수 있도록 다양한 체험에 대한 소프트웨어 개발이 필요하다.

### 3) 농촌 수용태세 및 네트워크 강화

농촌관광대상은 민박 및 농가식당을 개설하기 위한 농어가 주택의 개보수, 정화조 등의 위생처리시설뿐만 아니라 홈페이지 구축 및 홈페이지 운영자에 대

한 교육·훈련이 필요하다. 특히 농촌관광 방문객 중 인터넷을 통해 정보를 얻은 경우가 가장 많으므로 농촌관광 경영주들도 프로그램 안내 및 예약, 숙박시설 안내 및 예약, 마을 현황, 특산물 직거래코너 등을 포함한 홈페이지를 구축하여 방문자와의 네트워킹을 스스로 강화할 수 있도록 한다.

#### 4) 농촌체험활동 장려

농촌관광이 관광의 한 유형으로 정착되고 자발적인 수요층이 형성될 때까지는 다양한 유인 조치를 통하여 도시민을 농촌에 방문하게 하는 방안이 필요하다. 예를 들면, 도·농 교류사업을 확대함으로써 청소년 생산현장체험·농촌문화 체험, 일손돕기사업, 도시 소비자 생산·유통 현장체험 또는 도시 소비자 농촌방문사업 등을 추진하며, 특히 유치원 초·중학생 및 교사의 도농교류체험학습프로그램을 발전시켜 초· 중학교 수업의 일환으로 도농교류체험학습을 수업과목에 편성토록 하는 등 확대, 발전이 필요하다.

#### 5) 관광상품의 차별화

지역농업에서 생산되는 특산품 가운데서 지역인의 사랑을 받는 제품이 다양함에도 불구하고 지역마다 중복되는 경우가 많아 차별성이 부족한 제품들이 많았다. 지역 특산품의 육성을 위해서 우선 생산자나 지정업제를 육성하고, 지역 및 제품의 차별화나 통폐합을 할 수 있는 조정기구가 필요하며, 발굴된 우수상품에 대해 시상하고, 그 지역에서만 구입이 가능케 하는 품목으로 지정하며, 상품의 가치 향상을 위한 지원과 판로 확대에 대한 지원도 필요하다.

# 2 산업관광정책

## ❐ 산업관광의 현황

### ❖ 산업관광의 개념

산업관광은 1851년 런던만국박람회를 관광하는 형태로부터 시작되었다고 볼 수 있다. 이와 같이 국제적 산업박람회와 최신 공장을 견학하는 방식으로 시작된 현대적 의미의 산업관광은 1950년 프랑스 경영자협회가 수출진흥을 목적으로 외국인의 산업시설 시찰의 편의를 제공하면서 복격화되었다. 한편 1987년 유네스코의 제6회 국제산업유산보존위원회가 회의 주제로 Industrial tourism을 정하며 산업유산을 관광대상으로 하는 산업관광이 확산되었다.[5)]

산업관광은 산업지역을 방문하여 산업의 자동화, 제조공정을 관람할 수 있느냐 정도와 체험할 수 있는지, 현장접근이 제한되는지 여부에 달려있다. 일본에서는 산업관광을 역사적이고 문호적인 가치가 있는 산업문화재, 생산공장 및 산업제품, 콘텐츠 등 소프트자원 등의 관광자원으로 하는 새로운 관광형태로서 이들의 가치, 의미 및 재미를 알게 됨으로써 인적교류를 촉진하는 관광"이라 정의하고 있다.

한편 일본「전국산업관광 써밋 in 아이치 나고야」에서는 산업관광이란 "역사적・문화적 가치가 있는 산업문화재[6)], 생산공장 및 산업제품을 관광자원으로 하고 이를 통해 만들기 정신을 경험하고 인적교류를 촉진하는 관광활동을 말한다."[7)] 또 문화체육관광부에서는 산업관광이란 "1, 2, 3차 산업현장을 대상으로 관광을 하는 행위로써 참여기업과 당해 지역에 부가적인 경제효과를 창출하는 관광현상"이라 정의를 하였다.[8)]

## ❖ 산업관광의 분류

산업관광의 대상 소재를 자원에 따라 분류한 한국관광공사는 유형관광자원 중 산업적관광자원으로 공업단지, 유통단지, 광업소, 농장, 목장, 백화점을 들고 있고, 대부분 1,2,3차산업 중, 2차산업을 산업관광이라 분류하는데, 일본의 산업관광 추진간담회의 산업유형별 분류에 의하면, 산업시찰형, 공장견학형, 자료관・박물관 견학형, 산업유산 관광형, 체험형 관광으로 분류한다.

---

5) 김상태(2009),『산업관광 활성화 방안』, pp.9~12, 한국문화관광연구원
6) 오래된 기계기구, 공장유규(遺構) 등의 모든 산업유산
7) 김효경(2009), "관광, 산업을 미루다"『한국관광정책』37권, p.96, 한국문화관광연구원
8) 문화체육관광부(2012.12.12), "산업관광 활성화방안", 문화체육관광부

한편 국토교통성에서는 산업관광을 추진하는 주체의 목적별로 공장 견학형, 산지 진흥형, 일반 관광형, 인재 육성형, 리쿠르팅형으로 분류하고 있다.

첫째, 공장견학형은 사업관계자를 위한 공장시찰 뿐만 아니라 일반인들에게도 자사 공장을 공개함으로써 소비자에게 자사 제품에 대한 홍보 뿐만 아니라 잠재적으로 제품생산 기업에 대한 우호적인 감정을 형성하게 한다.

둘째, 산지 진흥형은 다양한 방문자를 수용하여 지역에서 생산되는 산출품의 산지로서 PR과 산지브랜드를 연계하여 판매할 목적으로 이루어지는 것이다. 지역특산품을 알리기 위한 축제나 체험활동 등이 해당된다.

셋째, 일반 관광형은 기업과 관광지가 공존하는 형태로 기업에서 널리 관광객을 수용하여 상품과 기업의 PR, 판매・식음시설로 관광사업을 전개하는 것이다. 예를 들면, 나고야의 도자기업체 노리타케사의 '노리타케의 숲'에서는 기업박물관 관람 및 도자기 생산 공정을 직접 볼 수 있을 뿐만 아니라 노리타케 식기를 사용한 레스토랑에서 식사, 도자기 만들기 체험, 도자기 구매, 도자기 활용 예술작품 감상을 할 수 있다.

인재 육성형은 어린 학생들에게 지역의 산업이나 전통기술의 우수성을 알려 제조 인재 육성을 목적으로 하고, 리크루트형은 취업을 목적으로 하는 사람들을 수용하여 자사에 대해 알리고 기업활동에 일부 참여하게 함으로써 보다 좋은 인재를 확보하고자 한다.

〈표 5-5〉 산업관광의 유형

| 유형 | 내용 |
|---|---|
| 공장 견학형 | 비즈니스와 직결된 거래처와 신규고객 등에게 설명함 자사제품 PR의 장으로 활용 |
| 산지 진흥형 | 폭넓은 방문자를 수용 산지로서의 PR과 산지브랜드의 연계판매를 목적 |
| 일반 관광형 | 널리 관광객을 수용하여 상품과 기업의 PR, 판매・식음시설로 관광사업을 전개 |
| 인재 육성형 | 주로 초중학생의 사회과 견학 등을 수용 지역과 사회로의 공헌을 지향 |
| 리쿠르팅형 | 취직을 목적으로 하는 학생을 수용 기업에 대한 관심을 높이고 인재를 확보하는 목적 |

자료 : 김효경 (2009 : 98), 일본국토교통성 「산업관광가이드라인」 (2007 : 2)

## ❖ 산업관광의 기대효과

산업관광은 기업과 지역의 성장 동력으로서 신관광수요를 창출하며, 견학+체험+교육+인적교류+기업홍보+지역 파급효과+국가경제 활성화를 기여한다. 경제적 파급효과는 2014년을 기준으로 생산이 2조 1,354억원과 15,153명의 고용효과를 보이며, 사회문화적 파급효과는 교육효과, 지역주민 교류, 산업홍보, 선진 기업문화 유도를 거둘 수 있고, 정책적 파급효과로는 새로운 관광수요를 창출하여 관광객 유치와 지역경제 활성화 및 정부, 지자체, 기업과 지역주민의 상생구조를 만드는 데 있다.

〈표 5-6〉 산업관광의 파급효과

| 경제적 파급효과 | 사회·문화적 파급효과 | 정책적 파급효과 |
|---|---|---|
| • 생산 2조 1,354억원<br>• 고용 15,153명<br>(* 2014년 기준) | • 산업유산활용 교육효과<br>• 지역주민 교류의 장<br>• 방문객을 통한 산업홍보<br>• 선진적 기업문화 유도 | • 신관광수요 창출, 관광객 확대 유치<br>• 지역경제 활성화<br>• 4계절형 지역관광자원의 다양화<br>• 정부, 지자체, 기업, 지역민의 상생 |

자료 : 문화체육관광부(2012), "고부가가치 산업관광 발전방안을 찾는다"

## ❖ 산업관광의 현황

우리나라는 2012년 기준, 세계 15위의 경제 대국,세계 8위의 무역 대국이다. 여기에는 우리 국민들의 열과 성을 다하는 마음가짐, 성실성과 섬세함, 지기를 모르는 불굴의 투지, 뛰어난 손재주로 이어진 잠재된 재능은 자동차, 조선, 반도체, 생명공학과 같은 산업창출을 가능케 했다.

그러나 우리의 산업 관광은 경제발전과 규모면에 비추어 너무 미약하다. 그러므로 산업 관광 활성화를 위하여 보다 창의적인 아이디어와 전략적인 마인드가 요구되고 있다.

### 1) 산업관광의 실태

문화체육관광부(2008)의 외래관광객 실태조사 결과에 의한 산업시찰 현황에 따르면, 총 국내 인바운드관광 중 산업 관광은약 5.3%를 차지하고 있다. 그리고 한국여행업협회(2008)의 조사보고에 의하면, 국내여행사의 여행 유형별 외래객 유치현황 중 산업관광객은 약 76,593명(2.3%)으로 아직 적은 수요를 나타내고 있다.

여행사가 선호하는 산업시찰 업종은 자동차가 25.3%로 가장 높았고, 전자(25.3%), 조선(14.1%), 제철(8.5%) 등 제조 생산업 분야가 상위권을 차지하고 있고, 식품(8.5%), 농장(4.2%)은 낮다.

〈표 5-7〉 국내여행사의 유형별 외래관광객 유치현황

| 유형 | 2006 | 2007 | 2008 |
|---|---|---|---|
| 스포츠관광 | 40,836 | 44,506 | 59,393 |
| 문화관광 | 838,428 | 812,245 | 968,580 |
| 도자기관광 | 83,674 | 88,951 | 71,839 |
| 인센티브 | 193,031 | 198,584 | 231,507 |
| 산업관광 | 37,379<br>(1.3%) | 37,539<br>(1.3%) | 76,593<br>(2.3%) |
| 수학여행 | 37,240 | 46,042 | 45,351 |
| 안보관광 | 109,007 | 110,994 | 173,914 |
| 학술관광 | 20,028 | 13,673 | 19,601 |
| 쇼핑관광 | 847,517 | 818,248 | 872,373 |
| 사찰 | 392,914 | 383,096 | 424,475 |
| 기타 | 217,592 | 282,117 | 354,980 |
| 합계 | 2,817,646 | 2,835,995 | 3,298,606 |

자료 : 김상태(2010 : 19), 「산업관광 활성화방안」

또한 문화체육관광부의 「산업시찰 방문코스네트워크 구축계획(2007)」을 근거로, 산업관광 참여기업은 POSCO를 비롯하여 63개기업이며,[9] 한국여행업협회(2008) 등록여행사 중 총 54개 여행사(약 6%)가 산업 관광 상품을 운영하고 있다. 전국적으로 경기도에는 삼성전자 수원공장, 기아자동차 화성공장 등 17곳

9) 김상태(2009), 『산업관광 활성화 방안』, pp.17~21, 한국문화관광연구원

을 비롯하여 경남이 6곳, 서울 · 인천 · 강원 · 울산이 4곳 등 참여 기업체가 등록되어 있다.

〈표 5-8〉 산업체관광 시행 기업체(2007~2008)

| 지역 | 기업체 | 지역 | 기업체 |
|---|---|---|---|
| 강원도 | 국순당 주향로 | 충청북도 | 풀무원 음성 두부공장 |
| | 종가집 김치횡성공장 | 충청남도 | 롯데칠성음료(대전) |
| | 하이트 맥주강원공장 | | 농심 아산공장 |
| | 기아자동차 소하리 공장 | | 한국인삼공사 |
| 경기도 | 기아자동차 화성공장 | | 현대자동차 아산공장 |
| | 남양주 종합촬영소 | | 현대제철 당진공장 |
| | 농심공장(안성, 안양) | | 현대오일뱅크 |
| | 삼성전자(수원) | | 현대파워텍 서산공장 |
| | 샘표이천공장 | | CJ 제일제당 해찬들 |
| | 아모레퍼시픽 수원공장 | | GM 대우자동차 보령공장 |
| | 안성 강성원 우유목장 | | LG 태양광발전소 |
| | 에버랜드 환경아카데미 | | LG 화학 대산공장 |
| | 진로소주 이천공장 | 경상북도 | 농심 구미공장 |
| | 한국국제 전시장 KINTEX | | 매일우유 경산공장 |
| | 한국가스공사 홍보관(평택) | | 포스코역사관 |
| | 한국도로공사 교통정보센터 | | 포스코 |
| | KBS(수원)센터 | 경상남도 | 대우조선해양 |
| | 롯데칠성(오포,안성) | | 삼성중공업 |
| | OB맥주 이천공장 | | 종가집김치 거창공장 |
| 인천 | 영창악기 | | 한국가스공사 통영가스홍보관 |
| | 한국가스공사(인천) | | GM 대우자동차 창원공장 |
| | GM대우자동차(부평) | | 롯데칠성음료 |
| | 인천경제자유구역 | 울산 | SK 에너지 |
| 서울 | 한국영상자료원(시네마테크,영상자료실, 박물관) | | 현대자동차 울산공장 |
| | | | 에쓰오일 |
| | | | 현대중공업 |
| | | 전라북도 | 하림 |
| | 대한항공 | | 현대자동차 |
| | 아시아나 | | GM 대우자동차 |
| | SK텔레콤 T.um | 전라남도 | 기아자동차(광주) |
| 부산 | 농심 부산공장 | | 한일시멘트 |
| | 르노삼성자동차 부산공장 | | GS 칼텍스 |

자료 : 김상태(2009 : 22), 「산업관광 활성화방안」

### 2) 산업관광의 규모

한편 제3차 관광개발기본계획(2011)과 각 년도별 국민여행실태조사 및 외래관광객실태조사에 의거하여 조사한 문화체육관광부(2012)의 통계에 의하면, 2009년에는 149만명, 2010년에는 139만명, 2011년에는 159만명에 달한 것으로 나타났다. 세부적으로 살펴보면, 내국인 산업관광 참가자는 2009년에는 113만명, 2010년에는 104만명으로 감소하였다가 다시 2011년에는 115만명으로 확대되었고, 국민의 국내여행 참가자의 약 3.3~3,6%가 산업관광에 참여한 것으로 나타났다. 외국인 산업관광 참가자는 2009년 36만명, 2010년에는 35만명 2011년에는 52만명이 참가하여 방한 외래관광객의 4~6%의가 산업관광 참가자로 추정된다.

〈표 5-9〉 한국의 산업관광 규모

| 연도 | 내국인 산업관광 참가자 수(명) | | | 외국인 산업관광 참가자 수(명) | | | 산업관광 규모(명) |
|---|---|---|---|---|---|---|---|
| | 국민관광객 | 점유율(%) | 참가자 수 | 외래관광객 | 점유율(%) | 참가자 수 | |
| 2005 | 36,888,642 | 3.8% | 1,411,725 | 6,022,752 | 7.9% | 475,797 | 1,887,522 |
| 2006 | 37,666,721 | 2.9% | 1,073,609 | 6,155,045 | 7.1% | 437,008 | 1,510,617 |
| 2007 | 36,443,445 | 3.3% | 1,185,457 | 6,448,240 | 5.3% | 341,757 | 1,527,214 |
| 2008 | 37,391,314 | 2.6% | 958,483 | 6,890,841 | 5.4% | 372,105 | 1,330,589 |
| 2009 | 31,201,294 | 3.6% | 1,133,111 | 7,817,533 | 4.6% | 359,607 | 1,492,718 |
| 2010 | 30,916,690 | 3.4% | 1,038,973 | 8,797,658 | 4.0% | 351,906 | 1,390,880 |
| 2011 | 35,013,090 | 3.3% | 1,154,039 | 9,794,796 | 5.3% | 517,165 | 1,569,813 |

자료 : 문화체육관광부(2012), "산업관광 활성화방안"

국내 산업관광은 제조업 중심의 단순 기업견학·산업시찰 형태로 운영중으로 파악되는데, 대표적으로 한국산업단지공단 운영 기업투어는 103개 기업 참여한 23개 코스가 있다. 또 경쟁력 있는 국가 관광자원임에도 불구하고 독일 폭스바겐 기업은 아우토슈타트 건설에 4억3천만유로 투자하는 등 산업관광은 선진국에 비해 기업의 개발·투자 상황은 미흡한 실정으로 산업기반시설과 관광객 체험, 지원시설 등 복합적 관광인프라 부족으로 인해, 산업관광 성장에 한계를 보이고 있다.

내국인 산업관광 참가자 수는 위 표에서 보여주듯 최근 5년간 평균 3.2%(110만명 내외)의 점유율로 경쟁국과 비교하여 낮은 수준이다. 예를 들면, 일본은 2009년 산업관광 시장 점유율 13.5%(약 1,132만 명), 중국은 2008년 상하이 산업관광객 수 620만 명, 독일은 아우토슈타트에 200만 명, 벤츠박물관에 70만 명, BMW박물관에 55만 명이 방문하고 있다.

문화체육관광부는 체계적 육성을 위한 '산업관광 육성 기본계획'을 2012년 12월에 수립하여 전략적 개발방향과 경쟁력을 극대화 할 수 있는 육성체계 마련하였다. 이를 실현하기 위하여 2012년에는 지자체 대상 공모를 통해 6개 사업 선정, 인프라 구축 및 콘텐츠 개발 지원(10억원), 2013년에는 관광진흥개발기금으로 산업관광 전략적 거점 육성(11억원), 산업관광 기반조성(3억원)을 편성하는 등 지속적으로 산업관광 육성방침을 보이고 있다

이에 따라 문화체육관광부는 산업관광 활성화측면에서 관광 진흥을 10대 과제 중 하나로 지원하고자 테스크포스(task force)팀을 발족시켜 관련 사업을 추진하고 있다. 그리고 지자체 해외 홍보와 마케팅 지원 사업 내에 산업관광 상품 개발을 지원하고 있으며, 산업체 시찰 및 연계 관광 프로그램 책자 제작 및 배포와 아울러 산업체 시찰 우수 관광 상품 사례 발굴사업 등을 지원하고 있다.

### ❖ 외국의 산업관광 현황

해외사례로 구・미주에서는 웹사이트를 통한 정보 네트워크(network) 구축, 지역유산 개발, 다양한 언어의 홍보책자 제작, 관광전시회에 적극 참가한 홍보체계 구축, 산업관광 루트의 브랜드화 및 품질인증 마크를 실시하고 있다.

일본은 관광객 특성에 맞는 다양한 가격대의 상품 개발, 웹사이트 구축, 네비게이션(navigation)을 활용한 유통 채널 구축, 지역과 광역을 어우른 상품개발과 테마별 협조체제 구축을 하고 있다. 독일은 공업 및 전시컨벤션의 활성화에 따른 자동차, 화학 및 제약공장 견학 프로그램, 포도주 및 맥주 주조 견학, 의료산업, 인쇄공업 연수・견학 프로그램 등이 활성화되어 있다. 그리고 남아프리카 공화국은 설탕 제조 및 다이아몬드 채광 견학, 원자력 연구 산업 견학 프로그램

등을 운영하고 있다.

중국은 상해의 산업관광 시범구역 선정 사업, 산업관광 진흥센터 운영, 텐진(天津)에 20여개의 주요 산업프로젝트를 진행시키고 시설 개발 지원과 세제지원 등의 행정체계를 구축하고 있다. 이러한 외국의 산업관광 발전 사례와는 달리 우리나라는 산업 관광을 할 수 있는 홍보관 등 견학 시설 부족, 산업 관광 활성화를 위한 전문 인력의 부족, 산업관광에 대한 산업체의 인식 부족에 따른 편의시설 및 관광관련 시설의 미비 등이 가장 큰 장애요인으로 대두되고 있다.[10)]

### 1) 지역전통·지역산업 기반형 개발 사례

지역산업이 문화가 되어 지역 활성화에 기여한 사례로 로에베(Loewe)는 스페인의 명품의류 및 액세서리 브랜드로서, 디자인에 스페인의 전통과 문화를 담기위해 지역건축가와 협력하여 로에베 매장·공방을 개설하였는데, 로에베 거리조성으로 수공예 피혁제품을 생산하고 쇼핑거리를 형성하였다.

기업 개방을 통해 지역관광 선도하는 사례로 프랑스 앙제르(Angers)지역 소재 기업들의 관광참여를 유도하기 위한 공공·민간협력 프로그램으로 기업개방을 통해 커뮤니케이션 활성화와 지역 경제성장을 견인하고 있는데, 축제기간 동안 100여개 기업 참여, 2~3만 명의 관광객 방문한다.

지역 특색을 보존·전승하고 관광마을로 재탄생시킨 사례로 일본 미야자키(宮崎)현 아야초(綾町)라는 조그만 농촌마을의 양조산업을 활용하여 술을 주제로 한 테마파크를 조성, 관광객들에게 다양한 즐길거리와 체험거리 제공하였다. 명성이 나자 농산물 및 주류의 제조, 상품구매를 위하여 연간 300만 명이 이 지역을 방문하는 대표적인 농촌산업관광의 모델이다.

10) 김도영(2012), “한국형 산업관광 활성화를 위한 선택속성에 대한 연구”, 『벤처창업연구』 7(4)

로에베공방 메이드 인 앙제르 미야자키현 아야초

자료 : 문화체육관광부(2012), "산업관광 활성화방안"

[그림 5-1] 지역전통 · 지역산업 기반형 산업관광

### 2) 폐산업시설 · 공장 재활용형 개발 사례

영국 런던시내에 20년간 방치되었던 화력발전소를 2,000년 현대미술관으로 리모델링하여. 현대미술의 메카로 성장한 테이트 모던(Tate modern)미술관에는 연간 470만 명이 방문하여 폐산업시설의 재활용하여 지역문화콘텐츠로 재창조한 모델로 손 꼽힌다.

옛 제철소 공장시설을 개조해 차별화된 공원을 조성하고 컨벤션센터, 다이빙센터 등의 문화체육시설을 배치하여 관광명소화를 이룬 뒤스부르크 환경공원(Duisburg landschaftspark)에는 연간 70만 명 방문한다. 이는 공장도시에서 자연도시로 이미지 전환한 성공사례다.

테이트 모던 뒤스부르크 환경공원 삿포로 팩토리

자료 : 문화체육관광부(2012), "산업관광 활성화방안"

[그림 5-2] 폐산업시설 · 공장 재활용형 산업관광

또 맥주제조장으로 지은 건물을 대형 쇼핑몰로 개조.레스토랑, 호텔, 피트니스 클럽 등 160여개 상점과 시설을 배치한 삿포로 팩토리(Sapporo factory)에 연간 200만 명 방문하는 삿포로의 대표 관광지로 성장하였고, 공장부지를 재활용하여 종합상업시설로 이용되는 대표적인 사례다.

### 3) 글로벌 기업 투자형 산업관광 사례

폴크스바겐(Volkswagen)사가 독일 볼프스부르크(Wolfsburg)에 있는 자동차공장과 자동차 테마파크를 조성, 기업 홍보 기능과 더불어 제품 전시, 판매, 교육, 체험, 숙박, 편의 등의 복합적 기능을 수행하는 아우토슈타트(Autostadt) 자동차 박물관에 연간 200만 명이 방문한다.

스웨덴 예테보리(Göteborg)의 볼보(Volvo) 자동차 공장 내에 100여종의 차량을 전시하고 기업의 발전 역사과정, 기업 철학 등 다양한 콘텐츠를 제공하는 볼보박물관에는 연간 37만 명 방문하는 기업 브랜드 활용하여 관광 명소가 되었다.

일본 최대의 자동차회사인 토요타(トヨタ)자동차가 아이치(愛知)현 나가쿠테(長久手)市에 1989년 개관한 토요타박물관(トヨタ博物館)은 자동차의 탄생부터 오늘날 생활문화까지 보여주고, 나고야시의 토요타산업기술관은 토요타의 발상지에서 방직공장에서 자동차로 변환되는 역사를 보여주고 있고, 도쿄 오다이바의 메가웹 토요타는 전시와 체험을 할 수 있는 복합공간으로 어린이를 위한 놀이형 시운전프로그램 등을 제공하는 등 세곳 모두 복합시설을 갖춘 기업의 산업홍보 테마파크다.

아우토슈타트

볼보박물관

메가웹 토요타

자료 : 문화체육관광부(2012), "산업관광 활성화방안"

[그림 5-3] 글로벌 기업 투자형 산업관광

## ❒ 산업관광의 문제점과 대책

### ❖ 산업관광의 장애요인

한국의 산업관광은 급속한 산업발달로 특정 대기업을 중심으로 생산 현장방문 형태의 관광이 이루어져 왔다. 그러나 산업발전에 비하여 산업관광의 접목은 체계적으로 발전되지 못하였다.

전경련의 조사에 의하면, 산업관광에 적극적으로 참여하지 않는 이유로 산업관광 홍보관 등 견학시설 부족(33%)가 가장 많았고, 산업관광단을 안내할 수 있는 안내원 등 인력과 장소 부족(24%), 산업현장 개방으로 인한 기밀누설 및 시설파괴우려(19%), 산업관광객 대상 기념품, 편의시설 등과 관련 경비 부담(5%)를 들고 있다.

이에 중소기업의 경우, 산업관광 프로그램을 진행하기 위하여 전문인력지원(30%), 관광객에게 제공할 기념품 제공 등 물품지원(22%), 산업 시찰과 견학이 가능한 기업내 시설물 설치 및 설비지원(23%) 등으로 나타났다.

### ❖ 산업관광 정책 방향 제시

산업관광 정책이란 "정부가 지방자치단체, 해당기업, 관련 여행사 등을 통해 과거부터 현재, 미래의 우리나라 산업관련 장소를 대상으로 관광적 관점과 기술을 접목·활용을 지원함으로써 국내외 관광객이 관람, 견학, 체험 등의 활동에 매력성과 편의성을 제고하여 교육과 재미라는 욕구에 부응함으로써 당해지역과 기업에 편익을 발생시키는 동시에 이러한 형태의 관광을 국가적으로 새로운 성장 동력화 하려는 정책"이라 할 수 있다.

산업관광 활성화 정책의 기본 방향은 차별성, 단계적 접근성, 후행적 지원을 들고 있다. 즉, 차별성은 일본, 중국과는 차별화된 산업관광이 이루어져야 한다. 단계적 접근은 기업참여의 유도도 단계적으로 추진함이 적절하다. 후행적 지원은 먼저 기업과 지자체의 자구적 노력 후에 정부의 지원정책이 진행되어야 한다.

### ❖ 산업관광의 초기 전략

첫째가 초기인식 조성이다. 보안문제 등 한계와 문제점은 있으나 시장의 성장 가능성이란 측면에서 간과할 수 없다.

둘째 산업관광코스의 매력화다. 단순 견학 및 시찰보다 체험성과 오락적 요소를 가미한 새로운 코스 개발이 필요하다.

셋째 관광산업분야의 선참여다. 지금까지 조선, 철강, 자동차 등 제조업 중심으로 진행되어 왔으나, 호텔, 테마파크 등 서비스산업의 적극적 참여를 유도한다.

넷째 자자체가 추천하는 기업과 지역을 우선적으로 지원한다. 초기 단계에서 지자체가 추천을 하는 기업을 중심으로 지원이 바람직하다.

다섯째 산업관광 측면에서 경쟁력 있는 산업을 우선 지원한다. 생활 소비재와 미래첨단 산업분야로 전자는 막걸리 공장 견학이 대표적이며, 후자는 IT, BT, CT 등 미래산업을 대상으로 지원한다.

### ❖ 산업관광의 육싱방인

#### 1) 다양한 유형과 상품의 개발

- 주변관광자원과의 연계 및 매력 제고
- 산업관광의 스토리텔링 발굴
- 산업관광지의 지역 친화적 환경 조성
- 산업관광 시행 기업의 박물관 및 홍보관 건립 지원
- 산업관광 테마파크 건립
- 산업관광 우수상품 시상
- 외국인 관광객들을 위한 책자 및 도우미 지원

#### 2) 네트워크 구축과 알선업체 지원

- 산업관광 협의회 구축
- 산업유산관광 육성 협회 구성
- 산업관광 정기 세미나, 심포지엄 개최

- 산업관광 정보 포털 사이트 연계 구축
- 산업관광 참여기업 리스트 및 관광안내 책자 작성
- 한중일 연계 산업관광 상품개발

### 3) 홍보, 마케팅 체계 구축

- 산업관광 기획 여행사 인센티브 제도 도입
- 산업관광 마케팅 자문단 운영
- 기념품 제공 등 물품 지원

### 4) 공공부문의 기반구축 지원

- 산업관광 관계자들의 인식개선 프로그램 운영
- 산업관광 진흥센터 운영
- 산업관광 시범사업 선정
- 산업관광 시행 기업의 조세 감면
- 산업관광 통계 및 연구사업 시행
- 기업자체 보안기준 마련 권고

### ❖ 산업관광 육성 기본방향

| 구분 | 내용 |
| --- | --- |
| 비전 | 외래관광객 2,000만명 시대를 견인할<br>**한국형 산업관광 실현** |
| 목표 | · 100대 한국형 산업관광자원 개발<br>· 놀이식 학습(Edutainment) 산업관광 실현<br>· 산업관광 국제경쟁력 확보<br>* 산업관광시장 3%(150만명) ⇒ '17년 10%(600만명) 달성<br>* 5개년(2013~2017)간 8만개 일자리 창출 |
| 부문별 추진과제 | ❒ 산업관광 기반조성<br>• '100+α' 산업관광 자원 기반조성<br>• 산업유산 자원의 발굴 · 보전 · 활용<br>• 산업관광 수용태세 개선 |
| | ❒ 산업관광 수요 창출 및 확산<br>• 놀이식 학습(Edutainment) 산업관광 상품 · 비지니스 육성<br>• 가족 · 청소년 체험 산업관광 활성화<br>• 산업관광 전문여행사 육성 · 지원을 통한 유통구조개선 |
| | ❒ 산업관광 진흥체계 고도화<br>• 산업관광 전문인력 교육훈련 · 산업관광 해설사 양성<br>• 산 · 학 · 연 · 관 산업관광 협력 · 네트워크화<br>• 산업관광 관리운영 · 모니터링 및 컨설팅 |
| | ❒ 민간참여 산업관광 육성<br>• 민간기업의 참여 · 협력 강화<br>• 우수 산업관광 지역의 '+10% 인센티브' 제공<br>• 글로벌형 '산업관광도시' 지정 · 지원 |

자료 : 문화체육관광부(2012), "산업관광 활성화방안"

[그림 5-4] 산업관광육성 기본방향

## ❖ 한국형 산업관광 육성

한국형 산업관광은 산업관광의 제반 요소와 지역문화·지역관광의 융·복합을 통한 경쟁력 있는 지역관광자원을 중점 육성하는 것이다.

지역산업관광 개발 모델은 지역경제 활성화를 위한 비즈니스 기능과 지역상품 판매기능을 정립하고, 산업유산 개발 모델은 산업유산 발굴을 통하여 산업유산 전시 및 산업시설과 공간의 문화예술공간으로 리모델링을 활용하고, 민간참여 개발모델은 글로벌 기업의 공공 산업관광 인프라 구축 및 홍보마케팅을 지원하는 것이다.

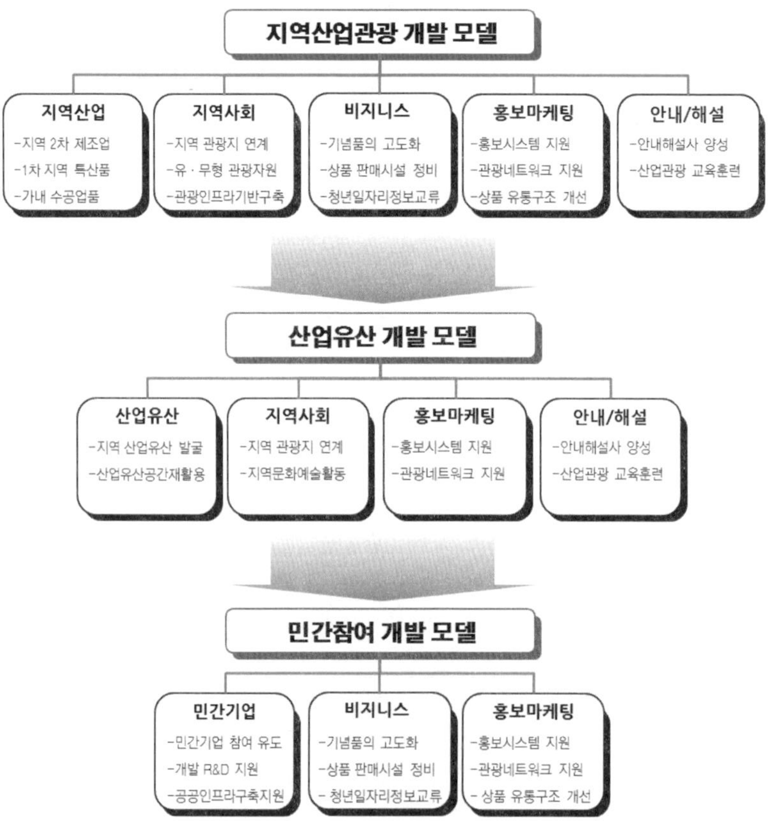


자료 : 문화체육관광부(2012), "산업관광 활성화방안"

[그림 5-5] 산업관광 개발 모델

### 1) 지역경제기반의 지역산업관광 개발모델

지역 연고 산업을 바탕으로 산업관광자원 발굴 및 육성함에 있어 지역의 특화성 및 중복성을 검토하고, 타부처 지원 사업은 제외하며, 권역별 6개의 우수 사업을 선정하여 우선 추진한다. 관광활동은 견학과 체험을 중심으로 진행되며, 운영주체는 광역과 민간이 협업을 하고, 재원확보는 국가와 지자체가 매칭펀드 형식으로 분담한다.

### 2) 산업유산을 보전 · 활용하는 모델

보존 및 활용 가능한 근대산업유산의 산업관광 자원화 모색하는데, 지역의 활성화와 재생장치와 같은 새로운 유형의 지역 관광자산 발굴하여 권역별 5개 사업을 선정하여 우선 추진한다. 관광활동은 교육 · 문화예술을 향유하되, 운영주체는 국가와 기초지방자치단체가 공동으로 하되, 재원확보는 국가가중심이 된다.

### 3) 지자체 협력기반의 민간참여형 모델

글로벌 기업을 활용한 권역별 핵심 거점 사업으로 개발함에 있어 기업 · 제품 홍보로 수익창출 다변화를 꾀하는 글로벌 기업의 자발적 참여의지가 무엇보다 필요하다. 권역별 1개 사업을 선정하여 우선 추진하되, 관광활동은 전시 · 관광 랜드마크를 중심으로 하고, 운영주체는 민간과 광역지자체가 공동으로 하며, 재원확보는 민간 중심으로 한다.

경기도 포천 산사원 / 전남 신안 소금박물관 / 경상북도 포항 포스코

자료 : 문화체육관광부(2012), "산업관광 활성화방안"

[그림 5-6] 산업관광 개발 모델 사례

## ❒ 산업관광 4대 추진과제

### ❖ 산업관광 기반조성

#### 1) 100+α 산업관광 자원 기반조성

국내 산업관광은 일부 기업에서 단순 산업견학 및 시찰 위주로 운영 중이나, 수도권 및 일부 대도시 위주의 산업관광 목적지 확대를 위하여 권역별로 경쟁력 있는 다양한 산업관광 자원을 개발하고 있다. 7대 권역별 산업관광 개발 수요조사를 통해 우수 100+α 한국형 산업관광 자원을 선정하는데, 지역별 산업관광 자원조사결과와 지자체별 개발 수요조사결과를 바탕으로 경쟁력을 갖춘 100개 이상의 특화자원을 선정한다.

또 특화된 지역 산업을 활용하여 체험(놀이식 학습), 기업견학, 산업시찰 등의 다양한 활동이 가능토록 기반시설을 조성한다.

#### 2) 산업유산 자원의 발굴 · 보전 · 활용

1950~1970년대 초기 산업유산의 관광자원화로 훼손과 분실을 예방하기 위하여, 지정문화재는 보전을 통한 활용 방안을 마련하고, 비지정 산업유산은 노후 자원 시설의 정비를 통한 활용방안을 제시하고 있다.

산업유산과 관련 있는 국가지정문화재는 38건, 시 · 도지정문화재는 75건, 등록문화재가 119건 존재하는데,[11] 문화재청에 등록된 지정 · 등록문화재 가운데 산업 관련 유물 · 유산의 전시(산업박물관)와 리모델링(문화집회시설 구축)을 추진한다.

이밖에 훼손, 분실 위기에 처한 비등록 산업유산에 대해서는 발굴 및 보전 · 활용 할 수 있는 기반시설을 조성하고, 중요 농어업 유산을 보전하고, 관광 · 휴양 상품으로 개발하기 위하여 '농어촌 유산사업'(Heritage Industry) 시행을 위한 기반을 농림축산식품부에서 마련하고 있다. 2013년도에 국가 중요 농어업유산을 지정하고, 이 중 3개소를 복원 · 정비한 후 FAO의 세계중요농업유산시스템(GIAHS)에 등재를 신청한다.

---

11) 문화재청 문화유산정보, 2012년 8월 기준

### 3) 산업관광 수용태세 개선

국내 산업관광 수용태세 선진화를 위해 볼거리, 체험성, 편의성, 접근성, 안내해설 등 5대 기능을 개선할 필요가 있다. 특히, 안내·해설 시설, 접근 시설, 안전·보안 시설 등의 구축이 시급한데, 최근 구미 (주)휴브글로벌 불화수소가스 누출사고(2012.09.27), 청주 LG화학공장 폭발사고(2012.08.23) 등의 안전문제로 산업관광 활동 저해요인이 발생하였다.

관광편의시설 보완·정비를 통해 관광객 확대유치 여건 마련해야 하는데, 기업투어를 시행하고 있는 산업단지에 관광객 편의시설 설치를 지원하고 있다. 이를 위해 산업관광 안내·해설 체계 구축, 접근·이용 편의를 위한 교통체계 정비, 관광객과 기업의 안전체계를 구축하고 있다.

## ❖ 산업관광 수요창출과 확산

### 1) 놀이식 학습(Edutainment) 산업관광 상품·비지니스 육성

단순한 관람형태를 탈피하여 독일·일본 등 산업관광 선진국처럼 관광객의 참여와 흥미를 유발하는 프로그램을 마련할 필요가 있다. 예를 들면, 독일의 일부 기업 역사박물관에서는 제품 제조과정의 스토리텔링, 기업의 발전사 조망, 관광객 참여 프로그램 등을 진행하고 있고, 일본은 기업, 민간단체, 지역간 협력을 바탕으로 지역 산업관광 자원과 대표 관광지 간의 루트개발이 활발하게 진행되고 있다.

경쟁력 있는 우수 산업관광 자원의 놀이식 학습(Edutainment) 상품화 추진 및 활성화 프로그램을 마련하는데, 산업관광자원을 활용한 체험상품·프로그램(스토리텔링, 축제 등) 개발, 제품구매와 연계될 수 있는 기념품 개발 및 판매·수익시설을 설치한다.

### 2) 가족·청소년 체험 산업관광 활성화

주5일 수업제의 전면 실시에 따른 주말 여가활동과 창의·체험 학습활동에 대한 청소년들의 관심 증가를 적극 활용하여 시·도별 자율적으로 '주5일 수업제' 프로그램을 운영중이나 다양한 체험과 여가활동을 원하는 청소년들의 욕구

를 충분히 충족시키지 못하는 실정이다.

청소년들의 기업·산업기술에 대한 이해를 돕고 미래직업에 대한 체험기회를 제공하기 위한 산업관광 프로그램을 개발하는데, 단순 시찰과 견학 수준을 탈피한 흥미유발 상품개발, 체험기회를 제공하고, 기업창업과 기업성장 스토리, 생산제품의 탄생과정 스토리 등을 개발하고 있다.

농어업·농어촌 현장과 농산업에 대한 이해도를 높이기 위해 농어촌체험-농산업현장 연계 프로그램을 농식품부에서 운영하는데, 초등학생을 대상으로 농어촌경관-농어촌문화자원-농산업시설 등이 연계된 농어업 산업관광 프로그램을 운영하고 있다.('13년 50개교)

### 3) 산업관광 전문여행사 육성·지원을 통한 유통구조 개선

기업방문 조건과 절차가 까다롭고, 개별 관광객의 접근이 어려운 산업관광 특성상, 전담체계(여행사)의 구축이 필요하다. 기업홍보관을 갖고 있지 못한 대부분의 기업에서는 일부 단체관광객과 비즈니스 시찰단에 한해 예약접수 후 제한적으로 산업현장견학을 시행중이다.

효과적인 관광객 모집, 다양한 여행상품 개발 체계 마련을 위해 산업관광 유통을 전담하는 전문여행사를 육성·지원할 필요가 있다. 인센티브 제도를 도입하여 전문여행사 육성과 전문성 확보를 도모한다. 또 여행업계 산업관광 신상품 개발 등의 유통구조 개선도 지원하고 있다.

## ❖ 산업관광 진흥체계 고도화

### 1) 산업관광 전문인력 교육훈련 실시, 산업관광 해설사 양성

국내 산업관광의 전문인력 양성을 위한 인프라 구축이 필요하다. 특히 포스코(20여명), 현대중공업(7명), SK에너지(4명), 르노삼성자동차(5명), 산사원(3명), ㈜대상(1명) 등 산업관광 안내해설 담당직원를 배치하고 있다.

산업관광 기업관계자와 지역 담당자 등을 대상으로 전문적 교육·훈련을 실시하는데, '산업관광 아카데미'를 개설하여 국내 산업관광 이해관계자 등을 대상으로 산업관광 이해증진을 위한 교육훈련을 시행하고 있다.

외국어 능력을 보유한 산업관광 안내해설사를 매년 500여명 양성할 수 있는 체계를 구축하는데, 양질의 일자리를 창출하고 관광서비스의 경쟁력 제고를 위해 산업관광 전문해설사 등을 대상으로 직업 교육을 실시한다.

### 2) 산 · 학 · 연 · 관 산업관광 협력 · 네트워크화

산업관광 활성화를 위한 세미나 · 심포지엄 개최, 방송 프로그램 제작, 학계와 지속적인 연계를 하고 있다. 동북아 3국(한 · 중 · 일) 협력 네트워크 구성 및 연계상품 개발, 남북한 산업관광 관련 협력사업을 발굴하고, 정부 부처 및 관련 기관의 산업관광 연관 사업들 간의 사업운영을 위한 협력 및 네트워크를 형성하여 국제산업관광 심포지엄 개최, 한국 산업관광 방문의 해 개최, 국내외 우수 관광학술 세미나 등을 지원하고 있다.

### 3) 산업관광 관리운영 · 모니터링 및 컨설팅

지역별 산업관광 개발 추진상황 및 관리운영에 대한 정기적 모니터링과 평가를 통한 산업관광 전반에 걸친 컨설팅을 지원한다. 이를 위하여 산업관광 R&D 활동 지원과 산업관광 전문가 인력풀(pool) 제도를 운영하여 전문가 활용, 사업시행 단계별(계획 · 집행 · 성과) 모니터링을 통한 관리운영에 관한 컨설팅을 지원한다.

## ❖ 민간참여 산업관광 육성

### 1) 민간기업의 참여 · 협력 강화

국내 산업관광 시행업체 수는 331개 기업(0.01%)에 불과하므로 산업관광에 대한 국내 민간기업의 참여인식을 제고하고, 글로벌기업 등 민간기업의 자발적 참여를 위한 다각적인 노력을 전개한다. ISO 26000과 연계한 기업의 사회적 책임 및 협력 강화 전략을 수행한다.

> SONY(2001) → 환경문제(2,000억원 손실), NIKE(2001) → 노동착취(영업이익 37% 감소), ENRON(2001) → 불공정 운영(파산), ATP(덴마크 공적자금 투자회사) → 경영자 윤리성(닛산 및 현대자동차 투자 철회)

기업참여 유도 홍보전략 및 세미나(교육) 실시, ISO 26000과 연계한 시대적 동향에 관한 홍보물 제작 등 자발적 개발투자를 유도하는데, 산업관광 아카데미 운영, 우수사례 공유, 공공부문 개발을 지원한다.

#### 2) 우수 산업관광 지역에 대해 '+10% 인센티브' 제공

지역 산업관광 운영실태에 대해 전문가 모니터링 및 평가를 시행하는데, 사업시행 단계별 (계획 · 집행 · 성과)로 우수 산업관광 지역 선정, 지원한다. 모니터링 및 평가결과 우수 산업관광 지역 선정, 투자비의 10%(홍보 및 마케팅비 활용) 인센티브도 제공한다.

#### 3) 글로벌형 산업관광도시 지정 · 지원

지역별 산업관광의 수준을 국제적으로 끌어 올릴 수 있도록 산업관광도시를 지정하여 전략적 거점 지역 육성을 위해 우수 산업관광 지역을 글로벌 산업관광 도시로 지정하고 행 · 재정적 지원을 한다.

향후 추진계획으로 2013년~2017년 기본계획을 통한 안정적 · 체계적 정책기반을 조성하는데, 중 · 장기적인 산업관광 육성 기본계획 수립을 통한 정책 운용의 안정성 및 체계성 확보와 산업관광 운영특성상 민간기업의 참여와 역할 증대 유도 및 2018년 이후 민간기업의 자발적 참여와 추진을 유도해야 한다.

## ❒ 경기도의 산업관광

### ❖ 경기도 산업관광 현황

#### 1) 지역전통 · 지역산업 기반형 개발 사례

경기도의 지역산업이 문화가 되어 지역 활성화에 기여한 사례로 포천의 산사원을 들 수 있다. 이동막걸리로 유명한 지역에 지역기반형 산업시설이 마련되고 또 관광자원으로 활용되고 있다. 실제 JTB의 여행상품에도 포함되어 인기를 모으기도 하였다.

### 2) 폐산업시설 · 공장 재활용형 개발 사례

광명시의 폐광이었던 가학광산을 새로운 관광자원으로 개발하여 광산 음악당을 만들고, 광산 레스토랑, 와이너리 뿐만 아니라 각종 식품, 제품 등의 저장소로도 활용하고 있고 특히 KTX광명역과 인접하여 수도권 주민은 물론 전국적인 관광지로도 발돋움하고 있다.

### 3) 글로벌 기업 투자형 산업관광 사례

세계 제1의 삼성전자와 LG, 기아차, 아모레퍼시픽 등 각종 글로벌 기업의 홍보관과 산업시설 현장을 답사하고 체험하는 산업관광이 활발하게 진행되고 있다. 특히 삼성전자는 2014년말 대형 홍보관이 완성되면 대표적인 산업관광의 메카로 등장하게 된다.

## ❖ 경기도 산업관광 발전방향

### 1) 지역경제기반의 지역산업관광 확대

이천, 광주, 여주의 도자기를 파주, 연천, 포천지역은 장단콩, 술, 허브를, 양평, 남양주, 안산 시화호, DMZ 일원은 생태자원과 안성, 용인, 이천, 양평지역의 농업체험형을, 수원, 성남, 고양 등의 테마파크 등 지역에 기반을 둔 산업관광을 확대하는 것이 타당하다.

### 2) 산업유산을 보전 · 활용

시흥의 소금창고, 광명의 가학광산, 파주의 캠프 그리브스, 의정부 미군기지 등 보존 및 활용 가능한 근대산업유산의 산업관광 자원화를 활발히 모색하여 새로운 산업관광의 현장으로 재활용토록 하며, 관광코스에 포함토록 한다.

### 3) 지자체 협력기반의 민간참여형 모델

수원, 화성, 평택은 삼성전자 등 글로벌 기업을 활용한 권역별 핵심 거점 자원으로 활용하여 민간과 지자체가 협력하되, 민간주도형의 산업관광의 모델을 만들어 경기도 산업관광의 기본 코스에 포함토록 한다. 또한 공공부문에서도

에너지 재생차원에서 시화호 조력발전소, 여주 이포보 수력발전소 등도 산업관광으로 적극 활용될 수 있다.

〈표 5-10〉 경기도의 대표 산업관광지

| | 산업관광지 | 지역 |
|---|---|---|
| 1 | 기아 자동차 화성 공장 | 화성 |
| 2 | 남양주 종합 촬영소 | 남양주 |
| 3 | 농심 공장 | 안성, 안양 |
| 4 | 삼성 전자 | 수원 |
| 5 | 샘표 이천 공장 | 이천 |
| 6 | 아모레 퍼시픽 수원공장 | 수원 |
| 7 | 안성 강성원 우유목장 | 안성 |
| 8 | 에버랜드 환경 아카데미 | 용인 |
| 9 | 진로소주 이천 공장 | 이천 |
| 10 | 한국 국제 전시장 KINTEX | 고양 |
| 11 | 한국 가스 공사 홍보관 | 평택 |
| 12 | 한국 도로공사 교통정보센터 | 성남 |
| 13 | KBS센터 | 수원 |
| 14 | 롯데칠성(오포, 안성) | 안성 |
| 15 | OB맥주 이천공장 | 이천 |

자료 : 김상태(2009 : 22) 「산업관광 활성화방안」

# [평가 문항]

**다음 질문에 맞는 답을 골라 번호를 ( )에 넣으시오.**

**01 관광과 타 산업의 융복합을 설명 중 틀린 것?**

① 관광은 0.5차 산업이다.
② 관광은 모자와도 같아 씌우기만 하면 다른 모습이 된다.
③ 농산어업과 같은 1차산업과 관광이 만나면 산업관광이 된다.
④ 일반적으로 산업관광은 제조업과 관광의 접합을 말한다.

**02 농촌관광의 설명 중 틀린 것?**

① 농촌관광은 대안관광에 해당한다.
② 농촌관광은 지속가능한 관광이다.
③ 농촌관광은 생태관광이다.
④ 농촌관광에는 농업관광과 농장관광이 포함된다.

**03 농촌관광의 성향 설명중 맞는 것?**

① 농촌관광의 의향은 꾸준히 상승하고 있다.
② 농촌관광 동기는 농업체험 목적이 가장 많다.
③ 농촌관광은 당일여행이 가장 많다.
④ 농촌관광 경험자의 평균 경비(2012년 기준)는 약 31만원이다.

**04** 농촌관광 활성화 대책 중 맞는 것?

① 농촌관광에 대한 주민들의 이해도가 낮은 마을을 우선 선정한다.
② 농촌관광과 캠핑, 걷기, 자전거 등 레저관광과는 별도로 추진해야 한다.
③ 외국인 농촌관광 수요 확대사업을 우선적으로 추진해야 한다.
④ 경기도는 2013년 현재 14개 시군에 58개 녹색농촌체험마을을 운영하고 있다.

**05** 산업관광이 아닌 것?

① 공장시찰
② 박물관 견학
③ 농장 체험
④ 산업유산 관광

**06** 산업관광 활성화를 위한 초기전략이 아닌 것?

① 산업관광코스의 매력화
② 호텔, 테마파크 등 서비스산업의 적극 참여를 유도
③ 지자체가 추천하는 지역을 후원적으로 지원
④ 생활소비재나 미래첨단 산업분야를 우선적 지원

**정답** 01 ③ 02 ③ 03 ④ 04 ④ 05 ③ 06 ③

**해설**

**01** 2차산업인 제조업과 관광이 만나면 공장견학여행, 공장체험관광과 같이 산입관광이 되고, 2.5차 신입이 됨

**02** 농촌관광이 농가 혹은 농촌주민이라는 주체를 강조하는 반면, 생태관광은 자연과 생태에 대한 관찰, 학습과 교육, 보적 목적을 강조하는 점에서 차이

**03** 2012년에는 감소, 농촌관광 동기는 휴식과 휴양이 63.8%로 가장 높고, 농촌관광 일정은 1박2일이 50%로 가장 많다

**04** 농촌관광을 운영할 인력이 우선 사항이며, 농촌관광과 레저관광을 병행함이 효과적이고, 외국인의 농촌관광의 수요가 많지 않은 상태이므로 과다한 공급은 자칫 경영상 부담

**05** 산업관광의 유형은 산업시찰형, 공장견학형, 자료관・박물관 견학형, 산업유산 관광형, 체험형 관광으로 분류

**06** 첫째, 초기인식 조성, 둘째 산업관광코스의 매력화, 셋째 관광산업분야의 선참여, 넷째 자자체가 추천하는 기업과 지역을 우선적으로 지원한다. 초기 단계에서 지자체가 추천을 하는 기업을 중심으로 지원, 다섯째 경쟁력 있는 산업을 우선 지원

## 구제역, 전세난도 관광으로 해결하자

경기관광공사 마케팅본부장 오용수

겨울 내내 구제역이 기승을 부리다 살 처분 매몰이 1월 중순을 기점으로 줄어들어 지금은 거의 미미한 수준이 되었고, 신고도 1월 하순을 피크로 줄어드는 상황이다. 그러나 구제역은 농민들과 국민들에게 많은 아픔을 주었다. 살 처분을 마친 축산 농가는 자식처럼 아끼던 소와 돼지를 매몰함으로써 허탈감에 빠졌고, 정부는 보상과 후속조치에 많은 돈을 들여야 하고 연말연시, 구정 때 방역활동 중 순직한 공무원도 적지 않다. 그런데 봄이 가까워오자 매몰 현장에서 침출수가 흘러나와 2차 피해가 예상되고, 특히 상수원 인근 지역에 대한 우려가 높다.

그런데 해결책을 마련하기 위해서는 원인과 문제점을 정확하게 알아야 한다. 상수원 인근지역에서 환경오염을 이유로 공업과 관광업이 금지되어 결국 원주민은 축산업과 농업을 할 수 밖에 없는 것이 근본 원인이고, 살 처분 매몰은 구제역 확정 후 24시간 내에 즉각 축사인근 혹은 축사에 매몰할 수밖에 없는 실정이 문제였다.

답은 호텔 등 관광시설을 친환경적으로 건립, 철저하게 관리하는 것이다. 상수원지역은 경관이 아름다워 관광지로 적합한 곳이 많다. 고용유발효과와 경제적 기여도가 높은 관광사업을 하되, 수자원 오염이 되지 않게 관리하면 된다. 관광부문에서도 친환경 노력을 하고 있는데, 우리나라 관광호텔에는 일회용 젓가락과 면도기 등을 사용하지 않고, 일본의 호텔 주방에서 나오는 폐식용유를 버스 연료로 재활용하거나, '해안청소하기'와 같은 여행상품도 있다. 일률적으로 금지만 할 것이 아니라 사업계획을 면밀히 검토하여 친환경 관광시설이라면 허용하되, 사후관리는 엄격하게 적용하자.

요즘 전세난이 심각하다. 계약만기를 앞둔 서민들은 얼마나 오를까 걱정이 태산이고 결혼을 앞둔 예비부부도 안절부절못한다. 그런데 집을 구입할 수 있는 사람도 사지 않고 전세를 찾는다는 것이 문제다. 원인은 저 출산으로 인구가 정체되어 주택수요가 감퇴되고, 집값이 그다지 오르지 않을 것이라고 예측하기 때문이다.

답은 적정한 인구증가로 주택수요와 공급을 안정적으로 유지함에 있다. 정주(定住)인구든 체류(滯留)인구든 관계없이 늘어나는 것이 좋다. 역사적으로 사람이 모이는 곳은 흥(興)하는데, 미국의 발전이 대표적인 사례다. 지금도 세계 각국에서 유능한 젊은 인재들이 미국으로 향하고 있고 이들이 오늘날의 미국을 만들었다. 미국으로 이민 간 우리 교민들도 사회에서 중요한 역할을 하고 있다. 우리도 출산장려, 육아부담 경감과 함께 유연한 이민정책을 펼치면 정주인구가 늘어나게 된다. 국민들도 외국에서 온 유학생, 다문화 가정에 대해 따뜻한 시선으로 배려하자. 또 이들 가족을 관광차 오도록 하고, 방문 중 관광을 통하여 가족들을 한국팬으로 만드는 것은 관광인의 몫이다.

다음은 체류인구의 증가다. 파리와 같은 곳은 정주인구보다 관광객을 비롯한 체류인구가 배 이상이 된다. 관광객들은 파리경제를 살리고, 파리시에서도 상하수도 주택과 호텔 등 사회기반시설도 체류인구를 감안하여 마련한다. 즉, 우리나라에 관광객 1천만 명을 유치하면 평균체재일이 6일이므로 정주인구가 16만 명 이상 늘어나는 것과 같다. 외래객 유치는 체류인구를 늘리고, 인구증가는 전세난 해소뿐만 아니라 국가발전에도 도움이 된다.

관광이 농업과 만나면 농촌관광, 제조업과 만나면 산업관광, 의료업과 만나면 의료관광과 같은 새로운 블루오션을 만들고, 일자리 창출, 녹색사회, 남북문제 등 제 분야의 문제점도 관광으로 해결할 수 있다. 관광은 만병통치약이고 해결사다.

여행신문 2011년2월21일

제 6 장

# MICE정책과 의료관광정책

- MICE와 의료관광의 해답을 찾아서 -

# 06 MICE정책과 의료관광정책

- MICE와 의료관광의 해답을 찾아서 -

## 1 한국의 MICE 현황과 미래

### ❒ MICE 산업의 현황

#### ❖ MICE의 개념

마이스(MICE)란 일반적으로 회의(Meetings), 인센티브(Incentive), 컨벤션(Conventions), 전시회(Exhibitions) 등의 분야를 아우르는 개념으로, 1990년대 중반 아시아, 대양주 등 후발 대륙국가들 사이에서 고부가가치 산업 육성차원에서 도입되었다.[1)]

마이스의 대표격인 컨벤션은 아이디어 교환, 토론, 정보교환, 사회적 네트워크 형성을 위한 목적을 가지고 UIA(Union of International of Association) 기준에 부합하는 정부, 공공・협회, 학회・기업회의로서 Meeting보다 규모가 크며 국제적 성격을 띤 회의를 통칭하나 실제로는 엄격한 구분이 어려우며 혼재되어 사용되고 있다. UIA기준은 ① 국제기구가 주최하거나 후원하는 회의로 총 참가자 수가 50명 이상인 회의 ② 국제기구에 의해 주최되거나 후원되지 않더라도, 국내단체 또는 국제기구의 국내지부가 주최하는 회의로 '참가국 수 5개국 이상, 총 참가자수 300명 이상이고, 참가 외국인 비율 40% 이상, 회의기간 3일 이상'

---

1) 이창현(2012), 『경기도 마이스산업 중장기 육성방안』, 경기도・한국컨벤션전시산업연구원
_____(2012), 『경기도 마이스산업 중장기 육성방안연구 중간보고서』, 한국컨벤션전시산업연구원

조건을 모두 만족하는 회의를 말한다.

한편 「국제회의산업 육성에 관한 법률 시행령」 제2조에서 말하는 컨벤션의 요건은 다음과 같다. 국제기구나 국제기구에 가입한 국내단체가 주최하는 회의로서 ① 5개국 이상, 300명 이상 참가 ② 참가자중 외국인이 100명이상 ③ 회의기간 3일 이상이거나, 국제기구에 가입하지 아니한 기관 또는 단체가 주최하는 회의로서 ① 외국인 150명 이상 ② 회의기간 2일 이상이여야 한다.

또 한국관광공사도 법률 시행을 계기로 기준이 변경되어 '참가국 수 3개국 이상, 외국인 참가자 수 10명 이상'에서 참가국 수는 무시하고 '외국인 참가자 수 10명 이상'으로 변경하여, 소규모 회의까지 컨벤션에 포함시켰다.

### ❖ MICE 육성 정책

항공, 숙박 등 관광산업 성장의 견인차이자 참가자의 소비지출이 높은 고부가가치 산업으로서 컨벤션산업이 가지는 경제적 · 사회적 파급효과를 인식함에 따라 우리나라도 컨벤션 유치 증대를 위해 많은 노력을 기울이고 있다.

정부는 1996년에 「국제회의산업 육성에 관한 법률」을 제정한 이후 MICE 산업을 신 성장동력 중 하나로 지정하고, MICE산업 발전을 위해 지원정책을 펼쳐왔다.

특히 박근혜 정부는 마이스산업에 대한 촉진정책으로 2013년에 「국제회의 육성에 관한 법률」을 개정하여 복합지구 지정 근거를 만들고, 2014년에 8개 국제회의도시를 지정, 운영하고, 참가자들이 호텔 · 교통 · 음식 · 관광시설을 이용할 때 우대혜택을 제공하는 '마이스 카드'를 활성화하며,

마이스 사업체의 과거 수출실적(외국인 참가자 등록비, 외국인 주최자 대상 제공 용역비 등) 범위 내에서 포괄수출금융을 대출하는 '수출금융제도'를 도입하고, 국제회의기획업(PCO)의 기획료와 인건비 등에 대한 표준요율을 마련하여 합리적 거래 구조를 만들 계획이다.

또 세계적 경쟁력을 갖춘 컨벤션을 다수 개최하여 국격 제고와 마이스 경쟁력을 강화할 생각이다.

## ❒ MICE 산업의 변화와 전망

### ❖ MICE 산업의 시장 전망

지식경제사회로의 진전에 따른 지식과 정보교류의 활성화 등으로 세계 컨벤션산업은 지속적으로 성장할 것으로 예상되며, 특히 아시아 주요국의 공격적인 시장개발 및 정책적 지원 강화에 따른 성장세가 이어질 전망이다.

1999년부터 2010년까지 범세계적으로 평균 65.6% 증가 하였고, 아시아는 146.2%나 증가하였는데, 한국은 311.7%의 고도 성장세를 보였다. 한편 싱가포르는 338.8%, 일본은 146,5%, 중국·홍콩·마카오는 146.6%의 성장세를 보이고 있다.

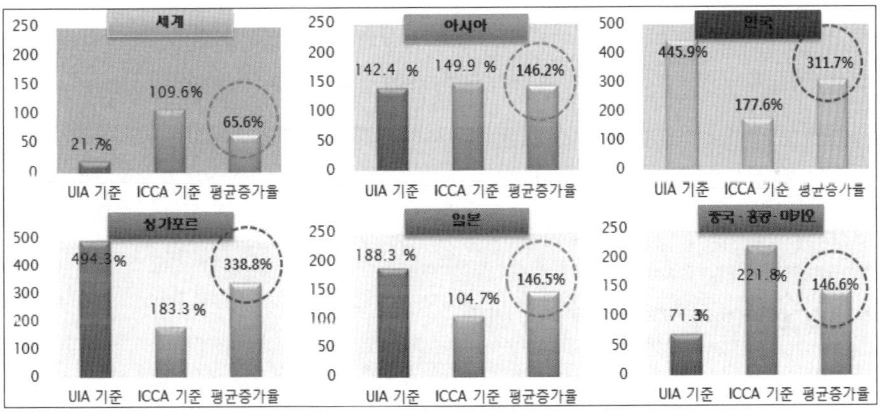


자료 : 이창현(2012 : 5), 「경기도 마이스산업 중장기 육성방안연구 중간보고서」, 한국컨벤션전시산업연구원

[그림 6-1] 세계 회의시장의 성장 현황

컨벤션과 함께 세계 경제의 글로벌화에 따라 상품과 서비스 거래를 촉진시키는 전시산업도 지속적 성장을 보이고 있는데, 특히 2000년 이후 국내 경제규모 성장과 신산업, 신기술, 신제품 개발 등으로 지속적 성장을 보이고 있고, COEX 이외에 BEXCO, KINTEX 등 전시장의 건립으로 인하여 전시장 공급 면적도 증가하며 전시산업은 성장하고 있다.

## ❖ 컨벤션 산업구조의 변화

세계 컨벤션 인프라 면적은 지속적으로 확장되고 있으며, 인프라 경쟁력 강화를 위하여 컨벤션 센터주변에 전시장, 회의장은 물론, 다목적홀, 카지노, 테마파크 등 각종 시설을 복합적으로 개발하거나 복합화를 추진하는 경향이다.

전 세계적으로 전시장의 신규 건립과 확충사업이 진행됨에 따라 전시장 공급시설과 면적은 꾸준히 증가하고 있으며, 2011년 전 1,197개 전시장을 통해 공급된 전시장 면적은 총 3,260만m² 이다. 이중 아시아는 184개 전시장에 660만m² 으로 전체의 20%를 차지하고 있고, 한국은 28만m² 로 아시아의 약 4%, 전 세계의 0.9%를 점하고 있다.

세계 전시회의 개최건수는 2008년 기준으로 31,370건으로 유럽(44%), 북미(40%)의 개최비중이 월등히 높다. 이에 반해 아시아・태평양 지역은 전시회 개최건수에 비해 순 전시면적, 참가업체수, 참관객수의 비중이 높은 편이다.

컨벤션 유치와 관련하여 컨벤션센터가 주도적 역할을 하고 지방자치단체, 한국관광공사(KTO)가 지원역할을 맡는 경우가 많았으나 최근에는 지방컨벤션뷰로가 유치활동 부문에서 핵심적 역할을 하는 구조로 변화되고 있다.

## ❖ MICE산업의 경쟁 심화와 대응

MICE 유치 및 개최를 위한 산업의 글로벌 경쟁이 더욱 치열해지면서 컨벤션센터 등 개별 주체간 경쟁이 컨벤션센터와 지방자치단체, 지방컨벤션뷰로, 호텔, 교통기관 등 네트워크간 경쟁구도로 변화함에 따라 MICE협력네트워크 구축 및 활성화가 중요한 경쟁요소로 대두되고 있다.

또 지방 컨벤션센터 및 컨벤션뷰로의 설립으로 기존의 서울, 부산, 제주 중심의 경쟁에서 경기, 인천, 대전, 광주 등 다자간 경쟁구도로 바뀌며 더욱 치열해져 각자 차별화 전략이 더욱 요구되어졌다.

MICE 중 국제회의 경쟁이 특히 심화되고, 인센티브 시장이 새롭게 부각되고 있으며, 특히 중국의 대규모 기업 인센티브 단체는 모두가 관심을 보이고 있다.

# 2 경기도의 MICE정책

## ❒ 경기도의 MICE 산업 현황

### ❖ 전시회

2011년 킨텍스에서 개최된 전시회는 62건(11.2%)으로 코엑스의 184건(33.3%)의 1/3 순준인 반면에, 전시회 1회당 평균 총 전시면적은 17,788m$^2$로 코엑스(8,419m$^2$)의 2배 이상이다. 또 전시회의 개최건수의 비중은 비교적 낮으나, 전시회 단위 규모가 크고 국제화 수준이 높은 특성을 가지고 있다.

킨텍스 개최 전시회는 참가업체수(320개)와 참가업체 순 전시면적(7,458m$^2$)이 각각 코엑스의 2배(160업체, 3,174m$^2$)에 달하고, 특히 해외 참가업체 순 전시면적은 코엑스의 4배에 달하는 것으로 나타나고 있다. 또 전시회 평균 참관객수(56,001명)도 코엑스(27,194명)의 2배, 평균 해외 참관객수(87,264명)는 코엑스(91,188명)와 비슷하다.

### ❖ MIC (미팅, 인센티브, 컨벤션)

2011년 한국관광공사(KTO) 기준에 따르면, 서울(34.1%), 부산(25%), 제주(14.2%) 빅3도시의 점유율은 2007년(77.6%)보다 매년 감소하고 있는 추세이나 2010년에는 69.7%를 차지하였고 2011년 소폭 반등하여 73.3%를 차지하였다. 반면에 경기도는 14건(2006년)에서 29건(2009년)으로 급성장하다, 2011년에는 27건으로 전체의 2.0%에 불과한 실정이다.

한편, 경기도에서 개최되는 미팅행사는 개최건수(4,282, 3.9%)는 강원(32,720, 29.9%), 경북(26,819, 24.5%), 서울(12,204, 11.1%), 부산(9,139, 8.3%) 제주(4,762, 4.3%)에 이어 6위다. 외국인 참가자수(837명, 9위)에 비해 국내 참가자 수(442천명, 7위)가 많아 내국인 위주의 행사가 많은 편이다.

〈표 6-1〉 전시회 개최현황(2011년)

| 전시장명 | 개최건수(건) | 비중(%) | 전시회당 평균 출전시면적(㎡) |
|---|---|---|---|
| 킨텍스 | 62 | 11.2% | 17,788 |
| 코엑스 | 184 | 33.3% | 8,419 |
| aT Center | 27 | 4.9% | 5,586 |
| 벡스코 | 56 | 10.1% | 8,206 |
| 창원컨벤션센터 | 25 | 4.5% | 5,793 |
| 대전컨벤션센터 | 28 | 5.1% | 2,520 |
| 엑스코 | 49 | 8.9% | 6,593 |
| ICC제주 | 1 | 0.2% | 2,395 |
| 김대중컨벤션센터 | 45 | 8.2% | 5,110 |
| 대전무역전시관 | 13 | 2.2% | 4,200 |
| 서울무역전시관 | 33 | 6.0% | 6,458 |
| 송도컨벤시아 | 17 | 3.1% | 7,364 |
| 기타 | 13 | 2.4% | 23,827 |
| 합계 | 552* | 100% | 9,246 |

자료 : 한국전시산업진흥원(2011), 국내전시산업통계조사
자료 : 이창현(2012 : 18), 「경기도 마이스산업 중장기 육성방안연구 중간보고서」, 한국컨벤션전시산업연구원

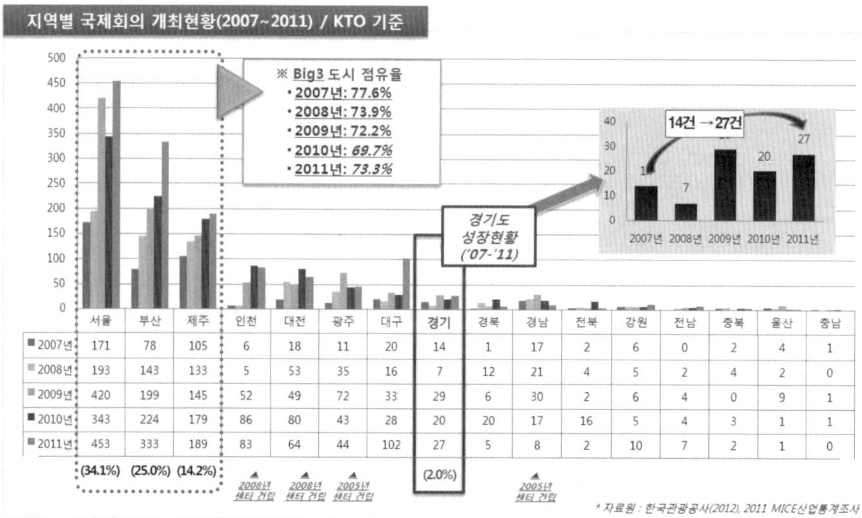


자료 : 이창현(2012 : 21), 「경기도 마이스산업 중장기 육성방안 연구 중간보고서」, 한국컨벤션전시산업연구원 내용을 저자가 편집

[그림 6-2] 지역별 연도별 국제회의 개최 현황 (2006~2011)

인센티브 개최는 서울(4,886회), 제주(1,128) 다음으로 1,085회이고, 누적 방문객수(125,959명)는 서울(350,525명)에 이어 2위 수준으로 인센티브 경쟁력은 높

은 편이고, 컨벤션 개최는 서울(401건, 26.1%), 부산(294건, 19.1%), 제주(204건, 13.5%), 대구(141건), 강원(83건), 경북(78건), 인천(63건), 대전(59건), 광주(44건), 전남(44건)에 이어 11위지만, 내국인 참가자수(16,071명, 11위)에 비해 외국인 참가자수(17,084명, 6위)가 많아 1건당 평균 외국인 참가자수가 많은 편이다.

### ❖ 마이스 시설 및 인프라

2012년 기준 국내 9개 컨벤션센터의 총 면적은 329,780m$^2$인데, 전시장이 262,766m$^2$, 회의장이 67,014m$^2$ 차지하고 있다. 이 가운데 킨텍스는 전시장이 108,483m$^2$, 회의장이 10,188m$^2$으로 총 118,671m$^2$ 규모다. 한편 코엑스는 전시장이 36,007m$^2$이고 회의장이 11,123m$^2$으로 총 47,130m$^2$다.

킨텍스가 2011년 제2전시장 완공으로 국내 최대, 시설면에서 세계 50위권 내로 진입하게 되었으나, 글로벌 경쟁력 제고를 위해서 숙박, 관광, 쇼핑 등 주변 인프라 시설의 집적화와 복합화 추진이 필요하다. 경기도내 마이스 시설은 공연장, 제육관, 콘도, 호텔 등 다양하지만, 이들의 미이스 활용과 잠재활동을 위한 전략적 노출 활동은 미흡한 것으로 보인다.

2013년 기준 세계적으로 10만m$^2$ 이상인 전시장은 총 51개며, 세계 전시장 공급면적의 28%를 차지하고 있으며, 이 중 아시아 지역 전시장은 12개가 있는데, 중국이 9개, 태국, 한국, 이란이 각각 1개씩이며, 킨텍스는 108,483m$^2$로 전체의 44위에 해당한다.

경기도의 마이스 시설과 인프라를 북부권과 남부권으로 나누면, 북부권에는 킨텍스이외 호텔 등 타 시설이 부족했으나, 2013년 MVL호텔 킨텍스가 오픈하고, 테마파크, 쇼핑몰인 원마운트의 개관과 인근의 아울렛과 스킨에니버서리(피부미용샵)가 보완되고 있다. 한편 남부권에는 특급호텔 8개를 비롯하여 콘도시설들과 에버랜드, 민속촌 등 테마파크, 음식점, 문화시설이 많이 분포되어 있으나 대형 컨벤션시설이 미흡한 실정이다.

**경기도 MICE시설 공급현황(2011년)**

▣ 킨텍스(전문회의시설)

- 제1전시장 : 2005년 4월 개관, 전시장 53,975㎡ / 회의실 6,166 ㎡
- 제2전시장 : 2011년 9월 완공, 전시장 54,508㎡ / 회의실 4,022 ㎡
- 총 전시장면적(1+2) : 전시장 10만 8천㎡ / 회의실 1만 2천㎡

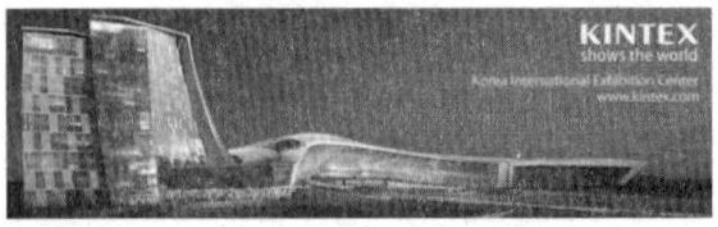


[표] 킨텍스 일원 주요 시설 구성

| 시설구분 | | 주요 시설 및 비고 |
|---|---|---|
| 킨텍스 일원 | 관광호텔 | MVL호텔, 캘리포니아, 호텔클레오파트라&로젠하임 등 |
| | 판매시설 | 레이킨스몰(현대백화점, 홈플러스, 메가박스 등), 롯데백화점, 그랜드백화점, 라페스타쇼핑몰 등 |
| | 기타 | 차이나문화타운, 영상센터, 메디컬빌딩, 호텔, 아파트 등 |

▣ 경기도 내 MICE시설 현황

| 공연장 | 전문회의시설 | 체육관 | 콘도 | 일반관광호텔 | 특급호텔 |
|---|---|---|---|---|---|
| 115 | 1 | 104 | 15 | 23 | 8 |

* 자료원 : 경기관광공사(2012)내부자료

자료 : 이창현(2012 :26), 「경기도 마이스산업 중장기 육성방안연구 중간보고서」, 한국컨벤션전시산업연구원

[그림 6-3] 경기도의 MICE 시설 및 인프라

## ❖ 마이스 전담조직 및 활동

경기컨벤션뷰로가 2011년 7월 경기관광공사 내 전담 팀으로 설립되어 도시마케팅과 컨벤션 유치 기능 수행이 아직은 초기단계에 있으나, 2011년 킨텍스의 확장에 따라 보다 공격적인 마케팅과 세일즈, 지원 서비스 활동이 필요하게 되었고, 후발주자로서 국내와 글로벌 경쟁력을 확보하기 위해서 마이스 행사 유치를 위한 과감한 투자와 마케팅 활동을 강화하고 있다.

국내 컨벤션뷰로 조직은 한국관광공사의 한국MICE뷰로를 필두로 부산관광컨벤션뷰로가 2004년 설립되었다가 2012년 부산관광공사에 흡수되었고, 제주컨벤션뷰로는 2005년에 설립되었으며, 서울관광마케팅의 서울컨벤션뷰로는 2008년 설립되었는데, 예산과 조직적 측면에서 서울마케팅이 가장 크다. 또 컨벤션 유치개최에 대한 지원금도 각기 차이가 나는데, 서울은 4천~1억원, 지방 컨벤션뷰로는 대개 1~3천만원을 지원하고 있다.

특히 네트워크를 통한 유치가 대세인 만큼, 경기 MICE얼라이언스를 구축하고 경기도 관광협회, 회의시설, 교통시설, 병원, 관광시설, 숙박시설업체 등 32개사로 구성되어 있고, 점차 확대되고 있다.

이러한 기반을 바탕으로 경기컨벤션뷰로는 회원사와 함께 국내외 마이스산업전에 참가하고, 홍보물을 제작, 배포하는 등 적극적인 홍보마케팅활동을 펼치고 있다.

## ❒ 대형 마이스 행사 유치 성공

### ❖ 로타리 세계대회 유치

국내유치 민간 국제행사로써 역대 최대 규모인 '로타리(Rotary International) 2016 서울국제대회'의 개최 장소가 고양시 킨텍스로 확정되었다. 경기도와 킨텍스, 경기컨벤션뷰로는 '로타리 2016 서울국제대회'가 2016년 5월 27일 ~ 6월 1일, 6일간 킨텍스에서 개최하기로 확정하고, 이번 행사 유치를 계기로 킨텍스가 대규모 전시회뿐만이 아닌 국제적 메가 컨벤션 개최 장소로도 인정받게 되었고, 이를 통해 대규모 국제회의를 개최할 계획임을 밝혔다. 로타리 대회는 매년 전 세계를 순회하는 대규모 국제행사로써 2013년 포르투갈(리스본), 2014년 호주(시드니), 2015년 브라질(상파울로)에서 개최될 예정이며 2016년 한국 대회의 개최 장소로 고양시 킨텍스가 확정되었다.

유치성공의 후담으로 관계자에 따르면, 대규모 행사장의 접근 편의성과 넓고 쾌적한 컨벤션 시설 그리고 경기도, 고양시, 경기관광공사, 킨텍스 간의 굳건한 협력 마케팅이 유치의 결정적인 요인이었다고 한다. 그동안 국제행사 유치의 걸림돌이었던 숙박시설 또한 대회가 개최되는 2016년 이전에 MVL호텔 킨텍스 등의 완공으로 이미 해소될 예정이어서 전혀 문제가 되지 않았다.

2016년 대회에는 총 5만 6천여명(해외 2만 9천여명 포함)이 참가할 예정으로 현재 기네스 등재를 준비 중인 제95차 라이온스 부산 세계대회(총 5만 4,373명/해외 1만 2,726명 포함)의 기록을 갱신할 것으로 예상된다.

〈표 6-3〉 로타리 2016 서울국제대회 프로그램

| 구분 | 프로그램 내용 |
|---|---|
| 개막식 | 본 대회 참석자가 모두 참여하는 개막식은 각국 국기입장, 개회선언, 축사, 기조연설 등으로 구성됨 |
| 본회의 | 본회의에서는 로타리 봉사활동의 경과보고 및 사례발표, 각 클럽 활동의 보고 등으로 구성됨 |
| 분과회의 | 수자원관리, 문맹퇴치, 보건 및 기아 등의 주제별 워크숍과 세미나 |
| 폐회식 | 폐회선언, 배너 교환 및 다음 대회를 기약하는 공연 등이 진행 |
| 우정의 집 | 본 대회 전시장으로 호스트 환대, 사무국 운영등의 행정 서비스와 기업 홍보, 클럽간 네트워킹, 클럽 및 지구별 소개 등 부스 설치 |
| 청소년 대회 | 청소년 층의 리더십 및 지도자로서의 자질 함양을 위한 교육, 강연 및 세미나 |

〈표 6-4〉 로타리 2016 서울국제대회 관광 프로그램

| 구분 | 프로그램 내용 |
|---|---|
| 한국음식페스티벌<br>(Korean Food Festival) | 한국 음식문화 체험(대형 비빔밥 만들기, 불고기, 김치 만들기 등) |
| 한스타일 체험 | 한국문화체험(DMZ 투어, 주요 고궁, 민속촌, 쇼핑센터 등) |
| 동반자 행사 | 동반자와 함께 한국 전통문화 체험, 쇼핑 |
| 브런치 투게더 | 아침 겸 점심을 간단히 하면서 네트워킹의 장 마련 |
| 환대의 밤 | 국제대회 참가객 환영, 고궁 연회행사 준비 예정 |
| 로타리의 밤 | 로타리 회원들간의 국제적 친선과 친목 도모 연회 |
| 시티 투어 | 한강유람선, 갈라쇼, 서울N타워, 청계천, 이태원 등 |
| 클럽초대행사 | 한국의 약 100개 클럽에서 30여명씩 초대 행사 |

## ❒ 마이스 정책 방향

### ❖ 비전

"세계로 연결되는 글로벌 융복합 MICE 허브육성, 경기도"

자료 : 이창현(2012 :238), 「경기도 마이스산업 중장기 육성방안」, 경기도 · 한국컨벤션전시산업연구원

[그림 6-4] 경기도 MICE산업 비전과 목표

### ❖ 전략방향과 정책과제

비전을 실현하기 위한 목표 및 전략방향은 "시장 수요 확대를 통한 지속성장 잠재력 확충", "홍보마케팅 활성화를 통한 MICE 유치역량 강화", "관광연계 및 부가가치 창출 확대로 지역경제 활성화", "경기도 MICE 산업구조 선진화"를 도출하였고, 이에 따른 정책과제를 15개를 선정하였는데 아래와 같다.

〈표 6-5〉 경기도 MICE산업 정책과제와 추진방안

| 정책과제명 | 추진방안 |
|---|---|
| **Ⅰ. 인프라 경쟁력 강화 통한 MICE산업 발전기반 조성** | |
| 1-1.<br>차별화된 MICE복합지구 조성 및 활성화 지원 | ① 북부권(킨텍스 일원) 한류문화복합단지 조성사업 추진 |
| | ② 남부권 기업회의 특화지구 브랜드화 사업 추진 |
| | ③ 경기도 리조트형 인센티브 특구 조성사업 추진 |
| 1-2.<br>경기 Unique Venue 발굴 및 활성화 지원 | ① 활용 가능한 Unique Venue 발굴 및 DB구축 |
| | ② 'Unique Venue of 경기' 이용가이드 제작 및 배포 |
| 1-3.<br>MICE형 숙박시설 확충 및 질적 수준 제고 | ① 경기도 호텔시설 확충 및 활성화 지원 |
| | ② 경기도 중저가 숙박시설 MICE 연계 활성화 지원 |
| **Ⅱ. 시장수요 확대 통한 지속적 성장잠재력 확충** | |
| 2-1.<br>경기도 MICE행사의 국제화 촉진 | ① 킨텍스 전시컨벤션산업 활성화 및 국제화 |
| | ② 경기도 특화 MICE행사 개발 및 육성 |
| 2-2.<br>경기컨벤션뷰로의 운영활성화 지원 | ① 경기컨벤션뷰로의 조직 및 기능 강화 |
| | ② 경기도 유치가능 국제회의 발굴 |
| 2-3.<br>기업회의 및 인센티브 시장 개발 | ① 경기도 기업회의/인센티브 시장 수요조사 및 발굴 |
| | ② 경기 MICE Day 등 개최 |
| | ③ 국내외 기업회의/인센티브 단체 대상 세일즈 콜 실시 |
| **Ⅲ. 홍보마케팅 활성화 통한 MICE 유치역량 강화** | |
| 3-1.<br>글로벌 MICE 홍보마케팅 강화 | ① (가칭)경기 MICE 홍보캠페인 개발/시행 및 홍보물 제작 |
| | ② 핵심 인사를 활용한 MICE 홍보마케팅 추진 지원 |
| | ③ 웹 콘텐츠 및 소셜 미디어 활용 극대화 |
| 3-2.<br>국내외 협력관계 강화 | ① 해외 주요 MICE 도시와의 교류체계 구축 |
| | ② 국제기구, 협회, 특화 국제기구 대상 유치활동 강화 |
| 3-3.<br>타깃지역 및 섹터별 전략마케팅 강화 | ① 해외로드쇼 및 쇼케이스 개최 |
| | ② 전략적(지역별, 섹터별) 해외 MICE박람회 참가 마케팅 시행 |

<table>
<tr><th colspan="2">Ⅳ. 경기도 MICE 산업구조 선진화 추진</th></tr>
<tr><td rowspan="3">4-1.<br>MICE산업 선진체계 구축</td><td>① 경기도 MICE 관련 전담부서 설치</td></tr>
<tr><td>② MICE 관련 어플리케이션 개발 및 보급</td></tr>
<tr><td>③ MICE 통합정보시스템 구축 및 운영</td></tr>
<tr><td rowspan="2">4-2.<br>경기도 MICE 전문 인력 양성</td><td>① 경기 MICE 교육 확대(아카데미, 얼라이언스, 지자체 등)</td></tr>
<tr><td>② 경기도 MICE 서포터즈 도입 및 운영</td></tr>
<tr><td rowspan="2">4-3.<br>친환경 MICE행사 운영 활성화</td><td>① 경기 친환경 MICE행사 운영지침 개발 및 보급</td></tr>
<tr><td>② 경기 친환경 MICE행사 운영활성화 지원</td></tr>
<tr><th colspan="2">Ⅴ. 관광연계 및 부가가치창출 확대 통한 지역경제활성화</th></tr>
<tr><td rowspan="2">5-1.<br>MICE 연계 관광상품 개발 및 활성화</td><td>① 경기 MICE 연계관광 프로그램 개발 및 활성화 (전후관광, 동반자형, 체류증대형, 산업시찰 등)</td></tr>
<tr><td>② 경기형 팀빌딩 상품 개발 및 활성화 지원 (경기 MICE 얼라이언스 연계)</td></tr>
<tr><td rowspan="3">5-2.<br>MICE 참가자 편의 확대 및 소비촉진 유도</td><td>① 경기도 MICE 방문객 지원센터 운영</td></tr>
<tr><td>② 경기형 MICE 프로모션 메뉴 개발 지원</td></tr>
<tr><td>③ 지구별 MICE 카드 운영 및 활성화 지원</td></tr>
<tr><td rowspan="3">5-3.<br>경기 MICE 얼라이언스 활성화 지원</td><td>① 지구별 MICE 얼라이언스 회원사 모집 및 관리 활성화</td></tr>
<tr><td>② 경기 MICE 얼라이언스 사업홍보 및 활성화 지원</td></tr>
<tr><td>③ 경기-서울-인천-강원 등 인근지역과의 얼라이언스 구축</td></tr>
</table>

자료 : 이창현(2012 :239), 「경기도 마이스산업 중장기 육성방안」, 경기도・한국컨벤션전시산업연구원

## 3 의료관광의 현황

### ❒ 의료관광 현황

#### ❖ 의료관광의 개념

의료관광 개념에 대한 인식은 질병의 치료를 위해 국내외 치료기관을 찾아서 이동하는 환자들을 중심으로 치료목적의 관광(Medical treatment Tour)과 여행의

과정에 건강검진, 미용 등 헬스케어(Health care)상품이 결합된 휴양개념의 관광으로 나눠볼 수 있다.

국내에서는 의료서비스 제공 수준에 따라, 의료관광의 성격과 그 대상의 범위가 규정되고 있는데, 의료서비스 관련 정부와 지자체들은 해외관광객 및 의료관광 활성화를 위해서 광범위한 의료・피부보호여행(Medical Skin Care Tour)으로 접근하고 있으나, 의료서비스 주체(병원 및 의료 Agency)는 치료목적의 중증환자에 무게를 둔 의료・치료여행(Medical Treatment Tour)으로 인식하고 있다.

이와 같이 의료계와 관광업계는 의료관광을 바라보는 서로간의 이해관계 및 기업문화가 다르기 때문에 서로 다른 용어를 사용하는 등 혼선이 있다. 예를 들어 의료관광을 관광업계에서는 하나의 새로운 관광자원으로 보고 있는 반면, 의료업계에서는 고부가가치 산업으로 인식하고 있다. 따라서 관광업계에서는 의료관광객을 관광객으로, 의료업계에서는 환자로 분류하고 있고, 이러한 시각차에 따라 정부 부처 간 이해관계에 따라 산업통상자원부나 문화체육관광부는 '의료관광'[2]이라는 용어를 사용하는 반면, 보건복지부와 보건산업진흥원은 '글로벌헬스투어', '글로벌헬스서비스'라는 용어를 선호하며, 서로 다른 정책들을 쏟아내고 있는 실정이다.

국내외 의료관광 개념에 대한 인식 차가 존재하고 있으나, 현재 국제적인 트렌드는 경증치료 및 미용서비스(Beauty Services)를 포괄하는 개념으로 확대되고 있다. 따라서 보건관광과 보건의료관광, 웰빙관광, 의료관광을 포괄하는 보다 광의의 개념으로 보고 의료관광을 의료관광객의 건강증진 및 치료, 미용 등의 의료서비스와 관광활동이 결합된 새로운 관광의 한 유형이라고 정의하고 있다.

의료관광의 유형분류는 의료관광 관련개념(Medical tourism, Health tourism, Wellness tourism), 치료목적, 의료관광 상품, 의료관광의 수요 측면 등 통일되지 않은 다양한 기준에 의해서 분류되고 있다.

따라서 의료관광의 유형 분류에 관해서는 아직까지 합의된 분류체계가 없으며, 최근 외국의 경우는 주로 시술을 중심으로 분류하거나 헬스투어리즘, 의료

2) 「관광진흥법」 제12조의2, 의료관광이란 국내의료기관의 진료, 치료, 수술 등 의료서비스를 받는 환자와 그 동반자가 의료서비스와 병행하여 관광하는 것을 말한다.

관광상품 또는 의료관광수요와 연계하여 유형화를 시도하기도 한다.

의료관광객들의 다양한 요구에 알맞은 경쟁력 있는 새로운 의료관광상품 개발의 필요성이 제기되고,[3] 우리나라의 의료환경과 의료수준에 적합한 한국형 의료관광상품에 개발이 확대되면 저절로 분류에 대한 문제점도 해결되리라 보인다. 따라서 각 의료관광 대상 국가별 고객에 맞는 의료관광 상품개발이 시급하다.

이와 같이 의료관광에 대한 개념은 의료관광과 이해관계가 있는 이해당사자들의 관점에 따라 차이가 난다.

의료와 관광을 연계하는 방식에서 기존에는 의료에 더 큰 비중을 두었으나, 향후에는 관광의 측면을 어느 정도까지 포함 할 것인가가 핵심이며, 보다 다양한 범위(한방, 피부, 미용, 다이어트 부분 등)를 포함하는 개념과 틀로 정해져야 한다.

## ❐ 세계 의료관광 현황

### ❖ 세계 각국의 의료관광 현황

글로벌화에 따른 국제의료서비스 시장 확대는 새로운 블루오션으로 주목하고, 세계 환자 유치를 위한 국가 간 경쟁이 치열하게 전개되고 있는데 전 세계의 시징규모는 2008년 600억불에서 2012년에는 1,000억불 규모로 확대되었고, 의료관광객도 2010년에 4천만명에 이르는 것으로 맥킨지는 추정하고 있다.

아시아지역은 태국, 싱가포르, 인도 3개국의 지속적인 성장세가 두드러지는데, 2010년 처음으로 인도(73.1만명)가 싱가포르(72.5만명)를 추월했고, 태국은 선진국 수준의 의료서비스 질, 저렴한 병원비, 신속한 서비스가 경쟁력으로 최근 수년간 의료관광 관련 수입증가율이 연평균 15 ~ 20%를 보였으나, 2010년 시위사태 영향으로 20% 감소('10년 156만명)하였다.

싱가포르는 의료관광 경쟁력 강화를 위하여 ① 가격투명성 확보, ② 가격경쟁력 강화, ③ 의사인력 확보, ④ 해외환자 입국절차 간소화, ⑤ 적극적 해외 마케팅 전략을 무기로 신규 타깃으로 독일, 일본, 호주, 미국을 선정, 홍보 마케팅에 주력하고 있다.

인도는 유럽, 미국, 중동, 아프리카를 주요 시장으로 하며, 주변국인 아프가

3) 고태규 · 이황 · 김길대(2010), 『의료관광상품론』, 도서출판 소화

니스탄, 방글라데시, 스리랑카의 의료관광객 꾸준히 증가하고 있는데, IT강국의 장점과 저렴한 진료비, 짧은 대기시간, 선진의료기술과 아울러 의료진의 유창한 영어 구사능력이 강점으로 꼽히고 있다.

### ❖ 한국의 의료관광 현황

2012년 외국인환자 유치실적은 총 155,672명(연환자 기준 475,865명)이고,이중 외래 환자는 125,450명(80.6%), 건강검진 환자는 15,593명(10.0%), 입원 환자는 14,629명(9.4%)이다.

외국인환자의 2012년 상급종합병원 병상 점유율은 0.65%로 국민의료 접근성에 영향을 미치지 않는 것으로 판단되며, 2012년 외국인 연 환자 수는 475,865명으로 2011년(344,407명)보다 38.2%, 연평균 43.8% 증가하였으며, 국내 연 환자수의 0.05% 수준이다.

국적별로는 중국(24.0%), 미국(23.0%), 일본(14.1%), 러시아(14.1%), 몽골(6.4%) 순이며, 증가율로 보면, 몽골(155.6%), 카자흐스탄(122.1%), 아랍에미리트(115.8%)가 높은 편이며, 일본 환자는 일반관광객 감소에 동반하여 전년대비 17.9% 줄어들면서, 전체 실환자 중 비율이 크게 하락(22.1→14.1%)하였다.

2009년 후 연평균 증가율은 아랍에미리트공화국(171.7%), 카자흐스탄(133.3%), 몽골(114.1%), 러시아(110.2%), 우즈베키스탄(93.7%)이 높고, 러시아 환자는 지속적으로 증가(연평균 110.2%, 전년대비 69.2%)하면서 2013년을 기점으로 일본을 제치고 환자유치 3위 국가가 될 전망이다.

중국인 환자는 꾸준히 높은 증가율(연평균 88.2%, '11년 대비 63.7%)을 나타내며, 외국인환자 유치사업이 본격화 된 2009년 이후 처음으로 미국을 제치고 환자 유치 1위 국가로 부상하였다. 이는 연평균 93.1%('11년 대비 65.8%)로 급증하면서 2012년 중국 국적 환자 중 61.8%(22,296명)를 차지하고 있는 여성 외래환자에 기인한다.

의료기관 환자 실적 규모를 보면, 1천명 이상 환자유치 의료기관은 40개소로 연평균 35.7%씩('11년 대비 29.0%) 증가[4)]하고 있다. 5백명 이상 환자 유치 의료기관은 72개소, 1백명 이상 유치 의료기관은 193개소에 달한다.

---

4) 1천명 이상 유치 의료기관 : '09년(16개소) → '10년(19개소) → '11년(31개소)

〈표 6-6〉 주요 국적별 외국인 실환자 추이

(단위 : 명, %)

| 국적 | 2009년 | | 2010년 | | 2011년 | | 2012년 | | 전년대비 증가율 | 연평균 증가율 |
|---|---|---|---|---|---|---|---|---|---|---|
| | 실환자 | 비중 | 실환자 | 비중 | 실환자 | 비중 | 실환자 | 비중 | | |
| 중국 | 4,725 | 11.0 | 12,789 | 19.4 | 19,222 | 18.9 | 31,472 | 24.0 | 63.7 | 88.2 |
| 미국 | 13,976 | 32.6 | 21,338 | 32.4 | 27,529 | 27.1 | 30,196 | 23.0 | 9.7 | 29.3 |
| 일본 | 12,997 | 30.3 | 11,035 | 16.8 | 22,491 | 22.1 | 18,462 | 14.1 | △17.9 | 12.4 |
| 러시아 | 1,758 | 4.1 | 5,098 | 7.7 | 9,651 | 9.5 | 16,325 | 12.4 | 69.2 | 110.2 |
| 몽골 | 850 | 2.0 | 1,860 | 2.8 | 3,266 | 3.2 | 8,347 | 6.4 | 155.6 | 114.1 |
| 베트남 | 327 | 0.8 | 921 | 1.4 | 1,336 | 1.3 | 2,197 | 1.7 | 64.4 | 88.7 |
| 필리핀 | 356 | 0.8 | 957 | 1.5 | 1,178 | 1.2 | 1,767 | 1.3 | 50.0 | 70.6 |
| 카자흐스탄 | 128 | 0.3 | 346 | 0.5 | 732 | 0.7 | 1,626 | 1.2 | 122.1 | 133.3 |
| 사우디아라비아 | 218 | 0.5 | 380 | 0.6 | 920 | 0.9 | 1,081 | 0.8 | 17.5 | 70.5 |
| 우즈베키스탄 | 113 | 0.3 | 298 | 0.5 | 491 | 0.5 | 821 | 0.6 | 67.2 | 93.7 |
| 인도네시아 | 183 | 0.4 | 283 | 0.4 | 424 | 0.4 | 667 | 0.5 | 57.3 | 53.9 |
| 아랍에미리트 | 17 | 0.0 | 54 | 0.1 | 158 | 0.2 | 341 | 0.3 | 115.8 | 171.7 |

자료 : 한국보건산업진흥원(2013 : 4), "2012년 외국인환자 유치실적 주요결과"

## ❖ 진료과목별 의료관광 현황

2012년 진료과목별로는 내과(22.3%), 검진센터(11.6%), 피부과(7.9%), 성형외과(7.6%), 산부인과(5.3%), 정형외과(4.7%), 한의과(4.6%), 안과(3.8%) 순이며, 2011년에는 내과(22.2%), 검진센터(12.9%), 피부과(8.4%), 성형외과(6.7%), 한의과(6.3%), 산부인과(4.9%), 정형외과(4.4%), 안과(3.8%) 순이었다.

5개 주요 진료과(내과, 검진센터, 피부과, 성형외과, 산부인과)의 편중현상이 2009년 62.3%에서 2012년에는 54.6%로 완화[5]되면서 외국인환자 진료과목이 다양해지고 있다.

성형외과는 중국 환자의 지속적 유입으로 강세를 보이고 있으며, 한의과는 일본 환자의 급감으로 인해 2009~2011년 급증 추세가 주춤하고 있는데, 중국 성형외과 환자는 연 130.6%(2011년 대비 65.1%)씩 증가하면서 2012년 성형외과 전

5) 5개 진료과 비중 : 09년(62.3%) → '10년(56.0%) → '11년(55.1%) → '12년(54.7%)

체 환자 중 62.9%(전체 진료과별 실환자 중 4.8%)를 차지하고 있다.

일본 한의과 환자는 2011년까지 연 141.0% 증가하다가 2011년(6,940명)과 2012년(5,797명)을 대비하면 16.5% 감소하였다.

이밖에 매년 상위에 속하는 산부인과 환자들을 분석한 결과, 2012년 기준 전체 사례 3만여 건 중 30%(약 9천 건)가 불임관련 진료였다. 산부인과 환자의 국적은 미국(21.6%), 러시아(18.7%), 중국(12.5%), 몽골(12.4%) 등으로 구성되어 있다.

한편 검진센터와 피부과의 비중[6)]은 지속적으로 줄어들고 있는데, 검진센터는 2009년 13.9%에서 2012년에는 11.6%로 낮아졌고, 피부과도 2010년 9.4%에서 2012년 7.9%로 감소되었다.

〈표 6-7〉 주요 진료과별 외국인환자 현황

(단위 : 명, %)

| 진료과 | 2009년 | | 2010년 | | 2011년 | | 2012년 | | 전년대비 증가율 | 연평균 증가율 |
|---|---|---|---|---|---|---|---|---|---|---|
| | 진료과별 실환자* | 비중 | 진료과별 실환자 | 비중 | 진료과별 실환자 | 비중 | 진료과별 실환자 | 비중 | | |
| 내과** | 18,398 | 28.5 | 23,632 | 23.3 | 34,330 | 22.2 | 45,368 | 22.3 | 32.2 | 35.1 |
| 검진센터 | 8,980 | 13.9 | 13,272 | 13.1 | 19,894 | 12.9 | 23,508 | 11.6 | 18.2 | 37.8 |
| 피부과 | 6,015 | 9.3 | 9,579 | 9.4 | 12,978 | 8.4 | 16,132 | 7.9 | 24.3 | 38.9 |
| 성형외과 | 2,851 | 4.4 | 4,708 | 4.6 | 10,387 | 6.7 | 15,428 | 7.6 | 48.5 | 75.6 |
| 산부인과 | 3,965 | 6.2 | 5,656 | 5.6 | 7,568 | 4.9 | 10,831 | 5.3 | 43.1 | 39.8 |
| 정형외과 | 3,196 | 5.0 | 4,975 | 4.9 | 6,876 | 4.4 | 9,501 | 4.7 | 38.2 | 43.8 |
| 한의과 | 1,897 | 2.9 | 4,191 | 4.1 | 9,793 | 6.3 | 9,366 | 4.6 | ▵4.4 | 70.3 |
| 안과 | 1,921 | 3.0 | 4,507 | 4.4 | 5,821 | 3.8 | 7,741 | 3.8 | 33.0 | 59.1 |
| 이비인후과 | 2,484 | 3.9 | 3,549 | 3.5 | 5,080 | 3.3 | 7,244 | 3.6 | 42.6 | 42.9 |
| 치과 | 2,032 | 3.2 | 3,828 | 3.8 | 5,220 | 3.4 | 6,762 | 3.3 | 29.5 | 49.3 |
| 일반외과 | 1,903 | 3.0 | 2,793 | 2.7 | 4,304 | 2.8 | 6,187 | 3.0 | 43.8 | 48.1 |
| 비뇨기과 | 1,760 | 2.7 | 2,629 | 2.6 | 4,027 | 2.6 | 5,532 | 2.7 | 37.4 | 46.5 |
| 소아청소년과 | 1,354 | 2.1 | 2,566 | 2.5 | 3,030 | 2.0 | 5,362 | 2.6 | 77.0 | 58.2 |
| 신경외과 | 1,674 | 2.6 | 2,177 | 2.1 | 3,053 | 2.0 | 5,071 | 2.5 | 66.1 | 44.7 |
| 신경과 | 879 | 1.4 | 1,486 | 1.5 | 2,443 | 1.6 | 3,858 | 1.9 | 57.9 | 63.7 |
| 영상의학과 | 0 | 0 | 1,516 | 1.5 | 2,478 | 1.6 | 2,152 | 1.1 | ▵13.2 | 19.1 |
| 그 외 진료과 | 5,155 | 8.0 | 10,528 | 10.4 | 17,534 | 11.3 | 23,020 | 11.5 | 31.3 | 64.7 |
| 계 | 64,464 | 100 | 101,592 | 100 | 154,816 | 100 | 203,063 | 100 | 31.2 | 46.6 |

* 진료과별 실환자 : 1명의 환자가 복수의 진료과를 방문한 경우, 방문한 진료과별로 1명으로 표기

** 내과 : 일반내과, 감염내과, 내분비대사내과, 류마티스내과, 소화기내과, 순환기내과, 신장내과, 알레르기내과, 혈액종양내과, 호흡기내과, 가정의학과

자료 : 한국보건산업진흥원(2013 : 7), "2012년 외국인환자 유치실적 주요결과"

6) 검진센터: '09년(13.9%) → '10년(13.1%) → '11년(12.9%) → '12년(11.6%)/
피부과: '10년(9.4%) → '11년(8.4%) → '12년(7.9%)

### ❖ 지역별 의료관광

광역 시도별로 보면, 수도권(서울, 경기, 인천)이 78.5%로 전년(81.0%) 대비 집중현상이 다소 완화된 것으로 파악되고 있다. 2011년 대비 증가율로 보면, 전라남도(174.9%), 대전광역시(169.7%), 제주특별자치도(129.7%) 순이다. 이는 지역선도 의료기술지원 등 지방소재 의료기관의 외국인환자 유치역량 제고를 위한 정부 지원사업 성과가 시현되고 있는 것으로 분석된다.

### ❖ 의료관광 진료비

2012년 의료관광 진료비는 2,391억 원의 수익이 발생되었다. 이는 전년대비 32.1% 증가하였고, 건강관련 여행수입은 3,460만 달러 흑자로 한국은행의 2006년 이래 수지 집계이후 사상최대 흑자를 달성하였다.

한편 외국인환자 1인의 평균 진료비는 162만원으로 내국인의 1인당 연간 진료비(비급여 제외) 104만원의 155.8%인 것으로 나타났다. 외국인환자 평균재원일수도 2011년 2.8일에서 2012년에는 3.1일로 증가함에 따라, 입원환자 평균 진료비(910만원, 전년대비 37.5% 증가)도 동반 상승하였다.

## ❐ 정부의 의료관광 정책

### ❖ 정부의 의료관광 촉진책

#### 1) 해외환자 유치 활성화를 통한 의료관광 활성화

해외 외국인 환자 1명 유치하면 진료와 관광에 1인당 약 3백만원의 수입이 발생하는데, 해외환자 50만명을 2017년까지 유치하면 2.2조 생산유발효과와 2만명의 고용창출을 기대할 수 있다. 특히 한국은 의료시설, 장비, 서비스면에서 경쟁력을 갖추고 있는 것으로 평가되고 있는데, 해외환자도 '치료'와 '웰니스' 중심의 두 부류의 의료관광이 대세를 이루고 있다.

중동, 중앙아시아, 러시아, 중국, 몽골 등지에서 해외 진출 병원, 검진센터 등을 활용, 위암, 간암, 로봇수술, 내시경, 장기 이식 등 고난도 기술경쟁력을 보유하고 있어 중증환자 유치가 활발하게 진행되고 있다.

### ❖ 해외 의료 투자 및 보험상품 개발

의료법인의 해외 의료업 투자가 가능하도록 지침을 제정하고, 정부·정책금융기관·민간창업투자회사 등이 참여하는 '병원 해외진출 지원펀드'를 조성하고, 외국 정부의 환자송출 채널이 있는UAE, 사우디·쿠웨이트 등 국가간 '환자송출협약'을 확대하며, 보험계약과 연계한 외국인 환자 유치를 허용하는 의료법 개정안이 조속 통과되도록 노력하여 현재 미국의 건강보험 의무화(신규 대상자 3천만명)에 따른 저렴한 보험상품 개발확대를 기회로 활용하여 외국 보험상품 가맹기관으로 지정되도록 적극 지원할 계획이다.

의료기술 멘토국가로서 최빈 개도국, 개발도상국, 고 소득국 별 맞춤형 의료인과 의료시스템을 대학병원, 전문병원 등의 핵심의료인력의 연수, 교육 등을 통해 이식할 계획이다.[7)]

### ❖ 의료관광 홍보 확대 및 인력 양성

「의료법」을 개정하여 국제공항 등 외국 의료관광객 밀집지역에 외국어로 표기된 의료광고를 추진하고, 환승고객을 대상으로 '메디컬 홍보존'을 인천공항 내에 설치하고, 의료관광정보와 출입국, 관광을 원스톱 서비스가 될 수 있도록 추진할 계획이다.

특히 메디컬 비자 발급의 부담을 완화하고 재외공관에서 의료관광 모객업체 등록제를 도입하는 등 출입국을 용이하게 하는 한편, 지역 특화 의료관광 경쟁력 강화를 위한 의료와 관광자원이 결합된 클러스터를 2017년까지 10여개를 조성하여 유치거점으로 활용하고, 심장질환, 척추수술 등 다빈도 질환의 진료비의 범위를 공표하고 의료사고 배상보험 가입을 활성화하며, 해외환자 여행자보험 상품도 개발토록 할 계획이다.

의료통역사, 의료코디네이터 등 전문인력 양성을 위한 '글로벌 헬스케어 인

---

7) 백낙종(2013), "의료산업 해외진출 사례", 「의료산업융복합발전포럼 자료집」

재양성센터'를 설립하고, 이들의 구인-구직 사이트를 개설하여 고용시장의 활성화를 도모하며, 수용대비 공급이 부족한 러시아, 몽골, 아랍 등 전문 통역인력의 집중 양성을 위하여 한국외대, 단국대에 '예비통역 과정'을 설치 활용할 계획이다.

## 4 경기도의 의료관광정책

### ❒ 의료환자 현황

#### ❖ 경기도 해외환자 유치

경기도의 외국인 환자 유치는 2009년 11,563명에서 2012년 19,176명으로 지속적으로 증가[8]하고 있다. 또 2012년 전국의 해외환자 155,672명에 대하여 경기도는 12.3%를 점유하고 있고, 서울의 96,646명에 이어 전국 2위를 차지하고 있다. 한편 경기도 외국인 방문객 2,372,826명에 비해 외국인 환자는 0.8%에 불과한 실정이다.

#### ❖ 경기도 해외환자 현황

국적별 경기도의 외국인 환자는 국적별로는 일본(4,245명)을 필두로 미국(4,193명), 중국(2,274명), 러시아(1,678명), 몽골, 카자흐스탄 순이며, 진료과목은 내과(21%), 건강검진(13%), 가정의학, 피부과의 순이며, 의료기관별로는 종합병원이 40%, 병원(30%) 상급종합병원(25%), 의원 등이 5%를 차지한다. 특히 중증환자의 비중이 경기도는 외국인 환자의 16.4%로 전국평균 9.4%보다 높은 편이다.

8) 경기도 외국인 환자유치 수 : '09(11,563명) → '10(10,913명) → '11(17,092명) → '12(19,176명)

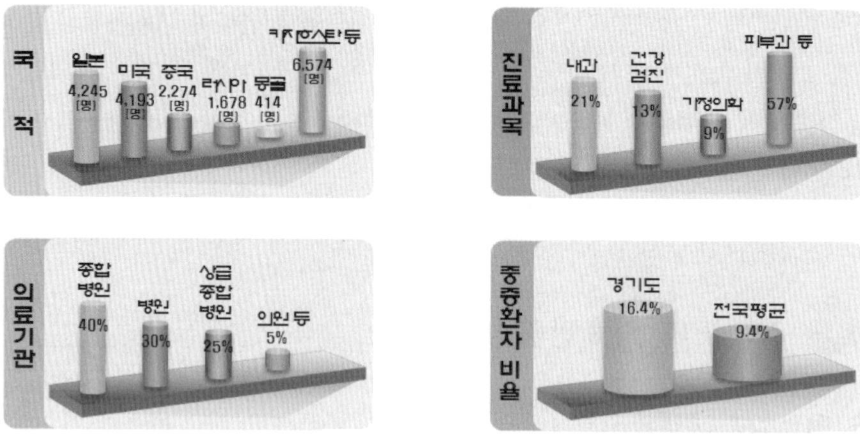


자료 : 한국보건산업진흥원(2013), "2012년 외국인환자 유치실적 주요결과"를 저자가 편집

[그림 6-6] 경기도의 해외환자 유치현황

〈표 6-7〉 주요 진료과별 외국인환자 현황

(단위 : 명, %)

| 시도 | 2009년 | | 2010년 | | 2011년 | | 2012년 | | 전년대비 증가율 | 연평균 증가율 |
|---|---|---|---|---|---|---|---|---|---|---|
| | 실환자 | 비중 | 실환자 | 비중 | 실환자 | 비중 | 실환자 | 비중 | | |
| 서울특별시 | 36,896 | 61.3 | 50,490 | 61.7 | 77,858 | 63.7 | 96,646 | 62.1 | 24.1 | 37.8 |
| 경기도 | 11,563 | 19.2 | 10,913 | 13.3 | 17,092 | 14.0 | 19,176 | 12.3 | 12.2 | 18.4 |
| 부산광역시 | 2,419 | 4.0 | 4,106 | 5.0 | 6,704 | 5.5 | 8,750 | 5.6 | 30.5 | 53.5 |
| 대구광역시 | 2,816 | 4.7 | 4,493 | 5.5 | 5,494 | 4.5 | 7,109 | 4.6 | 29.4 | 36.2 |
| 인천광역시 | 4,400 | 7.3 | 2,898 | 3.5 | 4,004 | 3.3 | 6,371 | 4.1 | 59.1 | 13.1 |

자료 : 한국보건산업진흥원(2013), "2012년 외국인환자 유치실적 주요결과"를 저자가 편집

특히 서울특별시가 96,646명으로 전체의 62.1%차지하고 전년대비 24.1%를 2009년부터 4년간 평균 증가율은 37.8%다. 또한 부산광역시는 2009년부터 평균 증가율이 53.5%에 달하고, 대구광역시도 36.2%나 된다.

## ❒ 경기도 의료관광 활성화 사업

### ❖ 의료관광 클러스터 육성 및 원스톱 서비스 정보센터 구축

경기도는 지금까지 중증환자와 국제의료협회를 중심으로 해외환자 유치에 병원과 현지병원 간의 네트워크와 의사교류와 의료세미나를 중심으로 전개하여 왔다. 그러나 대부분의 시·군과 중소형 의료기관과 관광업체는 경증 피부미용 중심의 환자유치에 더 많은 관심을 보이고 있다. 이러한 보건복지 관련 대형병원과 의료관광 관련 중소형의원 간의 협업이 필요하게 되었다. 이에 경기도는 의료관광 전담팀을 가동하여 새로운 방향과 조직체계를 구상하게 되었고, 이에 의료관광 클러스터를 육성하여 중소병원과 관광업계의 동반성장을 추진하며, 원스톱 서비스를 위한 의료관광 정보센터를 구축하여 의료와 관광 간의 협업 체계를 강화할 계획이다.

의료관광 클러스터는 고양시내 대형 종합병원과 성형외과, 치과 등 중소형 진문의원과의 협업을 강화하여 새로운 의료관광이 메카로 새롭게 발전시킬 계획이며 성남시 분당구의 종합병원과 성형외과 등이 협업으로 서울 강남의 성형외과 클러스터를 벤치마킹할 계획이다.

싱가포르는 2003년 '싱가포르메디신'(http://www.singaporemedicine.com)이란 고유 브랜드 사업을 추진하고 있는데 싱가포르 보건부 주도하에 관광청과 국제기업청이 의료관광산업 발전을 위하여 지원하고 있는데, 특히 관광청은 홍보와 마케팅, 외국인 환자 서비스 관련 분야를 강화하는 사업을 담당한다.

국제환자를 위한 가이드의 원스톱 서비스를 제공하고 있는데, 공항이동 서비스, 관광과 호텔 서비스의 전 과정에 대한 정보를 제공하며, 베트남의 호치민시에 래플즈병원의 '원스톱 소싱센터'나 하노이시에 '오리엔탈스타'지사와 같은 해외 현지지사와 에이전시를 운용하여 간단한 검진을 통하여 의료관광이 필요할 경우, 항공권 구입과 숙박예약 등을 현장에서 서비스한다.

자료 : 경기관광공사(2013), "2013년 경기도 의료관광 활성화 계획"

[그림 6-7] 싱가포르 메디신 웹사이트

원스톱 의료관광 정보센터에서는 도내 병·의원의 의료진, 시설 및 특징과 코디네이터 보유 등 구체적인 정보를 보유하고, 국내외 환자 및 외국의 에이전트에도 필요한 정보를 즉각 제공할 계획이다. 물론 각 병원 주변의 관광지는 물론 관광시설들의 정보도 제공할 계획이다.

의료관광사업의 기반을 구축하기 위하여 SNS, 블로그와 같은 온라인 홍보와 중소병원의 홍보물 제작을 지원하는 홍보사업 지원과 다문화가정의 결혼 이민자들을 활용하여 코디네이터, 통역, 마케터 등 의료관광 종사원으로 육성하는 한편, 우수 협력기관의 인증사업과 교통편의 서비스, 의료관광상품 개발 등을 수행토록 한다.

한편 365일 24시간 전화상담, 바이럴 마케팅과 관광, 쇼핑 등 행사 정보를 제공하는 24시간 콜센터 운영과 중소병원에 영어·러시아어·중국어 코디네이터 지원과 관광안내 인력을 지원하고, 개별 관광객에게 맞춤형 관광정보와 홍보물과 지도, 쿠폰북 등 의료관광 정보제공을 담당한다.

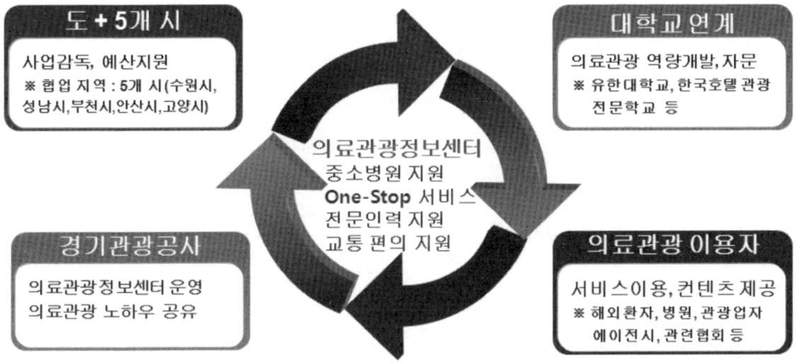


자료 : 경기도(2013), "경기 의료관광정보센터설립계획"

[그림 6-8] 경기 의료관광정보센터 모형

### ❖ 홍보 마케팅 계획

빠르게 발전하는 의료관광 관련 산업에 발맞춘 경기도의 의료관광객 유치를 위한 적극적인 의료서비스의 개선이 필요하고, '국제의료 협력, 해외환자 유치 후 관광' 등 해외환자 편의 서비스의 제공 미흡하며, 경기도 이외 지역에서 도내로의 환자 유치를 위해 도내 관광업계 등과 연계한 관광 프로그램 개선 및 확대가 필요하며, 서울, 경기 방문 해외환자 대상 적극적인 경기관광 홍보마케팅 강화를 통해 경기도 관광지 유입 기회의 확대가 필요하다.

#### 1) 해외환자 픽업, 환송 등 접점 서비스 제공

해외환자들이 외국의 공항에서 병원까지 찾아가는 것이 무척 어렵기 때문에 공항과 병원간의 픽업서비스 구축을 통한 편의 서비스 제공 및 방문환자 만족도 제고와 경기도의 해외환자 유치 경쟁력을 강화하기 위하여 마련되었다.

지금까지는 병원마다 코디네이터가 직접 공항으로 가서 병원차나 택시, 리무

진 버스를 이용하는 경우가 대부분이었다. 물론 대형병원에서 해외환자가 증가하여 정기적으로 공항까지 병원차로 셔틀버스를 운행하면 최선이나, 부정기적으로 발생하는 환자들의 픽업·환송 서비스를 일일이 담당하는 것은 매우 번거럽고 비효율적인 일이었다. 그러나 치료시 통역, 병원 입·퇴원 수속 처리, 환자와 보호자의 병원내 생활지원, 주변지역 안내, 쇼핑·관광 안내 등 다양한 업무를 맡고 있는 코디네이터들이 매번 공항으로 해외환자나 보호자를 픽업하러 공항에 가는 것이 큰 일이 되었다.

이에 도내 주요 의료기관을 대상으로 도내 주요 의료기관 방문할 목적의 해외환자 및 동반자들을 픽업·환송 서비스에 대한 취지와 방법을 설명하고개략적인 수요를 파악한 뒤, 외국어 가능 운전기사를 보유한 콜택시 회사와 경기관광공사, 경기국제의료협회 간의 업무협약과 계약을 통하여 픽업·환송 서비스는 콜택시회사에서 담당하고, 요금은 병원에서 50~60%를 부담하고 나머지 40~50%는 경기관광공사에서 지원하게 되었다.

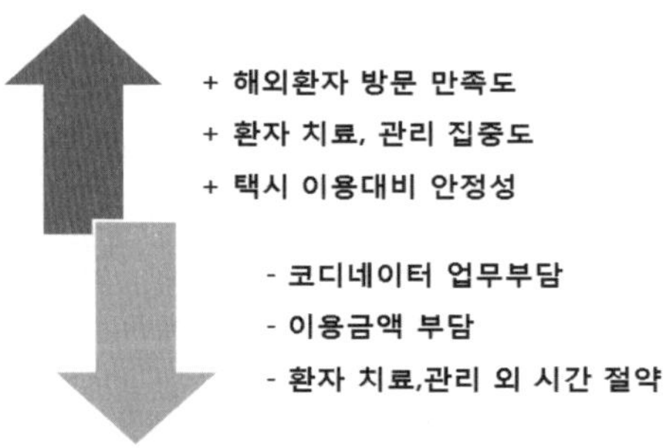


자료 : 경기관광공사(2013), “2013년 경기도 의료관광 활성화 계획”

[그림 6-9] 경기도의 해외환자 픽업서비스

이에 따라 병원은 해외환자들의 픽업·환송 서비스 부담을 떨쳐버리고 치료 등에 집중하게 되고, 외국어 가능 콜택시회사는 전문으로 해외환자들을 병원까지 안전하게 모시게 되어 경기도의 해외환자 유치에 대한 획기적인 협업, 지원 체제가 갖추어지게 되었다.

### 2) 권역별 의료관광 시티투어 개발

도내 의료기관의 해외환자 유치 후 체류기간 서비스 강화를 통해 방문 만족도 상승 및 경기관광 의 적극적 이용을 기대하며, 부천·고양, 수원·성남의 의료기관 방문 환자 및 동반자를 대상으로 권역별 주요 해외환자 유치 의료기관 연계 해외환자 니즈에 맞춘 대표 관광지, 쇼핑 등 코스 시티투어 추진하고 있다. 이를 위해 경기관광공사는 프로그램 기획과 홍보 마케팅 기술을 제공하고, 도내 의료기관은 해외환자와 동반자 대상 안내, 광고 등 참가자 접수를 담당하며, 여행사는 실질적인 투어 프로그램을 진행하는 형태를 갖췄다. 이와 같이 권역별 선호 관광지 1일 혹은 반일 투어 상품을 개발하여 주 1~2회 운영하고, 2013년 하반기 이후 경기 서북부권 시티투어 시범 추진, 향후 경기 남부, 동북부 권역으로 투어를 확대 추진할 계획이다.

〈표 6-8〉 경기 시티투어의 협업

| 경기관광공사 | 도내 의료기관 | 투어 여행사 |
|---|---|---|
| 프로그램 기획<br>홍보 마케팅툴 제공 | 해외환자·동반자 대상<br>광고 및 참가자 접수 | 투어 프로그램 진행 |

자료 : 경기관광공사(2013), "2013년 경기도 의료관광 활성화 계획"

〈표 6-9〉 서북부(부천·고양권) 의료기관 대상 시티투어 일정

| 시간 | 일정 (서울 +경기) | 비고 |
|---|---|---|
| 10:00~11:00 | 스킨애니버셔리(스킨케어 등) | 파주 |
| 11:00~12:30 | 헤이리예술마을(트릭아트 등) | 파주 |
| 12:30~14:30 | 롯데프리미엄아울렛 (중식 포함) | 파주 |
| 14:30~18:00 | 서울 관광(경복궁, 남산타워) | 서울 |

### 3) 의료기관과 대표 관광지 연계 상품 개발

지역 관광자원과 의료서비스를 연계한 국내 최초 의료관광 방문상품 개발을 통해 지역 관광 및 의료관광 활성화를 도모하기 위하여 도내 주요 해외환자 유치 의료기관과 대표 관광지를 결합한 의료관광 상품을 개발하는 것이다. 이를 위하여 의료기관, 도내 관광업계 간 정기적인 간담회 개최를 통한 상호 정보 교환 및 상품개발 유도하며 특히 의료 코디네이터와 경기도 해외마케팅 전문가 협의회(GOMPA) 회원 간의 네트워크를 구축하여 상호협력을 도모하고 있다.

대표적인 사례로 부천 세종병원과 웅진플레이도시와 경기관광공사가 공동으로 여름 성수기에 러시아 의료관광객을 대상으로 경기관광공사에서 기획하여 로고가 들어간 수영 모자를 제공하고, 웅진플레이도시는 특별 할인가격을 제시하며, 세종병원에서는 특별상품을 구매하여 건강검진 특가상품을 환자와 보호자들이 이용토록 하였다. 이와 같이 공공부문에서 기획과 사업을 촉진시키는 역할을 담당하고, 관광지는 특별 할인혜택이나 서비스를 제공하며, 의료기관은 환자와 보호자에게 홍보, 광고를 하여 손쉽게 편안한 여행을 즐길 수 있게 상품을 개발, 판매하는 것이다.

※ 경기도 의료관광 특화상품 개발 사례

□ 부천 세종병원+웅진플레이도시 연계 여름 성수기 검진상품 개발
- 판매기간 : 2013.7.15~9.15 / 국가 : 러시아 연해주
- 상품내용 : 종합검진 특가상품 구매 시 웅진플레이도시스파 상품권 제공(세종병원 구매) 및 수영모자 기념품 제공

자료 : 경기관광공사(2013), "2013년 경기도 의료관광 활성화 계획"

[그림 6-10] 의료관광 패키지 상품개발 사례

〈표 6-10〉 경기 의료관광상품 공동 개발

| 경기관광공사 | 도내 의료기관 | 도내 관광업계 |
|---|---|---|
| 상품기획 및<br>홍보 마케팅툴 제공<br>(상품개발 간담회 개최) | 특별검진 상품 제공<br>해외 에이전시 상품광고 | 해외환자 대상 특가 등<br>서비스 제공 |

자료 : 경기관광공사(2013), "2013년 경기도 의료관광 활성화 계획"

### 4) 경기 의료관광 외국어 소개 자료집, 지도 등 홍보물 제작, 배포

해외환자 유치 후, 관광정보 서비스 제공을 위한 의료관광 특화 홍보물을 통해 경기도 의료관광 홍보 마케팅 툴 구축 및 경기 대표 관광지 방문 활성화를 위하여 해외환자 타깃 맞춤 외국어 주요 관광자원 홍보 지도, 여행 가이드북과 대중교통을 이용한 경기 관광 즐기기 소개책자와 외래관광객 대상 경기도 주요 관광지의 할인 쿠폰 북을 제작, 경기도내 주요 의료기관과 수도권의 관광안내소와 병원에도 배포하여 활용토록 한다.

〈표 6-11〉 환자 유형별 배포 홍보물

| 구 분 | 주요 환자 유형 | 배포 홍보물 |
|---|---|---|
| 경기도 | 중증 / 러시아, CIS | • 경기도 주요관광자원 홍보 자료집<br>• 러시아어 경기 의료관광 할인 쿠폰북<br>• 러시아어 의료관광 지도 |
| 서울<br>(성형,<br>피부과의원) | 경증 / 중국, 일본 등 | • 중국어 경기 의료관광 할인 쿠폰북<br>• 일본어 경기 의료관광 할인 쿠폰북 |

### 5) 의료는 서울 · 인천이라도 관광은 경기

서울 강남의 주요 피부 · 성형외과와 서울 · 인천의 의료기관에 경기도 대표 관광지 방문 입장 할인 의료관광 특화 쿠폰북을 비치하여 의료는 서울이나 인천, 경기에서 하더라도 관광을 경기에서 하도록 하는 것이 새로운 의료관광의 형태다.

지금까지 의료관광객의 통계[9]는 보건산업진흥원에서 진료받은 환자의 의료기관에서 제출한 수치가 기본이었으나, 향후에는 진료와 관광 중 어느 한쪽을 행한 지역의 의료관광객 수로 계상함이 옳다. 즉, 해외환자 유치통계는 의료기관 제출 통계가 맞지만, 의료관광 통계는 진료나 관광중 한 쪽만 하더라도 의료관광객으로 간주함이 타당하다.

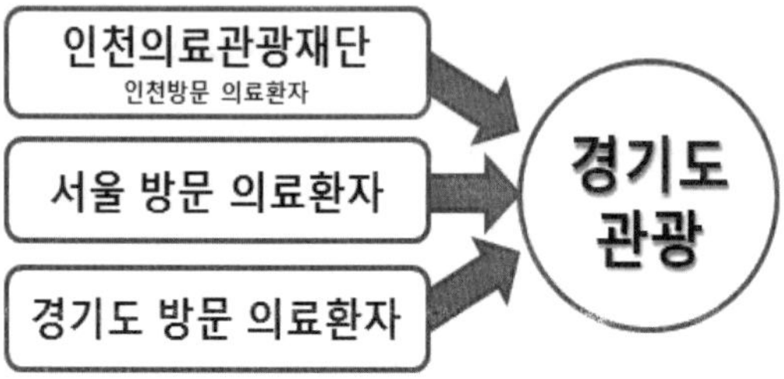


자료 : 경기관광공사(2013), "2013년 경기도 의료관광 활성화 계획"

[그림 6-11] 서울 · 인천 · 경기 의료환자의 경기도 관광 유치

## ❐ 경기도 해외환자 유치 활동

경기도내 병원들은 중증환자의 비중이 높은데, 특히 서울대 병원과 아주대병원 등 내외과를 비롯하여 부천 세종병원의 심장병, 안양샘병원의 암환자, 윌스병원의 척추환자, 보바스기념병원의 재활분야는 국내최고 수준이다.

이를 바탕으로 경기도는 해외의 의료환자를 유치하기 위하여 러시아, 베트남, 중국에서 의료관광설명회와 의료학술세미나, 무료진료 등을 통하여 한국의술의 우수성과 의료서비스를 알리고 있다. 또 이 때 참석한 의료인과 의료에이전트를 대상으로 경기도내 의료시설과 관광지를 답사하는 팸투어를 실시하여 경기도로 환자를 안심하고 보낼 수 있도록 하고 있다.

또 카자흐스탄, 우즈베키스탄 등 구 소련연방을 비롯하여 여러국가에서 의료

9) 유지윤(2011), 「의료관광통계 생산방안 연구」, 한국문화관광연구원

연수생을 받아들여 교육을 시키며 협업을 함으로써, 이들이 귀국후 환자를 경기도로 보내주기도 한다.

특히 카자흐스탄, 블라디보스톡, 미국 LA에 경기도 의료센터를 두어 원격진료나 의료상담 및 의료관광을 알선하기도 한다. 이밖에도 중국, 베트남, 중동에도 경기도내 병원이 진출하여 의료수출을 하고 있다.

2013년에는 글로벌 의료시장 개척-해외의료설명회를 2013년 3월 25일(월) ~ 30(토) 까지 베트남 하노이시, 싱가폴에서 경기도, 경기국제의료협회, 경기관광공사 및 도내 8개 의료기관으로 구성된 대표단 24명 참가하여 하노이 시 보건국 방문 및 국제의료세미나, 해외의료설명회, MOU 등 유치활동을 펼쳤다.

특히 8월말 2박3일 러시아를 방문한 경기도 대표단은 러시아 연해주와 우호렵력 협정을 체결하고 경기국제의료센터 개소식, 의료학술대회 개최, 의료봉사 등 의료관광객 유치활동을 펼쳤다.

이밖에도 카자흐스탄 국제관광박람회에 참가하여 상담회를 가졌고, 중국 장쑤성 의료인 5명을 2013년 5월 6~30일까지 도내 주요병원에서, 하바롭스크 의료인 9명의 6. 3~7. 1(4주)까지 도내 주요병원에서 연수활동을 가졌다.

자료 : 경기국제의료협회(2013), 웹사이트(http://www.e-gima.com)

[그림 6-11] 경기도 해외환자 유치 활동

# [평가 문항]

다음 질문에 맞는 답을 골라 번호를 ( )에 넣으시오.

**01** 컨벤션의 설명 중 맞지 않는 것?

① UIA기준으로 국제기구가 주최하는 회의로 50명 이상인 회의
② UIA기준으로 국내단체가 주최하고 참가국 5개국 이상, 300명 참가자 중 외국인 40%, 3일 이상인 회의
③ UIA기준으로 5개국 이상 300명 이상, 외국인 100명 이상, 3일 이상인 회의
④ 참가국 수는 상관없이 외국인 참가자 10명 이상인 회의

**02** 경기도내 전시회의 설명 중 맞지 않는 것?

① 킨텍스에서 개최된 전시회는 코엑스보다 적다.
② 킨텍스에서 열린 전시회의 면적은 코엑스보다 넓다.
③ 킨텍스 전시회에 참가업체수는 코엑스보다 많다.
④ 킨텍스 전시회 평균 참관객수는 코엑스보다 적다.

**03** 경기컨벤션뷰로의 설명중 틀린 것?

① 로타리 2016 대회를 경기도, 킨텍스와 공동으로 유치했다.
② 2011년도에 지방CVB로 첫번째로 설립되었다.
③ 마이스 얼라이언스를 구축, 확대 참여시키고 있다.
④ 국내외 마이스 산업전, 박람회에 참가, 홍보를 한다.

**04** 의료관광의 설명 중 맞는 것?

① 관광업계는 의료관광을 새로운 관광자원으로 보고 관광객이라 한다.
② 의료업계는 의료관광을 고부가가치 산업으로 보고 환자라 한다.
③ 산업통상자원부, 문화체육관광부는 '의료관광'이라 하고, 보건복지부는 '글로벌헬스서비스'라고 한다.
④ 미용서비스는 의료관광에 포함하지 않는다.

**05** 의료관광 설명 중 틀린 것?

① 방한 외국인 환자 1위는 중국인이다.
② 내과, 피부과 외국인 환자는 증가하고 있다.
③ 외국인 환자 증가율이 높은 지역은 전남, 대전이다.
④ 외국인 혼자 1명의 진료와 관광에 3백만원 수입이 발생한다.

**06** 경기도의 외국인 환자 유치 마케팅 수단이 아닌 것?

① 환자 공항 픽업 서비스
② 의료기관과 관광시를 묶는 방문상품 개발
③ 경기 의료관광 자료집 지도, 쿠폰북 등 홍보물 제작
④ 서울 전역의 성형외과에 경기관광 쿠폰북을 비치한다.

**정답** 01 ③ 02 ④ 03 ② 04 ④ 05 ② 06 ④

**해설**

01 UIA기준운 참가국 수 5개국 이상, 총 참가자수 300명 이상이고, 참가 외국인 비율 40% 이상, 회의기간 3일 이상/『국제회의산업 육성에 관한 법률 시행령』의 컨벤션 요건은 5개국 이상, 300명 이상 참가, 참가자중 외국인이 100명이상, 회의기간 3일 이상

02 킨텍스의 전시회 평균 참관객수(56,001명)는 코엑스(27,194명)의 2배

03 부산관광컨벤션뷰로가 2004년 설립, 제주컨벤션뷰로는 2005년에 설립

04 의료관광을 의료관광객의 건강증진 및 치료, 미용 등의 의료서비스와 관광활동이 결합된 새로운 관광의 한 유형

05 피부과의 비중은 지속적으로 감소, '10년(9.4%)→'11년(8.4%)→'12년(7.9%)

06 서울 강남지역 주요 성형외과, 종합안내소에 가이드북, 쿠폰북을 비치

## G20의 성과와 관광

**한국관광공사 사사편찬실장 오용수**

올해 가장 큰 국가 이벤트인 제5차 G20 정상회의가 11월 11~12일 서울에서 열렸다. 이번 회의는 아시아에서는 최초로 그것도 G7이 아닌 나라에서 처음 개최됨으로써 대한민국의 격과 위상을 한층 높이게 되었다. 또 우리국민들이 '할 수 있다'는 자신감을 일깨워준 면에서 그 성과를 찾고 싶다. 성숙한 시민정신이 발휘되었다는 점에서 진정한 선진국 국민으로서 격을 갖추게 되었다고 자부한다.

내용면에서도 G20 서울회의에서 환율갈등 해소, 글로벌 금융안전망 구축, 금융규제 개혁, 개발도상국 지원 등 의제에 대하여 '서울 선언문'을 채택하였다. 특히 의장을 맡은 이명박 대통령이 마지막까지 합의도출을 위하여 노력하는 모습은 전 세계에 강한 인상을 심어주었다.

각국 정상과 국제기구 수장 33명과 12명의 배우자들에게 한국의 맛과 아름다움을 효과적으로 보여주었다. 첫날 만찬을 정상들은 국립중앙박물관에서 배우자들은 리움미술관에서 들었다. 우리가 자랑할 문화재와 미술품을 감상하였고 한식오찬, 한복 패션쇼는 깊은 인상을 심어 주었다.

또 각국에서 몰려든 7백여 명 언론인들의 과반수가 참가한 프레스투어에 북촌, 청계천, 한강과 DMZ 등 다양한 코스를 마련하여 한국의 멋과 정취를 세계에 알렸다.

서울 G20 정상회의의 경제적 파급효과가 24조원에 달할 것으로 삼성경제연구소가 분석하였는데 잘 관리하면 훨씬 큰 효과를 발휘할 듯하다. 특히 경제와 함께 관광산업에서 과실을 거둘 수 있다.

관광마케팅 기법 중 가장 효과적인 것이 유명인사와 언론인의 동시 초청, 보도를 통하여 그 나라의 매력을 홍보하는 것이다. 그런데 G20 국가의 정상과 배우자, 유명 언론인을 동시에 맞는 절호의 기회를 가졌다. 이제 국내외 여행상품 기획자들에게 정상들의 체험코스를 재현하여 보여주고 'G20 서미트 투어'를 만들자. 이런 상품은 고품격 고부가가치 문화관광의 모델이 된다.

이번 회의를 통하여 항공사, 호텔 등 관광업계가 호황을 이루었지만, 컨벤션업계의 발전이 가장 두드러졌다. 완벽하게 행사를 치러낸 컨벤션 기획사와 종사자들은 여세를 몰아 국제무대로도 진출하여 수많은 국제회의를 우리나라로 유치하자.

또 국민들에게도 우리의 매력을 함께 즐기게 한 점을 높이 사고 싶다. 청계천 물위에 설치된 형형색색의 등(燈)은 동화와 전설을 재현하여 추운날씨에도 불구하고 연일 몰려드는 인파로 걷기가 힘들 정도였다. 어린 딸을 목마를 태운 아빠와 아들의 손을 꼭 잡고 자세히 설명하는 엄마, 젊은 청춘남녀, 보기 좋은 노부부들을 위한 멋진 기획이었다. 또 덕수궁의 야간개방으로 궁궐의 야경을 즐길 수 있게 한 점도 획기적인 일이다. 문화와 관광의 멋진 조화다.

가장 감동적인 것은 시민의식이었다. 강제적 차량 2부제가 없었지만 자발적으로 대중교통을 이용하고 지하철 삼성역에 정차하지 않고 한 정거장을 걸어도 불평치 않는 시민들과 보이지 않는 곳에서 궂은 일을 마다하지 않은 자원봉사자들에게 박수를 보내고 싶다. 이런 시민정신, 손님맞이 태세라면 우리 관광의 앞날은 밝다.

여행신문 2010년11월22일

# 제 7 장

# 문화관광정책

## - 한류열풍, 이제는 문화관광이다 -

# 07 문화관광정책

**- 한류열풍, 이제는 문화관광이다 -**

## 1 한류의 현재와 미래

### ❒ 한류의 현상과 변화

#### ❖ 한류의 생성과 변천

한류란 중국, 일본, 홍콩, 대만, 베트남 등지의 동아시아지역에서 젊은 청소년들을 중심으로 한국의 음악, 드라마, 영화 등 대중문화와 인기 연예인들을 동경하고 추종하며 배우려고 하는 문화현상을 말한다.

한류의 생성과 변천을 살펴보면, 1990년대 후반부터 한국의 대중문화가 대외적으로 인정받기 시작하였다. 특히 1998년 한일문화개방을 계기로 일본 대중문화를 한국에서 접하게 되었고, 한국의 대중문화도 일본사회에 깊이 파고들 수 있게 되었다.[1]

장르별로 보면, 영화 '쉬리'가 2000년 일본에서 최초로 방영되었고, 2001년에는 'JSA'로 한국영화가 자리를 잡기 시작하였다. 2003년 '엽기적인 그녀', 2004년엔 '스캔들', '실미도'에 이어 '내 애인을 소개 합니다'가 빅 히트를 쳤다. 2005년에는 '내 머리 속의 지우개'가 최고의 관객을 모으게 되었다. 그러나 2006년 이후 가격 폭등과 연이은 흥행실패로 한국영화는 다소 침체기에 빠져 들게 되었다. 한류에 가장 큰 영향을 미친 드라마는 2002년 초 한국에서 방영된 '겨울연

---

1) 오용수(2010). "한류의 변천과 한류관리의 경쟁력 창출" 「한국관광정책」 42호, pp.78~83.

가'로, 대만에서 큰 반향을 일으키면서, 2003년 NHK 위성방송, 2004년 지상파방송을 타자 일본 중・노년여성들에게 '욘사마 신드롬'이 발생하게 되었다. 이를 계기로 한국드라마가 대거 진출하게 되자 한류(韓流)란 용어가 공공연히 사용하게 되었다. 곧이어 2005년에 '대장금'이 다시 히트를 치며 남성들까지 한류팬으로 끌어들였다. 2007년부터 '주몽', '해신', 2008년 '태왕사신기', '황진이', 2009년엔 '궁'과 '이산'과 같은 역사물이 주류를 이루며 폭넓게 확산되고 있다.

한편 한국의 가요는 1961년 한명숙의 '노란셔츠 입은 사나이'와 1975년 조용필의 '돌아와요 부산항에'에 이어 김연자가 1989년 NHK가요홍백전에 등장하고, 일본 노래방(가라오케)에서 한국가요가 애창곡으로 이미 자리를 잡았다. 2002년 보아는 일본 일본레코드 앨범차트 1위에 오르며 새로운 한국대중음악(이하 K-pop[2])이라 부름)의 대명사가 되었다. 이후 동방신기, SS501, 빅뱅, 슈퍼주니어와 같은 그룹이 크게 주목을 받다가 2010년 소녀시대, 카라의 등장으로 한때 한류가 쇠퇴하고 있다는 평판을 일거에 잠재우며 한류를 한 단계 발전시키며, 일본 중국에서 벗어나 유럽, 중남미, 미국에 까지 한류의 장을 열게 되었다.

특히 싸이는 2012년 대한민국 베스트 인기상품 "강남스타일"로 미국을 비롯하여 전 세계인을 사로잡았다. 한마디로 K팝과 K댄싱, 한류가 전 세계를 강타하게 되었고, 이제 K팝과 한류는 전 세계인의 일상 관심사가 되고 있다.

이와 함께 한국음식의 확산, 한국어 붐, 2013년 들어 박인비선수의 골프 제패, 류현진의 야구, 김연아의 피겨 스케이팅과 같은 한국 스포츠의 약진, 온라인 게임, 미용과 의료, 삼성, LG, 현대, 아모레 등 한국 상품의 확산과 한국여행이 맞물리며 한류 발전에 기여하였다.

### ❖ 한류의 혁신

한류가 대중문화를 벗어나 전통문화로 영역 확대를 이루자 '신한류(新韓流)'

---

2) 대한민국에서 대중적 인기를 얻는 유행 음악을 총칭한 이름이다. 간단히 가요, 또는 유행가라고 부르기도 하며, 영미권의 대중음악을 팝(pop)이라고 부르고, 영미권 이외의 국가의 대중가요도 국가 이니셜을 붙여 나타내는 데서(일본: Jpop, 중국: C-pop) K-pop이라고 쓴다(위키백과).

라는 용어가 생겨나게 되었고, 철저한 관리로 K-pop을 한 단계 심화, 발전시킴으로써 '한류 2.0'이란 용어도 등장하였다. 신한류의 정의를 살펴보면, 드라마와 일부 스타들을 중심으로 한 한류를 제1기 한류로 본다면 제2기 한류, 즉 신한류의 개념은 지금까지의 단순한 한국 대중문화에 대한 선호현상을 넘어서 한국 문화와 문화상품의 총체적 글로벌 진출로 볼 수 있다.[3] 한류는 최근 아시아라는 지역적 범위를 넘어 한글, 한식, 한복 등 한국 문화와 전통 전반을 동경하는 움직임이 시작되었고, 이는 제2의 한류, 신한류라는 신조어를 탄생시킨다.[4] '한류 2.0'은 지난 8월 일본 내 정식 싱글을 발매하며 일본 진출을 알렸던 걸 그룹 소녀시대의 도쿄 쇼케이스를 보도하며 일본 언론들이 쓴 표현이다.[5] 물론 소녀시대, 카라와 같이 가창력과 춤을 철저히 갖춘 아이돌 그룹이 이전 그룹과는 차원이 다른 공연으로 찬사와 몰입을 이끌어 낸 것이 계기가 되었다.

한편 배용준은 2009년 9월말 도쿄돔에서 지금까지의 수준을 뛰어넘는 최상의 공연과 함께, "한국의 아름다움을 찾아서"란 여행에세이를 출간하며 콘텐츠의 심화와 장르 파괴를 이룬 점에서 이미 '한류 2.0'은 시작되었다고 본다. 즉, 영화, 드라마의 남녀 배우를 중심으로 일본, 동남아지역으로 발전하여 온 그간의 한류를 '한류 1.0'이라 한다면, K-pop 아이돌 그룹과 한류스타의 공연 등 한국의 대중문화 콘텐츠의 심화와 철저한 관리로 세계를 대상으로 발전하고 있는 한류를 '한류2.0'이라 한다. 또 한류 콘텐츠의 심화와 관리를 통해 세계로 발전하고 있는 '한류 2.0'을 다시 한 차례 수준을 강화시키면 '한류 3.0'도 등장하게 될 것으로 보았는데 바로 한국말 가사와 춤으로 세계를 놀라게 한 싸이의 강남스타일 등장으로 '한류3.0시대'가 도래되었다고 본다.

한류가 한국의 대중문화인 드라마, 가요의 인기 스타를 중심으로 일본, 동남아에서 성장해온 반면에, 신한류는 영화, 드라마, 가요 등 한국의 대중문화에서 한글, 한식, 한복, 한옥 등 전통문화로 범위가 확대되었다. 한류는 살아 숨쉬는

---

3) 조성룡(2005), "신한류 개념부터 바로세우기" 「문화시론」, 11월24일자
4) 정희경 · 이계희(2010), "신한류가 일본과 중국관광객들의 한국 재방문에 미치는 영향", 『관광학연구』 34(6), pp.249~270, 한국관광학회
5) 한구현(2010), "한류의 미래, 스토리가 답니다", 「중앙일보」, 10월1일자

문화현상이므로 다시 세계에서 인정받고 있는 클래식 예술, 고전문화를 접목하여 한류의 대중문화, 신한류의 전통 문화와 융합하는 초한류(超韓流)를 만들 수 있다. 이제 전통문화의 혁신을 통한 '신한류 2.0과 3.0'의 출현과 서양클래식 문화와의 융합을 통한 '초한류'의 등장도 시기가 도래하였다고 본다.

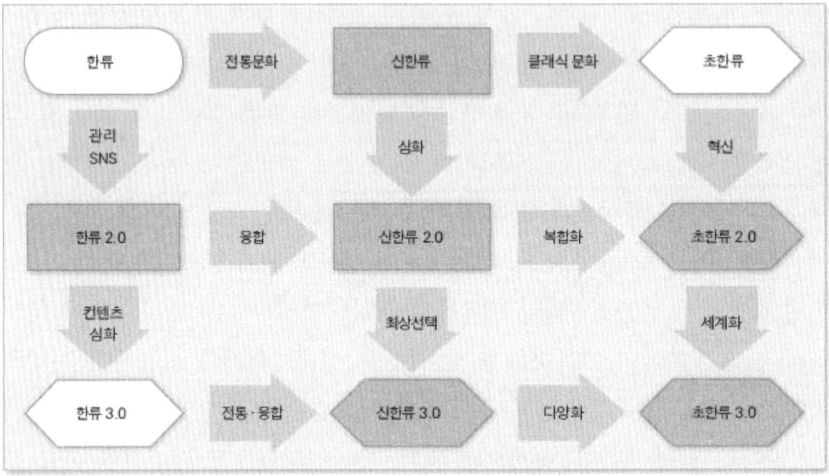


자료 : 오용수(2010 : 3), "한류의 변천과 한류관광의 경쟁력 창출 ", 「한국관광정책」 42호

[그림 7-1] 한류의 변천

## ❖ 한류의 전망과 역할

기존의 한류는 중장년 여성층(멜로드라마), 중장년 남성층(사극 드라마)을 중심으로 인기를 끌었으나, 최근에는 젊은 청소년층(K-pop, 온라인게임)을 중심으로 한류의 인기가 확산되는 특징을 보이고 있다.

일본과 중국을 포함한 동아시아 및 대만, 베트남, 태국 등을 포함한 동남아시아는 한류가 지속적으로 유지·강화되고 있는 지역으로 방한 외래관광객 유치 측면에서도 시장성과 잠재력이 높은 지역이라 할 수 있고, 유럽, 미주, 대양주, 아프리카 등 K-pop 중심의 한류를 계기로 한국과 한국 문화에 대한 관심과 수요가 증가하고 있는 지역은 원거리 잠재시장 유치 확대 측면에서 중장기적인 인바운드 촉진 전략이 필요할 것으로 판단된다.

K-pop이 주도하는 한류는 킬러콘텐츠의 지속적인 제작, 반한류 정서의 완화, 쌍방향 교류, 미국 시장에서의 성공, 현지화 전략 추진 등 전제조건이 이루어진다면 지속적으로 발전할 것으로 전망되고 있다.

한류는 급속한 경제 발전만을 부각시켜 온 한국의 이미지에 문화와 스타일을 더하며 크게 향상시키는 역할을 하고 있고, 한류는 민간 교류를 확대시키고 한국문화 전반에 대한 관심을 환기시킴으로써 한국에 대한 호감도 및 친밀도 증가에도 기여한 것으로 보인다.

〈표 7-1〉 한류 지속 및 확산을 위한 지역별 차별화 전략

| 구분 | 국가 | 추진방향 | 주요과제 |
|---|---|---|---|
| 확산지역 | 일본, 동남아, 중앙아, 중동 | 한류 충성도 제고 | • 우수 한류콘텐츠 지속 공급 저작권 보호<br>• 쌍방향 문화교류 프로그램 확대 |
| 정체지역 | 중화권 (중국, 대만) | 한류 호감도 제고 | • 반한류 해소 프로그램 마련<br>• 쌍방향 문화교류 프로그램 확대<br>• 과도한 수출 불균형 해소 |
| 확산진행지역 | 유럽, 북중남미 | 한류 인지도 및 호감도 제고 | • 우수 한류콘텐츠 지속 공급<br>• 다양한 한류문화 소개 |
| 잠재지역 | 아프리카, 호주, 러시아 | 한류 인지도 제고 | • 영화, 드라마 등 한류콘텐츠 무상 공급 |

자료 : 문효진(2010), "한류 패러다임 변화와 미래를 위한 과제", 「국회세미나 자료집」

## 2 한류관광의 문제점과 대책

### ❒ 한류관광의 현황

#### ❖ 한류관광 이란

한류의 영향을 받아 한국을 방문한 외래 관광객이 한류 영상 촬영장 방문, 한

류 스타 팬 미팅, 한류공연 관람 등 한류 문화콘텐츠와 연예인 활동에 직접 참여하는 여행을 협의의 한류관광이라 하고, 광의의 한류관광은 한류의 영향을 받아 한국을 방문한 외래관광객이 한류 관광지를 방문하거나 한류 관련 활동에 직접 참여하지는 않지만, 한국의 역사·문화·예술·음식 등과 관련된 관광활동에 참여하는 여행을 말한다. 그런데 통상 한류관광이라 함은 협의의 한류관광을 말한다.

### ❖ 한류와 관광의 만남

드라마, 가요, 스포츠 경기와 같은 방송으로 시작된 한류는 한국음식을 가정으로 불러들였고, 한글과 한국말, 한국 물품에 대한 관심도 높였다. 이러한 관심은 한국여행으로 이어지게 되었고, 여행에서 접한 한옥, 한복, 미용, 패션, 공연은 한국에 대한 관심을 더욱 높이게 되었다. 즉, 한류는 한국관광을 유인하고, 여행은 다시 한류에 관심을 갖게 하는 선순환의 구조가 만들어지게 되었다.

영화, 드라마, 가요의 한류스타들과의 만남 또는 촬영지 답사를 목적으로 하는 여행인 한류관광에서 가장 중시하는 '팬 미팅'은 한류스타와의 대담과 노래, 기념촬영, 사인회 등은 팬들의 꿈을 실현시켜주기 때문에 만족도가 높다. 팬 미팅과 디너를 겸한 디너파티, 팬클럽 회원과의 캠프 등 형태가 다양하다. 또 한류관광의 다른 한축을 이루는 콘서트도 체육관이나 홀에서 많은 가수들이 나와 노래를 부르는 대규모에서 특정 가수나 그룹의 팬들을 대상으로 2~3백명 정도의 소규모로 변하고 있다.

영화, 드라마 촬영장을 방문하여 영화 속의 주인공이 되고 기념촬영도 하는데, 촬영이 있는 경우에는 현장로케를 맛볼 수 있어 한류관광의 인기 메뉴다. 최근에는 드라마 촬영계획을 미리 조사, 협의하여 현장에서 인기스타의 연기를 보기도 하고, 방송국이나 영화제작소를 방문하여 제작현장을 찾는 여행상품도 확대되고 있다.

또 인기스타들의 출연을 볼 수 있는 영화제, 가요제, 시상식에 팬들이 몰린다. 특히 부산영화제에는 우수 영화 관람과 함께 한류스타와 동남아 유명스타도 만날 수 있고 외국인관광객을 위한 자리 배정으로 인기 관광 상품이 되었다.

매년 11월말 청룡영화제에도 인기스타를 보러온 일본여성들이 미리 기다리고 있었고, 연말 각 방송국의 연기, 가요상 시상식 때도 한류팬들이 몰려들고 있다.

한류관광도 팬 미팅, 콘서트 참가, 촬영지답사 등 초기 한류형태에서 전통음식 만들기, 한옥 체류와 한옥촌 탐방, 한복 입기, 전통공연 관람을 포함한 '신한류 관광'으로 변화하고 있다. 또 '한류 2.0'과 같이 심화된 콘텐츠를 바탕으로 디럭스 콘서트와 팬 미팅을 결합한 '한류 2.0관광'도 등장하고 있다. 나아가 대중문화와 전통문화가 심화된 형태인 '신한류 2.0 관광'도 현실화되고 있다. 또 싸이의 서울광장 콘서트와 조용필 콘서트로 '한류 3.0 관광'이 실현되고 있다.

### ❖ 한류관광객 추정

외래관광객 실태조사에 의하면, 여행목적이 '여가/위락/휴가' 여행자는 2010년에는 51.3%에서 2011년에는 42.4%로 다소 감소되었다가, 2012년도에는 43.9%로 확대되었다.

〈표 7-2〉 외래관광객의 여행목적 변화

| 구 분 | 2012년 | 2011년 | 2010년 | 2009년 | 2008년 |
|---|---|---|---|---|---|
| 여가/위락/휴가 | **43.9** | 42.4 | 51.3 | 47.6 | 40.4 |
| 사업/전문활동 | **24.5** | 31.1 | 32.2 | 36.3 | 42.0 |
| 쇼핑 | **11.8** | 9.2 | - | - | - |
| 친구/친지방문 | **11.1** | 10.6 | 11.4 | 11.5 | 11.5 |
| 교육 | **6.5** | 4.6 | - | - | - |
| 뷰티/건강/치료 | **1.1** | 0.3 | 0.2 | 0.2 | 0.2 |
| 종교/순례 | **1.1** | 0.9 | 0.6 | 0.9 | 0.6 |
| 기타 | **0.1** | 0.5 | 4.3 | 3.5 | 5.3 |

주: '쇼핑' 및 '교육'은 2011년 조사부터 새롭게 추가된 항목임
자료 : 문화체육관광부 · 한국문화관광연구원(2013 : 25), 「2012 외래관광객 실태조사」

또 한국을 여행목적지로 선택할 때 고려한 요인을 조사한 결과 '드라마/영화 촬영지 방문, 한류스타 팬 미팅 등 경험'을 1순위로 응답자는 2010년에는 약 4.4%였으나 2011년엔 3.0%, 2012년에는 3.4%로 다소 감소하였고, 순위와 상관없이 복수 응답자는 2010년에는 10.1%에서 2011년엔 8.2%, 2012년에는 7.0%로 감소되었다.

이를 토대로 한류관광객 규모를 산정해보면,[6] 2012년 방한 외래객 11,140,028명에서 '여가/위락/휴가' 목적(43.8%)의 여행자는 4,890,472명이고, '드라마/영화 촬영지 방문, 한류스타 팬 미팅 등 경험'을 1순위(3.4%)로 답한 순수 한류관광객은 166,276명으로 추정되며, '드라마/영화 촬영지 방문, 한류스타 팬 미팅 등 경험'을 복수로 응답(7.0%)한 일반 한류관광객은 342,333명으로 추산된다. 이는 2010년 순수 한류관광객 198,581명, 일반 한류관광객 455,833명보다 감소된 수치다.

또 한류관광객 수를 같은 해 외래관광객 중 '여가/위락/휴가' 목적(43.8%) 1인당 평균 소비액($1,578.4)을 곱하고, 외래관광객 1인당 평균 소비액($1,529.5)을 곱하여 더하면 한류관광을 통한 수입 창출효과가 대략적으로 산출되는데, 순수 한류관광객의 수입 창출효과는 $257,877,448 [166,276명×($1,578.4×43.8% + $1,529.5×56.2%)]로 추정되며, 일반 한류관광객의 수입 창출효과는 $530,924,249[342,333명×($1,578.4×43.8% + $1,529.5×56.2%)]로 추정된다.

〈표 7-3〉 외래관광객 목적별 관광지출

| BASE: 전체 | | 사례수 | 500$ 이하 | 500$ 초과 1,000$ 이하 | 1,000$ 초과 1,500$ 이하 | 1,500$ 초과 2,000$ 이하 | 2,000$ 초과 3,000$ 이하 | 3,000$ 초과 | 최대금액 초과 | 계 | 평균 (US$) |
|---|---|---|---|---|---|---|---|---|---|---|---|
| ■ 전 체 ■ | | (12,021) | 17.9 | 24.8 | 21.9 | 11.6 | 9.6 | 10.3 | 3.9 | 100.0 | 1529.5 |
| 방한 목적 | 여가/위락/휴가 | (5,274) | 8.3 | 24.7 | 29.1 | 15.1 | 11.6 | 9.2 | 2.1 | 100.0 | 1578.4 |
| | 뷰티/건강/치료 | (132) | 2.9 | 21.2 | 24.6 | 6.7 | 14.8 | 18.5 | 11.3 | 100.0 | 2137.4 |
| | 종교 및 순례 | (128) | 40.4 | 27.6 | 12.6 | 10.3 | 4.9 | 4.1 | 0.0 | 100.0 | 962.3 |
| | 쇼핑 | (1,418) | 5.3 | 23.7 | 29.0 | 15.3 | 9.3 | 14.8 | 2.7 | 100.0 | 1951.2 |
| | 친구/친지 방문 | (1,333) | 32.4 | 32.3 | 14.2 | 7.3 | 6.3 | 5.9 | 1.6 | 100.0 | 1095.8 |
| | 사업/전문 활동 | (2,939) | 35.7 | 24.9 | 13.1 | 7.1 | 7.6 | 9.3 | 2.4 | 100.0 | 1240.7 |
| | 교육 | (779) | 12.9 | 14.4 | 7.6 | 6.9 | 10.4 | 21.2 | 26.6 | 100.0 | 2540.5 |
| | 기타 | (18) | 40.2 | 34.7 | 19.6 | 0.0 | 2.0 | 3.5 | 0.0 | 100.0 | 754.2 |
| | 무응답 | (0) | 0.0 | 0.0 | 0.0 | 100.0 | 0.0 | 0.0 | 0.0 | 100.0 | 1786.0 |

자료 : 문화체육관광부 · 한국문화관광연구원(2013 : 184), 「2012 외래관광객 실태조사」

## ❐ 한류관광의 문제점

### ❖ 한류관광의 현실과 과제

「외래관광객 실태조사」에서 한국여행 동기 중 '드라마/영화 촬영지/팬미팅경

6) 이원희(2001), 『신한류를 활용한 인바운드 관광정책 방향』, pp.29~32, 한국문화관광연구원

험'을 복수로 응답자가 2007년 11.8%에서 2008년 10.6%, 2009년에 8.6%로 감소하였다가, 2010년에는 다시10.1%로 잠시 상승하였으나, 2011년엔 8.2%, 2012년에는 7.0%로 낮아지게 되었다.

이와 같이 '한류'가 '신한류', '한류 2.0'으로 변하고 있으나, 한류관광의 동기는 감소되고, 한류관광 상품은 변화에 따르지 못하며 초기의 팬 미팅, 콘서트에 집착하는 경향이 있다. 이는 한류와 여행업계의 구조적 문제점에 원인이 있다.

한류 자체의 문제점이란 한류스타들의 과다한 출연료와 스타와 소속사의 우월적 지위를 이용한 일정변경과 약속 파기, 부실한 계약으로 인한 갑작스런 출연 취소, 콘서트 수준 저하 등을 들 수 있다. 예를 들면, 콘서트의 행사권리를 취득한 기획사가 해외 업체와 계약하였지만 스타 소속사가 타 회사에 똑같은 권리를 허용함으로써 문제가 야기되는 경우가 발생하여도 향후 출연 때문에 스타에게 책임을 물을 수 없는 구조가 문제였다.

여행업계의 수익구조 문제에 있어 한류스타의 과다한 출연료는 팬 미팅 경비의 인상과 한류관광 상품의 고가화로 이어진다. 비슷한 내용의 패키지투어보다 배 가까이 비싼 요금으로 인하여 유료 소재를 추가하면 다시 가격이 오르게 된다. 또 전통문화를 포함시키더라도 그다지 수익이 오르지 못하므로 팬 미팅이나 콘서트에 집착하고 쇼핑 이외의 나머지 시간은 자유행동으로 두는 경향이 높다.

이런 와중에서도 한류관광을 전문으로 하는 여행사인 루크코리아투어는 2006년에 설립되어 홈페이지(www.lookkorea.jp)를 통한 회원 대상으로 한류행사 티켓, 호텔 예약 등과 대형 한류이벤트 참관 패키지투어를 취급하였고, 체스투어도 2008년부터 한류관광에 눈을 돌려 한류 팬클럽 등 다양한 한류관광을 취급하다 최근에는 한류연예기획사를 계열로 두기도 한다. 촬영지 답사여행은 외국인뿐만 아니라 국내에서도 인기를 모으고 있어 각 지방자치단체는 드라마 촬영지 유치를 위하여 치열한 로비와 지원을 하는 경우도 많다.

드라마 '왕건' 촬영장을 유치한 문경은 이후에도 역사물 촬영지로 활용되고 있으나, 대부분의 지방 촬영지는 많은 투자에도 불구하고 종영 후 잊혀지는 곳도 많다. 그러나 남이섬과 대장금테마파크, MBC드라미아는 꾸준한 한류관광지로 국내외 관광객으로부터 사랑받고 있다.

한류관광객들이 대부분 단체여행을 하지만, 개인관광을 할 경우에는 교통, 언어소통 등 수용태세에 문제점을 지니고 있다. 특히 소셜네트워크시스템(SNS)이 보편화되는 경향에 맞추어 전통문화 체험과 상설 공연장을 찾는 개별관광객을 위해서도 모바일용 안내시스템 개발도 확대되어야 한다.

## ❒ 문화관광이 해답

### ❖ 문화관광이란?

연구여행, 예술문화여행, 축제 및 기타 문화행사 참여, 유적지 및 기념비 방문, 성지순례 등 문화적 동기에 의한 관광을 협의의 문화관광이라 하고, 개인의 문화수준을 향상시키고 새로운 지식, 경험, 만남을 증가시키는 등 인간의 다양한 욕구를 충족시키는 모든 행동을 광의의 문화관광이라 한다. 일반적으로 협의의 문화관광을 문화관광이라 한다.

### ❖ 한류와 전통 문화와의 접목

협의의 관광 특히 한류 스타와의 팬미팅은 K-pop 가수 등 한류스타들의 활약 여부와 적정 게런티 등 공정계약으로 해결될 수 있고, 한류 영상 촬영장도 콘텐츠를 잘 활용하여 촬영 소품이나 촬영 지점에서의 가상 출연진이 되는 셑트시설, 특히 촬영시의 에피소드나 특별한 의미나 역사적 사실, 고증 등을 가미한 스토리텔링을 갖추면 된다. 또 한류 콘서트도 미리 출연진들을 확정시키고, 좋아하는 팬들이 참가할 수 있도록 예측가능한 공연이 되어야 한다. 클래식 공연 등은 2, 3년 전에 이미 출연진도 확정되고 예매도 미리 이루어진다. 이러한 공연문화 정착을 위해서는 방송국들이 솔선수범하여 한류 콘서트가 이루어지도록 해야 한다.

한편 전통문화와 관광을 연계한 신한류 관광을 발전시키기 위해서는 전통문화와 서양 클래식 문화의 업그레이드를 통하여 신한류 2.0, 초한류로 발전도 꾀해야 할 것이다. 이를 위해서 문화 콘텐츠의 발전과 연계도 필요하다.

### ❖ 궁궐 등 문화재 활용 문화관광상품 개발

4대궁, 종묘, 무형문화재, 영상, 뮤지컬 등을 융합하여 새로운 문화관광상품을 창조하는데, 경복궁 자경전 다례체험과 같은 문화행사를 열고, 국제기구 회의 등에도 궁궐을 활용토록 한다. 또 광화문 담장을 공연장으로 활용하며, 궁궐 호위군 사열의식을 재현하는 등 다양한 궁궐행사를 관광에 접목시켜야 한다.

### ❖ 문화유산과 천연기념물도 관광에 활용

세계문화유산, 세계기록유산 등 유네스코 등재 유산에 맞는 관광프로그램을 개발하고, 명사와 함께하는 자연유산 탐방프로그램을 운영하며, 옛길 복원으로 지역관광을 활성화하며, 향토성이 강한 민속행사의 관광자원화를 도모해야 한다.

### ❖ 문화콘텐츠 활용

문화콘텐츠란 문화적 요소로 창의성을 가미하여 경제적 가치를 창출하는 문화상품을 말한다. 또 한국행정연구원에서는 문화유산, 생활양식, 창의적 아이디어, 가치관 등 문화적 요소들이 창의력과 상상력을 원천으로 체화되어 경제적 가치를 창출하는 문화상품이라 정의한다.

또 문화콘텐츠산업에는 문화콘텐츠 기획, 제작, 유통, 소비와 관련 되는 산업으로 영화, 애니메이션, 만화, 게임, 캐릭터, 음악, 모바일, 방송이 포함된다.

따라서 한류관광을 위해서는 전통 문화 뿐만 아니라, 영화, 드라마, K-pop이외에도 애니메이션, 게임, 만화와 관광과의 접목도 필요하다.

### ❖ 공개방송 활용 한류관광 상품화 확대

K-pop 공개방송의 관광상품화를 위하여 공중파·케이블 음악방송 내 외국인 관광객 전용좌석 확보 및 여행사에 배정했는데, MBC 뮤직 '쇼챔피언'의 경우 월 2회씩 100석씩 외국인 관광객 전용좌석 확보하여 연간 1,000명 모객이 예상된다.

1만2천석 규모의 올림픽 체조경기장의 공연 인프라를 개선하여 대관하며, 2016년 한류월드에 개관될 K-pop아레나에 대중음악체험관을 건립하여 유무형 자료 전시 및 체험케 한다.

이밖에 한류 이미지와 웨딩산업을 융합하여 중국, 동남아 관광객 유치를 확대하며, 해외 영상물의 국내촬영 지원을 통하여 한류관광 목적지로 개발하였는데 이를 확대할 계획이다.

### ❖ 영상촬영장 활용 지방 한류관광 개발

지역 관광자원이 부족하고 홍보가 전혀 되지 않아 타개책으로 후원금을 제공하며 드라마나 영화의 촬영지로 선택하게 될 경우에는 반드시 출연진을 비롯한 드라마의 초상권을 확보하여 국내외 여행업계와 관광상품 개발에 추가적인 비용 없이 독점 활용할 수 있는 계약조건이 필요하다.

물론 가능한 촬영장소로 적합하게 꾸며놓고 알려지게 하여 방송국이나 영화사에서 촬영협조가 들어오게 하는 것이 최선이다. 이때도 촬영수수료를 받기보다는 드라마나 영화를 활용한 관광상품 개발에 대한 권리를 확보하는 것이 보다 효과적이다.

### ❖ 고부가가치 한류관광상품 개발

음악, 드라마, 영화 등 한류 콘텐츠와 스타 연예인을 활용한 방한 관광상품 및 관광루트 개발하며, 패션, 미용, 쇼핑, 음식, 의료(성형) 등 한류의 영향과 관련이 있는 융복합 관광상품 개발- 한식, 한옥, 한글 등 한국의 고유한 전통문화와 연계하여 한류 관광의 저변 확대를 기해야 한다.

# 3 경기도의 문화관광정책

## ❐ 한류월드 활성화가 최선

### ❖ 한류월드 개요

한류월드는 문화콘텐츠의 개발과 생산을 지원하는 문화인프라를 구축하는 사업으로 경기도가 고양시 장항동, 대화동 일원 994,756m$^2$(약 30만평)에 테마파크, 호텔, 방송 미디어 시설, 업무시설, 상업 시설, 복합 시설, 수변 공원 등을 2004년부터 2013년까지 설치할 계획으로 추진된 사업이었다. 그러나 미국발 세계금융위기와 부동산 침체 등으로 부지 매입과 호텔 등 건설예정이던 민간 건설사가 경영악화로 중단되고 있다가, 2013년 3월 20일 엠블(MVL)호텔 킨텍스가 개관하고, 5월 원마운트의 개장, 디지털 방송 콘텐츠 지원센터의 9월 개관, EBS 디지털 통합사옥이 2014년 준공예정이며, K-pop아레나도 2016년 건립예정으로 당초보다 지연되었지만, 꾸준히 갖춰지고 있다.

앞으로 디지털 미디어, 방송 관련 시설들이 클러스터를 조성할 계획이며, 앰블호텔 이외 특급호텔과 비즈니스호텔 들이 건립되고, 호수공원 등 수변공원의 조성, 상업시설, 주거 등 복합시설 들이 들어설 계획이다. 특히 최근에는 중국 등 한류관광객을 타깃으로 한 카지노, 면세점 등 복합시설도 검토되고 있어 새롭게 부각되고 있다.

경기도 한류월드사업단은 2013년 6월 24일 한류월드 단지 내 복합시설용지(M4)를 공급한다고 밝혔는데, 이번에 공급하는 부지는 11,000m$^2$로, 용적률 630%에 높이 100m이하의의 주상복합시설 건축이 가능하고 , 공급가격은 약761억원 상당이다. 이 부지의 위치는 30만평 규모의 일산 호수공원과 수변공원에 접하고 있고, 킨텍스, 원마운트, 현대백화점, 홈플러스, 이마트 등과도 인접하며, 지하철 3호선 주엽역에서 도보10분 거리다. 특히 한류월드 공동사업시행자인 경기도와 경기도시공사는 침체된 부동산 여건을 감안하여 사업자 부담을 완화하고 용지 조기 공급을 위해 중도금 납부 비율을 완화, 사업계획서 제출기한 연장 등 공급조건을 변경해 민간사업자들의 복합시설 참여를 촉진시킬 계획이다.

### ❖ 앰블호텔 킨텍스와 원마운트 개관

한류월드 내 최초로 지어진 호텔이 앰블호텔 킨텍스다. Most Valuable Life(가장 가치있는 삶)을 추구하는 이 호텔은 대명리조트의 호텔부문으로 여수에 이어 국내 최대의 컨벤션센터인 킨텍스의 앵커(Anchor)호텔과 한류관광의 초석이 될 한류월드의 중심에서 최적의 비즈니스 한경과 최고의 서비스를 제공하기 위하여 2013년 3월 20일 개관되었다.

377개 객실과 식당, 연회장, 스포츠센터, 비즈니스 룸 등 특급호텔로서 시설을 갖추고 특히 킨텍스의 국제회의 등 고객들을 위한 서비스를 펼치고 있다.

자료 : 앰블호텔 킨텍스 웹사이트(http://www.mvlhotel.com/kintex)

[그림 7-2] 앰블호텔 킨텍스

원마운트(One mount)는 일산이란 명칭에서 유래하듯, 고양시 일산서구 대화동 한류월드로 300에 위치하며, 부지는 48,028m$^2$(14,528평) 면적에 161,602m$^2$(48,844평)의 연면적에 쇼핑몰, 스노우파크, 워터파크, 스포츠 클럽을 갖춰 2009년 6월부터 50년간 운용되는 신개념의 복합문화공간이다. 특히 지상 최고의 놀이터를 모토로 쇼핑몰, 스노우파크, 워터파크, 멤버쉽 전용 스포츠 클럽 등 문화공간을 비롯하여 각종 공연과 이벤트, 파티 등 연중 끊이지 않는 즐길거리를 통해 365일 24시간 내내 살아 숨쉬는 복합 문화공간으로 향후 2천만 수도권 시민과 1천만 외래관광객이 즐거움을 마련해 줄 국내 최고의 랜드마크를 지향하며 2013년 3월에 쇼핑몰을 우선 개장하고, 5월 11일부터 전면 개장하였다.

원마운트는 4만m$^2$ 규모의 워터파크와 8,500m$^2$의 스노우파크가 같은 층에 입구가 있어 동시에 오갈 수 있는 점이 외국인들에게 신기하게 느껴진 듯 하였다. 특히 개장전 싸이의 잰틀맨 뮤직비디오를 통하여 국내외에 널리 알려짐으로써 원마운트와 한류월드가 동시 홍보효과를 누렸다.

자료 : 원마운트 웹사이트 (http://www.onemount.co.kr)

[그림 7-3] 원마운트 워터파크 전경

### ❖ K-pop아레나 건립

문화체육관광부와 경기도는 K-pop 공연장 조성사업을 위해 지난 4월30일 협약을 맺었으며, 문광부가 한국문화관광연구원에 의뢰해 최근 마무리한 'K-pop 공연장 기본계획 연구용역'에서 B/C 분석[7] 결과 1.01로 경제성이 있는 것으로 판단되었고, 이에 따라 경기도와 문화체육관광부는 기획재정부에 용역결과를 제출하고, 한국개발연구원(KDI)에 타당성 검토를 의뢰 할 계획이다.

경기도는 타당성 검토가 끝나면 사업 기본계획을 수립해 승인을 받은 뒤 11월께

7) 비용편익분석(Cost benfit analysis): 프로젝트에 드는 비용과 완성으로 발생하는 이익과 시간요소를 고려한 평가방법

이를 고시, 수익형 투자사업(Built Transfer Operate)[8] 민간 사업자를 공모할 계획이다.

2016년 말까지 고양시 한류월드 내 7만9359m$^2$에 건립될 아레나 공연장은 1만 8000석 규모의 주공연장과 2000석 규모의 중규모 공연장, 대중음악박물관과 명예의 전당, 대중음악 관련 교육시설 등으로 구성되는데, 국고 250억원, 민자 2424억원 등 2674억원이 소요될 전망이다.

## ❐ 경기 북부의 한류 관광 개발

### ❖ 한류월드를 활용한 관광코스 개발

경기북부의 외국인 관광객은 2004년 한류월드가 사업을 시작할 때에는 파주시는 DMZ을 중심으로 43만명에서 2010년 106만명으로 점진적으로 증가하다가, 2011년 아울렛과 스킨에니버서리 개관에 힘입어 146만명, 2012년에 206만명으로 급성장을 이루었다. 한편 고양시는 2010년까지 외래관광객이 미미하였으나, 2011년부터 31만명, 2012년에는 40만명, 앰블호텔과 원마운트가 개관한 2013년에는 급증할 것으로 예상한다.

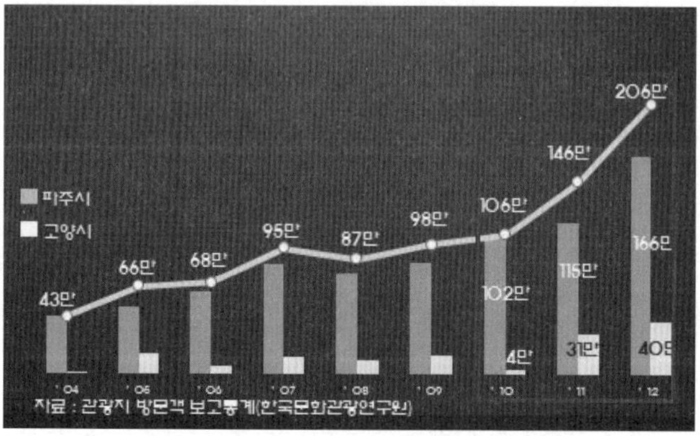


자료 : 오용수(2013), "한류월드 주변 경기북부 상품개발"

[그림 7-4] 경기북부 외국인 관광객 현황

8) BTO: 민간이 건설하고 소유권은 정부나 지자체로 양도한 채 일정기간 민간이 직접 운영하며 이용료로 수익을 추구하는 민간투자사업 방식

경기도 북부지역 관광코스는 2011년 이전까지 서울-DMZ · 땅굴-판문점을 왕복하는데 그쳤으나, 2011년초 신세계 첼시 아울렛과 출판도시내 대규모 맛사지 · 피부센터인 스킨에니버서리 개점에 힘입어, 서울-임진각-제3땅굴-헤일리마을-프로방스-아울렛-스킨에니버서리를 잇는 코스가 활성화되기 시작하였고, 특히 헤일리마을과 프로방스가 주목을 받게 되었고, 최근 스킨에니버서리의 도약으로 출판도시가 재조명되며, 출판사들의 책만들기 체험과 건축물 감상코스로 부각되고 있다.

또 2013년이 한국전쟁 정전 60주년 관련 행사들과 연초에 개관한 앰블(MVL) 호텔 킨텍스와 복합 쇼핑, 레저시설인 원마운트의 5월 개장으로 기존의 킨텍스와 함께 한류월드 주변을 연계한 고부가가치 관광코스 가 개발되기 시작하였고, 2014년 아쿠아리움 개장과 고양시 600주년 축제등이 열리면 완성도가 높아질 것으로 예상된다.

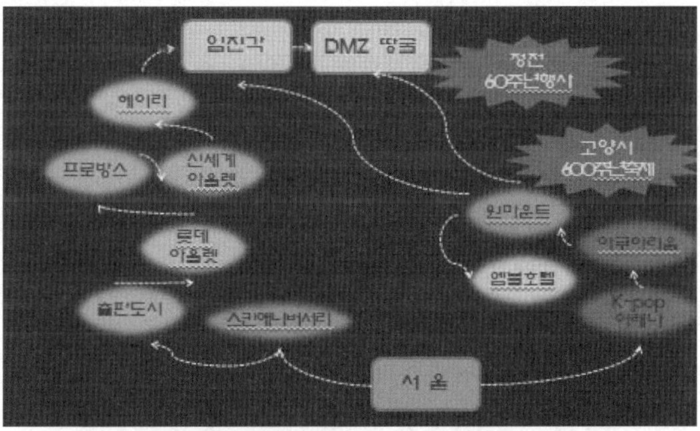


자료 : 오용수(2013), “한류월드 주변 경기북부 상품개발”

[그림 7-5] 한류 등 신소재 활용 상품 개발

## ❒ 경기 남부의 한류 관광 개발

### ❖ 역사, 문화 코스

경기남부의 대표적인 관광지인 수원에는 세계문화유산인 수원화성과 행궁을 돌아보는 '효 테마 관광'은 국내의 정조대왕의 정신을 배우는 교육여행과 일본 관광객의 드라마 '이산'의 한류관광지로 각광을 받고 있는데, 인근 화성의 융건릉과 용주사를 잇는 코스는 보다 심화된 '효& 한류관광 코스'로 등장할 것으로 보인다.

자료 : 경기관광포털(ggtour.or.kr)

[그림 7-6] 수원화성

또한 수원 시내 KBS 수원드라마센터의 촬영장 답사도 한류팬들의 꾸준한 인기를 모으고 있다. 여기에 수원의 명물인 수원갈비를 맛보는 식도락관광도 인기를 모으고 있다. 특히 필자가 제안한 2009년 KBS월드 도쿄와 일본 HIS여행사와 협업으로 드라마촬영현장 답사투어는 크게 히트한 바가 있는 한류관광상품이었다. 수원화성, 융건릉에 용인 MBC드라미아의 사극 촬영현장과 연계한 코스는 경기남부의 인기 역사문화 한류관광의 모델이 되고 있다.

자료 : 경기관광포털(ggtour.or.kr)

[그림 7-7] MBC드라미아

### ❖ 테마파크 코스

동남아 및 중국관광객들에게 가장 인기가 높은 에버랜드는 놀이시설과 캐랙터의 행진, 사파리, 야간 불꽃놀이 외에도 봄, 가을에는 꽃, 여름에는 워터파크, 겨울에는 눈썰매로 사계절 관광객들이 찾고 있다. 물론 에버랜드와 인근 한국민속촌, MBC드라미아를 잇는 코스는 한류 테마관광코스라 불리울 정도로 인기가 높다. 여기에 이천, 여주 도자기와 이천쌀밥을 중심으로 한 음식은 한류관광의 맛을 더해 준다.

자료 : 경기관광포털(ggtour.or.kr)

[그림 7-8] 에버랜드

# [평가 문항]

다음 질문에 맞는 답을 골라 번호를 ( )에 넣으시오.

**01** 한류의 설명 중 맞지 않는 것?

① 동아시아 젊은이들이 한국의 음악, 드라마 등 대중문화와 연예인을 동경하고 배우려는 문화현상이다.
② 한류에 가장 영향을 미친 드라마는 겨울연가, 대장금이다.
③ K-pop은 싸이의 강남스타일이 출시되기 전에는 한류와 그다지 큰 연관이 없었다.
④ 한류는 영화, 드라마에서 시작되어 음악이 중심이 되고 있다.

**02** 한류의 변천과 관련한 설명중 올바른 설명은?

① 영화, 드라마, 가요 등에 의한 한류를 '한류1.5'라 한다.
② 신한류는 한글, 한식, 한복, 한옥 등 전통문화로 범위를 확대한 한류를 말한다.
③ 한류2.0은 싸이의 강남스타일 발표를 보고 정하였다.
④ 한류는 한국의 대중문화와 전통문화에만 국한되는 현상이다.

**03** 한류관광의 설명중 틀린 것?

① 한류 영상 촬영장 방문
② 한류 스타와 닮게 하는 성형수술
③ 한류 스타 팬미팅 행사 참가
④ 한류 공연 관람

**04** **한류관광의 문제점과 해결책 중 맞는 것?**

① 한류스타들의 출연료를 낮추되 행사일정은 확정지을 수 없다.
② 한류스타들의 출연 예정이라고 표시하고 1주전에 확정한다.
③ 영화, 드라마 촬영지 지정을 조건으로 향후 관광객 방문을 기대하며 막대한 재정지원을 지자체가 부담한다.
④ 주요 관광지의 환경을 변화시켜 영상물 촬영장으로 활용토록 하며, 사전홍보, 촬영 시 답사 등 계약을 체결하고 지원한다.

**05** **문화관광 설명 중 틀린 것?**

① 박물관, 미술관 등 예술문화여행
② 무형문화재 사진촬영 테마여행
③ 경복궁 자경전 다례체험 등 문화행사 참여 여행
④ 세계문화유산 답사여행, 성지순례여행

**06** **경기도의 한류관광 활성화 방법이 아닌 것?**

① 한류월드 부지를 내용에 상관없이 빨리 매각한다.
② 경기북부의 DMZ과 아울렛, 테마파크에 새로운 소재를 추가하여 한류관광코스를 점진적으로 확대한다.
③ 경기 남부는 역사문화 한류관광코스의 확장과 테마파크형 한류관광코스를 확대 발전시키는 것이 좋다.
④ 출판도시와 앰블호텔, 원마운트를 잇는 새로운 한류관광지로 인기를 모으고 있다.

**정답** 01 ③ 02 ② 03 ② 04 ④ 05 ② 06 ①

**해설**

**01** 2002년 보아는 일본 일본레코드 앨범차트 1위에 오르며 새로운 한국대중음악(이하 K-pop이라 부름)의 대명사

**02** 한류는 최근 아시아라는 지역적 범위를 넘어 한글, 한식, 한복 등 한국 문화와 전통 전반을 동경하는 움직임이 시작되었고, 이는 제2의 한류, 신한류라는 신조어를 탄생시킨다.

**03** 한류의 영향을 받아 한국을 방문한 외래 관광객이 한류 영상 촬영장 방문, 한류 스타 팬미팅, 한류공연 관람 등 한류 문화콘텐츠와 연예인 활동에 직접 참여하는 여행을 협의의 한류관광이고, 통상 협의의 한류관광을 한류관광이라 말한다.

**04** 가능한 촬영장소로 적합하게 꾸며놓고 알려지게 하여 방송국이나 영화사에서 촬영협조가 들어오게 하는 것이 최선이다. 이때도 촬영수수료를 받기보다는 드라마나 영화를 활용한 관광상품 개발에 대한 권리를 확보하는 것이 보다 효과적이다.

**05** 연구여행, 예술문화여행, 축제 및 기타 문화행사 참여, 유적지 및 기념비 방문, 성지순례 등 문화적 동기에 의한 관광을 협의의 문화관광이라 한다.

**06** 경기도는 침체된 부동산 여건을 감안하여 사업자 부담을 완화하고 용지 조기 공급을 위해 중도금 납부 비율을 완화, 사업계획서 제출기한 연장 등 공급조건을 변경해 민간사업자들의 복합시설 참여를 촉진시키고 있다.

## 한류가 변하는데 한류관광도 변해야 한다

경기관광공사 마케팅본부장 오용수

한류가 변하고 있다. 얼마 전까지만 해도 한류하면 드라마를 연상케 했는데 갑자기 K팝(K-pop)이 가장 인기가 높다고 한다. 소녀시대가 일본을 석권하더니 SM엔터테인먼트의 파리공연이 대성황을 이뤘고, 유럽의 젊은이들이 K팝 가수들에게 눈물을 흘리며 열광하고, 함께 한국어로 노래를 부르며 춤을 추는 모습은 오히려 대한민국 국민들에게도 충격으로 받아들여졌다.

이젠 일본, 중국, 동남아, 유럽뿐만 아니라 남미에서도 한류열풍이 크게 번지고 있어 지구촌 어디에서나 K팝과 한식을 앞세운 한류를 찾아볼 수 있다.

한국의 음악, 드라마, 영화 등 대중문화와 인기 연예인들을 동경하고 추종하며 배우려고 하는 문화현상을 한류라고 하는데, 영화에서 시작해 드라마로 본격적인 한류 붐이 확산됐다. 겨울연가, 대장금의 대히트에 힘입어 한글, 한복, 한옥 등 전통에 관심을 갖게 됐고, 한국의 대중문화와 전통문화 전반을 동경하는 움직임을 신한류(新韓流)라 부르게 됐다. 또 국내 음반시장의 불황은 연예기획사들의 눈을 해외공연으로 돌리게 했고, 외국에서 경쟁력을 갖추기 위해 K팝 가수들은 철저한 훈련을 거쳐 완벽한 춤과 가창력을 갖추게 됐다. 소녀시대가 작년 8월 도쿄공연에서 이전의 아이돌 그룹과 차원이 다른 공연을 선보이자 '한류2.0'이란 용어까지 등장했다. 이런 아이돌 그룹들의 K팝 한류는 당분간 전 세계로 확산되고, 나아가 뮤지컬, 팝페라, 클래식 음악으로 폭을 넓히게 될 것으로 보인다. 이런 한류는 한국여행으로 연결되고, 또 한국여행을 통해 더욱 한국과 한류에 대해 관심을 갖게 되는 선순환 구조가 마련되고 있다.

한류를 테마로 하는 관광을 한류관광이라 하는데, 대표적으로 한류스타와의 팬 미팅, 촬영지 답사, 콘서트 참가 등을 꼽을 수 있다. 팬 미팅 관광을 좋아하는 한류스타와의 기념촬영, 사인회 등으로 팬들에게는 만족도가 높다. 이런 한류 팬들은 충성심이 높아 재방문이 많지만, 자국에서 열리는 공연보다 몇 배 비싸면 한류관광을 꺼리게 된다. 한류관광 상품이 타 패키지여행상품보다 약간 비쌀 정도가 돼야 경쟁력이 있다. 이를 위해 한류스타와 상식적인 수준에서 합리적 출연계약을 체결해 분쟁의 소지를 없애고, 철저한 사전준비로 관리비용을 절감하고 팬들과 함께 여행지를 답사하는 등 다양한 프로그램을 마련토록 해야 할 것이다.

두 번째가 촬영지 답사 관광이다. 남이섬은 '겨울연가'의 후광에 힘입어 여전히 인기를 모으고 있다.

또 대장금 테마파크의 경험을 살려 MBC에서는 '용인 드라미아'라는 실측 크기의 80%로 재현한 드라마 촬영장을 한류 관광의 메카로 활용키로 하고 6우얼20일부터 부분 개관할 예정이다. '이산', '동이'의 촬영현장을 보다 인상적으로 느낄 수 있어 새로운 관광지로 부상할 것으로 보인다. 기왕이면 한류 드라마에 흠뻑 젖을 수 있도록 관광객들을 위한 인프라를 갖추고, 흥미로운 스토리텔링 기법을 살린 설명과 안내를 곁들이면 금상첨화다.

세 번째가 최근 각광을 받고 있는 K팝 가수들의 콘서트다. 이는 향후 한류 관광의 가장 중요한 소재기 될 것을 보인다. 오는 8월 서울 한남동 대중 콘서트 홀 건립을 계기로 K팝 콘서트 관광을 개발할 수 있게 된다. 지금까지 운동장의 가설 스테이지를 벗어나 수준 높은 콘서트를 즐길 수 있게 있는 것이다. 새로운 콘서트홀을 해외의 여행업계, 언론인들에게 보여주고, 상설 콘서트홀의 일정을 미리 알려 본격적 한류관광을 꽃 피우자.

한류도 치열한 경쟁을 뚫고 신한류, 한류 2.0으로 도약하고 있지만, 한류관광은 아직 1.0의 수준을 벗어나지 못하고 있다. 좋은 콘텐츠를 잘 결합하면 멋진 관광상품이 될 수 있다. 배용준이 추천하는 고품격여행과 소녀시대, 슈퍼주니어의 콘서트를 결합해 보자. 그럼 '신한류관광 2.0'이란 한 단계 진화한 한류관광이 등장하고, 이는 다시 한류의 변화를 가속화시킬 것이다.

여행신문 2011년6월20일

# 제8장

## 숙박관광정책

- 텐트에서 호텔까지 -

# 08 숙박관광정책

**- 텐트에서 호텔까지 -**

## 1 한국의 숙박관광정책

### ❒ 관광객 증가와 관광호텔의 부족

관광에서 필수적인 부분이 교통, 숙박, 식사, 관람, 체험이라 할 수 있다. 이 중 숙박은 해당 관광지에 관광객이 얼마나 올 수 있는가를 결정짓는 중요한 요인이 된다. 특히 외국인 관광객들이 일반적으로 이용하는 숙박시설에는 관광호텔, 호텔, 콘도미니엄, 서비스드 레지던스, 모텔 등이 주를 이루고 있다.

그런데 숙박업을 법적으로 구분하면 「관광진흥법」에 의한 관광숙박업으로는 관광호텔업, 수상관광호텔업, 한국전통호텔업, 가족호텔업, 호스텔업 등 호텔업과 휴양콘도미니엄업이 있고, 「공중위생관리법」에 의한 숙박업에는 여관, 여인숙, 모텔, 호텔 등 일반숙박업과 서비스드 레지던스 등 생활숙박업이 있다.

그러나 최근 외래관광객의 증가에 따른 관광숙박시설 부족문제 해소를 위하여 규제 완화 및 행정적 · 재정적 지원이 가능하도록 관광숙박시설 활성화 방안을 기초로 「관광숙박시설 확충을 위한 특별법」이 제정, 시행되는 등 노력을 경주하고 있다.

#### ❖ 중국관광객의 증가

최근 한국을 방문하는 외래관광객이 2007년 645만 명에서 2012년에는 1,114만명으로 매년 평균 10% 이상의 증가율을 보이고 있다. 특히 중국관광객은 2007년 107만 명에서 2012년 284만 명으로 2.6배가 넘는 높은 증가율을 보이고 있으며 외래객 중 중국객 비중도 2012년에는 25.5%를 점유하는 등 매년 높아지고 있다.

〈표 8-1〉 연도별 외래관광객과 중국관광객

(단위 : 천명)

| 구 분 | 2007 | 2008 | 2009 | 2010 | 2011 | 2012 |
|---|---|---|---|---|---|---|
| 외래관광객 수 | 6,448 | 6,891 | 7,818 | 8,798 | 9,795 | 11,140 |
| 증가율(%) | 4.8 | 6.9 | 13.4 | 12.5 | 11.3 | 13.7 |
| 중국관광객 수 | 1,069 | 1,168 | 1,342 | 1,875 | 2,220 | 2,837 |
| 외래관광객 중 중국관광객 비중(%) | 16.6 | 16.9 | 17.2 | 21.3 | 22.7 | 25.5 |
| 증가율(%) | 19.2 | 9.3 | 14.9 | 39.7 | 18.4 | 27.8 |

자료 : 국회 문화체육관광방송통신위원회(2011 : 5), 「관광숙박시설 확충지원 등에 관한 특별법안 심사보고서」를 저자가 편집

### ❖ 관광숙박시설의 부족

외래관광객이 2007년부터 2012년까지 매년 평균 10.4%증가하고 있고, 특히 중국관광객도 21.5% 증가하고 있는데, 이들을 수용할 수 있는 관광숙박시설은 년 평균 4.2%의 소폭 증가상태를 거듭하고 있다.

〈표 8-2〉 연도별 외래관광객과 관광숙박시설

| 연도 | 외래관광객(천명) | | 관광숙박시설(객실 수) | |
|---|---|---|---|---|
| | | 증감(%) | | 증감(%) |
| 2007 | 6,448 | 4.8 | 65,343 | 3.4 |
| 2008 | 6,891 | 6.9 | 69,640 | 6.6 |
| 2009 | 7,818 | 13.4 | 73,175 | 5.1 |
| 2010 | 8,798 | 12.5 | 74,766 | 2.1 |
| 2011 | 9,795 | 11.3 | 77,045 | 3.0 |
| 2012 | 11,140 | 13.7 | 80,912 | 5.0 |
| 연평균 | | 10.4 | | 4.2 |

주 : 관광숙박시설 중 콘도미니엄은 제외.

자료 : 국회 문화체육관광방송통신위원회(2011 : 6), 「관광숙박시설 확충지원 등에 관한 특별법안 심사보고서」를 저자가 편집

한편 2011년 기준 2015년까지 외래관광객을 10%전후로 증가한다면 2015년에는 외래관광객이 1,494만명에 달할 것으로 추정된다.

〈표 8-3〉 향후 외래관광객 증가 추이

(단위: 만명, %)

| | 2011 | 2012 | 2013 | 2014 | 2015 |
|---|---|---|---|---|---|
| 외래관광객 수 | 979 | 1,108 | 1,226 | 1,353 | 1,494 |
| 증감율(전년비) | 11.3 | 13.1 | 10.6 | 10.3 | 10.4 |

자료 : 문화체육관광부(2012 : 1), "관광숙박산업 활성화 방안"

그런데 2011년 말 기준으로 수도권 객실 수요는 36,379실이나, 객실 공급은 28,046실(객실 가동률 80% 기준)로 8,333실이 부족한 실정이다. 2015년까지 31,172실 공급이 필요한데, 실현될 경우 5,528실 여유가 있지만, 객실 가동율이 70%로 계산하면 1,796실이 부족한 실정이다.

〈표 8-4〉「2012~2015 외래관광객 전망과 수도권 객실수급 전망」

(단위: 만명, %)

| | 공급객실 가동 80% 기준 | | | |
|---|---|---|---|---|
| | 2012 | 2013 | 2014 | 2015 |
| 객실수요 | 40,270 | 44,321 | 48,449 | 52,984 |
| 객실공급 | 33,954 | 41,238 | 47,605 | 58,512 |
| 부족분 | −6,316 | −3,083 | −844 | +5,528 |

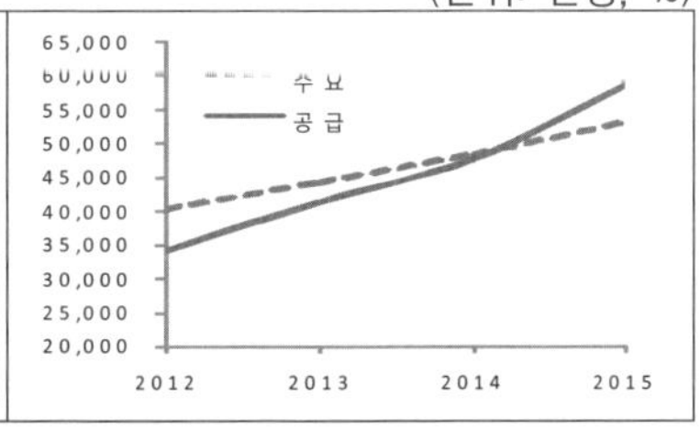


자료 : 문화체육관광부(2012 : 1), "관광숙박산업 활성화 방안"

## ❒ 관광숙박산업 활성화 방안

### ❖ 정부의 숙박시설 확충

문화체육관광부는 수도권에서 외래관광객이 선호하는 중저가 관광호텔의 부족 문제가 지속적으로 대두하고 있는 시점에서, '관광숙박산업 활성화 방안'을 통해 2015년까지 호텔객실 3만 8천 실,[1] 대체 숙박시설 8천 실을 확충하여 호텔 부족 문제를 해소할 계획이다.

「관광 숙박시설 확충을 위한 특별법」(이하 특별법)이 2012.1.26일 제정되었고, 「동법 시행령」은 2012.7.27일 개정되었다. 「특별법」에는 호텔시설 건립 시, 건축허가 등 인허가 일괄처리, 용적률 적용범위 확대, 주차장 설치기준 완화, 국·공유지 대부기간 확대 및 대부료 감면 등의 상세 적용기준을 명시하고 있다.

「특별법」 시행으로 부족한 관광 숙박시설을 확충하는 계기가 마련될 것으로 기대하고, 「특별법」 세부내용을 포함한 '관광숙박산업 활성화 방안'을 발표했다.

첫째 규제완화와 행정·재정 지원으로 숙박시설의 양적 확대를 유도하고, 둘째 양적 확대가 서비스의 질 상승, 일자리 창출과 연계토록 지원 체계를 갖추며, 셋째 한옥체험, 홈스테이, 캠핑장 등 다양한 대체 숙박시설을 통해 외래 관광객이 선택할 수 있는 숙박시설의 유형과 그 폭을 넓혀주는 데 주안점을 두고 있다.

제도개선을 통한 호텔 확충방안으로는 용적률 완화 및 소형호텔업을 허용하는 것이다. 호텔시설에 대한 용도지역별 용적률 범위가 대폭 확대되어, 서울시를 기준으로 일반주거지역에서는 최대 150%, 상업지역에서는 최대 500%까지 범위가 확대된다. 다만, 각종 개발 계획상 층수 또는 높이 제한[2]이 있는 경우와 제2종, 제3종 일반주거지역에 대해선 도시계획위원회 심의를 반드시 거쳐 완화할 수 있다.(「특별법 시행령」 제12조)

호텔시설 용도로 공유지를 대부하는 경우 최대 30년까지 장기 대부를 허용하고 대부료의 50%까지 감액할 수 있다. 이는 초기 대규모 자본이 소요되고, 자금회수 기간이 20년 이상 소요되는 점을 감안한 조치이다.(「특별법 시행령」 제13조 및 제14조) 이밖에 주차장 설치기준도 완화된다. 호텔 건립 시 주차장은 300m$^2$당 1대를 기준으로 설치할 수 있다. 현재 서울시 조례는 134m$^2$당 1대를 기

1) 객실가동률 70%기준으로는 15년에도 1,786실이 부족한 실정으로 대체숙박시설('외국인관광도시민박업', '한옥체험업', '레지던스호텔' 등) 확충으로 보완

2) 「건축법」, 「관광진흥법」 등 관계 법령상 주거환경 보호, 용도지구별 각종 규제사항 등 다른 법령상 제한 규정은 「특별법」 시행에도 불구하고 계속 적용된다.

준으로 하고 있다.(「특별법 시행령」 제15조)

문화체육관광부는 2013.11.23일 「관광진흥법 시행령」을 개정하여 소형호텔업과 의료관광호텔업을 신설하였다. 현재 관광호텔은 30실 이상의 객실을 갖춰야 하지만, 30실 미만의 호텔도 20실 이상의 객실과 두 종류 이상의 부대시설[3]을 갖춘 경우 호텔업을 운영할 수 있게 된다.

또한, 정부는 「학교보건법」 특례(유해한 부대시설이 없는 호텔에 대해 '학교환경위생정화구역' 내 설치 허용)를 담은 「관광진흥법」 개정(안)을 향후 국회에 제출할 계획이다.

# 2 모텔을 호텔로 숙박시설 혁신

## ❐ 중국인 숙박시설 확충

### ❖ 서울의 숙박시설 확충

서울특별시는 2012년 서울을 찾은 중국 등 외국인 관광객은 약 1113만 명이라 밝혔다. 이들을 모두 수용하는 데 필요한 객실(호텔급 이상 기준) 수는 4만3830실에 달한다. 하지만 실제 보유 객실은 2만7112실로 1만6718실이 부족하다. 문제는 공급이 수요를 따라가지 못한다는 점이다. 2017년에는 부족한 호텔 객실 수가 2만4700실로 늘어날 것으로 서울시는 추산하고 있다.

서울특별시는 숙박난 해소를 위해 20～30실 규모의 객실을 갖춰도 호텔로 인정하는 '소형 호텔업' 도입을 추진 중이다. 또 의료관광에 나선 환자와 가족이 사용할 숙박시설을 의료기관이 직접 지을 수 있는 '의료관광호텔업'도 신규 개업을 추진하고 있다.

이미 2012년 1월부터는 도시의 일반 가정도 일정 기준을 충족하면 외국인 투숙객을 받을 수 있는 '도시 민박업' 제도를 시행 중이다. 서울특별시 관광정책

---

3) 부대시설로 단란주점, 유흥주점 및 사행행위 관련 시설은 갖출 수 없다.

과 관광환경개선팀장은 “지난 2012년 말 도시 민박 객실은 711실이지만 2013년 1000실, 2014년부터는 매년 2000실씩 늘려 나갈 계획”이라고 말했다.[4)]

### ❖ 수원 인계동 모텔을 호텔로 바꾸다

수원시 인계동은 수원시청, 나혜석 거리 등 시내 중심가에 위치한 행정, 상업, 금융 문화예술 중심가이자, 18,454세대 42,979명이 살고 있는 인구밀집지역이다.

과거 삼성전자와 SK 공장도 인근에 위치하여 이들 기업이 성장함에 따라 인계동도 동반 성장하게 되었다. 이에 따라 음식점과 모텔이 골목마다 즐비하게 늘어서게 되었는데, 삼성전자와 SK가 공장을 이전하자 인계동의 유흥가는 침체기에 접어들게 되었다.

모텔을 운영하던 소유자들은 시설 노후로 주변의 신설 모텔에 국내고객을 빼앗기게 되고 특히 모텔업에 대한 주변의 곱지못한 시선에도 불구하고 경영난을 겪게 되자 매각을 할려고 해도 좀처럼 매수자가 나타나질 않고 그렇다고 막대한 자본을 들여 개보수를 하더라도 전망이 밝지 못하다는 어려움을 겪게 되었다.

이런 와중에 2011년 9월 중국인관광객이 급증하게 되고 이들의 숙소가 부족하다는 뉴스가 연일 보도되자, 10개 모텔 소유주들이 자구책으로 ‘인계동 외국인유치위원회’를 구성하고 자발적으로 외국인들의 관습에 맞는 1인용 침대 추가 비치, 프런트 개방 등 보수작업을 추진하게 되었다.

소식을 접한 경기관광공사가 이들을 돕기 위해 현장을 방문하고 협의와 컨설팅을 통하여 추진계획을 수립하고, 우선 10개 모텔의 종업원들에게 중국인관광객들 필수품인 뜨거운 물을 반드시 제공하는 등 생활관습과 서비스 요령을 가르쳐주고, 외국어 안내판과 지도를 비치하고, 중국인관광객 취급 국내외 여행사업직원의 답사여행(Fam tour)을 추진하고 중국 현지 세일즈를 가서 모텔을 홍보하는 등 마켓팅을 지원하게 되자, 2011년 11월부터 중국인관광객들이 인계동에 단체로 투숙하게 되었다.

중국인관광객을 태운 버스 3~5대가 저녁 무렵 인계동에 도착하여 중국인들

4) 동아일보(2013.6.21), ‘서울-베이징 거미줄외교 신도시외교 펼친다’

이 모텔에 투숙하고 밤에는 주변 편의점이나 맥주집에도 찾게 되자, 경찰과 업소 관계자들은 바가지나 사고가 나지 않도록 순찰을 강화하게 되었고, 특히 점심과 저녁만 뷔페식으로 운영하던 음식점에서 아침식사도 마련하자 중국인관광객들은 크게 만족하였다.

이에 수원시도 중국의 최대 카드회사인 은련카드와 업무협약을 통하여 인계동의 숙박시설과 식당, 상점에서 은련카드 단말기를 보급하고 할인혜택을 제공하는 등 중국인관광객에게 맞춤형 쇼핑서비스를 제공하고, 또 화성행궁, KBS드라마센터 등을 답사하는 여행코스를 제시하며 방문을 유도하였다.

### ❖ 시흥 월곶동 모텔, 대한민국 관광 아이콘이 되다

수원 인계동의 성공사례가 입소문으로 퍼져가자, 비슷한 상황에 처해있던 시흥시 월곶동의 모텔들의 리더역할을 하는 조이텔사장이 인계동 모텔업체와 외국인 유치위원회도 방문하고 노하우 전수를 부탁하였다. 또 경기관광공사도 찾아와 월곶동 모텔도 호텔로 개편코자 하는데 컨설팅 등 지원을 부탁하였다.

이에 공사 직원들이 월곶동 현장을 답사하고 인계동의 성공비결인 자발적인 노력과 주변의 지원과 지속적인 영업활동이 이루어지도록 자문을 하였다.

자료 : 조진호(2012.11.15), "외국인관광객이 모텔촌에 간 까닭은"

[그림 8-1] 외국인관광객 수용을 위한 모텔의 변화

특히 싱글침대 추가로 트윈베드화, 프런트 개방, 주차장, 가림막 철거를 필수적으로 하되 중복 · 과잉투자가 되지 않도록 자문을 하고, 버스 정차장, 주변 안내지도, 중국어 교육, 서비스 교육 등과 함께 국내 인바운드 여행사 팸투어를 지원하자, '월곶 외국인관광객 유치위원회'는 7개 모텔 140실을 갖추고 2012년 6월부터 본격적인 영업을 하게 되었다.

특히 조이텔 사장은 매주 서울의 주요 인바운드 여행사들을 찾아가 세일즈를 하며 송객을 요청하였고, 인천공항과의 근접성을 강점으로 연일 5~10대 대형버스들이 찾아와 중국인을 중심으로 외래관광객이 숙박을 하게 되었다.

이런 성과가 대외적으로 알려지게 되자, 조이텔 조진호 사장은 2012.11.15일 대통령주재 '외래관광객 유치 1천만명 성과 보고회'에서 "시흥시 월곶동 외국인 유치 성공사례"를 발표하여 참석자들을 감동케 하였으며, 도시재생사업의 모델이 되었다.또 경기관광공사 직원도 국가경제발전에 기여한 공로로 기획재정부 장관의 표창을 받게 되었다.

[그림 8-2] 외래객 1천만명 유치 성과 보고회

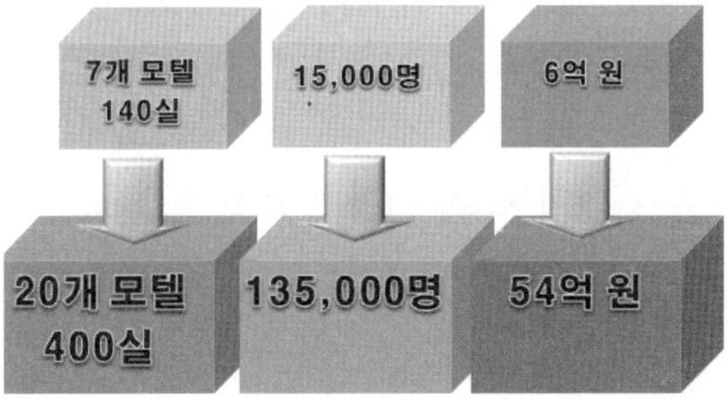


자료 : 조진호(2012.11.15), "외국인관광객이 모텔촌에 간 까닭은"

[그림 8-3] 1년후의 월곶동 모텔촌의 변화

그런데 월곶동 모텔이 사업을 시작한 2012년 하반기부터 일본인관광객들의 방한이 감소하게 되었고, 급기야 2013년 초부터 엔화약세, 원화강세로 인하여 급감하게 되었다. 이에 영향을 받은 중국인관광객들이 서울외곽 호텔에서 서울 중심가 호텔로, 경기도 호텔에서 서울외곽 호텔로, 인계동·월곶동 모텔에서 경기도 호텔로 연쇄이동이 시작되었다.

이에 조이텔 사장은 중국 인바운드 여행사들과 협상을 통하여 가격을 다소 인하하며 단체관광객을 꾸준히 받게 되었다. 이러한 환경변화에 따라 인계동·월곶동 모텔 사업주들도 영업력과 사업방침에 따라 지속적으로 중국인관광객을 투숙케 하는 곳도 있고, 중국인관광객 유치를 포기하는 업소도 생겨나게 되었다.

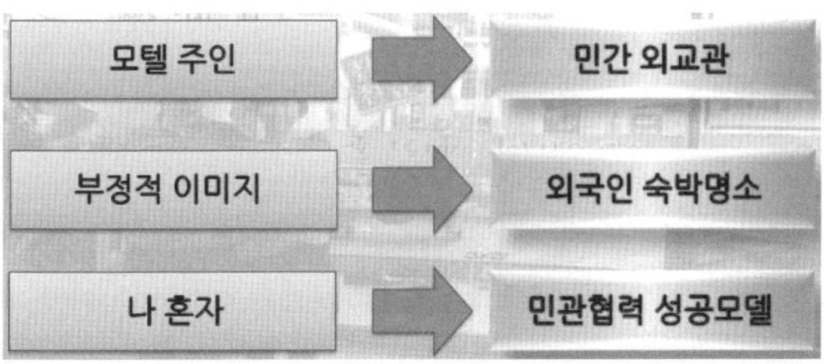


자료 : 조진호(2012.11.15), "외국인관광객이 모텔촌에 간 까닭은"

[그림 8-4] 월곶동 모텔촌의 변화와 성과

결국 사업체제로 전환되어 중국인관광객 취급 모텔은 다소 감소하였지만, 외국인 투숙객은 꾸준히 방문하고 있다.

### ❖ 인계동 · 월곶동 호텔의 향후 전망과 대책

인계동 · 월곶동의 모텔중 대부분은 「공중위생관리법」상 숙박시설인 호텔 혹은 모텔로 '굿스테이'[5] 지정을 받아 외국인들이 손쉽게 이용할 수 있게 되었다.

또 같은 지역의 비슷한 시설의 숙박업소라도 운영자의 마케팅 능력에 따라 영업의 격차가 벌어지고 중국 인바운드 여행사와의 계약에 의한 계열화 형태를 띠게 되었다.

중국인관광객에서 시작했지만 대만, 태국 등 동남아 지역의 관광객들도 이용하게 되었고, 단체관광객 중심이나 소그룹에서 정기 패키지여행상품의 숙박시설로도 확대되고 있다.

이밖에 경기도내 양주시의 장흥, 의정부시, 인천 송도 등 타 지역에서도 모텔의 외국인 투숙이 점점 확대되고 있는 실정이다.

## ❒ 서비스드 레지던스의 현상과 과제

### ❖ 서비스드 레지던스(Serviced Residence)의 법적 근거

장기 투숙하는 외국인 또는 구내외 관광객에게 호텔에 비해 적은 경제적 부담으로 숙박서비스를 제공하던 서비스드 레지던스 사업이 대법원에서 실질적인 숙박업으로 관광객을 대상으로 한 영업행위가 「공중위생관리법」과 「건축법」을 위반한 것으로 판결에 따라 영업을 중단하게 되었다.

그러나 관광숙박시설 확충을 위하여 「공중위생관리법 시행령」을 2012.1.10 개정하여 기존의 숙박업(일반)과는 달리 취사시설을 포함시켜, 숙박업(생활)은 "손님이 잠을 자고 머물 수 있도록 시설(취사시설을 포함한다) 및 설비 등의 서

5) 굿스테이(Good stay): 문화체육관광부가 한국관광공사가 지정한 우수 중저가 숙박시설의 브랜드

비스를 제공하는 영업"으로 법적 근거를 만들었다.

### ❖ 서비스드 레지던스 준주거지역에 설립 허용

정부가 서비스 산업에 대한 세제 감면 혜택과 금융지원을 확대하고 이 분야 창업 및 전문인력 양성을 지원할 방침을 밝혔다. 또한 외국인 관광객 유치 차원에서 앞으로는 준주거지역에도 '서비스드 레지던스'같은 생활 숙박시설의 설립을 허용하기로 했다.[6]

### ❖ 강남 숙박시설의 부족 대안이 서비서드 레지던스

서울시 호텔의 이용률이 2008년 이후 꾸준한 상승세를 보이고 있고, 2011년 기준 서울시 호텔 이용률은 전년 대비 1.76% 상승한 80.74%를 기록했다. 그러나 서울시내 하루 평균 숙박시설 부족분이 현재 1만7,309실에서 2015년 2만3,252실, 2016년 2만5,265실에 이어 2017년에는 3만1,148실로 꾸준히 증가할 것으로 예상했다.

한편 서울시내에 호텔이 2015년까지 강북 지역에 36개, 강남 지역에 27개의 호텔이 공급될 예정이다. 강북 지역은 현 호텔 객실 수 대비 43% 증가하는 것으로 기존 호텔과의 경쟁이 불가피한 반면, 강남 지역은 현 호텔 객실 수 대비 27% 정도만 증가해 공급 부족 현상은 지속될 전망이다.

이러한 수요에 비해 호텔의 공급이 따라가지 못하는 가운데 대체숙박시설로 서비스드 레지던스에 관심이 집중되고 있다. 서비스드 레지던스는 호텔의 연회장, 식당 등 부대시설을 줄이고 객실에만 초점을 맞춰 일일 숙박비가 10만원 전후로 가격경쟁력을 갖췄다. 서비스드 레지던스는 외국인 관광객, 외국 비즈니스맨, 직장인, 유학생 등 다양하게 이용되는데, 객실 점유률이 80%는 넘어야 안정적인 수익을 올릴 수 있다.

---

6) 경제관계장관회의(2013.7.4), '서비스 산업 정책 추진방향 및 1단계 대책'

### ❖ 서비스드 레지던스 활성화를 위한 추가 제도 완화

서비스드 레지던스는 2010년 초 오피스텔을 「건축법」이나 「공중위생관리법」 등에 의거, 숙박시설로 무단 개조해 영업해 왔다는 이유로 불법 판정을 받았다. 이에 보건복지부가 2012년 1월 「공중위생관리법 시행령」을 개정해 오피스텔 등 업무시설을 숙박업으로 활용할 수 있도록 하는 '생활형 숙박업' 제도를 만든 이후, 현재 브라운스위트서울, 서머셋팰리스서울 등 2~3곳만 합법적인 숙박업소로 등록됐다.

나머지 서비스드 레지던스가 허가를 받지 않은채 불법 영업을 하는 것은 여전히 「건축법」, 「학교보건법」 등 다른 제약이 많기 때문이다. 예를 들어 서울 중구 '바비엥스위트'는 「학교보건법」에 따른 학교정화구역에 포함되어, 영등포구 '코업레지던스'는 준공업지역에 위치해서 숙박업소로 변경이 불가능한 실정이다.

따라서 서비스드 레지던스 활성화를 위해서는 준주거지역에 생활형 숙박업소 허용도 필요하지만, 기존의 레지던스를 숙박업으로 전환하기 위해서는 국토교통부가 「건축법 시행령」 건축물 종류에 레지던스를 포함시키거나, '임대위탁체류서비스업'을 신설해 시설기준이나 입지조건 등을 완화해줄 필요가 있다는 주장이 있다.[7)]

### ❖ 경기도, 관광호텔 신축과 도시재생이 보완관계를 유지해야

경기도의 숙박시설 확충은 먼저 관광호텔의 신·증축이 가장 우선되어야 하고, 이어 「관광진흥법」상 전통호텔, 가족호텔, 유스호스텔도 사업타당성을 감안, 검토되어야 한다.

한편 숙박시설 보조수단으로 도시재생사업의 일환으로 노후 모텔의 외국인 투숙 굿스테이 시설로 전환과 서비스드 레지던스의 변환도 필요하나 중장기적인 수요공급과 사업타당성을 고려하여 추진되어야 한다.

오히려 새로운 트렌드로 떠오르는 '캠핑'은 국민들의 레저생활과 적당한 숙박

---

7) 박일한(2013.4.10), "서비스드 레지던스가 수상하다는데… 왜?", 「헤럴드경제」

시설의 아쉬움을 동시에 해결해 주는 새로운 대안으로 등장하고 있으며, 향후 '국민휴가촌' 개념의 리조트시설이 증가할 것으로 보인다.

## 3 캠핑은 최고의 대체숙박시설

### -캠핑은 경기도를 일등 숙박관광지로 만들어-

### ❖ 경기도, 당일여행은 부동의 1위, 숙박여행은 전국 2위

국민여행 실태조사[8]에 의하면, 국내 당일여행은 경기도가 2010년부터 2012년 현재 14%대로 부동의 전국 1위를 차지하고 있다. 2, 3위는 경남, 서울이 각축을 벌이고 있고, 전남, 경북, 부산이 다음 그룹을 이루고 있다.

한편 숙박여행은 강원도가 부동의 1위(12.0%~13.7%)를 차지하고 있지만, 경기도는 2010년 4위(10.5%)에서 2011년에는 2위(10.5%), 2012년에도 2위(11.2%)로 상승세를 타고 있다. 특히 2012년 1위인 강원(12.2%)에 근접하였고, 3위인 경남(10.2%)와는 간격이 벌어졌다는 점이 주목할 만하다.

〈표 8-5〉 2010~2012 국내 숙박 · 당일여행 방문지

(단위 : %)

| 구분 | | | 1위 | 2위 | 3위 | 4위 | 5위 |
|---|---|---|---|---|---|---|---|
| 국내여행 | 숙박여행 | 2012년 | 강원(12.2) | 경기(11.2) | 경남(10.2) | 경북(9.9) | 전남(9.1) |
| | | 2011년 | 강원(13.7) | 경기(10.5) | 경북(10.4) | 경남(9.2) | 충남(9.1) |
| | | 2010년 | 강원(12.1) | 경북(11.3) | 충남(10.5) | 경기(10.5) | 서울(8.9) |
| | 당일여행 | 2012년 | 경기(14.3) | 경남(11.3) | 서울(11.0) | 전남(10.1) | 부산(9.5) |
| | | 2011년 | 경기(14.0) | 서울(11.7) | 경남(10.1) | 전남(8.9) | 경북(8.7) |
| | | 2010년 | 경기(14.0) | 경남(13.3) | 경북(10.9) | 서울(10.2) | 충남(9.0) |

자료 : 문화체육관광부, 한국문화관광연구원(2013 : 34), 『2012 국민여행 실태조사』

### ❖ 경기도 숙박여행도 전국 1위가 되려면

숙박 관광여행의 1위가 '자연 및 풍경 감상'(29.6%), 2위가 '휴식/ 휴양'(19.3%),

8) 문화체육관광부 · 한국문화관광연구원(2013), 『2012 국민여행 실태조사』

3위가'음식관광(지역 맛집 등/ 15.2%)', 4위가 '야외 위락 및 스포츠 활동'(9.5%), 5위가 '역사유적지 방문/ 테마파크, 놀이시설, 동식물원 방문'(4.7%)이다.

〈표 8-6〉 2010~2012 숙박 관광여행 시 관광지 활동

(단위 : %)

| 구분 | 2012년 | 2011년 | 2010년 |
|---|---|---|---|
| 1위 | 자연 및 풍경 감상(29.6) | 자연 및 풍경 감상(30.1) | 단순 휴식/휴양(36.7) |
| 2위 | 휴식/휴양(19.3) | 휴식/휴양(19.0) | 자연 및 풍경 감상(30.8) |
| 3위 | 음식관광(지역 맛집 등)(15.2) | 음식관광(지역 맛집 등)(15.6) | 식도락(지역 맛집 등)(9.6) |
| 4위 | 야외 위락 및 스포츠 활동(9.5) | 야외 위락 및 스포츠 활동(7.9) | 야외 위락 및 스포츠 활동(4.8) |
| 5위 | 역사유적지 방문/ 테마파크, 놀이시설, 동식물원 방문(4.7) | 테마파크, 놀이시설, 동식물원 방문(5.4) | 역사유적지 방문(4.8) |

자료 : 문화체육관광부, 한국문화관광연구원(2013 : 37), 『2012 국민여행 실태조사』

그런데 '야외 위락 및 스포츠 활동'은 2010년 4.8%에서 7.9%, 9.5%로 유일하게 급성장하고 있다는 점에 착안하였고, 또 2011년 3월부터 주5일 수업제로 인한 가족여행이 급증하게 됨에 따라 레저 활동 특히 캠핑에 대한 선호도가 높다는 점에 착안하게 되었다.

더구나 숙박관광인 경우에는 관광여행의 절대 다수를 차지하는 수도권 여행자가 경기도에서 숙박여행을 할 필요가 없다는 점이나, 캠핑이라면 먼 곳보다는 오히려 가까운 곳을 선택할 수 있다는 것이다.

## ❖ 캠핑은 떠오르는 레저 활동의 별

숙박 관광여행자들이 주로 이용한 숙박시설중 2011년의 '야영'이 각각 3.7%, 3.5%였으나, 2012년에는 6.6%로 가장 상승률이 높았는데, 그만큼 캠핑수요가 늘었다는 반증이다.

특히 그간 펜션과 휴양림 등의 예약 급증과 가격상승으로 같은 테마의 가족여행의 불만이 고조되는 등 기존 숙박시설에 대한 불만과, 주5일 근무제와 수업제로 인한 가족여행, 특히 젊은 부부들의 가족 모임 등 새로운 형태의 여가생

활에 대한 수요가 늘어나게 되었고, 캠핑장비의 발전과 인터넷 매체로 같은 취미모임이 활성화되는 등 온오프라인의 미디어에서 집중적으로 다루고 있는 것이 캠핑객 증가의 원인과 배경이라 할 수 있다.

〈표 8-7〉 2010~2013 숙박 관광여행 주요 이용 숙박시설

(단위 : %)

| 구분 | | 호텔 | 콘도미니엄 | 유스호스텔 | 모텔/여관 | 펜션 | 민박 | 야영 | 자연휴양림 내 숙박시설 | 가족/친지집 | 연수원/수련원 | 전통한옥숙박시설 | 기타 |
|---|---|---|---|---|---|---|---|---|---|---|---|---|---|
| 연도별 | 2010년 | 9.3 | 19.7 | 2.7 | 13.4 | 27.8 | | 3.7 | 1.9 | 17.5 | - | - | 4.0 |
| | 2011년 | 9.7 | 21.4 | 1.9 | 9.3 | 26.0 | 7.1 | 3.5 | 2.6 | 11.3 | 3.5 | - | 3.7 |
| | 2012년 | 10.1 | 20.0 | 1.4 | 10.8 | 23.2 | 7.1 | 6.6 | 1.3 | 12.4 | 3.1 | 0.3 | 3.7 |

자료 : 문화체육관광부, 한국문화관광연구원(2013 : 63), 『2012 국민여행 실태조사』

2011년 가족여행 실태조사[9]에 의하면, 3년 내 가족 캠핑여행을 30.4%가 경험했고, 연간 1~2회, 평균 2.5일, 배우자와 초등학교 자녀를 동반자로 한 경우가 가장 많았다.

또 2013년 캠핑인구는 200만명으로 추산하고 있는데, 2012년도 130만명에 비하여 급증하고 있다. 캠핑장도 1,238개나 되고, 캠핑용품 가격도 최근 2년 사이에 약 60%가 인상되어 시장은 5천5백억원을 능가할 것으로 추정된다.

## ❖ 새로운 캠핑문화 열어보자

2012년 '주5일 수업제'로 확대되는 주말 가족단위 숙박여행 수요를 경기도로 유치하고 캠핑 문화를 확대, 발전시키기 위하여 6월부터 '경기도 캠핑숙박관광 활성화 추진사업'을 경기북부 2개소, 남부 1개소에서 시행하였다.

평균 47만원의 비교적 고비용 여행형태인 캠핑으로 지역경제에 기여하며, 단순히 자고 오는 여행이 아니라 다양한 체험거리와 이벤트를 통한 체험참여형 캠핑문화를 추진하였다.

그런데 가족캠핑 체험행사를 개최한다는 정보를 인터넷에 올리자 1시간 이

9) 한국관광공사(2011), 『2011 가족여행 실태조사/ 캠핑트렌드를 중심으로』

내에 매진되는 높은 관심과 참여도를 보고 캠핑관광의 발전성을 확인하게 되었다.

### ❖ 가족캠핑 프로그램 개발 및 체험행사

1차 행사(파주)는 2012년6.23(토)~24(일), 1박2일로 진행되었는데, 36가족 143명이 참가하고 장비보유자는 18가족이었다. 참가비는 장비보유 가족은 5만원, 미 보유 가족은 7만원이었으나, 장보기 비용으로 전통시장 상품권 2만원을 돌려주었다. 행사내용은 캠핑교육(장비대여), 적성시장 장보기, 캠핑요리대회, 캠핑요리강연, 재능기부 음악회, 가족레크리에이션, 산머루체험프로그램으로 어어졌다.

〈표 8-8〉 가족캠핑 1차 일정표(파주)

| 시간 | | 내용 |
|---|---|---|
| 1일차<br>6.23(토) | 10:00~12:00 | 캠핑장으로 집결(사이트 배정) |
| | 11:00~15:00 | 우리가족 문패만들기 |
| | 12:00~12:30 | 초보가족 캠핑교육(장비선택 및 설치요령 등) |
| | 12:30~14:30 | 캠핑장비 배부 및 텐트치기 |
| | 14:30~16:30 | 적성시장 장보기(임진강 한우마을) |
| | 16:30~18:10 | 가족캠핑 요리대회 및 저녁식사 |
| | 18:10~18:30 | 캠핑요리 강연(백지원 요리연구가 재능기부) 및 시식 |
| | 19:00~20:00 | 가족레크리에이션(캠핑요리대회 시상식 포함) |
| | 20:00~21:00 | 재능기부 미니클래식음악회(고양시 음악협회) |
| 2일차<br>6.24(일) | 10:00~11:40 | 산머루 체험프로그램<br>- 산머루 케익만들기, 와인 담아가기, 와이너리 투어 등 |
| | 11:40~12:00 | 캠핑장비 정리 및 반납(설문조사) |
| | 12:00~ | 귀가 |

자료 : 경기관광공사(2012), "2012 도내 캠핑숙박광광 활성화 추진 결과"

가족캠핑의 결과를 분석하였는데, 첫째, 재래시장 소비액이 가족당 평균 7~8만원이 되었고, 약 288만원을 지역에 사용하였다. 둘째, 메인 행사장과 거리가 150m 떨어져 있어 참가자 이동이 다소 불편하였다. 셋째, 산머루 체험프로그램, 재능기부 음악회의 만족도가 가장 높았다.(전반적 참가만족도 88%) 넷째, 여행

작가, 요리가, 음악가 등 각 분야 전문가 재능기부를 통해 캠핑문화 보급과 지역경제 확산에 기여하였고, 예산절감 효과도 창출하였다.

| 캠핑장 소개 | | 사진 |
|---|---|---|
| 캠핑장명 | 파주 산머루농원캠핑장 |  캠핑장 전경 |
| 위치 | 파주시 적성면 객현리 67-1 | |
| 이용요금 | 30,000원/1사이트 | |
| 규모 | 40사이트 | |
| 주변볼거리 | 경순왕릉, 임진강황포돛배 등 | |
| 홈페이지 | www.seowoosuk.com | |
| 특징 | 산머루체험프로그램 운영 | |

자료 : 경기관광공사(2012), "2012 도내 캠핑숙박관광 활성화 추진 결과"

[그림 8-5] 산머루 캠핑장 개요

## ❖ 2013년에는 캠핑장과 주변 관광지를 연계

2012년도에는 캠핑장내에서 활동과 주변 관광지 체험에 비중을 두어 추진하였으나, 2013년에는 보다 많은 캠핑가족들이 캠핑장 내에서만 묵고 돌아오는 문화를 개선하고, 주변관광지와의 연계를 통하여 캠핑문화를 지속 발전시키는데 비중을 두고 추진하고 있다.

특히 캠핑전문회사와 아웃도어 업체의 후원, 협찬과 해당 지자체와 캠핑장과의 협력으로 비용절감과 참여자들의 부담을 줄이는 한편 지역연계 프로그램 개발로 지역발전에 비중을 두고 있다.

특히캠핑 프로그램 자료집을 제작하고 캠핑 사업주들을 대상으로 세미나를 개최하여 지속적인 캠핑관광 활성화를 통한 경기도가 숙박관광 1위 달성에 매진하고 있다.

## ❖ 2013년 캠핑 프로그램과 의견 분석

캠핑장 내 프로그램 개발과 지역연계 프로그램을 추진하였는데, 참가자들의 반응은 제각기 달랐고, 참가자들의 의견을 취합·분석하였다.

〈표 8-9〉 2013년 캠핑과 지역연계 프로그램

| | 일자 | 장소 | 인원 | 캠핑장내 프로그램 | | | 지역연계 프로그램 |
|---|---|---|---|---|---|---|---|
| | | | | 프로그램1 | 프로그램2 | 프로그램3 | |
| 1 | 4.27~28 | 연천 아띠 캠핑장 | 30가족 120명 | 북이랑 놀이랑 | 재미있는 커피교실 | 캠핑밴드 공연 | 연천허브빌리지 |
| 2 | 05/11~12 | 용인 둥지캠핑장 | 40가족 160명 | 미꾸라지잡기 | 음악힐링캠프 | 피아노5중주 공연 | 용인농촌테마파크 |
| 3 | 05/25~26 | 안성 승마 오토캠핑장 | 40가족 160명 | 미술힐링캠프 | 마방체험 말그림그리기 | 퓨전국악 공연 | 하노버승마장 승마체험 |
| 4 | 6/15~16 | 부천 야인시대 캠핑장 | 30가족 120명 | 명품과학교실 | 가족레크레이션 | 성악공연 | 한옥체험마을 |
| 5 | 6/29~30 | 양평 청운 오토캠핑장 | 30가족 120명 | 구연동화 인절미체험 | 송어잡기 | 피아노5중주 공연 | 들꽃수목원 |
| 6 | 9/14~15 | 평택 바람새 생태캠핑장 | 30가족 | 천연 수세미 스킨 만들기 | 새총 만들기 | 마술공연 오카리나 공연 | 바람새마을 평택중앙시장 |
| 7 | 9/18~19 | 용인 구봉산 오토캠핑장 | 120가족 | 가족레크레이션 | 벼룩시장 | 피아노5중주 | 용인 이영미술관 |
| 8 | 10/12~13(14) | 여주 팜스퀘어 캠핑장 | 50가족 | 황학산수목원 숲체험 | 제기만들기 칠교놀이 | 가족힐링 콘서트 | 여주곤충박물관, 삼구농원 |
| 9 | 10/28~29 | 곤지암 도자 야영장 | 40가족 | 도자풍경 만들기 | 구석기체험 | 퓨전국악 공연 | 곤지암도자공원, 도자비엔날레 |
| 10 | 11/2~3 | 평택 바람새 캠핑장 | 30가족 | 연만들기 갈대피리 | 국악난타체험 | 아트저글링 재즈공연 | 평택 바람새마을 |
| 총 계 | | | 440가족 1,760명 | | | | |

자료 : 경기관광공사(2013), "2013 경기도 가족캠핑 릴레이 페스티발 참가자 설문 결과 보고"

조사 내용과 특징을 살펴보면,

1. 캠핑시작시기 : 2년 이하가 67%로 최근 캠핑을 시작한 비율이 높음
2. 최근 1년간 캠핑 횟수 : 1~5회가 43%, 6~10회가 29% 로1~10회가 72%로 주를 이룸
3. 캠핑여행 1회 평균지출 비용 : 10~20만원이 57%, 10만원 이내가 29%로평균 지출은 20만원 이하가 86%로 나타남
4. 캠핑여행시 체험 프로그램 적정 예산 : 1~3만원이 36%, 3~5만이 34%로, 가족당 1~5만원이 70%로 나타남
5. 행사 만족도 : 매우만족과 만족이 94%로 전반적으로 만족도 높음

6. 프로그램별 만족도: 공연이 전반적으로 높게 나타났으며, 승마, 미꾸라지 잡기 등 활동적인 체험이 높게 나타남
7. 캠핑장내 희망프로그램 : 요리, 농촌체험, 스포츠, 레크레이션, 공연, 계절체험, 공예체험 등 다양하게 나타남
8. 종합의견 : 단순히 먹고 쉬는 캠핑여행이 아닌 가족이 함께 참여하는 프로그램이 있어서 주로 호평

## ❖ 설문내용

### 1) 캠핑 시작시기

캠핑시작 시기가 1~2년이 36%, 1년 이하가 31%, 3~5년이 26%로 최근 5년 동안이 93%로 캠핑여행이 최근 지속적으로 증가하고 있다.

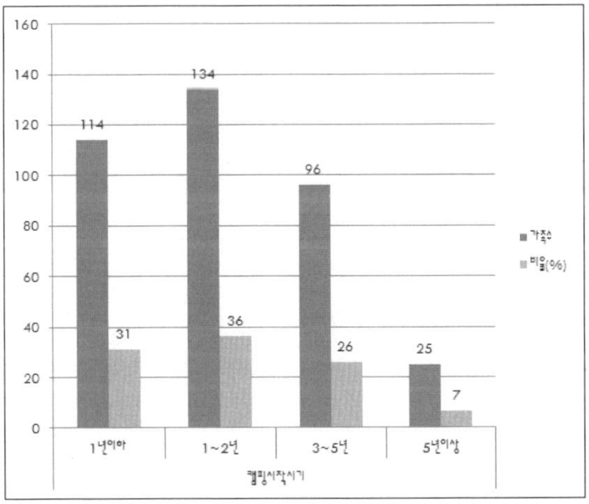


자료 : 경기관광공사(2013), 「2013 경기도 가족캠핑 설문조사 보고서」

[그림 8-6] 캠핑 시작 시기

### 2) 캠핑여행 참가 횟수

최근 1년간 캠핑여행 횟수는 1~5회가 43%, 6~10회가 29%로 1년간 10회 이내가 총 78%로 대부분을 차지하였다.

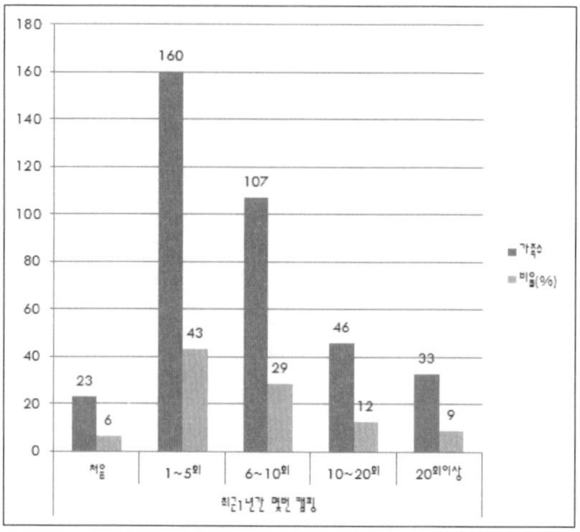


자료 : 경기관광공사(2013), 「2013 경기도 가족캠핑 설문조사 보고서」

[그림 8-7] 1년간 캠핑여행 참가 횟수

### 3) 캠핑여행 1회당 평균 비용

1회 캠핑여행을 진행시 평균 가족당 지출비용은 10~20만원이 57%로 나타나 과반수 이상으로 가장 많았으며, 10만원 이내가 29%로 그 다음이었다.

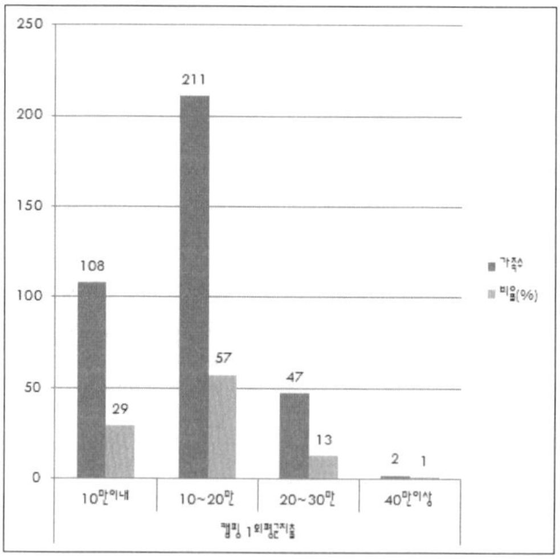


자료 : 경기관광공사(2013), 「2013 경기도 가족캠핑 설문조사 보고서」

[그림 8-8] 캠핑여행 1회당 평균비용

### 4) 체험 프로그램 적정 예산

캠핑여행시 가족당 체험프로그램으로 쓸 수 있는 적정 예산으로는, 1~3만원이 36%, 3~5만원이 34%로 5만~7만원이 15%의 순이었다. 프로그램 내용에 따라 차이는 있겠지만 체험 프로그램을 1만원 정도로 운영시 참여 가능한 비율은 약 85%에 달하는 것으로 보인다.

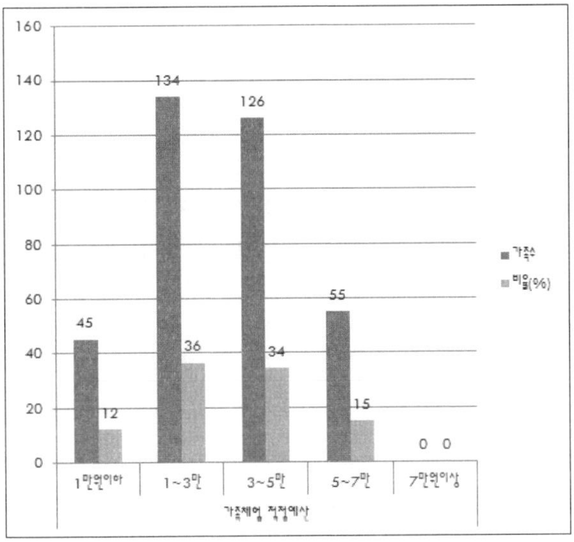


자료 : 경기관광공사(2013), 「2013 경기도 가족캠핑 설문조사 보고서」

[그림 8-9] 체험 프로그램 적정 예산

### 5) 캠핑여행 만족도

경기도 릴레이 가족캠핑에 행사에 대한 만족도 조사 결과로는 '매우만족'과 '만족'을 응답한 가족이 94%로, 캠핑장내에서 가족이 함께하는 체험으로 공감대 형성 및 즐거운 시간을 보낼 수 있는 것이 좋았다고 대체로 평가하였다.

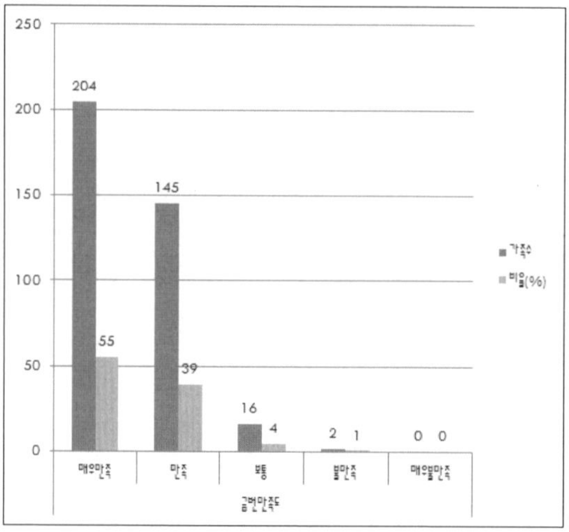


자료 : 경기관광공사(2013), 「2013 경기도 가족캠핑 설문조사 보고서」

[그림 8-10] 캠핑여행 만족도

### 6) 프로그램별 만족도

전반적으로 공연에 대한 만족도가 높이 나타났으며, 그 이유로는 가족이 함께 공감하고, 아이들도 즐길 수 있는 시간이었기 때문이라는 응답이 많이 나타

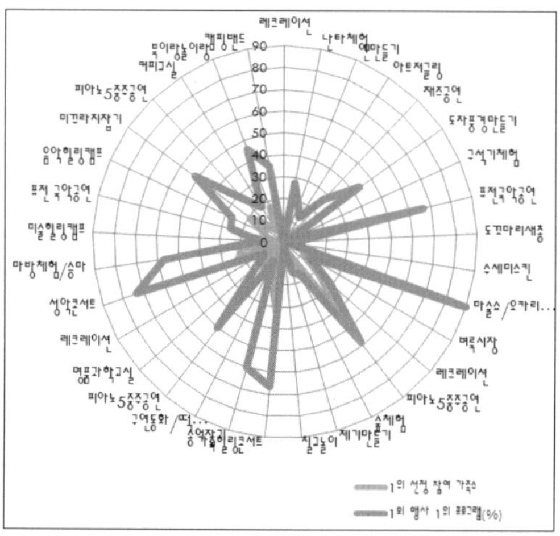

자료 : 경기관광공사(2013), 「2013 경기도 가족캠핑 설문조사 보고서」

[그림 8-11] 체험 프로그램 만족도

났다. 또한, 승마체험, 미꾸라지잡기, 송어잡기 등 활동적인 체험활동에 대해서도 다른 체험에 비해 상대적으로 만족도가 높이 나타났다.

### 7) 참가자 의견

가족캠핑의 경우 먹고 쉬기만 하는 캠핑에서 체험거리가 있어, 가족이 함께 할 수 있는 시간을 가질 수 있어 전반적으로 호평이었다. 가족 캠핑 프로그램의 경우, 아이들에게 유익하고 즐거워 하는 프로그램이 인기며, 가족 구성원이 다 같이 참여하여, 공감할 수 있는 프로그램도 만족도가 높았다.

이밖에 같은 캠핑장에 온 다른 가족들과 어울릴 수 있는 프로그램 등도 거론되었고, 체험 프로그램 운영시, 레크레이션 강사의 진행이 가미되어 보다 재미있고 유쾌하다고 평가되었다.

## ❖ 지역연계 프로그램

### 1) 지역 프로그램 참가

경기도내에 있는 캠핑장(2013년 11월말)은 '캠핑존(www.campingzone.co.kr)' 사이트 등록기준으로 총 530여개소로 전역에 산재해 있으나, 그 주변 지역과 연계해서 운영되는 곳은 극소수에 해당되며, 캠핑장만 들렀다가 바로 귀가하는 경우가 대부분이다.

설문조사에 따르면, 주변 관광자원 연계 프로그램 진행시, '방문지의 사전 인지 여부에 대해 모른다'가 56%로 그 지역의 관광자원에 대해 정보가 부족한 편이며, 방문시 만족도는 '만족'이 63%,다른 '캠핑여행객에게 추천'은 82%로 방문에 대해서 긍정적인 반응이 높았다.

캠핑장 주변 지역연계 적정 거리는 '30분 이내 거리'가 83%정도로 나타났고, 역연계 자원 홍보 형태로는 '팜플렛', '표지판', '온라인 홍보' 등 다양하게 나타났다.

### 2) 지역연계 프로그램 만족도

주변 관광자원 소개 및 연계 프로그램 진행과 관련하여 '사전 인지 여부에 대해 모른다'(56%)가 반수이상을 차지하였지만, 프로그램에 참여한 후 방문 만족도는 '만족'과 '매우만족'을 합해63%로 방문해서 좋았다는 의견이 비교적 많았다. 그 지역을 방문한 다른 캠핑족에게 추천의사에 대한 의견으로는 82%가 추천한다로 나타났다.

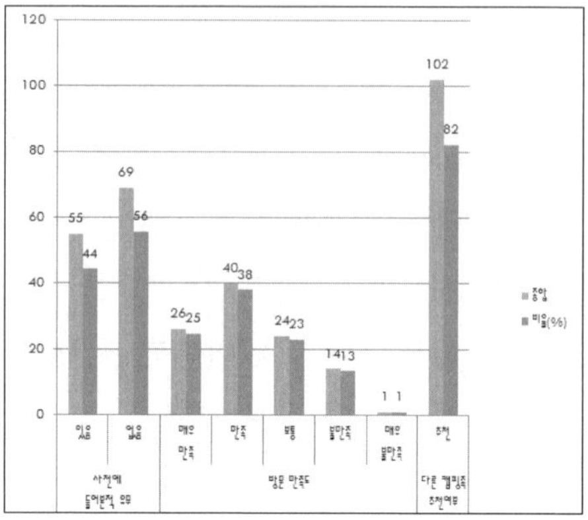


자료 : 경기관광공사(2013), 「2013 경기도 가족캠핑 설문조사 보고서」

[그림 8-12] 지역 연계 프로그램 만족도

### 3) 지역연계 프로그램 가능시간

캠핑장 방문시 그 지역 관광자원 등에 들릴 수 있는 적정한 시간에 대한 답변으로는 '캠핑장 주변 30분 이내'가 33%, '귀가길 주변 30분 이내'가 29% 순으로 '10분 내외'를 포함하면, 30분 이내거리가 83%정도로 나타났다.

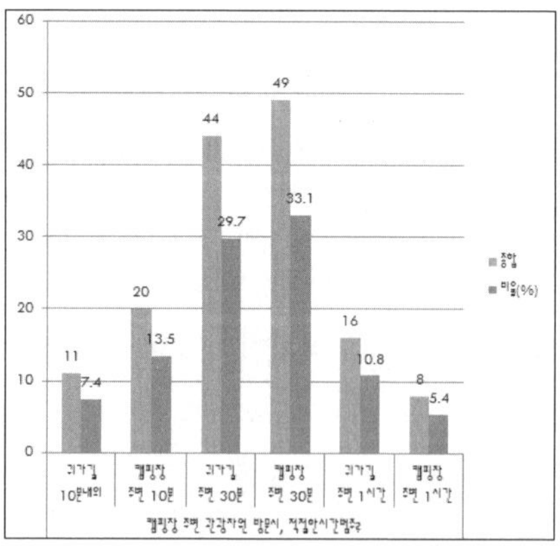


자료 : 경기관광공사(2013), 「2013 경기도 가족캠핑 설문조사 보고서」

[그림 8-13] 지역 연계 프로그램 가능시간

### 4) 지역연계 홍보

캠핑장내에서 주변 관광자원 홍보의 필요성 여부와 관련해서는 67%가 필요하다고 응답하였으며, 그 형태로는 팜플렛, 리플렛, 브로슈어, 안내책자, 전단, 소개영상, 관광안내도, 안내팻말, 입구 표지판, 관광지도, 게시판 , 할인쿠폰 등과 온라인 상에서 홍보 및 블로그나 스마트폰 앱, SNS 등 다양하게 나타났으며, 팜플렛 등 작은 소책자 형태가 가장 많이 나타났다.

# [평가 문항]

다음 질문에 맞는 답을 골라 번호를 ( )에 넣으시오.

**01** 숙박시설 확충 대상이 아닌 것?

① 관광호텔 ② 모텔
③ 서비스드 레지던스 ④ 한옥 체험

**02** 중국인관광객을 위하여 모텔의 변신과 다른 것?

① 트윈 베드, 프런트의 개방화 등 자발적인 개선
② 종업원들에 대한 중국어, 중국인 서비스 교육
③ 중국 인바운드 여행사 직원의 팸투어 실시
④ 주변지역에 비자카드 접수 캠페인

**03** 도심재생사업이 이루어지고 있는 곳이 아닌 곳?

① 수원 인계동 ② 시흥 월곶동
③ 인천 송도 ④ 서울 강남

**04** 숙박시설 설명 중 틀린 것?

① 한옥체험, 외국인 민박은 외국인 이용시설업이다.
② 여관, 모텔은 일반 숙박업이다.
③ 서비스드 레지던스는 생활 숙박업이다.
④ 콘도미니엄은 공중위생관리법상 숙박업이다.

**05** 서비스드 레지던스 설명 중 틀린 것?

① 건축법 등 제반 규정에 맞으면 생활 숙박업으로 등록가능
② 향후 준주거지역에도 서비스드 레지던스를 건립할 수 있다.
③ 준공업지역내 레지던스 시설도 합법적으로 등록 불가
④ 관광호텔보다 서비스드 레지던스가 숙박업의 주류로 등장

**06** 경기도의 숙박대책으로 맞는 것?

① 모텔을 모두 호텔로 전환시킨다.
② 서비스드 레지던스를 무제한으로 허용한다.
③ 관광호텔을 수요를 감안하여 증설한다.
④ 콘도미니엄은 가급적 증설치 않는다.

**07** 경기도의 국내여행 설명과 틀린 것?

① 당일여행은 항상 전국 1위
② 숙박여행은 2011년부터 전국 2위
③ 숙박여행은 2010에는 전국 3위
④ 숙박여행의 1위는 강원도

**08** 캠핑 붐의 원인이 아닌 것?

① 그간 숙박시설에 대한 불만
② 장비의 발전과 고가화
③ 주5일 수업제로 가족여행 확대
④ 온라인 예약 등 젊은층의 선호

**09** 새로운 캠핑문화 확산을 위한 노력이 아닌 것?

① 캠핑장 주변 전통상가 쇼핑하기
② 재능기부 등을 통한 작은 음악회 개최

③ 인근 관광지 소개와 연계 관광
④ 캠핑장 순례

**정답** 01 ② 02 ② 03 ④ 04 ④ 05 ④ 06 ③ 07 ③ 08 ② 09 ④

**해설**

**01** '관광숙박산업 활성화 방안'을 통해 2015년까지 호텔객실 3만 8천 실, 대체 숙박시설 8천 실을 확충. 대체숙박시설에 모텔은 포함되어 있지 않음

**02** 수원 인계동지역에서 중국은련카드 접수 캠페인 펼침

**03** 중국인관광객 유치를 위한 모텔 활용 지역은 수원, 시흥, 인천, 양주, 의정부 등에서 전개되나, 서울강남은 가로수길 등 지역활성화 사업을 진행하고 있음

**04** 관광호텔, 콘도미니엄은 관광진흥법상 숙박업, 한옥체험, 외국인 민박은 이용시설업이고, 여관, 모텔은 공중위생관리법상 일반 숙박업, 서비스드 레지던스는 생활 숙박업이다.

**05** 관광호텔, 콘도미니엄은 숙박업의 확대의 주 대상이며, 서비스드 레지던스는 대체 숙박시설임

**06** 경기도내 주요시군의 관광호텔은 부족한 현상으로 확대시킬 계획이다.

**07** 경기도의 숙박여행은 2010(4위) → 2011(2위) → 2012(2위) → 2013(1위 혹은 2위 예상)

**08** 펜션과 휴양림 등의 예약 급증과 가격상승으로 같은 테마의 가족여행의 불만이 고조되는 등 기존 숙박시설에 대한 불만과, 주5일 근무제와 수업제로 인한 가족여행, 특히 젊은 부부들의 가족 모임 등 새로운 형태의 여가생활에 대한 수요가 늘어나게 되었고, 캠핑장비의 발전과 인터넷 매체로 같은 취미모임이 활성화되는 등 온오프라인의 미디어에서 집중적으로 다루고 있는 것이 캠핑객 증가의 원인임. 장비의 고가화는 감소의 원인

## 숙박문제 수원 인계동에서 해답을 찾았다

경기관광공사 마케팅본부장 오용수

대한민국 관광의 최대 문제점이 숙박문제라는 것은 주지의 사실이다. 오랫동안 문제점은 알고 있는데 해답을 찾지 못하고 주변만 맴돌았다. 과연 해결책은 없는 것일까?

지난해 11월 정부는 관광숙박시설 확충 특별대책을 마련하고 관광호텔 3만실 추가 확충을 위하여 상업지역내 주택과 함께, 학교, 주택 주변에도 관광호텔을 지을 수 있도록 획기적인 제도개선을 마련하였고, 콘도미니엄 건립도 50실에서 30실 이상으로 요건을 완화하였다. 그럼에도 불구하고 호텔건립에는 시간이 많이 걸리고, 관광객은 급증하다보니 여전히 숙박시설이 부족하다.

물론 관광호텔에만 매달리는 것이 아니라, 굿스테이, 이노스텔을 확충하고 고택과 종택도 이용하고 콘도미니엄도 활용하자는데 묵을 만한 곳은 이미 사용하고 있고, 그래도 부족하여 외국인관광객이 묵기에 적합하지 않은 곳조차 이용하지 않을 수 없는 실정이다.

최근 수원 인계동의 모텔을 중국인관광객이 묵을 수 있도록 민관이 합동으로 노력하여 결실을 맺게 되었다. 인계동은 많은 모텔과 음식점, 유흥업소들이 몰려있는 수원시청 인근의 대표적 유흥지역이다. 그런데 경기침체, 고객이동으로 인계동 모텔의 객실 이용률이 낮아지고 있어 자구책이 필요한 시점이었다. 마침 9월에 중국인관광객들의 객실 난 소식을 접한 모텔 주인들이 이들을 유치코자 외국인관광객 유치위원회를 결성하고 직접 나섰다.

우선 10개 모텔이 각 20실씩 전체 200개 객실에 침대 한 개씩을 추가하여 트윈베드로 만들어 여행업체가 이용하기 쉽게 하였고, 프런트를 안이 보이는 개방형으로 개조하고, 입구와 주차장의 휘장을 제거하고, 조명과 벽지도 밝고 단정하게 바꾸었다. 이밖에 인터넷, TV, 냉장고, 드라이기와 세면용품을 비치하였고, 출입구와 복도에 외국어 안내문을 비치하는 등 외국인 손님을 맞기 위하여 시설을 갖추고, 상호도 모텔 대신 호텔로 바꾸기로 하였다.

특히 인계동 입구에 200명이 한꺼번에 식사할 수 있는 대형식당에서 그간 중・석식만 취급하다가 외국인을 위한 조식뷔페를 시작키로 하였고, 식당 옆에 10대 이상 주차할 수 있는 버스 주차장도 마련하였다. 가격도 조식을 포함해도 5만원 미만으로 설정하였고, 예약과 언어불편 등을 해소하기 위하여 중국어 가능한 직원이 24시간 대기하고 있다.

모텔주인들이 자발적으로 나서자 지역의 경기관광공사에서는 종업원들을 대상으로 외국인관광객 서비스교육과 간단한 중국어 교육을 시작하였고, 브로셔와 주변지도를 만들 수 있도록 사진을 촬영하고 웹사이트를 만들도록 도우고, 한국관광공사도 중국 인바운드 여행업체들의 답사여행을 추진하였다. 수원시, 경기도도 주변지역 안전순찰 강화, 시도 지도, 간행물 비치 등 지원책을 마련하고 있다.

스스로 자구책을 구하고 주변에서 도우면 숙박문제도 해결될 수 있다. 뿐만 아니라 중국인, 일본인관광객이 몰리면 침체된 주변 상가도 활기를 띠게 되고 일자리도 늘어나고 지역경제에도 보탬이 된다. 인계동 외국인 숙박단지를 계기로 수도권을 비롯하여 전국 각지로 확대시킬 곳이 없나 찾아보자. 그리고 모텔의 개보수에도 호텔처럼 관광진흥개발기금을 지원할 방법을 찾아보자. 이노스텔의 경우 서울시에서 지원한 바 있다. 관광진흥법과 공중위생관리법이 문제라면 협의하여 바꾸면 된다. 기왕이면 서비스드 레지던스도 양성화시켜주자. 잘 곳이 없어 고속도로로 두 시간 이상 달려가는 것이 현실이다. 정부 초기의 전봇대까지 뽑아보자는 초심으로 돌아가면 안 될 것이 없다.

여행신문 2010년11월17일

# 제 9 장

## 테마파크정책과 카지노정책

- 경기도에서 놀다 -

# 09 테마파크정책과 카지노정책

**– 경기도에서 놀다 –**

## 1 테마파크 산업정책

### ❐ 국내외 대표 테마파크

#### ❖ 테마파크의 개념

테마파크(Theme park)란 "계획된 특정한 주제를 바탕으로 그 주제와 연속성을 가지는 환경, 놀이시설, 이벤트 등을 기획하고 구성함으로써 방문객에게 감농과 즐거움을 제공하는 비일상적인 레저공간"을 말한다.

테마파크의 주요 요소는 ① 특정한 주제 ② 비일상적 ③ 일정한 공간 ④ 주제와 연속성 ⑤ 통일적 배타적 체계를 들 수 있다.[1)]

이토 마사미(伊藤正視)는 테마파크는 "지상에서 가장 행복한 장소, 가족 모두가 하루 종일 즐겁게 지낼 수 있는 공원, 동심으로 돌아가서 평안함과 사랑을 끊임없이 받을 수 있는 곳, 단순하게 즐거움을 제공할 뿐만 아니라, 지역의 활성화에 공헌하고 새로운 문화를 계속하여 창조하는 곳"이라 정의하였다.

박석희는 "테마파크는 테마・환상・분위기・감성・체험・상품・가족・즐거움 등을 키워드로 하는 관광사업의 한 가지 유형으로서 테마 속에 생동감 있게 스토리를 연출해 두고 방문자의 감성을 자극하여 환상적인 분위기에 젖어 테마

1) 한국민속문화대백과(http://encykorea.ask.ac.kr)

를 체험소비하게 함으로써 가족중심의 방문자들에게 즐거움을 제공하는 비일상적 여가시설이다."[2)]

결국 "테마파크란 체험을 통하여 환상적인 분위기에 젖어 상상력을 발휘할 수 있게하는 테마가 있는 유원지"라 할 수 있다.

또 테마파크의 형태로 자연과 도시 중 어느쪽을 중시하는지 공간을 기준으로 분류하거나, 역사·문화, 에니메이션, 과학, 영화, 예술, 워터파크, 복합형 등 테마로도 분류하고, 대도시냐 지방이냐에 따른 입지로도 분류할 수 있다.

## ❖ 테마파크의 발전

1661년 영국 런던의 귀족정원을 개방하여 "보크스홀 가든스(Vauxhall Gardens)"[3)] 유원지가 개장되어 서커스와 곡예가 주를 이루었고, 1843년 개장된 덴마크 티볼리(Tivoli)공원은 유원지와 도시공원을 합한 형태의 원조가 되었다. 이후 1860년대 뉴욕 맨해튼 남쪽에 개장한 "코니 아일랜드(Coney Island)"는 게임장, 댄스홀, 음식점, 맥주홀, 전시장에 호텔이 차례로 지어지다가 1882년 코끼리형상의 호텔 건립과 최초의 탑승기구 '바다 사자'를 설치하여 본격적인 테마파크의 모습을 갖추게 되었고 미국 전역의 테마파크 모델이 되었다. 그러나 1920년부터 영화와 자동차의 등장으로 쇠락의 길을 걷게 되었다.

### 1)디즈니랜드의 등장

코니 아일랜드의 황폐함에 불만을 느낀 만화영화 제작자인 월트 디즈니는 "어린이들의 마음은 백지와 같다. 백지 위에 꿈과 희망을 그려 넣어 주고 싶다."라는 생각으로 1955년 7월 17일 LA남서쪽 애너하임에 "디즈니랜드(Disneyland)"를 개장하고, 종래의 유원지식 콘텐츠에서 영화 장면과 캐랙터들을 이용한 프로그램들을 연출하여 영화속에 빠져들게 만들었다. 개장 7주만에 입장객 백만명을 돌파하며 지금까지 6억명을 넘어섰는데, 요즈음도 연간 1천5백만명이 찾는 세계 최고 테마파크의 대명사가 되었다.

---

2) 박석희(2010), "테마파크", 『관광학총론』, pp.519~541, 백산출판사
3) 영국 런던의 대표적 놀이정원으로 17C 중반에서 19C 중반까지 운영, wikipedia

1971년 플로리다주 올랜도에 디즈니랜드의 100배가 넘는 부지에 '월트 디즈니월드'를 개설하였고, 1983년에는 일본 치바현 우라야스(浦安)에 '도쿄 디즈니랜드'를 개장하였고, 이어 1992년에는 프랑스 마른느라발레(Marne la valiée)에 '디즈니랜드 파리'를 개장하였고, 2001년에는 디즈니랜드 옆에 '디즈니 캘리포니아 어드벤쳐'를 개장하였고 2005년에는 '홍콩 디즈니랜드'가 개장하였는데, 디즈니랜드의 디자인과 서부극, 숲속의 공주, 피터팬 등 통일성을 갖는 반면에, 각지의 특성에 맞는 프로그램을 1~2개씩 개발하여 차별화를 기하였다.

자료 : 디즈니랜드 웹사이트(https://disneyland.disney.go.com)

[그림 9-1] 디즈니랜드 파크 전경

### 2) 유니버설 스튜디오도 확장

미국 영화 스튜디오 중 가장 규모가 큰 '유니버설 스튜디오 할리우드(Universal Studios Hollywood)'는 영화세트는 물론 특수 촬영장면, 스턴트쇼 등 엔터테인먼트가 포함된 테마파크로 명성이 높다. '스튜디오 투어'는 버스를 타고 영화속에 등장했던 세트를 돌아보는 코스로 브로드웨이, 킹콩, 조스, 대지진의 세트를 관람을 할 수 있는데, 연간 7천만명의 관람객이 찾고 있다.

유니버설 스튜디오는 1912년 설립된 후, 영화제작은 확대되었고, 영화 제작비도 증가되었으나, 관람객은 많이 오지않아 어려움을 겪게 되었다. 그러나 이 와중에도 독일지사를 1926년에 만들어져 매년 2~3개의 영화가 제작되었다. 이후 경제적 위기로 1990년에는 일본 마쓰시다 전기로 소유권이 넘어갔다가, 2004년 NBC와 합병으로 NBC유니버설 그룹의 일원이 되었다.

2001년에는 '유니버설 스튜디오 재팬(USJ)'이 오사카에서 개장하였고, 2011년에 싱가포르에 USS가 개관하였고, 상하이에도 2015년 개장될 예정이다. 그러나 당초 경기도 화성시에 건설될 USKR은 토지매입 등으로 아직 본격적인 투자도 이루어지지 않고 있는 실정이나 정부의 적극적인 추진의지에 따라 2016년 이후에 개장될 전망이다.

[그림 9-2] LA 유니버설 스튜디오 입구

### ❖ 해외진출 디즈니랜드와 유니버설 스튜디오의 명암

도쿄 디즈니랜드는 미국이외 최초로 개장되었지만, 디즈니랜드의 명성을 높이는데 크게 기여하였다. 이런 도쿄의 성공을 바탕으로 유럽에서도 프랑스와 스페인에서 유치경쟁이 벌어졌는데, 자국 문화에 콧대가 높던 프랑스가 디즈니랜드 파리를 위하여 철도를 연결해주는 등 특혜를 제공하였으나, 개장후 지금까지 적자를 면하지 못하고 있다. 한편 홍콩 디즈니랜드도 토지매입 등 막대한 특혜를 제공하고 2005년 개장을 하였으나, 초기에는 제한된 공간과 콘텐츠의 부족으로 고전을 면치 못하였으나, 2011년 토이스토리 랜드를 비롯하여 2012년 그리즐리 광산열차, 2013년 미스틱 포인트 탐험가 저택둘러보기 등 확장공사를 통하여 새로운 콘텐츠를 도입하여 관람객이 증가하고 흑자전환으로 돌아서게 되었다.

자료 : 도쿄디즈니랜드 웹사이트(http://www.tokyodisneyresort.jp)

[그림 9-3] 도쿄디즈니랜드 전경 및 웹사이트

유니버설 스튜디오 재팬(USJ)은 오사카 항 주변의 황무지를 테마파크 등 도심 관광리조트로 변신코자 재개발 사업의 일환으로 추진되었다. 이는 교토, 오사카, 고베를 잇는 간사이지방 관광의 주요 루트가 되었고, USJ 주변에는 호텔과 편의시설이 속속 등장하면서 새로운 오사카의 부심으로 자리잡게 되었다. 그러나 USJ는 도쿄디즈니랜드와는 달리 시니어 고객 보다 젊은이에 타깃을 두고 있어 일본국내의 성장은 둔화되고 있으나, 한국, 중국, 대만 등 인근 국가의 젊은이들이 많이 찾고 있다.

한편 유니버설 스튜디오 싱가포르(USS)는 센토사섬에 호텔, 카지노, 해변과 연계한 복합리조트의 중요한 시설로 싱가포르, 말레이시아, 중국, 인도 등 국내외 가족형 관람객들로 붐비고 있다. 낮에는 어린이에게 인기있는 영화 '트랜스포머'를 4D로 즐길 수 있는 놀이기구 '트랜스포머 더 라이드'를 새롭게 설치하고, 밤에는 야간사파리를 개장하여 야생동물들을 만나게 하는 등 자녀들과 함께하는 가족들을 유치하기 위하여 고심하고 있다.

### ❖ 도쿄 디즈니랜드의 성공 비결

상상력을 상품으로 만들었고, 사람들에게 '꿈'을 파는 디즈니랜드의 도쿄진출은 디즈니랜드가 새로운 형태의 성공작이라 불리우는데, 오리엔탈 랜드㈜가 월트 디즈니 컴퍼니로부터 라이선스를 취득하여 운영되고 있다. 특히 일본내 대부분의 테마파크가 인구예측의 실패로 경영난을 헤어나지 못하고 있으나, 도쿄 디즈니랜드는 승승장구를 하고 있는데 비결을 알아보자.

첫째, 가족에서 시니어로 타킷을 전환이 주효하였다. 고령화, 저출산으로 테마파크 고객도 시니어로 변화됨에 따라, 중년이상의 신규고객 확보와 그들의 눈높이에 맞췄다.

예를 들면, 2012년 '도쿄 디즈니랜드'의 광고는 반백 노인이 등장해 어릴 적부터 지금까지의 과거 추억을 떠올리는 영상으로 마무리됐다. 일생에 걸친 디즈니랜드에서의 추억 공유를 호소한 셈인데 꽤 설득적이었다.

시니어 고객이 쉽게 올 수 있도록 시니어 티켓 할인 등 특전을 제공하였다. 디즈니랜드 1일 입장권은 60세 이상 시니어에게 5,500엔으로 대인(6,200엔)보다 싸고, 연간 입장권도 4만 엔으로 대인(5만2,000엔)보다 저렴하다. 2007년 발표된 '디즈니 성인여행'은 1박 2일 1인당 최대 7만 엔의 고가이지만 특별 좌석과 우선 탑승 등의 혜택을 제공해 화제를 모았다. 그 결과 40세 이상 입장객이 1997년에는 10%에서 2011년에는 19%로 상승했다.

둘째, 이벤트 개최와 신상품으로 리피터화에 있다. 도쿄 디즈니랜드 30주년 분위기에 맞춰 식사부터 선물까지 모든 것에 '30주년'이 인쇄·각인되며 특별함을 선사한다. 디즈니랜드의 상징인 팝콘 용기의 30주년 기념품은 인기 절정인데, 지금까지 150종류 팝콘 용기가 생산되었고, 이는 그때마다 이벤트를 철저히 활용한 결과다.

디즈니랜드와 디즈니시(Disney Sea)를 합해 상품 라인업은 연간 3만 건에 달하는데, 그중 5000~6000점이 신상품이다. 이벤트마다 신규 상품을 제공함으로써 단골손님에게도 질리지 않는 신선함을 더했고, 그 결과 리피터가 90%에 달하게 되었다.

또 입장객 설문 조사를 30년간 계속하여 실시해 방문 빈도와 목적을 청취, 이를 비즈니스에 반영하고 있다.

셋째, 내부고객인 종업원의 충성심이다. 전체 종업원 2만 명 중 90%는 아르바이트다. 그럼에도 불구하고 일본 최강의 서비스 제공 집단으로서 손색이 없다. 그 비결은 다음과 같다.

'파이브 스타 카드(Five Star Card)'는 직원이 회사 가치에 맞는 행동을 했을 때 주어지는 칭찬 카드다. 받는 직원은 연 2회 특별 파티에 참가할 수 있다.

또 아르바이트의 아이디어를 상품화하는 '아이 해브 아이디어(I have idea)'도 일할 맛을 높인다. 이밖에 연례 행사로 폐원 후 디즈니랜드를 아르바이트 직원에게 개방하는 '생스데이(Thanks day)'도 유명하다. 임원이 음식을 나르고 사장이 청소를 하며 정규직이 아르바이트와 그 가족을 위해 서비스를 안겨주는 행사다. 이를 통해 팀워이 이루어지고, 팀웍은 고객에게 행복감을 안겨준다.

결국 디즈니랜드의 30년 성공 비결은 고객에 있었다. 고령화·저성장으로 테마파크의 미래가 어두울 것이라는 예상을 깨고 승승장구하는 비결은 고객 변화 및 성향 분석에서 비롯되는 맞춤형 서비스다. 또 어떤 상황에서도 성장을 지속할 것이라는 자신감이다. "디즈니랜드는 영원히 완성하지 않는다"는 창업자의 말처럼 일상적 도전의 반복일 뿐이다. 향후 그 도전은 시니어와 함께 해외 고객에 맞춰져 있다.[4)]

---

4) 전영수(2013), "도쿄디즈니랜드 '성공마법 30년' '인구변화' 극복…어른 고객 집중 공략", 「한국경제매거진」 914호

## ❒ 국내 테마파크의 현실과 과제

### ❖ 한국의 테마파크 변천

1909년 창경궁을 명목상으로는 영국의 '보크스홀 가든'처럼 창경원으로 만들어 대중에게 개방하였으나, 일본의 국화격인 벚꽃을 심고 동식물원을 만들어 조선왕가를 훼손하려는 의도가 숨어있는 것이 최초의 테마파크라 할 수 있다.

이후 1973년 '어린이대공원', 1974년 '한국민속촌', 1976년 '용인자연농원', 1988년 '서울랜드'가 차례로 개장하였고, 자연농원은 1990년 사파리, 눈썰매장을 추가하여 1996년 '에버랜드'로 명칭을 바꾸고 캐러비언 베이와 같은 워터파크를 추가하였고, 2013년 수륙양용 사파리 로스트밸리를 개장하여 세계 5위의 테마파크로 발전하고 있다.

자료 : 에버랜드 웹사이트(http://www.everland.com)

[그림 9-4] 에버랜드 로스트밸리

한편 1989년 '롯데월드'가 개장하였는데, 호텔, 백화점과 함께 복합리조트 성격을 띈 최초의 실내 테마파크다. 이후 2009년 경기도 부천시에서 실내 스키장과 스파 등 실내 테마파크로 개장한 '타이거 월드'가 '웅진플레이도시'로 변경하여 동남아관광객들에게 인기를 끌고 있다. 2013년 고양시 일산에 워터파크와 스노파크를 비롯하여 쇼핑몰로 구성된 '원마운트'가 개장되었고, 실내 테마파크의 전성기를 맞이하고 있다.

### ❖ 에버랜드, 민속촌, 웅진플레이도시, 원마운트의 혁신

에버랜드의 변신은 시기적절하게 이루어지고 있으나, 인구변화와 세계 테마파크 시장의 변화추세와 디즈니랜드와 유니버설 스튜디오의 진출을 감안하여, 설립이래 최대 투자로 '로스트밸리'의 탄생과 아시아지역의 주요 관광박람회는 물론 중국, 동남아 시장에는 정기적으로 세일즈를 하고 있다. 한국관광 세일즈에는 항상 에버랜드가 참가하고 있다.

한국민속촌도 설립 초기부터 꾸준한 방문객이 있었으나, 다른 레저시설과 테마파크가 생겨나고 주간 영업이라는 한계로 인하여 점차 한계를 보여왔다. 이에 2012년부터 민속촌이란 독특한 이미지를 살려 귀신코너를 만들었고, 인근의 어린이박물관과 백남준 아트센터와 공동 할인전략을 펼쳐 큰 호응을 얻고 있고, 해외 세일즈도 강화하여 점차 회복하고 있다. 또 분당선과 용인경전철의 역사가 가까워서 향후 발전가능성이 높다.

자료 : 한국민속촌 웹사이트(http://www.koreanfolk.co.kr)

[그림 9-5] 한국민속촌 조선시대 마을

웅진플레이도시는 웅진그룹의 경영난에도 불구하고, 태국, 말레이시아, 인도네시아 등 동남아관광객들에게 큰 인기를 모으고 있다. 특히 태국의 송크란축제가 물의 축제인 점을 감안하여 워터파크를 적극 활용하고 있으며, 무슬림교도를 위하여 기도실을 마련하는 등 세심한 배려에 입장객이 꾸준히 증가하고 있다.

원마운트는 올해 일산에 새롭게 등장한 복합리조트로 유명쇼핑몰과 함께 워터파크와 스노우파크가 같은 층에 배치하는 등 새로운 형태의 테마파크로 주변의 한류월드내 각종 시설과 킨텍스, 호텔 등과 연계 마케팅으로 인지도를 높이고 있다.

자료 : 원마운트 웹사이트(http://www.onemount.co.kr)

[그림 9-6] 원마운트 전경

### ❖ 유니버설 스튜디오 코리아(USKR)의 현실과 과제

세계 최고 글로벌 테마파크인 '유니버설 스튜디오 코리아리조트(USKR)'를 경기도 화성시 송산 그린시티 동쪽 420만㎡에 조성키로하고 2007년 경기도, 화성시, 수자원공사, 롯데그룹, 포스코건설, 한국투자증권 등 USKR컨소시엄 등 관련 기관·업체 간의 MOU가 체결되었다.

이후 2012년3월에는 기획재정부 예비타당성 조사를 통과했으며, 행정안전부 중앙투융자심사까지 마쳐 국비와 지방비지원을 받을 수 있게 되었다. 그러나 7월에는 수자원공사와 민간 사업자간 토지 감정평가격액 5,040억원에 매각키로 결정하였으나 민간사업자측은 가격이 너무 비싸다며 3천억원대로 인하해달라며 계약을 거부하였다. 그간 경기침체가 지속되고 부지내 상업용지가 자연녹지로 변경되었고 부지 면적도 15만㎡ 줄었기 때문에 토지가격을 인하해야 한다고 주장하고 있다.

2013년 정부는 지방공약사항에 포함되어 향후 새로운 전기가 될 것으로 기대하였지만, 아무런 지원대책이 없고, 결국 수자원공사에 추가대금을 납부하지 않은 USKR(주)는 약정이 시효만료가 되었다. 그러나 유니버설 스튜디오 마이크 E 실버사장은 한국진출에 변함이 없다고 하며 정부지원을 기대하고 있다고 한다.

한편 싱가포르는 USKR과 같이 시작하였으나, 60년 토지 무상 임대 제공과 내국인 카지노 운영권 제공, 기존 도심 교통망을 잇는 모노레일 건설 등의 특혜를 제공하여 2010년에 개관하여 호황을 누리고 있다.

지금이라도 정부에서는 경기도, 화성시, USKR(주)의 대주주인 롯데그룹, 수자원공사와 함께 토지가격 복합리조트 건설, 교통대책을 종합적으로 판단, 해결책을 조속히 모색히어야 한다. 그렇지 못하면 세계적 테마파크가 중국, 일본에 포위하고 있어 우리는 경쟁력에서 뒤질 수 밖에 없다.

다른 한편 USKR이 추진된다 하더라도 관람객 유치와 수익성에 당초 기대한 만큼 도달하기 어려울 수도 있다. 우선 관람객 중 국내 관람객들이 처음에는 가보지만 콘텐츠가 충분하지 못하면 에버랜드 등 경쟁 테마파크로 분산되어 리피터 비율이 낮아질 수 있다. 또 고령화, 저출산으로 젊은 층의 인구가 감소될 수 있는 점도 고려해야 한다.

외국인 관람객도 디즈니랜드가 일본과 홍콩에 운영 중이며, 유니버설스튜디오도 오사카와 싱가포르에이어 상하이에도 오픈하면 시장이 포화상태가 될 수도 있다.

따라서 도쿄 디즈니랜드의 성공사례를 벤치마킹하여 시니어를 고객으로 유치하기 위한 마케팅전략과 이벤트 등 수시 신상품 출시 등과 함께, 유니버설 스튜디오처럼 복합리조트시설을 갖춰 국내외 관람객 유치와 리피터화에도 적극 활용해야 한다.

## 2 카지노산업정책

### ❒ 카지노산업의 현황

#### ❖ 카지노산업의 개요

카지노산업이란 "관광객의 게임욕구와 여가욕구를 충족시켜줄 유·무형의 서비스를 제공하는 사업과 이를 간접적으로 지원해 주는 카지노 관련 사업을 총칭하는 업종"이고, 「관광진흥법」에서 "카지노업이란 전문 영업장을 갖추고 주사위·트럼프·슬롯머신 등 특정한 기구 등을 이용하여 우연의 결과에 따라 특정인에게 재산상의 이익을 주고 다른 참가자에게 손실을 주는 행위 등을 하는 업"이라 한다. 한편 사행산업이란 "카지노, 경마, 경륜, 경정, 복권, 체육진흥투표권 등 우연에 의하여 직접적으로 재산상의 이익과 손실을 주는 업"을 말하며, 게임산업이란 "기분전환을 위하여 카지노와 게임기구 등 게임시설과 장소를 제공하고 레스토랑, 공연장 등 유흥시설을 제공하는 업"을 말하는데, 경마 등 카지노, 스포츠게임과 컴퓨터 게임이 포함된다.[5)]

우리나라의 카지노는 1961년 「복표발행현상 기타 사행행위 단속법」의 제정으로 사행행위로 규정하였으나 1994년 「관광진흥법」에 의거한 관광활동으로 분류하여 왔다. 이후 2007년 사행산업통합감독위원회가 발족하며 다시 카지노를 사행산업으로 포함시켰다. 따라서 우리나라의 카지노업은 관광산업이기도 하지만 사행산업이기도 하다. 그러나 최근 통신과 인터넷의 발달로 온라인 게임의 확산으로 게임과 카지노의 구분도 흐려지게 되었다. 또 서양에서도 오락과 사교행위의 일환

5) 오용수(2011), "내국인 출입카지노 증설을 중심으로한 한국카지노산업의 정책방안 연구", 『관광학연구』, 35[10], pp.223~246, 한국관광학회

으로 인식되어온 카지노가 라스베가스를 중심으로 컨벤션, 가족관광의 일부인 위락 활동으로 정착되고 있으나, 인터넷카지노에 대해서는 규제를 강화하고 있다.

## ❖ 카지노 산업의 현황

1967년 인천올림포스카지노가 개관한 이래 2000년 강원랜드가 일부 개관하였고 2006년 세븐럭카지노 3곳이 개장하여 현재 외국인전용카지노가 16개, 내국인출입 오픈카지노가 1개가 운영하고 있다. 외국인전용카지노의 입장객은 2012년에 238만명이며, 매출은 1조2,510억원에 달하며 전체 사행산업의 6.4%에 불과하다. 유일한 내국인출입카지노인 강원랜드는 2000년 개관하여 2012년 입장객이 302만명에 달하고, 매출액은 16개 외국인전용카지노 전체와 비슷한 1조2,092억원이다.

한편 다른 사행산업의 2012년 입장객과 매출액을 살펴보면, 경마가 1,614만명에 7조8,397억원, 경륜이 784만명에 2조4,808억원, 복권은 3조1,854억, 체육진흥투표권은 2조8,435억원으로 경정과 소싸움을 포함한 사행산업 총매출액 19조5,443억에 카지노의 비율은 12.6%에 불과하다.

세계 카지노산업의 중심이 2005년을 기하여 미국 라스베가스에서 마카오 등 아시아로 옮겨오고 있다. 특히 2010년 싱가포르에서 두 개의 카지노를 개관하며 관광산업과 세계 최고의 경제성장함에 따라 전 세계에서는 카지노산업에 대한 인식을 달리하며 전략산업으로 비중을 높이고 있다.

이와 같이 국내외적으로 카지노산업의 변화가 나날이 심해지고 있으나, 우리나라의 카지노산업은 아직 답보상태에 머물러 있다.

## ❖ 카지노 산업의 발전

카지노(casino)는 이탈리아어의 카사(Casa)에서 유래한 것으로 중세유럽 르네상스시대에 귀족들이 사교, 오락으로 시작하여 17~18세기에는 유럽 각지에서 소규모 카지노가 운영되었다. 1930년대 미국은 서부의 금광개발과 철도부설 및 경제대공황을 극복하기 위한 뉴딜정책의 일환으로 후버댐 건설 등으로 모여든

노동자들의 여가활동수단으로 카지노의 대중화가 되기 시작하였고 1931년 네바다주에서 카지노가 합법화가 되었다. 이후 라스베가스는 카지노의 메카로 산업화와 독점화를 구가하게 되었고, 1976년 뉴저지주 애틀랜틱시티를 시작으로 미국내 각주에서 카지노를 허용하게 되어 카지노의 보편화가 이루어지게 되었다.

또 1980년대 후반 인디언보호구역내, 폐광지역과 선상 유람선에 카지노 설치를 통하여 실업문제 해소 등 산업합리화 수단으로 등장하였고, 이어 1990대는 라스베가스는 미라지(Mirage), 트레저아일랜드 카지노호텔 등 테마파크와 같은 쇼의 도입으로 카지노의 엔터테인먼트화가 되었고, MGM그랜드와 같이 5,000실을 넘는 대규모 카지노 카지노호텔 건립이 이루어지게 되었다. 또 1967년부터 시작된 국제전자제품박람회(CES) 등대규모 컨벤션의 개최로 카지노의 복합화와 1998년 벨라지오카지노 개장을 계기로 카지노의 고급화를 불러왔다. 이후 베네치안, 윈리조트와 같은 대규모 초호화판 카지노가 등장하는 한편, 라스베가스 자본이 마카오, 싱가포르에 투자하는 국제화를 이룩하게 되었다.

〈표 9-1〉 세계 카지노의 발전

| 시기 | 발전 내용 | 특징 |
|---|---|---|
| 1700년대 | 유럽에서 소규모 카지노 개장 | 사교, 오락장 |
| 1930년대 | 금광, 철도부설, 후버댐 노동자의 카지노출입 | 카지노의 대중화 |
| 1931년 | 네바다주의 카지노 허용 | 카지노의 합법화 |
| 1976년 | 애트랜틱 시티의 허용, 여러 주로 카지노 확산 | 카지노의 보편화 |
| 1988~9년 | 사우스다코타주 탄광지역 카지노, 아이오와 선상 카지노, 인디언보호구역내 카지노 등장 | 카지노의 산업합리화 |
| 1989년 | 라스베가스에 미라지호텔의 화산 쇼공연 | 카지노의 엔터테인먼트화 |
| 1993년 | MGM그랜드호텔의 5,005실 개관 | 카지노의 대형화 |
| 1998~9년 | CES 등 대규모 컨벤션 개최<br>벨라지오 카지노, 베네시안 카지노 | 카지노의 복합화와 고급화 |
| 2004년 | 마카오 샌즈카지노 개장 | 카지노의 국제화, 리조트화 |
| 2010년 | 싱가포르 마리나베이, 월드 센토사리조트 개장 | 카지노의 복합리조트화<br>카지노의 신성장 인식화 |

자료 : 오용수(2011 : 226), "내국인출입 카지노 증설을 중심으로 한 한국카지노산업의 정책방안 연구"

2005년 마카오에 개장된 샌즈카지노는 카지노를 도박에서 리조트화를 이룩하였으며, 2010년 싱가포르의 월드 센토사 휴양형 리조트와 마리나베이 도심형 리조트는 복합리조트화를 실현시켰고, 싱가포르에서 카지노가 타 관광산업 등 연관 산업의 성장을 이끄는 동력이 된다는 확인시켜 주었고, 세계 각국은 카지노산업에 대하여 깊은 관심을 보이고 있다.

자료 : 싱가포르 관광청 웹사이트(http://www.yoursingapore.com/content/traveller/ko)

[그림 9-7] 마리나베이 호텔&카지노 전경

한편 우리나라의 카지노는 1961년 「복표발행현상 기타 사행행위 단속법」의 제정으로 카지노산업의 법제화가 마련되었고, 1967년 최초로 인천 올림포스호텔카지노, 1968년 서울 워커힐카지노가 개장되어 한국 카지노의 태동이 시작되었다. 그러나 1969년 「복표발행현상 기타 사행행위 단속법」의 개정으로 내국인의 출입이 금지되어 카지노는 외국인들의 전용이 되었다. 이어 1971년 속리산관광호텔 카지노, 75년 제주칼호텔 카지노, 78년 부산 파라다이스비치호텔 카지노, 79년 경주 코오롱호텔 카지노, 80년 설악파크호텔 카지노가 개장되어 전국 관광지에 외국인전용카지노가 마련되었다. 그런데 1985년 제주하얏트호텔 카지노가 개장되고, 90년에 제주그랜드호텔, 제주크라운프라자호텔, 제주서귀포칼호텔, 제주오리엔탈호텔에 4개 카지노가 개장되고, 95년에 제주퍼시픽 카지노가 개장되어 카지노업 허가가 이권처럼 인식되었다.

한편 1994년 카지노를 「관광진흥법」에서 다루게 되자 카지노는 사행산업에서 관광산업으로 자리매김하게 되었다. 그러나 2008년 '사행산업 통합감독 위원회법'이 제정되며 다시 관광산업이자 사행산업으로 이원화하게 되었다.

1995년 「폐광지역개발 지원에 관한 특별법」이 제정되어 폐광지역에 카지노 설립과 내국인 출입이 허용하게 되었고, 2000년에 강원랜드가 개장되어 본격적인 내국인출입카지노가 등장하게 되었고. 2006년말 스키장과 콘도미니엄을 갖추어 리조트로 변신하게 되었다.

우리나라 카지노는 아직 내국인출입카지노는 사행산업으로, 외국인전용카지노는 관광산업으로 보는 시각이 있다. 그러나 2010년 싱가포르의 카지노가 신성장 동력산업으로 경제전반에 긍정적 영향을 미치는 점에 자극받아 내국인출입카지노의 도입 필요성에 대한 인식이 확산되고 있다.

자료 : 강원랜드 웹사이트(http://kangwonland.high1.com)

[그림 9-8] 강원랜드 카지노

〈표 9-2〉 한국 카지노의 발전

| 시기 | 발전 내용 | 특징 |
|---|---|---|
| 1961년 | 복표발행현상기타사행행위 단속법의 제정 | 카지노의 법제화 |
| 1967년 | 인천 올림포스호텔 카지노 개장 | 한국 카지노의 시작 |
| 1969년 | 법 개정으로 카지노에 내국인 출입금지 | 카지노의 외국인 전용화 |
| 1970년대 | 제주, 부산, 경주, 설악의 호텔에 카지노 개장 | 카지노의 전국화 |
| 1985~91 | 제주 하얏트 등 제주에만 6개 카지노 개장 | 카지노 제주집중화 및 이권화 |
| 1994년 | 관광진흥법 개정으로 카지노의 관광산업 규정 | 카지노의 관광산업화 |
| 1995년 | 폐광지역개발 지원에 관한 특별법 제정 | 카지노의 내국인 허용화 |
| 2000년 | 강원랜드 카지노 개장 | 카지노의 내외국인 이원화 |
| 2006년 | 세븐럭 카지노 서울과 부산에 3개 개장 | 카지노의 일반관광객 이용화 |
| 2006년 | 강원랜드내 스키장, 콘도미니엄 개장 | 카지노의 리조트화 |
| 2008년 | 사행산업통합감독위원회법 제정 및 위원회 설립 | 카지노 관광, 사행산업 이원화 |

자료 : 오용수 (2011 : 226) "내국인출입카지노 증설을 중심으로 한 한국카지노산업의 정책방안 연구"

## ❖ 카지노 허가와 사전심사제

카지노의 허가는 「관광진흥법 시행령」 제27조(카지노업의 허가요건 등) ③항에 의하면, 외국인전용카지노의 경우 최근 신규허가를 한 날 이후에 전국 단위의 외래관광객이 60만 명 이상 증가한 경우에만 신규허가가 될 수 있고, 증가인원 60만 명당 2개 사업 이하의 범위에서 할 수 있다. 또 전국 및 지역의 외래관광객 증가 추세, 카지노이용객의 증가 추세, 기존 카지노사업자의 총 수용능력, 기존 카지노사업자의 총 외화획득실적 등을 감안하여 관광산업 발전을 위하여 카지노사업이 꼭 필요하다고 판단될 때만 허가가 이루어지는 매우 보수적인 것이 특징이다.

이밖에도 특별법에 의하여 카지노허가는 이루어지고 있다. 「폐광지역 개발 지원에 관한 특별법」에 의하여 우리 국민도 출입할 수 있는 강원랜드가 생겨났다. 「제주특별자치도 설치 및 국제자유도시 조성을 위한 특별법」에 의거, 5억불 투자가 이루어지면 외국인전용카지노를 허가받을 수 있고, 「경제자유구역의 지정 및 운영에 관한 특별법」에서도 5억불을 관광사업에 투자하면 외국인전용카지노를 허가받을 수 있지만 아직 실현되지는 않았다.

그런데 카지노 사전심사제는 5억불 이상 관광시설에 투자가 이루어지지 않으니 완화하여, 외국인투자자가 5천만불 이상을 납입하고 경제자유구역내 관광사업에 5억불 이상 투자하는 것을 내용으로 하는 투자계획서를 제출하면 이를 심사하여 카지노허가 적합여부를 판단하여주는 제도다. 그런데 2012년 외국의 2개 업체가 인천경제자유지역에서 카지노사업 등을 하겠다며 사전허가를 요청하였으나, 심사결과 재정 상태와 신뢰도 면에 미흡하여 사전허가가 부적합하다는 것으로 결론이 났다. 그러나 이들은 2013년 다시 계획을 보완하여 재심을 요구하고 있다.

왜 이런 문제가 생겨났고 해결책은 없는 것일까?

우선 과거 5년간 카지노정책에 대해서는 일관된 생각이 없었다. 「관광진흥법 시행령」상 최근 외국인전용카지노 허가일인 2005년 1월 28일 이후 외래관광객은 602만 명에서 2011년말까지 979만 명으로 377만명이 증가하여 60만명 당 2개 이하라면 법적으로는 12개 이하의 카지노가 허가될 수 있다는 점에도 불구하고 아예 카지노 신규허가는 동결되었다. 그런데 2012년 여름부터 갑자기 경제자유지역 외자유치가 어렵다는 이유 등으로 특별법도 아닌 사전허가제라는 편법을 동원하게 되었다.

따라서 법 정신에 의거하여 외국인 전용카지노의 허가는 외래관광객에게 위락기회 제공과 지역관광발전이란 차원에서 신중히 검토하여 필요한 만큼 고시를 통하여 사업희망자들이 신청케하고, 심사후 허가여부를 정하는 것이 타당하다.

또 내국인출입 오픈카지노를 포함한 복합리조트에 대한 장기적 준비도 미흡했다. 싱가포르는 2000년부터 카지노사업을 추진하기 위하여 라스베가스, 마카오의 모델을 벤치마킹함과 동시에, 국민들의 의식조사를 통하여 2004년 12월 카지노 복합시설에 대한 내국인 출입 제한 등 사회적 안전장치를 먼저 확보하였다. 이후 2005년 카지노사업을 합법화하고 국제입찰을 통하여 2010년 마리나베이와 센토사 2곳에 카지노를 개장하고 그해 세계에서 경제성장 1위를 이룩하였고, 명실상부하게 카지노 복합리조트의 성공사례로 꼽히고 있다. 그러나 우리는 2006년 외국인전용 카지노 3곳의 성공적 출범 이후, 내국인출입 오픈카지노에 대한 필요성은 인식하면서도 적극적인 검토가 없었고 당연히 사전준비도 이루어지지 않았다.

게다가 카지노가 가장 위험한 도박이라는 편견을 가지고 있었다. 실제로는 경마, 경정 등에 비하면 아주 작은 규모다. 외국인전용카지노 16곳 모두 합쳐도 매출이 1조2천억원에 불과해 7조8천억원인 경마의 1/6에도 못 미치고, 합법적 사행사업 전체 19조 5천억원의 6.4%에 불과하다. 더구나 75조원 규모의 불법도박[6]과 비교하면 카지노는 내외국인을 합해도 3.2%에 불과한 실정이다. 그럼에도 불구하고 도박관련 언론보도에는 반드시 카지노가 대표로 등장한다. 이런 상황에서 카지노에 대하여 부지불식간에 부정적 인식이 싹트게 된다.

### ❖ 카지노 산업의 올바른 정책 방향

첫째, 내국인출입 오픈카지노의 사회적 안전장치를 마련하기 위하여 다소 시간이 걸리더라도 국민적 동의를 이끌어내어야 한다. 싱가포르처럼 외국인에게는 자유로운 카지노 입장을 허용하지만 내국인에게는 하루 24시간 입장료 8만원, 연간 입장료 160만원을 징수하거나, 중독 방지를 위해 가족이나 제3자가 특정인의 카지노 출입 금지를 요청하면 카지노 입장이 불가능하게 만드는 등 보완책을 마련하자는 것이다. 또 국민들에게 카지노에 대한 부정적 인식을 해소하기 위하여 카지노 복합리조트에 대한 홍보를 강화하고, 사행산업에 대한 정기적인 인식조사를 통하여 카지노도 국가발전에 도움이 된다는 국민적 공감대를 얻어야 한다.

둘째, 외국인전용카지노를 몇 곳 더 만들어 복합리조트의 이점을 살리자. 카지노와 연계하여 호텔, 전문식당, 쇼핑센터, 테마파크 사업을 하면 효과적이다.[7] 카지노를 포함한 복합리조트는 1만 명 이상의 일자리를 만들고, 각 사업체

6) 연합뉴스 2013. 4. 15일 기사 "불법도박 연간 75조원… '지하경제' 온상"

들의 수익을 창출하여 종합적으로 지역경제에 기여하고, 주변의 의료, 미용, 식품, 제조업 등 관련 산업과도 융・복합을 이뤄 새로운 사업형태가 마련되기 때문이다. 예를 들면 평택 주변에 카지노 복합리조트를 만들면 평택주둔 미군들을 주말에도 복합리조트로 유도할 수 있고, USKR 테마파크 설립에도 긍정적 영향을 미칠 것으로 보인다. 뿐만 아니라 평택항에 크루즈선착장을 갖추면 중국관광객들이 손쉽게 접근할 수 있고, 서울, 인천, 수원과도 근거리에 위치하여 활용가능성도 높다. 또 고양시 한류월드도 외국인전용카지노에 적합한 곳으로 인식된다.

셋째, 세계적으로 경쟁력있는 카지노가 포함된 복합리조트를 만들자. 마카오의 수입이 라스베가스를 2006년에 능가한지 불과 6년 만에 무려 6배에 달하고, 싱가포르도 라스베가스를 넘어섰다. 이와 마찬가지로 호텔, 쇼핑센터, 전문식당, 테마파크, 컨벤션센터, 공연장, 골프장, 콘도미니엄, 스키장, 대형 경기장에 카지노까지 포함한 다양한 레저복합리조트를 만들자.[8)] 한 지역 내에 모두 모여 있으면 가장 바람직하지만, 주변지역과 연계를 해도 좋다. 필요하다면 경마, 경륜, 경정을 포함해도 좋다. 마카오, 싱가포르와 경쟁할 카지노 복합리조트의 적정지역으로 제주, 새만금, 평택, DMZ 주변도 고려해 볼만하다.

끝으로 카지노에 대한 고정관념을 버리고 창조관광의 핵심이 될 복합리조트로 생각하자. 이미 모나코, 라스베가스는 카지노 도시였지만, 마카오와 싱가포르는 복합리조트 도시다. 주변국인 일본, 대만에서도 카지노를 포함한 복합리조트 구상에 여념이 없다. 이제 더 이상 머뭇거릴 때가 아니고, 내・외국인 카지노설립과 복합리조트 개발에 적극 나서야 할 때이다.

---

7) 오용수 (2006) "한국 카지노산업 발전을 위한 정책적 접근방안 연구", 경원대학교

8) 오용수 (2011) "내국인출입카지노 증설을 중심으로 한 한국카지노산업의 정책방안 연구"『관광학 연구』35(10), pp.223~246, 한국관광학회

# [평가 문항]

**다음 질문에 맞는 답을 골라 번호를 ( )에 넣으시오.**

**01 도쿄 디즈니랜드의 성공전략이 아닌 것?**

① 시니어를 주 고객으로 설정
② 이벤트 개최와 신상품 출시
③ 종업원의 충성도를 높여 고객만족 실현
④ 가족중심 소재의 개발

**02 경기도내 테마파크의 마케팅 노력이 아닌 것?**

① 아시아 관광박람회에 반드시 에버랜드 세일즈맨 등장
② 어린이박물관 등 주변과의 공동 마케팅
③ 외국의 축제, 종교 관습에 맞는 서비스 제공
④ 쇼핑센터 확대로 경쟁력 확보

**03 유니버설 스튜디오 코리아의 설명중 맞는 것?**

① 아시아 최대의 테마파크 건설
② 부지가격의 원활한 협상으로 순조로운 진행
③ 현 정부의 지방공약 실천과제에서 누락
④ 민관 합동의 복합리조트로 건설

**04 외국인전용카지노의 설명 중 맞는 것?**

① 국내 16개가 있는데, 과반수가 제주에 위치
② 사전심사제라도 1억불 납입과 5억불의 투자가 필요

③ 최근 카지노 설립후 외래객 50만명 증가시 허가
④ 전국 광역지자체 마다 1개소 이상 위치

**05** 싱가포르 카지노의 성공 이유가 아닌 것?

① 카지노에 대한 부정적 인식 해소를 위한 오랜 국민 설득
② 관광객 증가를 위한 전략적 소재로 선택
③ 호텔, 테마파크, 카지노, 쇼핑센터가 있는 복합리조트로 건설
④ 내, 외국인 모두 무료 입장, 내국인은 입장 회수 제한

**06** 경기도의 복합리조트 건설에 적합한 시설이 아닌 것?

① 카지노 ② 테마파크
③ 모텔 ④ 쇼핑센터

**정답** 01 ④ 02 ④ 03 ④ 04 ① 05 ④ 06 ③

**해설**

01 가족에서 시니어로 타킷을 전환이 주효하였다. 고령화, 저출산으로 테마파크 고객도 시니어로 변화됨에 따라, 중년이상의 신규고객 확보와 그들의 눈높이에 맞췄다.

02 에버랜드의 지속적 세일즈, 민속촌의 공동 마케팅, 웅진플레이도시의 송크란축제 등 마케팅 노력을 펼치고 있다.

03 경기도, 화성시, 수자원공사, 롯데그룹, 포스코건설, 한국투자증권 등 USKR컨소시엄 등 관련 기관·업체 간의 MOU가 2007년에 체결

04 전국 16개중 제주에 8개 영업중, 외국인투자자가 5천만불 이상을 납입하고 경제자유구역내 관광사업에 5억불 이상을 투자하는 것을 내용으로 하는 투자계획서를 제출하면 이를 심사함. 최근 신규허가를 한 날 이후에 전국 단위의 외래관광객이 60만 명 이상 증가한 경우 신규 허가할 수 있음.

05 싱가포르처럼 외국인에게는 자유로운 카지노 입장을 허용하지만 내국인에게는 하루 24시간 입장료 8만원, 연간 입장료 160만원을 징수

06 호텔, 쇼핑센터, 전문식당, 테마파크, 컨벤션센터, 공연장, 골프장, 콘도미니엄, 스키장, 대형 경기장에 카지노까지 포함한 다양한 레저복합리조트

## 좋은 정책과 나쁜 정책

**경기관광공사 마케팅본부장 오용수**

아이가 태어나서 제일 먼저 하는 행동은 좋고, 싫음을 나타내는 것이다. 좋으면 웃고, 싫으면 우는 것이다. 이후 가정과 학교에서 선악을 몸과 학습으로 익히고, 사회에 나오면 법과 규범으로 옳고 그름을 판단하며 살아가게 된다. 또 좋고 나쁨은 개인과 때에 따라 다르고 양면을 동시에 지닐 때도 많다. 그런데 엄친아(엄마 친구 아들)는 항상 바른 선택과 좋은 결과를 나타내는 선의 대명사다. 그렇다면 국가나 지방자치단체도 엄친아처럼 될 수 없는 것일까 ?

정책이란 정부·단체·개인의 앞으로 나아갈 노선이나 취해야 할 방침이나, 일반적으로 정부 또는 정치단체의 행동방침을 말한다. 한편 전략은 목표를 달성하기 위한 계획을 말하는데, 정책의 하위 실행개념으로 볼 수 있다. 그런데 국가와 지방자치단체에는 경제, 사회, 문화 등 각 분야별로 정책이 있고, 관광정책도 빼 놓을 수 없다. 관광산업이 0.5차 산업의 성격을 가져 다른 정책에 영향을 많이 받으므로 종합적으로 판단해야 할 경우가 많다.

일본의 대지진과 방사능 유출이 발생하자 우선 보건, 과학, 에너지정책에 대한 검토가 있었고, 일본인 관광객이 줄게 됨에 따라 이를 극복할 관광전략과 정책이 필요하게 된다. 한편 금번 사태와 관련된 일본정부의 대부분 정책이 비난을 받고 있지만, 관광정책만은 칭찬 받을 만하다. '국가의 위기로 수많은 피해자가 발생했는데 벚꽃구경이 웬 말이냐' 는 사회분위기에도 불구하고 과하지 않은 범위에서 벚꽃구경도 하고 피해지역에 여행을 하는 것이 관광산업과 지역 경제는 물론, 침울한 분위기 반전에도 도움을 주게 되었다.

또 카지노를 계기로 한 싱가포르의 관광과 경제적 성공사례를 빼놓을 수 없다.

그러나 1995년 이래 관광수입이 2002년에는 약 25% 감소하고, 관광객 체류일수도 줄어드는 등 관광산업은 어려움을 겪게 되었다. 한정된 관광거리에 싫증을 내고 1시간 남짓이면 이웃 말레이시아나 인도네시아로 여행을 떠날 수 있어 싱가포르의 경쟁력이 약화되었기 때문이다. 이에 싱가포르는 청결, 도덕국가라는 브랜드이미지에 약간 손상이 가더라도 관광산업 회복을 위하여 신중하지만 과감한 결단으로 카지노 도입을 결정하였다. 마카오에 진출하여 마카오에서 성공을 거둔 라스베가스의 샌즈그룹에게 컨벤션센터, 호텔과 도심형 카지노를, 이웃 말레이시아의 리조트 카지노 경험이 있는 겐팅그룹에는 유니버설 스튜디오, 수족관, 호텔과카지노라는 복합리조트를 건설케 하였다. 2010년 3. 4월에 개장을 하자 지난해보다 30% 증가한 천만명의 관광객이 싱가포르에 몰려 200억 달러 관광수익을 올리고, 5%의 고용증진과 2만개의 일자리를 만들었고, 경제성장도 14.5%로 세계최고를 기록하였다.

싱가포르도 카지노를 시작 전에는 국민의 75%가 반대하는 등 논란이 있었으나 정부의 도입 필요성 홍보와 도박중독 대책 마련 등 꾸준한 설득 끝에 카지노를 합법화하였다.

우리나라도 2004년 서울과 부산에 외국인전용카지노 추가설립을 결정하고, 2006년에 3곳이 개관되자 외래관광객과 관광수입이 43%, 관광수입은 69%가 늘었다.

이제 1인당 국민소득이 2만 달러로 복귀하였으므로 내국인출입카지노의 추가 도입을 검토할 때가 되었다. 다만 국민들의 카지노에 대한 우호적 인식이 50%이상, 국민소득이 3만 달러, 호텔, 테마파크, 컨벤션 센터, 카지노가 있는 복합관광시설을 갖추는 것이 조건이다. 동시에 도박중독예방 및 치료센터 강화와 최근 급속하게 증가하는 인터넷 카지노의 규제도 미룰 수 없다.

좋은 정책이란 엄친아를 벤치마킹하며 장단기 전략을 수립하여 일관성 있게 추진하는 것인 반면, 나쁜 정책은 미래와 변화를 읽지 못하고 때를 놓쳐 우왕좌왕하는 것이다.

여행신문 2011년4월18일

# 제 10 장

# 축제 · 이벤트정책

## - 항공전, 보트쇼로 미래 레저시장을 두드린다 -

# 10 축제 · 이벤트정책

– 항공전, 보트쇼로 미래 레저시장을 두드린다 –

## 1 레저 · 이벤트정책

### ❒ 항공전, 보트쇼의 발전과 새로운 도약을 위한 혁신

#### ❖ 항공전, 보트쇼의 태동

항공과 보트는 국민소득이 3만불 이상이 되는 선진국형 레저다. 고급형 레저로 불리우는 골프에서 한걸음 나아가면 요트, 경량항공기가 된다. 이미 이러한 미래를 내다보고 김문수 경기도 지사는 국민들의 레저수요를 충족시키기 위하여 미리 준비를 하는 것이 맞다고 판단하고 즉각 2008년에는 보트쇼를 2009년부터 항공전을 개최하였다.

#### ❖ 레저항공산업의 현황과 항공전 개최 배경

레저산업과 항공산업이 결합된 레저항공산업은 경비행기, 초경량항공기, 행글라이더, 스카이다이빙, 모형항공기, 등 레저항공 활동과 제조, 서비스 등 관련 산업을 의미한다.

레저항공산업의 현실은 경량항공기[1], 초경량비행장치[2]는 동호인 클럽에서

1) 「항공법」 제2조(정의) 26호, 항공기 외에 비행할 수 있는 것으로서 국토교통부령으로 정하는 타면(舵面)조종형비행기, 체중이동형비행기 및 회전익경량항공기 등을

활동 중이나 이착륙장, 계류장 등 기반시설이 마련되지 못한 상태나, 패러글라이딩은 진글라이더가 세계 시장의 30% 이상을 점하는 세계 제일을 자랑한다.

전국 경비행기의 50% 이상이 수도권에 계류하고 있으나, 경량항공기에 대한 법적 정비가 되어 있지 않아 불법으로 운행되고 있으나, 향후 소득증대에 따른 레저항공 수요가 확대될 것을 예측하여 항공산업의 발전과 항공인구 확대 및 수도권지역 가족들의 레저, 관광의 기회를 확대코자 항공전이 마련되었다.

### ❖ 항공전의 현황과 발전

국제레저항공전(International Sky Leisure Expo)라는 이름으로 2009년 5월 1일~5일까지 안산시 사동 90블럭의 자동차 주행장으로 사용되는 아파트 건설 예정부지에서 개최되었다. 첫해지만 이태리의 경량항공기의 비행팀이 참여하여 곡예비행을 선보이는 등 국내 최초로 항공전이 열려 항공관계자들과 지역주민들의 관심을 끌게 되었다. 관람객도 30만명을 기록하였는데 입장료는 성인 3천원, 청소년 2천원이었다.

2010년에는 경기국제항공전으로 명칭을 바꾸고 "창공에 그리는 꿈과 희망"을 슬로건으로 4월말부터 5월 5일까지 안산에서 개최되었는데, 관람객이 408,386명이었다. 해외팀 곡예비행과 공군특수비행단, '블랙이글 팀'의 시범비행과 항공산업 발전을 위한 산업전을 새로운 컨셉으로 등장시켰으며, 항공교육 체험관을 통하여 항공교육도 다루게 되었다.

2011년 제3회도 5월5일부터 10일까지 6일간 안산시 사동에서 개최되었는데 입장료를 성인 4천원, 어린이는 2,500원으로 소폭 인상하였고 잦은 우천에도 불구하고 관람객은 438,422명이 찾아왔다. 항공산업 육성에 비중을 두어 공군항공부품 전시회와 한국항공우주산업(KAI) 등 항공기 완제품과 부품을 전시하고 비즈니스데이를 5. 3-4일간 정하여 사업 설명회와 상담회를 개최하였는데 325개

---

말한다. 또한 일반적으로 경비행기라 한다.

2) 「항공법」 제2조 28호, 항공기와 경량항공기 외에 비행할 수 있는 장치로서 국토교통부령으로 정하는 동력비행장치(動力飛行裝置), 인력활공기(人力滑空機), 기구류(氣球類) 및 무인비행장치 등을 말한다. 또 일반적으로 초경량항공기라고도 한다.

업체가 참여하였다.[3)]

한편 갑작스런 우천, 돌풍 등 기상악화로 에어쇼 취소가 되었으나 관람객에게 신속히 안내하지 못한 점을 아쉬웠으며, 곡예비행 중 추락사고에 따라 위험한 레저라는 부정적 인식을 심어주었으나, 항공전이 널리 알려지는 광고효과는 컸다.

2012년에는 "경기안산항공전"으로 명칭을 바꾸고 10월 3(수)~7(일)까지 5일간 안산시 사동에서 개최하였다. 3회까지 5월에 개최하였으나,2011년 추락사고에 대한 조치가 4월초까지 접수되지 못하였기 때문에 부득이10월로 변경하게 되었다. 그러나 행사기간중 날씨가 좋았고 곡예비행과 체험내용이 충실하여 입장료를 성인 5천원, 어린이 3천원으로 인상하였으나 428,864명이 방문하였다.[4)]

〈표 10-1〉 항공전 개요(2012, 2013)

| 구분 | | 2012년 | 2013년 | 전년 대비 (증감, %) |
|---|---|---|---|---|
| 개최기간 | | 10. 3. ~ 10. 7. | 5. 1. ~ 5. 5. | |
| 총관람객 | | 428,864명 | 518,350명 | 20.9 ↑ |
| 일평균 | | 85,773명 | 103,670명 | 20.9 ↑ |
| 전시규모 | | 19,587평 | 18,978평 | 3.1 ↓ |
| 에어쇼 | | 4개국 / 18개 프로그램 | 5개국/18개 프로그램 | 25.0 ↑ |
| 산업전 참가업체 | | 31개 | 30개 | 3.2 ↓ |
| 항공기 전시 | | 80대 | 62대 | 22.5 ↓ |
| 체험비행 | | 400명 | 400명 | - |
| 항공교육체험 | | 44종/ 229,089명 | 51종/ 267,265명 | 16.7 ↑ |
| 식음료 | | 24개업체/ 36동 | 23개업체/ 43동 | 19.4 ↑ |
| 쉼터 | | 7,220석 | 7,150석 | 1.0 ↓ |
| 주차장 | | 12,520면 | 11,820면 | 5.6 ↓ |
| 화장실 | | 30동 | 32동 | 6.7 ↑ |
| 자원봉사 | | 1,360명 | 1,408명 | 14.6 ↑ |
| 입장권 판매 | 계 | 463,587천원 | 512,745천원 | 10.6 ↑ |
| | 사전 | 204,471천원 | 198,775천원 | 2.8 ↓ |
| | 현장 | 259,116천원 | 313,970천원 | 21.2 ↑ |
| 예산 | 계 | 2,200,000천원 | 2,200,000천원 | - |
| | | | | |

자료 : 경기관광공사(2012, 2013) "2012·2013 경기안산항공권 결과보고"를 저자가 편집

3) 경기관광공사(2011), 『2011 경기국제항공권 모니터링』, pp.29~44, 경기관광공사
4) 경기관광공사(2012), 『2012 경기안산항공권 평가 및 방문객 분석』, pp.9~20.

특히 2013년 경기안산항공전은 5월1일~5일까지 6일간 레저항공축전으로 거듭나게 되었다. 2010년부터 2011년에 부품산업 육성 등 항공산업 전반에 걸쳐 산업전시회 부문도 강조하였으나, 당초의 취지를 살려 레저항공산업에 집중하여 수도권을 비롯한 가족들이 즐겁게 보고, 놀며 배우는 축제의 장이 펼쳐졌고, 행글라이더, 패러글라이더, 초경량항공기, 항공교육을 중심으로 펼쳐져 누구나 함께 즐기는 전시회가 되었다.

특히 5회째를 맞이하는 경기안산항공전은 세계 최대의 레저항공전인 미국의 오시코시 에어쇼가 올해로 60회가 되지만 지난해 기준 50만 8천명의 관람객이 왔고, 국내에서는 사천의 항공우주엑스포가 지난해 8회로 19만명이 참가하여 관람객 면에서는 518,350명이 방문하여 세계최대의 레저항공전이 되었다. 하루 평균 관람객도 10만명이 넘는 축제의 장이 펼쳐졌다.[5)]

〈표 10-2〉 2013 항공전 에어쇼 세부 프로그램

| 구분 | 세 부 프로그램 |
|---|---|
| 곡예비행 (5) | • (해외) 브라이틀링 편대비행, 단기 3팀(미국, 스웨덴, 스페인)<br>• (국내) 공군 블랙이글 |
| 시범비행 (10) | • (미국) 미7공군 Fly-by(U2, A10, F16)<br>• 영농방재, 산불진화(K-Bas, 산림청), 헬기편대 시범, 조종사구조, 인명구조시범, 특전사 고공강하 |
| 이 벤 트 (3) | • 항공기 · 사이카 퍼레이드, 비행기 끌기, 황혼의 고백 |

자료 : 경기관광공사(2013), "2013 경기 안산항공권 결과 보고"

곡예비행은 편대비행과 단독비행으로 구분하는데, 편대비행은 블랙이글이 공군의 특수비행단으로 1953년에 창설되었고, 현재는 한국항공우주산업(KAI)의 T-50 제트기 8대로 구성되었고, 스위스 브라이틀링 편대비행은 체코산 L-39C 알바트로스 제트기 7대로 구성되었다.

블랙이글은 2012년 7월 영국 햄프셔의 판버러 공항에서 열린 판보로(Farnborough

5) 경기관광공사(2013), 『2013 경기안산항공권 모니터링 결과보고서』, pp.11~24.

Airshow) 에어쇼에 해외 에어쇼에는 최초로 참여하여 발군의 실력을 과시하여 세계 항공인의 관심을 끌었다. 브라이틀링 항공팀과도 함께 편대비행을 하며 우의를 도모하였는데, 이때 어떤 에어쇼가 한국에서 가장 유명하냐는 브라이틀링 팀의 질문에 "경기안산항공전"을 추천하게 되었고, 이를 계기로 2013 항공전에 참가하게 되었다. 물론 스위스대사관과 브라이틀링 한국지사와의 수차례 협의를 거쳐, 당초 중국과 일본투어 중간에 경기안산항공전에 참가하는 일정으로 진행되었다. 그러나 중국 광조우에서 항공전 인근 비행장에 진입 과정에 입국심사를 거쳐야 하고, 중간 주유를 해야 되는 등 세부문제가 있었지만, 제주공항에서 입국절차를 마치고 수원비행장으로 와서 경기안산항공전에서 곡예쇼를 보여주게 되었다.

이밖에도 미국의 허비 톨슨은 2010년에 참가한 적이 있는 미국 곡예비행 챔피언 출신으로 특히 공중에서 엔진을 끄고 무중력으로 하강하는 고난이 곡예비행을 선보였고, 스페인 출신의 캐스터 만토바의 곡예기술도 보는 이의 감탄을 불러 일으켰다. 특히 스웨덴출신의 여성들로 구성되어 공중곡예를 선보여 관람객들의 최고 인기를 모은 스칸디나비아팀 "엘로 캐츠(Yellow Cats)"는 비행 중 공중에서 곡예를 하고 위치를 바꾸기도 하며 자유자재의 에어쇼를 선보였다.

투입예산과 수입면에서도 2009년 처음 시작할 때는 35억원의 예산이 투입되었으나, 매년 절감하여 33억, 32억, 22억으로 감소되었고, 반면에 수익은 당초 3억에서 4억, 5억, 6억, 7억3천만원으로 증가하여 장기적으로 자립축전의 기틀이 마련되었다.

[그림 10-1] 블랙이글과 브라이틀링 곡예비행

[그림 10-2] 스칸디나비아팀의 공중곡예

특히 레저항공산업적인 면에서도 과거에는 「항공법」에 경량항공기가 규정되어 있질 않아 음성적으로 운영되었으나, 항공전을 계기로 2009년 9월 10일 항공법을 개정하여 경량항공기 정의를 내렸으며 이에 대한 임대업, 교육업 등 경량항공산업이 양성화되었다.

〈표 10-3〉 2013 항공전 체험·교육 프로그램

| 구 분 | 종류 | 체험인원 | 주요내용 |
|---|---|---|---|
| 레저항공 교육관 | 총 7종 | 3,092명 | 곡예비행기, F-15K, 모형열기구 체험 등 |
| 레저항공 체험관 | 총 7종 | 33,500명 | 관제탑시뮬레이터, B-747 시뮬레이터 체험 등 |
| 야외항공 체험존 | 총 12종 | 23,298명 | 행글라이더 비행 시뮬레이션, 탑승체험 등 |
| 레저항공 산업관 | 총 13종 | 11,760명 | RC헬기조정, 항공승객체험, 항공우주인증 체험 등 |
| 119 안전체험캠프 | 3테마<br>총 13종 | 185,733명 | 재난체험, 소방체험, 놀이마당 등 |
| 기타 부대행사 | 11종 | 9,882명 | 그림그리기대회, 서비스경진대회 등 |
| 총계 | 총 51종 | 267,265명 | |

※ "찾아가는 항공아카데미" 신규 도입 : 5개지역 9개교, 364명(안산, 수원, 안양, 화성, 시흥)

자녀들과 함께 온 가족들은 전시관내 설치된 비행기와 탑승 시뮬레이션, 3D 영상 체험을 비롯하여 헬리콥터 탑승, 행글라이더 기중기 체험, 종이 비행기 만들기 등 다양한 체험을 즐길 수 있었고, 안산시내 초등학생들 20,587명이 비행기를 주제로 그린 그림을 항공전 행사장 외벽 2.7km에 모자이크 벽화로 설치하여 세계 기네스북에 등재토록 하는 등 어린이에게 항공기를 가깝게 느껴지도록 하였고, 꿈과 희망을 주게 한 점은 높이 평가된다.

[그림 10-3] 체험 프로그램과 모자이크 벽화

### ❖ 국내외 레저항공축전

미국의 오시코시 에어쇼(Oshkosh Airventure)는 매년 7월말 위스콘신주 오시코시 위트반 공항 dir 280만평 대지에 Experimental Aircraft Association(실험비행기협회:회원 17만명)에서 주관하며, 50만명 이상의 관람객이 찾고 1만대 가량 비행기가 참여하는 세계 최대의 레저항공전이다. 30개팀 이상의 비행팀이 에어쇼에 참여하며, 비행제작 기술, 이론교육 등 워크숍과 옛 비행기 탑승체험 등이 마련되어 있고, 산업전시관에는 각종 항공관련 장비들이 전시되어 있다.

오산에어쇼도 매년 10월 1일간 오산비행장에서 한국, 미군의 고성능 비행기와 군장비 등을 전시하고 에어쇼를 하는데 비행장 개방으로 군인과 주민과의 교류행사 성격이 강하나 레저성격도 가지고 있다.

### ❖ 국내외 항공산업전시회

서울 국제 항공우주 및 방위산업 전시회(Seoul International Aerospace & Defense Exhibition)은 격년으로 개최되는데 대체로 6일간 중 4일은 비즈니스 데이, 2일은 대중이 참여하는 퍼블릭데이로 주로 성남시 소재 서울공항 활주로에서 열리는데 항공기, 우주기기, 무기관련 장비, 전투기, 수공기, 헬기, 민간항공기 등이 전시되고, 항공기의 시범비행과 세미나, 회의 등이 개최된다.

사천 항공우주 박람회는 매년 10월 5일간 경남 사천공항에서 열리는데 항공산업 클러스터 발전을 도모하는 항공과학도시로 도약을 목적으로 추진되고 해러글라이딩, 모형항공기 대회와 경항공기 시범비행과 국내외 곡예비행이 주축을 이룬다.

군산새만금 에어쇼는 매년 10월말 2일간 군산비행장과 새만금 일원에서 열리는데 에어쇼와 함께 비행장 개방행사 성격으로 열린다.

싱가포르 에어쇼(Singapore Airshow)는 2월 중순에 싱가포르 창이공항에서 열리는데 128개국 15만명이 관람하고 50개국 900개 전시기업이 참가하는 세계 3대 항공전이다. 싱가포르는 중국, 인도 등 아세안 국가들의 중심에 위치한 지리적 여건과 세계 최대 규모 MRO 산업 등의 이점을 활용해 항공산업 허브화 추진하는데, 항공기 순환부품 제조 관련 투자 시 관련 세제 혜택(50%)과 행정적 절차 간소화로 투자를 촉진하고 있다. 영국 롤스로이스의 아시아 최초 항공기 엔진 제조를 싱가포르 공장이 가동 중에 있다.

파리 에어쇼(Paris Air Show)는 6월 중순 파리에서 격년제로 열리는데 항공기, 부품, 미사일 발사장치, 공항 설비, 항공통제 설비 등 전시하고 시연을 하는 항공전이다.

영국 판보로 에어쇼 (Fanborough Airshow)는 7월 하순에 격년제로 열리는데 항공기, 부품들을 전시하고 시범비행을 보여준다.

이밖에 홍콩 아시아 항공설비 및 기술박람회(Asian Aerospace International Expo and Congress)가 9월 초순 홍콩에서 격년제로 열리는데 항공기 부품 및 액서서리, 공항터미널 시설 및 서비스, 항공 및 레이더, 장비 등이 전시되고 상담이 이루어진다.

러시아 국제항공 및 우주박람회(Maks International Aviation and Space Salon)은 8월 중순 모스크바에서 격년제로 열리는데 여객기, 전투기, 엔진 등 관련 제품이 전시된다.

두바이 에어포트쇼(Airport Show Dubai)는 매년 5월 중순에 두바이에서 열리는데 관제, 지상지원 장비, 보안, 교육 등 공항관련 전문 전시회다.

대만 항공우주 및 방위산업 박람회(Taipei Aerospace & Defense Technolo효 Exhibition)은 8월 중순 격년제로 타이페이 월드트레이드 센터에서 열리는데 항공기 부품, 지상장비, 무인정찰기와 무기 등 방위산업 관련 박람회다.

### ❖ 항공전의 미래와 도약

항공전이 레저항공축전 부문에서 아시아 최고, 세계에서도 꼽히게 되었으나, 명실상부한 세계 최고의 레저항공축전이 되기 위해서는 몇 가지 보완과 협업 등 준비가 필요하다.

먼저안정적인 이착륙장과 계류장 및 안심하고 비행을 할 수 있는 장소 확보가 최우선이다. 국내 조종사의 기량증진을 통하여 국내외 에어쇼에 참가하여 우수한 성적을 얻을 수 있도록 기회도 마련되어야 한다.

항공전이 열리는 에어파크에는 경량항공기, RC모형 항공기, 패러글라이드, 열기구 등 레저항공을 즐길 수 있는 훈련, 체험프로그램을 마련하여 레저항공 동호인들이 확대되어야 한다.

경량항공기 세계대회, 행글라이드 대회, 열기구 대회 등 각종 국제 레저대회를 개최하여 국제적으로 명성을 높이며 외국인들도 폭넓게 참여할 수 있는 레저스포츠 축전으로 발전되어야 한다.

나아가 보트쇼와 같은 다른 레저활동과 연계하여 융복합형 레저스포츠축전으로 확대되어야 하고, 궁극적으로는 서울에어쇼와도 연계하여 세계 최대의 항공축전으로 발전되길 기대한다.

## ❒ 보트쇼와 세계요트대회

### ❖ 보트쇼의 현황과 발전

보트쇼는 경기국제보트쇼(KIBS)와 코리아매치컵 세계요트대회로 구성되는데, 처음부터 작년까지는 화성시 전곡항을 주무대로 하여 안산시 탄도항에서 열리다가, 2013년부터 세계요트대회는 전곡항에서, 보트쇼는 고양시 킨텍스 전시장에서 각각 개최하였다. 특히 보트쇼는 킨텍스로 이전하므로서 전문 산업전시회의 성격을 더욱 부각시켰으며, 해양레저산업 발전의 기폭제가 될 것으로 보인다.

주최자인 김문수 경기도 지사는 "대한민국의 삼면이 바다이지만 국민은 물과 너무 먼 생활을 하고 있다. 국민소득에 비해 뒤처진 보트산업의 부흥이 국가적 차원에서 강력하게 추진되어 '바다가 미래다'라는 가능성을 제시하였고, 전시회에 참가한 해외 33개국의 바이어들을 환영한다"고 말하였다.

박근혜 대통령은 "해양레저산업은 조선과 IT, 금융과 관광이 어우러져 새로운 산업으로 각광받을 것이며, 우리가 가진 세계 최고의 선박 건조기술과 IT가 서로 조화를 이뤄 새로운 일자리를 만들고, 국민의 질적 삶을 높이는 기폭제가 되길 바란다"고 밝혔다.

2008년부터 경기국제보트쇼의 자문을 맡고 있는 해외자문관 팀 코벤트리(前 영국해양협회 부회장)는 "킨텍스로 이전한 첫 해부터 런던국제보트쇼와 맞먹는 28,500㎡ 규모의 대형전시회롤 성장하였다는 것이 놀랍고 자랑스럽다. 이러한 성장속도라면 '아시아 넘버 원 보트쇼'는 멀지않았다."라고 평가했다.

올해 경기국제보트쇼의 백미는 킨텍스 실내 전시장에 마련한 해양레저스포츠 체험 프로그램이다. 20종의 체험 프로그램은 국내 해양레저전시회 사상 최초로 실내 전시장에 대형유수 풀과 대형 풀 2개소를 설치했다. 이들 풀에서 카누, 카약, 수상자전거, 스쿠버, 에어볼 등을 체험할 수 있다.

전시장을 찾은 관광객은 "올해 경기국제보트쇼가 가까운 거리에 있는 킨텍스에서 열린다는 소식을 접하고 개막 첫날 한걸음에 달려오게 됐다."라며 "유수풀에서 카누 체험도 했는데, 이렇게 잠깐이나마 해양레포츠를 즐기고 나니, 벌써 여름휴가라도 다녀온 것 같다."라고 말했다.

한편 6회째를 맞는 경기국제보트쇼는 5월 30일 개막해 6월 2일까지 나흘 동안 킨텍스에서 열리는데, 과거 5년간의 보트쇼와 다르게 비즈니스 중심의 전문 전시회로 열려 33개국 305개사 1,232 부스, 해외바이어 29개국 141개사가 참가하는 역대 최대 규모로 개최되었다.

## ❖ 세계요트대회의 현황과 발전

'2013 코리아매치컵 세계요트대회 & 해양페스티벌'은 5월 29일부터 6월 2일까지 경기도 화성시 전곡항에서 열려 서해안의 대표적인 해양레저 축제로 자리매김했다.

코리아매치컵 세계요트대회는 매년 독일, 미국, 프랑스, 스웨덴, 말레이시아 등 전세계 6개국에서 펼쳐지는 세계대회 규모의 'ALPARI World Match Racing Tour'의 한국 대회이며, 아메리카즈컵과 볼보오션레이스와 함께 세계요트연맹(ISAF)에서 공인한 세계 3대 특별 대회 중 하나다. 세계적 유명 선수들이 참가하여 요트 1대에 5명의 선수가 팀을 이뤄 경주를 벌이는데, 매 경기마다 요트 2대가 1:1로 경주를 벌이기 때문에 긴장감을 불러일으키며 육상에서도 관람할 수 있다. 올해 코리아매치컵 경기 전 과정은 58개국 7만5천여 미디어사와 155개국에 방송돼 경기도 서해안과 전곡항이 한국을 대표하는 해양레저 중심지임을 만방에 알렸다.

세계요트대회와 동시 개최된 '경기화성 해양페스티벌'은 일반인들이 평소 접하기 힘든 다양한 해양레저체험 기회를 제공했다. 황포돛배, 크루즈 요트, 파워보트, 딩기 요트, 수상 범퍼카, 카약 등 20여 종의 다양한 해양레저체험 프로그램은 미리 여름바다를 만나려는 관람객에게 큰 인기를 얻었다.

가족과 함께 온 아이들은 머드팩, 수상 에어볼, 수상 자전거 등 해양레저체험에 푹 빠져 시간 가는 줄 모르게 즐기며 뛰어놀았다. 아이와 함께 행사장을 찾은 주부는 "아이가 난생 처음 바다에서 카약을 탔는데 너무 재밌어 하고, 요트와 경기도에 매우 관심 있어 했다"며 "서울에서 가까운 곳에서 해양레저체험과 세계적인 요트선수들의 경기를 직접 볼 수 있어 놀라웠다"고 말했다.

## ❖ 보트쇼, 세계요트대회, 해양페스티발의 미래와 발전 전략

보트쇼는 보트, 요트 등 해양레저산업 전시회를 통한 매출 증대를 기하는 한편, 세계 3대 세계요트대회의 하나자 요트경주의 매력을 충분히 살릴 수 있도록 공중에서 헬기들이 실시간 중계방송을 하며 잠재요트인들에게 요트경주의 매력을 폭넓게 알려야 하며, 해양페스티발은 이러한 보트나 요트 등 해양레저 스포츠의 모두를 직접 체험하고 타보는 체험의 장으로 펼쳐야 할 것이다.

## 2 문화관광축제정책

### ❒ 축제와 문화관광 축제

#### ❖ 축제의 의미와 분류

축제는 주제를 가지고 공공의 성격으로 개최되는 여가와 관광목적의 문화, 예술 및 스포츠이벤트를 포함하고, 지역축제는 지역사회의 문화적 정체성에 근원을 둔 문화제, 페스티벌, 예술제, 제전, 경연대회 등 다양한 형태로 개최되는 지역의 모든 축제를 말하며, 문화관광축제는 특산물, 전통문화, 민속, 관광자원 등을 활용하여 외래 관광객을 유치함으로써 지역경제 활성화에 기여하는 축제를 관광상품화한 것으로서 문화체육관광부가 선정, 지원하는 축제다.

이벤트는 문화이벤트(축제, 카니발, 퍼레이드, 종교행사 등), 레저・스포츠 스포츠이벤트(프로, 아마추어), 정치이벤트(취임식, 임명식, VIP방문 등), 사업, 교역이벤트(박람회, 전시회, 엑스포, 컨퍼런스 등), 사적이벤트(기념일, 성인식 등) 등과 같이 메가이벤트부터 지역축제, 소규모 모임까지 범위가 폭넓고 다양하다.

축제를 소재에 따라 분류를 하면, 생태자연축제(함평나비축제, 보령머드축제, 시흥갯골축제, 명성산 억새풀축제), 문화예술축제(자라섬재즈페스티벌, 과천한마당축제, 안산국제거리극축제), 전통역사민속축제(강릉단오제, 수원화성문화제, 연천전곡리구석기축제), 지역특산물축제(금산인삼축제, 이천쌀문화축제, 파주 장단콩축제) 산업, 레저 스포츠 축제(충주세계무술축제, 경기안산항공전, 양평레포츠 페스티벌) 등으로 나눠진다.

### ❖ 문화관광축제의 요건과 선정기준

문화체육관광부는 문화관광축제를 발전시키기 위하여 각 축제마다 요구되는 요건과 선정기준을 제시하며 선도적 역할을 수행하고 있다.

- 축제의 특성과 콘텐츠(70점)
  축제 주제(소재) 관련 대표프로그램의 완성도와 특이성과 매력도, 다른 축제와의 차별성, 축제 방문객을 위한 특색있는 참여 · 체험 프로그램, 축제 캐릭터 개발, 지역 관광자원과의 연계성이 뛰어나야 하고,
- 축제 운영 (10점)
  자원봉사자 교육 시스템, 접근성과 공간배치 등 행사장 환경과 주차장, 화장실 등 편의시설 운영, 축제 기획 전문성과 평가결과의 피드백, 홍보 효율성과 안전관리 등을 고려해야 하고
- 축제 발전성 (10점)
  주최기관의 예산, 행정면에서의 의지, 지역주민의 참여, 협조 수준, 독자적 축제조직위 구성, 축제 재정자립도 등이 이루어져야 발전가능성이 높다고 판단하며,
- 축제의 성과(10점)
  관광객 유발 정도 및 지역경제 파급효과 등 축제의 성과를 계량적으로 표시할 수 있어야 한다.

이밖에도 기존 축제와 소재, 개최지역, 시기가 비슷한 축제나 축제 주제와 무관한 프로그램, 대중연예인의 과도한 참여, 과도한 기관장의 인사말 등은 감점요인이 되며, 추진성과가 저조하고 관광상품화 가능성이 적은 축제는 선정에서 제외되며, 외국인 단체관광객 모집실적과 해외 홍보기사화 실적은 선정에 유리하게 감안되며, 지역 고유민속, 자발적 마을축제 등 정책적 필요가 있는 축제도 문화관광축제 선정의 고려사항이다.

이러한 요건과 기준에 의거하여 2014년 문화관광축제를 40개 선정하였는데, '김제 지평선축제'와 '화천 산천어축제'가 대표축제로 선정되었다.

자료 : 김제 지평선축제, 화천 산천어축제 홈페이지

[그림 10-4] 지평선축제, 화천 산천어축제

'광주 7080충장축제' 등 8개 축제가 최우수축제, '대구약령시 한방축제' 등 10개 축제가 우수축제, '광안리 어망축제' 등 20개 축제가 유망축제로 선정되었다. 이밖에 '진주 남강유등축제'가 명예대표축제로 졸업하였고, 한 등급에서 3회 이상 선정, 지원된 일몰 대상 4개축제를 포함하여 7개 축제가 선정에서 제외되었고, '거창국제연극제' 등 5개 축제가 신규축제로 새롭게 선정되었다.

선정된 문화관광축제는 등급별로 대표축제(5억원), 최우수축제(2.5억원), 우수축제(1억3천만원), 유망축제(8천9백만원)의 관광진흥개발기금이 지원되고, 한국관광공사를 통하여 해외홍보와 축제마케팅 등이 지원된다.

### ❖ 쌀, 오곡, 재즈, 책, 문화를 활용한 경기도의 축제

2012에 이어 2013년에도 연속으로 최우수 문화관광축제로 선정된 '제15회 이천 쌀문화축제'는 2013년 10.30~11.3일까지 5일간 이천시 설봉공원에서 개최되었는데, 추진위원회 위원장은 이천시장이, 운영위원장은 임금님표 이천브랜드 관리본부장이 맡아 추진하였다.

대표 프로그램인 가마솥밥짓기는 한번에 2천명 분 밥을 지어 2천명에게 나누주고, 7색 가래떡을 600m 뽑아 관광객과 나누어 먹는 행사와 이천쌀을 비롯한 농특산물 햅쌀장터를 운영하고, 거북놀이도 함께 재현하였다.

또 새끼꼬기와 짚신삼기, 탈곡마당, 강강수월래, 대동놀이 등 다양한 체험 프로그램이 마련되어 있고, 특히 이천쌀밥명인전과 세계쌀요리경연대회 등 이천쌀을 활용하여 차별화를 꾀했으며, 내방 관광객이 50만명에 달하고 경제적 파급효과도 205억원에 달하는 등 도자기와 함께 경기도의 대표적인 축제로 성장하였다.

자료 : 이천쌀문화축제 홈페이지(www.ricefestival.or.kr/), 자라섬 재즈페스티벌 홈페이지(www.jarasumjazz.com)

[그림 10-5] 이천쌀문화축제 무지개 가래떡 만들기와 자라섬 재즈페스티벌 포스터

2014년 최우수축제로 한 등급 상향된 '자라섬 국제재즈페스티벌'은 2013년 10월 3(목)~6(일)일까지 4일간 가평군 자라섬 일대에서 10회 행사가 열렸다. 가평군이 주최하고 사단법인 자라섬청소년재즈센터가 주관하는데 대표적인 프로그램인 재즈공연은 해외 아티스트 25팀 141명, 국내 아티스트 31팀 204명, 국내 오픈밴드 61팀 263명이 참가하여 야외무대에서 자연과 함께 재즈를 즐기는 국내 최대의 음악축제다. 특히 제1회 크리에이티브 뮤직캠프를 열어 4일간 숙박형 워크샵을 통해 창의력과 재능을 겸비한 아티스트를 육성하며, 가평주민 밴드 페스티벌도 열렸다.

자라섬은 청평댐 건설로 일부가 수몰되며 생긴 섬으로 약 20만평에 중, 남,

서, 동도 등 4개의 섬으로 이루어져 있고, 서도에는 자라섬 캠핑장, 수상클럽하우스 등이 있고, 재즈페스티벌 메인무대인 중도는 생태문화공원이 조성되어 2만명의 관람객이 동시 입장할 수 있는 잔디광장이 조성되어 있다.

자라섬 재즈페스티벌은 세계 최정상 아티스트 공연을 가족, 친구, 연인과 함께 즐길 수 있는 축제며, 추위를 느낄 밤공기, 아름다운 환경을 느끼는 축제로 특히 수도권과의 교통이 편리하고 주변에 남이섬 등 관광지가 많아 27만명이 다녀갔다. 주민화합, 관광객 유치와 함께 217억원의 지역경제 파급효과를 거두고 있으며, 겨울 씽씽축제가 성황을 이루는 배경이 되고 있다. 또 향후 발전을 위해서는 낮 시간대의 공연으로 관람객들을 주야로 유치하면 아시아 최대의 음악축제로 우뚝 설 것임을 확신한다.

'수원화성문화제'는 2013년에는 우수축제로 선정되었다가, 2014년에는 유망축제로 한 단계 하락하였다. '제50회 수원화성문화제'는 2013.9.27(금)~10.1(화) 5일간 수원 화성행궁, 행궁광장, 연무대 등 수원화성 일원에서 열렸다.

주요 프로그램은 정조대왕 능행차와 정조대왕 친림과거시엄, 혜경궁 홍씨 진찬연, 봉수의식과 같은 역사적 재현과 함께 짚신신고 수원화성 걷기, 시민퍼레이드 등 시민참여행사가 있었고, 용연음악회와 무예 24기, 장용영 수위의식 등 상설공연이 열렸다. 특히 50주년 기념 특별 프로그램으로 봉화대 봉수의식과 불꽃축제와 수원사랑 등불축제, 국제자매도시의 밤에 5개국 6개팀 70여명의 전통예술단 공연도 펼쳐졌다.

관람객은 내국인 69만명, 외국인 11만명으로 80만명이었고, 이 가운데 외국인 단체관광객은 3만5천명이었다. 502억원의 경제적 파급효과를 보였다. 한편 해외홍보는 수원문화재단에서 직접 일본, 중국 등 현지를 방문하여 '수원화성문화제' 관광상품을 개발, 운영하였으나, 한국관광공사, 경기관광공사와 공동추진으로 더욱 효율성을 높일 수 있을 것으로 보인다.

'여주 오곡나루 축제'는 2014년 유망축제로 선정되며 처음 문화관광축제의 반열에 올랐다. '제15회 여주오곡나루 축제'는 2013.11.8(금)~11(월)까지 4일간 여주 실륵사 관광지 일원에서 개최되었는데, 추진위원장은 여주시장이 맡고, 실무운영위원장은 문화원장이 맡아 추진되었다.

특기사항은 지금까지 별도로 나뉘어 개최되던 유사축제를 통폐합하여 여주오곡축제로 통일한 점이 가장 돋보였다. 매년 10월에 개최되던 '진상명품 축제'는 여주가마솥쌀밥을 중심으로 개최되었고, 12월에 열리는 '고구마 축제'는 고구마를 주제로 열렸는데, 여주쌀과 고구마는 모두 특산품이고 전국에서 명성이 높지만 단일축제로는 소구력이 떨어졌다. 이에 여주시장이 통합축제추진위원장을 맡고, 추진위원들의 참여와 실무운영위원회를 통하여 쌀, 보리, 콩, 조, 기장이란 오곡과 남한강의 농산품을 수송하던 나루를 합하여 '오곡나루'로 이름을 정하였다.

주요 프로그램은 '대형 가마솥 여주쌀밥 짓고 비빔밥 먹기'와 '대형 군고구마통 장작불 고구마 굽기', 오곡마당극, 천하장사 씨름천하 한마당과 함께 오곡풍년 기원제, 짚신넣기, 손바닥 씨름과 같은 참여활동으로 관람객이 21만명이 찾아왔고, 경제적 파급효과는 77억원에 달하였다.

'파주북소리축제'도 주제가 '책'이란 점에서 많은 주목을 받아왔었으나, 2014년 비로소 문화관광축제에 진입하였다. '파주북소리축제 2013'은 2013.9.27(토)~10.6(일)까지 9일간 파주출판도시 일원에서 경기도, 파주시, 북소리조직위원회가 주최하고 조직위원회가 주관하였는데, 파주시장과 한길사 대표가 공동위원장을 맡았다.

주요 프로그램은 국내 최대 규모의 고지도 80점을 전시하였는데, 대통령을 비롯하여 초중고생 2만1천명이 관람하였다. '파주 북어워드 2013'에서 동아시아 출판문화 상을 만들어 시상하였고 수상작을 특별전시하였다. 'book적book적'이란 출판사의 도서판매 북마켓 체험과 출판상담, 매장 경험, 유명저자들의 강연, 공연인 지식난장도 큰 관심을 끌었다. 주한영국문화원의 "영국 문학의 날" 북콘서트와 브라질문화원의 공연, 글짓기 대축전, 독서모임 밤샘 마라톤 독서와 함께 가장 활기가 넘친 북마켓에는 89개사가 참가하여 66천권이 팔려 6억3천만원의 매출을 올렸다. 파주북소리축제의 관람객은 50만명으로 252억원의 경제적 파급효과를 거둔 것으로 알려졌다.

특히 그간 축제명이 '북소리'라 처음 접하는 사람은 음악축제로 오인할 가능성에 지적이 많았는데, 2013년초 경기관광공사가 개최한 자문간담회에서 영문으로 Book을 강조하며 행사명에는 반드시 영문병기를 하도록 자문한 것도 효과를 거두었다.

자료 : 수원화성문화제, 여주오고나루축제, 파주북소리축제 홈페이지

[그림 10-6] 수원화성문화제, 여주오고나루축제, 파주북소리축제

### ❖ 도자기의 진수를 펼치는 경기세계도자비엔날레

세계 도자문화 중심축을 경기도로 집중, 도자문화확산을 통한 도자수요 창출하며, 이천, 여주, 광주 3개시군 도자기축제를 견인하여 지역요장 판로를 제공하고, 도자산업 및 관광산업 발전을 도모하기 위하여 격년제로 열리는 제7회 경기세계도자비엔날레는 2013.9.28(토)~11.17(일)까지 51일간 이천 세라피아, 광주 곤지암도자공원, 여주 도자세상에서 "커뮤니티/ 나 너 우리 다함께"를 주제로 열렸다.

주요행사로는 국제지명 공모전과 한중도자교류전, 전통도자반상기전, 핫루키전 등 특별전과 국제도자워크숍, 문화야시장 난장과 생활도자명품전도 함께 열렸다.

이천에서는 나만의 도자만들기 토락교실, 흙높이쌓기, 흙던지기 등 흙장난, 광주에서는 도자체험이벤트와 삼리초가 공예체험이벤트가 열리고, 여주에서는 야외가마체험, 흙놀이, 도자와 함께 하는 나만의 향수, 화장품 만들기 체험이 펼쳐졌다.

특히 이천도자기축제, 광주왕실도자기축제, 여주도자기축제가 열리는데 다양한 도자기를 저렴하게 구입할 수 있는 것도 매력이었다.

'2013 경기세계도자비엔날레'는 'Community'를 주제로 수준 높은 도자예술의 세계와 이천, 광주, 여주의 365일 도자테마파크에 펼쳐지는 다양한 체험 콘텐츠를 선보이며 지난 회 대비 축소된 25억의 예산으로, 배 이상인 19만 8천 2백명이 전시를 관람하는 성과를 이뤘다. 또한 입장권 및 도자 쇼핑몰 등 부대 시설의 판매액과 기업 후원금 등 '2013 경기세계도자비엔날레'의 총 매출이 23억에 달해, 투입 예산 대비 주목할 만한 수치를 보였고, 발생한 수익금은 도자문화산업발전을 위해 투자될 예정이다.

자료 : 제7회 경기세계도자비엔날레 홈페이지

[그림 10-7] 경기세계도자비엔날레 포스타 및 본전시 작품

2014년 경기도내 문화관광축제의 심의를 통하여 '10대 경기도 문화관광축제'를  선정하고, 이 중 1~8위로 선정된 이천쌀문화축제, 수원화성문화제, 자라섬국제재즈페스티벌, 여주오곡나루축제, 파주북소리, 안산국제거리극축제, 안성남사당바우덕이축제, 연천전곡리구석기축제를 문화체육관광부에 추천하였다. 이 가운데 대한민국 문화관광축제로 선정되면, 그 수 만큼 하위 순위의 경기도 축제가 경기도 10대 축제에 포함된다.

이에 따라 시흥 갯골축제, 의정부 국제음악축제, 자라성 씽씽겨울축제, 남양주 다산문화제, 의왕 기차축제가 '10대 경기도 문화관광축제'에 포함되었다.

〈표 10-4〉 2014 경기도 10대 문화관광축제

| 순위 | 시 · 군 | 축제명 | 비고 |
|---|---|---|---|
| 1 | 이천 | 이천쌀문화축제 | 최우수 문화관광축제 |
| 2 | 수원 | 수원화성문화제 | 유망 문화관광축제 |
| 3 | 가평 | 자라섬국제재즈페스티벌 | 최우수 문화관광축제 |
| 4 | 여주 | 여주오곡나루축제 | 유망 문화관광축제 |
| 5 | 파주 | 파주북소리 | 유망 문화관광축제 |
| 6 | 안산 | 안산국제거리극축제 | 경기 10대 축제 |
| 7 | 안성 | 안성남사당바우덕이축제 | 경기 10대 축제 |
| 7 | 연천 | 연천전곡리구석기축제 | 경기 10대 축세 |
| 9 | 양평 | 양평용문산산나물축제 | 경기 10대 축제 |
| 10 | 과천 | 과천축제 | 경기 10대 축제 |
| 11 | 시흥 | 시흥갯골축제 | 경기 10대 축제 |
| 12 | 의정부 | 의정부국제음악극축제 | 경기 10대 축제 |
| 13 | 가평 | 자라섬씽씽겨울축제 | 경기 10대 축제 |
| 14 | 남양주 | 남양주다산문화제 | 경기 10대 축제 |
| 15 | 의왕 | 의왕기차축제 | 경기 10대 축제 |
| 16 | 구리 | 고! 구리축제 | |
| 17 | 고양 | 고양행주문화제 | |
| 18 | 광주 | 남한산성문화클럽 | |
| 19 | 성남 | 사랑방문화클럽 | |

자료 : 경기관광공사(2013), "경기도 문화관광축제 심의 결과"

## ❒ 경기미, 책, 수원화성, 도자기, 재즈를 살린 축제

### ❖ 경기도의 10대 축제 선정과 육성

문화관광축제에 선정되기 위해서는 경기도내 31시 · 군에서 추천한 지역축제를 축제기간중 현장심사와 10월말까지 결과보고를 첨부하여 경기도에 신청하고, 심사위원단에게 프레젠테이션과 질의응답을 통하여 경기도 10대 문화관광 축제와 3~4개의 예비축제를 정한다.

상위 7~8개 우수축제를 문화체육관광부에 문화관광축제 후보로 신청하면 12월중 선정기준에 따라 심사를 하고 등급을 결정하게 된다. 12월말에 선정결과와 등급결정을 통보받게 된다.

경기도에서는 이천쌀문화축제가 2013년 최우수 문화관광축제, 자라섬 국제재즈페스티벌과 수원화성문화제가 우수 문화관광축제로 선정되었고, 2014년 심사에서 자라섬 국제재즈페스티벌이 최우수축제로, 파주북소리축제와 여주오곡나루축제가 유망축제로 승격되었다.

이에 따라 최우수축제는 국비(관광진흥개발기금) 2억5천만원에 경기도에서 예산이 지원되며, 우수축제도 각각 국비 1억3천만원과 도비가 지원되고, 유망축제는 8천9백만원의 국비와 도비가 지원된다. 또 한국관광공사를 통해 해외홍보와 축제마케팅 등을 간접지원 받게된다.

또 경기도 10대 문화관광축제는 다음해 축제발전을 위한 전문가 컨설팅과 경기관광공사의 홍보마케팅을 지원받게 된다.

경기도는 이와 같이 성장 가능성이 있는 축제를 육성하여 문화관광 자원화 및 지역의 대표 관광상품으로 특화하고, 지역경제 활성화 및 문화 발전에 기여하기 위하여 경기도 지역축제의 경쟁력을 갖추고자 노력하고 있다.

문화체육관광부가 선정하는 문화관광축제와 연계하여 성장 가능성이 있는 지역 우수축제를 발굴, 지원하고, 지역특성을 고려한 개성있는 축제가 될 수 있도록 전문가에 의한 컨설팅, 우수축제를 지역 관광상품으로 육성하기 위한 홍보마케팅을 지원하는 한편 시, 군 축제담당자들의 업무향상을 위한 워크숍도 개최하고 있다.

## [평가 문항]

다음 질문에 맞는 답을 골라 번호를 ( )에 넣으시오.

**01** 경기안산항공전의 개최 목적이 아닌 것?

① 레저항공산업의 발전 ② 경량항공기의 법적 정비
③ 레저, 관광의 소재로 활용 ④ 항공인의 저변 확대

**02** 경기안산항공전에서 체험할 수 없는 것?

① 경량항공기의 곡예비행 관람 ② 조종, 관제탑 시뮬레이션 체험
③ 종이 비행기 접기 ④ 비행기 조종

**03** 경기안산항공전의 향후 과제가 아닌것?

① 경량항공기의 이착륙장 확보 ② 항공전의 흑자 전환
③ 항공전 행사장의 안정적 확보 ④ 항공기 제조 기업 육성

**04** 보트쇼의 개최 목적이 아닌 것?

① 보트산업의 부흥
② 보트 제조자와 구매자간 상담 기회 제공
③ 보트 운행 및 임대
④ 선박제조기술 발전과 일자리 창출

**05** 세계요트대회의 내용이 아닌 것?

① 'ALPARI World Match Racing Tour'의 한국 대회
② 세계 3대 특별대회

③ 1:1 형태의 경기
④ 개인별 경기

**06** 해양페스티벌의 내용이 아닌 것?

① 보트 탑승 체험　　② 수상스키 체험
③ 잠수 경연　　④ 카약 체험

**07** 문화관광축제란?

① 문화관광축제는 주제를 가지고 공공의 성격으로 개최되는 여가와 관광목적의 문화, 예술 및 스포츠이벤트를 포함한다.
② 문화관광축제는 지역사회의 문화적 정체성에 근원을 둔 문화제, 페스티벌, 예술제, 제전, 경연대회 등 다양한 형태로 개최되는 지역의 모든 축제.
③ 문화관광축제는 특산물, 전통문화, 민속, 관광자원 등을 활용하여 외래 관광객을 유치함으로써 지역경제 활성화에 기여하는 축제를 관광상품화한 것으로서 문화체육관광부가 선정, 지원하는 축제.
④ 문화관광축제는 문화이벤드, 스포츠이벤트, 교역이벤트 등과 같이 메가이벤트부터 지역축제까지 범위가 넓다.

**08** 문화관광축제의 선정요건이 아닌 것?

① 축제의 특성과 킬러 콘텐츠
② 기관장의 개회사 내용
③ 접근성, 공간배치, 화장실 등 편의성
④ 관광객 유치, 지역경제 파급 효과

**09** 경기도 축제 중 문화관광축제가 아닌 것?

① 이천 쌀문화축제　　② 자라섬재즈페스티벌

③ 수원화성문화제 ④ 파주 장단콩축제

**10** 경기도의 10대 문화관광축제가 아닌 것?

① 연천 전곡리구석기축제 ② 안산거리극축제

③ 세계도자비엔날레 ④ 파주 북소리축제

**11** 세계도자비엔날레의 개최지가 아닌 곳?

① 이천 ② 광주

③ 양평 ④ 여주

**정답** 01 ② 02 ④ 03 ④ 04 ③ 05 ④ 06 ③ 07 ③ 08 ② 09 ④ 10 ③ 11 ④

**해설**

01 향후 소득증대에 따른 레저항공 수요가 확대될 것을 예측하여 항공산업의 발전과 항공인구 확대 및 수도권지역 가족들의 레저, 관광의 기회를 확대코자 항공전을 마련

02 비행기 조종 시뮬레이션은 가능하나 실제 조종 체험은 불가

03 항공기 제조 기업 육성은 항공전의 향후 과제라기 보다 국가전략과제이며, 항공기 부품 기업 육성은 향후 과제로 볼 수 있다.

04 보트 운행 및 임대는 해운, 관광사업의 일부로 보트쇼의 직접적인 목적은 아님

05 세계적 유명 선수들이 참가하여 요트 1대에 5명의 선수가 팀을 이뤄 경주

06 황포돛배, 크루즈 요트, 파워 보트, 딩기 요트, 수상 범퍼카, 카약 등 20여 종의 다양한 해양레저체험 프로그램

08 과도한 기관장의 인사말 등은 감점요인이며, 개회사 내용은 요건이 아님

09 파주 장단콩축제는 경기도 10대 축제

10 세계도자비엔날레는 축제라기 보다 문화관광산업 행사이며, 이천도자기페스티벌은 문화관광축제임.

11 격년제로 열리는 제7회 경기세계도자비엔날레는 9. 28(토)~11.17(일)일 51일간 이천 세라피아, 광주 곤지암도자공원, 여주 도자세상에서 열렸다.

## 항공산업과 관광축제 두 마리 토끼 잡는 법

**경기관광공사 마케팅본부장 오용수**

관광산업에 종사한 지 30년이 되었지만, 항공산업이라면 으레 여객운송업을 떠올린다. 그런데 경기국제항공전 사무국장을 맡다보니, 항공산업에는 항공기 제작과 정비서비스(Maintenance Repair and Overhaul)분야도 있고, 이는 운송 분야 보다 규모가 크다는 것을 알게 되었다.

최근 인도네시아에 판매키로 협상 중인 T-50 초음속 연습기는 1대에 약2천5백만달러(약270억원)에 달하고, 정비서비스도 대개 30년 가까이 제조사가 담당하는데 수익이 항공기 가격의 2~3배에 이르기도 한다. 오늘날 고부가가치 산업인 자동차가 25% 부가가치를 지닌다면 항공기는 44%나 되며, 성장률도 자동차가 3%라면 항공은 10%가 된다. 이에 정부도 2020년까지 항공 기업을 300개로 확대시켜 항공기 및 부품생산을 200억불로 늘이며 7만개의 일자리도 만들어 세계 7대 항공국으로 발전시키고, 관광레저용 경비행장도 늘릴 계획이다.

우리나라 항공기 제작은 2000년부터 한국우주항공(KAI)에서 KT-1, T-50 연습기, UAV 무인항공기, KC-100 레저스포츠 항공기를 생산하여 공군납품과 해외수출을 하고 있고, 공군도 자주국방을 위하여 국산화에 힘을 기울이고 있다. 그런데 항공기 1대에 20만 개 이상의 전자, 기계 부품이 소요되고, 고도의 정밀성과 내구성이 요구되므로 부품 대부분을 해외에서 수입하고 있는 실정이다. 그러나 자동차 등 정밀기계 분야의 괄목할 만한 발전을 기반으로 올해 3회째인 경기국제항공전에서 항공부품의 국산화를 추진하고 있다. 5월 3~4일 항공산업전에서 공군과 KAI가 부품전시와 함께 납품 수준, 절차와 방법을 알려주고 개별상담을 통하여 가능성이 보이면 기술지도, 안정납품, 사후관리까지 일괄 지원할 예정이다.

한편 경기국제항공전이란 이름의 관광축제가 5월 5일부터 10일까지 안산시에서 열리는데, 경기지역 뿐만 아니라 전국의 청소년들과 가족들이 에어쇼와 항공체험을 즐길 수 있다. 특히 미국 챔피언 경력의 미녀 파일럿 멜리사, 헝가리 출신 졸탄을 비롯하여, 경항공기 4대의 글로벌에어쇼팀, 우리 공군 블랙이글의 곡예비행과 미공군, 육군 특전사 공중낙하, 경찰, 소방비행기의 시범 비행이 종일 창공을 수놓게 된다. 또 헬리콥터, 산불 방재기, 무인 농약 살포기, 응급환자 수송기, 레저스포츠용 경비행기, 초경량 항공기 등 100여대의 비행기가 전시되어 눈길을 끈다.

이밖에 경비행기, 헬기 탑승체험과실제 비행기 조종과 같은 비행시뮬레이션 체험을 비롯하여 패러글라이딩 탑승, 모형항공기 제작교실, 우주훈련 체험은 어린이들에게 꿈을 키우게 하고, 모터쇼, 다문화 음식, 문화예술 공연들도 곁들인다.

지방축제 중에는 지역의 산업발전과 주민들에게 여가의 기쁨을 주는 관광이벤트가 많다. 최초의 문화관광축제인 이천 도자기페스티벌, 금산 인삼축제를 비롯하여 보령머드축제, 화천 산천어축제는 성공사례로 꼽을 수 있다. 이제 경기국제항공전은 지역의 항공기계산업의 발전에 기여하는 동시에, 자라나는 청소년들에게 꿈과 희망을 주는 우리나라 대표적 축제를 넘어 세계적 항공관광축제로 성장할 것이다.

여행신문 2011년4월18일

# 제 11 장

## DMZ생태관광과 개발정책

- 월드 온리원 경기도 -

# 11 DMZ생태관광과 개발정책

- 월드 온리원 경기도 -

## 1 DMZ 세계 유일한 관광자원

### ❐ DMZ 세계평화공원

#### ❖ DMZ 세계평화공원 개념

**1) 대통령 미 상·하원 연설에서 DMZ 세계평화공원 구상 발표**

박근혜대통령은 2013년 5월 8일 미 상·하원 합동회의에서 연설을 하며 세계평화공원 구상을 발표하였다. 내용을 발췌, 수록한다.

60년 전, 남북한 간의 군사충돌을 막기 위해 설치된 "비무장지대(DMZ)"는 현재 세계에서 가장 중무장된 지역이 되었습니다. 한반도에서 비무장지대를 사이에 둔 대치는 이제 세계평화에 큰 위협이 되고 있습니다.

이 위협은 남북한만이 아니라, 세계와 함께 풀어야 하고, 이제 DMZ는 세계평화에 기여하는 '진정한' 비무장 지대가 되어야 한다고 생각합니다. 저는 한반도 신뢰프로세스를 유지해 나가면서 DMZ 내에 세계평화공원을 만들고 싶습니다. 그곳에서 평화와 신뢰가 자라나는 계기가 되었으면 합니다.

군사분계선으로 갈라져있는 한국인들만이 아니라 세계인들이 평화의 공간에서 함께 만나게 되길 희망합니다. 그 날을 위해 미국과 세계가 우리와 함께 나서주길 바랍니다.

자료 : 청와대 뉴스(2013.5.9)

[그림 11-1] 박근혜 대통령의 미 상·하원 합동회의 연설

### 2) 대통령 광복절 기념사에서 세계평화공원 조성 제안

박근혜 대통령은 8·15 광복절 기념사에서 "대한민국, 위대한 여정은 계속됩니다"라는 주제로 세계평화공원 조성을 북한에 제안하였다. 그 주요 내용을 발췌, 소개한다.

또한 분단과 대결의 유산인 비무장지대(DMZ)에 세계평화공원을 조성하기를 북한에 제의합니다.

비무장지대를 평화의 지대로 만듦으로써 우리의 의식 속에 남아 있던 전쟁의 기억과 도발의 위협을 제거하고, 한반도를 신뢰와 화합, 협력의 공간으로 만드는 새로운 시작을 할 수 있기를 바랍니다.

평화를 지키기 위해서는 억지력이 필요하지만, 평화를 만드는 것은 상호 신뢰가 쌓여야 가능합니다.

다소 시간이 걸리더라도 상식과 국제적 규범이 통하는 남북관계를 정립해서 진정한 평화와 신뢰를 구축해 가는 '한반도 신뢰프로세스'를 일관되게 추진해

가겠습니다.

### 3) 경기도지사 DMZ 평화공원의 단계적 조성 구상 발표

김문수 경기도지사는 2013년 8월 13일 파주 및 연천 DMZ 현장에서 "정전 60주년 경기도 DMZ 세계평화공원벨트 조성"을 주제로 현장 실국장회의를 개최했다.

지난 5월 박근혜 대통령이 미국 상하원 합동연설에서 DMZ에 평화공원을 조성하겠다고 밝힌 이후, 김문수 경기도지사가 직접 현장방문에 나서 경기도의 조성 의지를 표명하였다. 경기도는 한강하구~파주~연천~철원~고성을 잇는 공원을 우선 조성하고, 점진적으로 민통선~군사분계선의 남쪽지역에서 북한지역으로 확대해 나간다는 구상을 밝혔다.

경기도는 DMZ 세계평화공원벨트 조성 추진단계에 대해 3단계로 나눠 설명했다.

1단계는 준비단계로 지뢰, 재산권 및 생태계 조사를 위해 경기도, 강원도, 군, 연구기관간 추진단을 구성한다.

2단계는 파주시와 연천군에서 제시한 추진 안을 지원하는 추진단계로 지역별 특성을 살린 작은 거점을 조성한다.

3단계는 중장기 계획으로 장기적으로는 거점을 연결해 벨트를 구성하고 세계가 지속적으로 관리하고 발전할 수 있도록 추진할 방침이다.

김문수 경기도지사는 "독일 그뤼네스 반트의 사례가 보여주듯 DMZ는 보전과 활용을 통해 역사와 안보현실을 체험할 수 있는 국제적 관광거점으로의 육성 가능성이 충분하다"며, "DMZ이 갖는 세계평화의 상징성과 생태 관광적 가치를 극대화 할 수 있도록 최선을 다할 것"이라고 말했다

### 4) 경기도 통일부에 세계평화공원 조성 건의

경기도는 2013년 8월 21일 DMZ세계평화공원(이하 "공원"이라 한다) 추진에 대해 확고한 의지를 표명하며, 가시적인 성과를 이룰 수 있도록 통일부에 건의문을 전달했다.

지난 5월 박근혜 대통령이 공원을 조성하겠다고 밝힌 가운데, 김문수 경기도

지사가 직접 현장방문에 나서 경기도의 조성 의지를 밝히고, 이를 통일부에 정식으로 건의한 것이다.

첫째, 한강하구에서 고성을 잇는 벨트 개념으로 추진

둘째, 단계적으로 민통선 인근에서 군사분계선 남쪽에서 북쪽으로 점진적으로 확대

셋째, 거점을 조성해 연계하고 지역의 발전방안 고려

넷째, 공원 조성의 실효성 확보를 위해 경기도 후보지에 대한 적극적 검토 등이다.

또, 경기도는 공원의 효율적 추진을 위한 지역추진단을 구성하기 위해 관련 기관이 함께 참여해 줄 것을 통일부, 강원도, 군사령부, 연구기관 등에 각각 제안했다.

강원도에는 지역추진단 공동구성과 향후 국제기구, 전문가로 구성된 국제지역협의체 '글로컬 커미티(Glocal committee)'의 참여해 줄 것을 제안했으며, 통일부에는 정부추진 방안에 대한 자문과 조언을, 군에는 군 관련 협조사항을 제안했다. 경기개발연구원(GRI)과 강원발전연구원(RIG)에는 DMZ생태자원의 보존과 활용방안에 대한 자문을 제안했다.

경기도와 강원도 공동단장으로 하는 지역추진단은 국제팀, 동향팀, 연구팀, 군협력팀 등 6개팀과 유관기관 및 외부전문가로 구성되며, 분기별 정기회의를 개최하고, DMZ내 재산권 및 생태조사의 공동연구, 군 관련 협조, 글로컬 커미티 위원회 공동 개최 등을 통해 지역 내 시.군의 의사를 중앙정부에 효과적으로 전달할 수 있을 것으로 기대된다.

특히, 공동연구는 경기도와 강원도 지역의 후보지에 대한 입지타당성, 지역간 특성화 전략 및 배후지에 대한 지뢰, 재산권, 생태환경의 조사연구를 실시하고, 그 결과를 토대로 정부의 추진방안에 대해 지역의 의사를 피력하고 효율적인 안을 제시할 것으로 전망된다.

### 5) 경기개발연구원 DMZ 세계평화공원 발전 전략

DMZ 세계평화공원 추진전략은 남북협력을 위해 판문점 일대, 임진강, 철원

평야, 설악-금강 등에 DMZ 내부거점을 만드는 동시에 접경지역 연계 활성화를 위한 외부기반을 조성하는 투 트랙 접근방안이다. 관련 지자체는 지역간 경쟁 구도에서 벗어나 각 지역특성에 맞는 전략을 수립하고 상생협력을 모색해야 한다는 의견도 덧붙였다.

경기개발연구원 환경연구실 박은진 연구위원은 "DMZ 세계평화공원과 접경지역의 미래"에서 평화공원의 의미를 살펴보고, DMZ 세계평화공원 발전 전략을 제안했다.

### ❖ DMZ 내부거점과 접경지역 연계한 한반도 생태평화벨트 조성

DMZ 세계평화공원은 장기 로드맵을 세우고 DMZ 내에 작지만 실용적인 협력거점을 조성하는 것으로 시작해 주변지역과 연계발전을 함께 추진하자고 제안됐다. 현재 정치・군사적 제약으로 인해 실현가능한 사업만 추진할 것이 아니라, 남북관계의 급격한 변화에도 바로 실행할 수 있도록 하자는 것이다.

DMZ세계평화공원의 시작 거점으로 제안된 곳은 판문점 일대, 임진강, 철원평야, 설악산-금강산 등이다. 판문점(JSA) 일대에 국제환경협력센터와 DMZ 내 유일한 마을인 북한 기정동과 남한 대성동을 하나로 묶어 DMZ평화마을특구로 지정하는 방안이 나왔다. 이 거점과 연계할 수 있는 외부 거점으로 북한의 개성 역사문화지구, 남한의 임진각-캠프그리브스-통일촌 문화예술지구 조성이 제안됐다.

임진강은 수해방지 등 유역관리 부분에서 남북협력이 요구되므로 공동수계관리센터를 설치하고 생태경관 가치를 활용해 평화생태탐방로를 조성할 것을 주장했다. 남북 접경지역에는 신재생에너지 산업단지, 탄소중립도시 등 생태・지질경관, 문화예술, 역사 등 콘텐츠를 활성화하는 임진강 평화벨트 조성 전략이 나왔다.

철원평야 일대는 궁예도성 복원과 지뢰제거를 추진이 제안됐다. 연계발전전략은 DMZ와 인접한 철원지역에 지뢰제거 기술클러스터를 추가령구조곡과 용암대지 지역인 철원군과 북한 평강군은 세계지질공원으로 조성하는 것이다. 설악산-금강산은 DMZ 철책 일부를 제거해 생태통로를 만들고 외부 연계방안으로 동해안에 국제관광특구를 조성, 설악산-금강산 공동 관광개발 촉진이 제안됐다.

〈표 11-1〉 DMZ세계평화공원 시작 거점 후보지역 특성 및 발전방향

| 후보 지역 | 입지특성 | DMZ 내부 거점조성 | 남북한 접경지역 연계사업 |
|---|---|---|---|
| 판문점 일대 | • JSA, 대성동, 기정동 등 최대 상징성과 역사적 기록으로서 가치 우수<br>• 서울-평양 연결축 위치, 개성공단 인접<br>• 남북 기협력 구간 존재(경의선 구간) | • DMZ평화마을특구<br>• 국제환경협력센터(DMZ평화공원재단, IUCN,GCF, ICF, ICBL 협력사무소 설치)<br>• DMZ국제평화콘서트 | • (북) 개성 역사문화지구 관광 및 문화재 복원<br>• (북) 개성공단 국제화 교육지원센터 설치<br>• (남) 임진각- 캠프그리브스-통일촌 문화예술지구 조성 |
| 임진강 | • 임진강 수해방지 합의서에 기합의<br>• 두루미 월동지, 주상절리 등 생태경관자원 풍부<br>• 한반도 통일미래센터 조성 중(임진강-한탄강 합류부) | • 남북 공동수계관리센터(유량관리, 지뢰제거, 조림, 농업기술지원, 생태조사 등)<br>• 임진강 평화생태탐방로 및 Eco- Art Festival로 생태예술공간화 | • (북) 조림 CDM사업,신재생에너지 단지, 협력농장 조성<br>• (남) 신재생에너지 산업단지 및 주거단지 조성<br>• (남) 임진강 생태문화관광 벨트화 |
| 철원 평야 | • 중앙에 위치, DMZ의 최대 면적 포함<br>• 궁예도성이 DMZ 내부에 위치<br>• 근대역사유적, 생태환경자원, 지질경관자원 등 다양하고 풍부<br>• 경원선 축에 위치 | • 궁예도성 복원 및 활용<br>• 공동 전사자 유해발굴, 문화재 및 지질경관 조사<br>• 지뢰제거 및 평화기념물 설치 | • (남북) 지질공원 인증·협력 및 지역관광 활성화<br>• (북) 친환경농업 단지 및 기술지원센터 조성<br>• (남) 지뢰제거 기술 클러스터 조성 |
| 설악산-금강산 | • IUCN 등 국제사회 기제안지역<br>• 백두대간 연결의 상징성이 큼<br>• 금강산관광 재개에 대한 북한 관심<br>• 접경보호지역 평화공원 개념 적용가능 | • DMZ 철책제거로 설악산-금강산 생태통로 조성<br>• 생태조사 및 모니터링 | • (북) 금강산 관광 재개<br>• (남) 국제관광특구 조성<br>• (남) 평화생태관광 모델지역 개발 |

자료 : 박은진(2013 : 17), "DMZ 세계평화공원과 접경지역의 미래", 『이슈& 진단』 104호, 경기개발연구원

자료 : 박은진(2013 : 14), "DMZ 세계평화공원과 접경지역의 미래", 『이슈& 진단』104호, 경기개발연구원

[그림 11-2] 판문점 일대의 거섬소성과 접경지역 연계 방향

경기도는 DMZ 내부거점 조성과 접경지역 발전을 연계할 수 있는 세부전략을 수립하고 기초지자체와 긴밀하게 협력할 것을 조언했다. 경기도가 이미 추진하고 있는 DMZ평화생태공원, 연천의 임진강 평화습지원 등도 임진강 평화벨트에 포함하는 한편, 경기도 연천과 강원도 철원이 공유하고 있는 한탄강, 두루미, 지질자원 등 지역자원은 연계·협력할 수 있는 사업을 발굴하고, DMZ 관련 주제의 포럼을 공동으로 개최하자는 것이다.

박은진 연구위원은 "DMZ세계평화공원 추진 초기단계에는 DMZ세계평화공원 추진위원회를, 남북합의 이후에는 DMZ평화공원재단을 설립해 민간역할과 국제협력을 강화하고 다양한 이해당사자들의 네트워크를 형성해야 한다"고 밝혔다.

### 6) DMZ 세계평화공원에 대한 의견[1)]

DMZ 세계평화공원에 대한 사회 각계 각층의 의견이 제시되고 있는데, 생태 보전을 위한 칼럼을 소개한다.

> 임진강 하구부터 강원도 고성군까지 국토를 가로지르는 248km의 비무장지대(DMZ). 국토 전체의 1% 남짓한 면적이지만 멸종위기종 67종을 비롯해 한반도에 서식하는 동식물의 약 30%가 넘는 3천여 종이 이곳에 살고 있다.
>
> 박근혜 대통령은 지난 5월 미 의회 연설에 이어 지난 번 8·15경축사를 통해 '분단과 대결의 유산인 DMZ를 평화의 지대로 만들자'며 DMZ내 세계평화공원을 조성하자고 북한측에 거듭 제안했다.
>
> 정부는 평화공원으로 선정된 지역에서는 남북의 무장병력과 장비를 철수시키고, 지뢰를 제거하는 한편 DMZ내 설치된 철책이 있으면 뒤로 뺀다는 구상을 갖고 있다. 따라서 평화공원을 조성하려면 DMZ 관리권한을 가진 유엔군사령부와 협의를 갖는 것은 물론 북한의 호응이 있어야 한다. 최근 남북 간에는 개성공단 정상화 합의를 이룬 데 이어 이산가족 상봉을 위한 실무접촉도 갖기로 하는 등 해빙 무드가 역력해 평화공원 성사 가능성도 없지 않다.
>
> 김문수 경기도지사는 지난 13일 경기도 김포(한강 하구)~파주~연천과 강원도의 철원~고성을 잇는 '벨트형 세계평화공원' 안을 제시했다. 민간통제선(민통선) 이북~군사분계선 남쪽 사이에 평화공원을 조성한 뒤 점차 북쪽으로 확대해나가자는 방안이다. 평화공원 벨트화 작업은 먼저 지뢰제거와 동시에 재산권과 생태계를 조사하고, 다음으로 해당 지자체별 평화공원 거점지역을 만들어 이들을 연결해 벨트를 완성하자는 것이다. 정부의 안이 남북 합의 아래 특정지구를 평화공원화하는 방안이라면, 김 지

1) 이경형(2013.8.21), "DMZ평화공원과 함께 해야 할 일", 「내일신문」

사의 방안은 먼저 남쪽의 실현 가능한 지역을 평화공원 벨트의 거점으로 만들고, 단계적으로 북한 지역까지 확대하자는 것이다.

박 대통령의 'DMZ평화공원' 제안은 한반도 신뢰 프로세스의 구체적인 상징물이 될 수 있다. 군사적 현실로 중무장지대가 된 DMZ를 진정한 비무장지대로 만들어 그곳에서부터 평화와 신뢰가 자라게 하자는 메시지는 세계인의 공감을 받을 만하다.

DMZ평화공원 조성을 한반도 신뢰 프로세스의 이벤트로 활용하기 전에 먼저 DMZ 일원의 생태적 가치의 이해와 보전에 중앙정부나 지방정부가 과연 얼마나 고민을 해왔는가를 되돌아 봐야한다. 흔히들 DMZ를 생태의 보고라고는 하지만, 원시림 같은 숲을 이루고 있는 곳은 없다. 남북한 병력이 사계청소(射界淸掃)를 위해 큰 나무들을 베어내고 심지어 북한군은 들불을 놓아 태우기도 했다. 철책선 안에 갇힌 발정기의 산양이 남방한계선 아래에 있는 산양을 보고 울부짖는 장면이나 지뢰 같은 것에 발목이 잘린 멧돼지의 절뚝거리는 장면의 'DMZ 스페셜' 다큐를 보면 DMZ가 결코 동물의 성소가 아님을 보여준다. DMZ와 민통선 지역의 식물군은 서로 얽혀 하나의 군집을 이루고 있지만, 민통선 지역은 하루가 다르게 숲이 파헤쳐져 밭으로 개간되고 있다. 사유지의 습지도 메워 논으로 바뀌고 있다. 민통선 안 전차 장벽 부근엔 가전제품 쓰레기가 수북하게 쌓여있는 곳이 한두 군데가 아니다.

국토의 허리를 동서로 가로지르는 DMZ의 거대한 녹색지대는 백두대간과 동·서·남해안에 이어 우리나라 3대 생태축으로 자리잡아가고 있다. DMZ는 통일 후에도 보존돼야 할 '평화생태공원'이다. 통일 독일이 과거 동서독 국경지역을 따라 길이 1,393km, 폭 50~200m, 면적 176km$^2$을 '그린벨트'로 보전하여 역사·환경교육, 관광, 생물 보전 등 국가생태 네트워크로 조성했다. 독일정부는 그린벨트 지역의 사유지를 사들이거나 대토를 해주었다.

DMZ 내의 사유지도 정부가 사들이거나 아니면 지금 자연환경국민신탁이 벌이는 'DMZ 땅 한 평 기부하기' 같은 범국민 캠페인을 통해서라도 생태지역의 땅으로 보전해야 한다. 그럼에도 공공기관이 주주로 있는 업체의 'DMZ 토지 매각' 광고가 신문에 대문짝 크기로 실려 새로운 부동산투기를 조장하고 있는데도 중앙정부나 지방정부는 전혀 관심을 보이지 않고 있다.

'DMZ평화공원' 조성 프로젝트는 DMZ 생태보전을 위한 범정부적인 노력, DMZ 생태자원의 지속가능한 이용에 대한 국민들의 공감대 확산 작업이 반드시 병행되어야 진정한 의의를 살릴 수 있다.

## ❒ DMZ 생태관광

### ❖ 생태관광이란2)

세계자연보전연맹(IUCN)에서는 "자연자원과 문화자원을 즐기고 감상하기 위해 훼손이 적은 자연지역으로의 환경적으로 책임있는 여행으로서 자원 보전에 기여하고 부정적 영향이 적고 지역주민에게 사회경제적 편익을 제공하는 여행"이라고 정의한다. 한편 세계생태관광협의회(TIES)는 "환경을 보전하고 지역주민의 삶의 질을 높이는 자연지역으로의 책임있는 여행"이라 정의하고 있다.

생태관광의 이점으로는 자연환경보전, 지역경제 활성화, 지역, 국가 자부심, 관광과 휴양, 체험, 연구조사, 기후변화 등 환경 이슈에 대응을 들 수 있다.

### ❖ 생태관광의 동향

90년대 이후 매년 20~34%의 성장률을 기록하고, 다른 관광보다 3배 이상의 빠른 성장세를 보이며, 2012년까지 세계 관광시장의 25%를 점유할 것으로 예상하고 있다

2) 김현(2013.7.17), "한반도 평화생태벨트 추진방향", 한반도 평화생태벨트 세미나, 강원도청

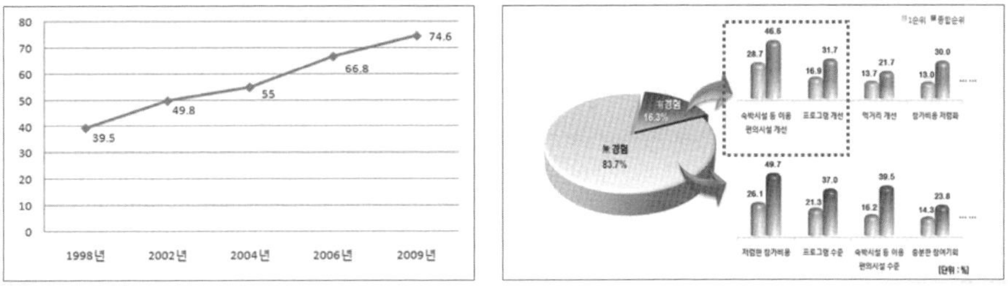


자료 : 김현(2011.12.7), "생태관광 활성화 전략과 과제", 생태관광 아카데미, 경기관광공사

[그림 11-3] 생태관광 인지도 추이 및 개선 요구사항

생태관광에 해당되는 걷기, 자전거, 캠핑, 웰빙 등은 2010년 우리 국민의 최대 관심사이며, 그린슈머, 착한 소비 등 생태관광 연관 산업 성장세를 가속화시키며, 정부는 DMZ, 우포늪, 순천만을 대한민국을 대표하는 명품 생태관광지로 조성할 계획을 발표하는 등 국내 생태관광정책과 제도, 프로그램과 인프라는 성숙되고 있다.

또한 생태관광도 순천만과 같은 자연감상형에서 설명을 들으며 체험하는 생태체험형, 자연을 복원시키는 보전참여형, 봉사 서비스형으로 변화하고 있다.

자료 : 김현(2011.12.7), "생태관광 활성화 전략과 과제", 생태관광 아카데미, 경기관광공사

[그림 11-4] 생태관광의 유형과 진화

## ❖ DMZ 생태관광

DMZ은 더 이상 절망과 폭력이 있는 곳 뿐만 아니라, 2,716종 이란 다양한 생태자원이 서식하는 희망과 생명의 터전이다.

그래서 국제사회에서는 높은 관심을 가지고 보는데, 에드워드 윌슨 미국 하버드대 명예교수는 "DMZ 평화생태공원은 미국의 게티즈버그 역사공원과 옐로스톤 구립공원을 합한 것에 견줄만한 것이다"라며, 줄리아 르페브어 IUCN 사무총장은 "DMZ는 세계에서 가장 관심을 가지고 지켜보고 있는 지역입니다. DMZ 국제평화공원이 완성되면 한국정부와 IUCN은 오슬로에 가게 될 것입니다."라고 기대감을 보입니다.

## ❖ DMZ 생태관광의 과제와 전략

DMZ생태관광이 현재 안고 있는 과제와 발전방향에 대한 전략을 소개키로 한다.

첫 번째 과제는 가슴 뛰는 비전을 설정하라는 것이다.

'국민이 공감하고 세계가 인정하는 글로벌 탑 10 명품 생태관광지 - DMZ'

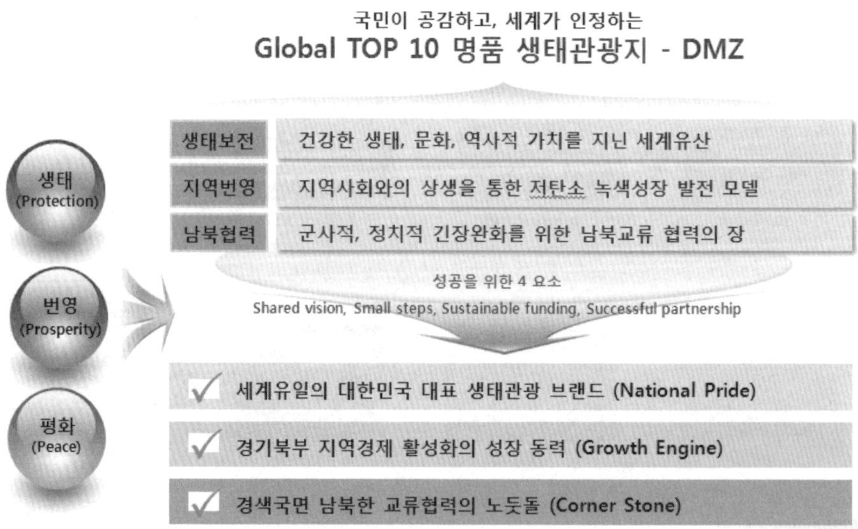


자료 : 김현(2013.7.17), "한반도 평화생태벨트 추진방향", 한반도 평화생태벨트 세미나, 강원도청

[그림 11-4] DMZ생태관광의 비전

둘째, 생태관광을 정의하고 추진원칙을 세워라.

민통선 지역을 생태, 역사, 문화자원을 활용한 생태관광을 추진하고, 탐방센터, 생태탐방로와 같은 최소한의 자연친화적인 시설 만 설치하고, 기존의 콘텐츠나 프로그램 위주로 점진적 접근을 하되, 군 철수 시설을 활용한 체류, 편의시설을 확충토록 한다.

민통선 이남지역인 임진각 일대를 DMZ 생태관광 배후 거점으로 하여 파주 임진각 평화누리의 탐방안내소 리모델링하고, 친환경, 재생에너지, 탄소저감 등 녹생성장의 거점 역할을 수행토록 한다.

플랫폼(Platform) 안에 작품, 전시, 공연, 교육, 생태 등 다양한 앱을 지속적으로 생성하여 지역주민, 관광객 등이 일정기간 동안 소통(커뮤니케이션)과 공유를 통하여 생성과 소멸을 반복케 한다.

역사, 안보, 생태 등 지역의 자산을 예술과 결합시켜 생명력있는 세계적인 관광명소, 문화창조 공간으로 재탄생하는 것과 같이, 활용 가능한 지역자원을 통한 자발적 확장성을 갖는 장소로 만드는 것이다.

| 4대전략 | 추 진 과 제 |
|---|---|
| 자연생태보전 & 친환경 인프라 확충 | • 친환경 생태관광 인프라 확충 / 캠프그리브스, DMZ생태관광지원센터<br>• DMZ 생태 연구, 조사 & 모니터링 / 인력확충, KNPS, EK, NT와의 협약체결<br>• 임진강 철책길(평화누리길) 등 명품 생태탐방로, 에코뮤지엄거리 조성<br>• 지역특성을 고려한 친환경 배후거점(Eco Platform) 마스터플랜 수립 |
| 수요자 맞춤형 컨텐츠 개발·운영 | • 차별화된 프로그램 운영 / PEEP your DMZ, DMZ VIP 등<br>• 철책선 예술작품 공모전, 영상물 & 사진집 발간 / DMZ 3D, Two Lines 등<br>• 예술문화생태 시범마을 조성 / ACE 프로젝트(Art, Culture, Eco Village)<br>• DMZ 생태관광 전문해설사 과정 / 지역주민, 공무원, Youth Group |
| 지역사회 참여와 협력 강화 | • 경기생태관광네트워크 구축 / GEA 운영, TIES, EK 등 연계<br>• 강원, 인천 등과 DMZ 유관기관 포럼 운영<br>• 이해관계자 참여 및 인센티브 기반 마련 / 지역사회, NGO, 유관기관 등<br>• 커뮤니티 비즈니스(CB) 활성화 / 장단콩 초콜릿 체험장, 철조망 기념품 등 |
| 글로벌 스텐다드 정립 | • 미래지향적 DMZ사업 관리, 지원 체계 구축<br>• 환경교육프로그램·생태관광 인증, BR, 세계유산 등 국제적 지정<br>• UNWTO, BfN, IUCN, TIES, 美 DMZ 포럼과의 연계, 협력체계 구축<br>• 세계생태관광교육훈련센터 등 국제환경기구 & 국내 NGO 연구 센터 유치 |

자료 : 김현(2013.7.17), "한반도 평화생태벨트 추진방향", 한반도 평화생태벨트 세미나, 강원도청

[그림 11-5] DMZ생태관광의 4대 전략과 추진과제

낙후된 지역사회를 재생, 재창조를 통하여 독일 인젤 홈브로이, 영국 런던 습지원, 인천 아트플랫폼과 같은 창조관광의 중심으로 변화시킨다.

셋째, 목표와 전략을 체계화하라.

4대전략(자연생태 보전과 친환경 인프라 확충, 수요자 맞춤형 컨텐츠 개발 운영, 지역사회 참여와 협력 강화, 지역사회 스탠다드 정립)에 따른 추진과제를 설정토록 한다.

넷째, 한계와 문제점을 규명하라.

민통선 지역 대부분이 군사보호지역으로 출입과 프로그램 운영에 제한적이며, 경기도는 국방부, 사단 등과 협의와 협약을 통해 사업을 진행해야 한다는 군사적 규제가 상존한다.

DMZ 일원의 관광수요 증가에 부합하는 편의시설이 미흡하여 만족도가 저하되고, 문화관광부 국민관광 실태조사에서 응답자 55%는 숙박, 체험시설을 DMZ 관광 활성화의 중요 요소로 지적하는 거점 인프라 기능이 미흡하다.

생태관광, 문화관광 자원은 많으나 자원별 특성, 지역문화, 역사자원 등과 연계한 스토리텔링 개발이 미흡하고, 콘텐츠 부족으로 방문 경험의 질이 저하되는 프로그램, 콘텐츠가 부족하다.

DMZ 관광 특성상 경험의 질은 해설사의 역량에 좌우되며, 전문성, 인력부족 및 양성기관, 교육훈련 시설 부재 등 전문인력, 해설사가 부족하다.

다섯째, 지역의 수익과 일자리를 창출하라.

생태관광 프로그램에 대한 지속적인 수요를 창출하고, 지역산업과 연계한 경제효과를 창출하며, 수익 창출을 통한 자원보전에 환원하고, 마을기업, 사회적 기업, 해설 서비스의 유료화 등을 통한 일자리를 창출한다.

여섯째, 공식 기관의 인증 획득은 바로 인정받게 하라.

문화체육관광부의 DMZ체험봉사 프로그램인 DMZ VIP(Voluntourism in Park)와 환경부의 환경교육 우수프로그램 인증을 획득함으로써 생태관광 프로그램 및 교육 참여자들에게 신뢰감을 주게 된다.

일곱째, 지속가능한 재원을 확보하라.

DMZ 탐방 편의시설을 설치하기 위한 재원으로 후원기관 명칭을 사용하고, DMZ자전거투어와 같은 프로그램을 통해 지역사회 활성화에 도움을 주며, 포크

페스티벌, 어린이날 행사 등 다양한 공연과 전시를 활용하며, DMZ와 관련된 자원봉사나 재능기부를 추진한다.

여덟째, 네트워크를 활용하라.

지역사회의 지역주민과 주요 이해당사자를 비롯하여 시·군청과 생태관광협회, 경기도, 경기관광공사, 관광업계, 지역전문가들과 협업을 하며, 특히 UNWTO, TIES와 같은 국제기구와도 협력체제를 공고히 한다.

## ❖ 세계생태관광총회

생태관광 활성화를 위해 세계 생태·관광·환경 전문가들이 2012년 9월 2일부터 5일까지 경기도 고양 킨텍스에서 열리는 '2012년 제4회 세계생태관광총회(World Ecotourism Conference)'에 대거 참석하였다.

2012년 4회째를 맞는 세계생태관광총회는 UNWTO(유엔세계관광기구)의 공식지지를 받는 국제회의로서, 2009년 라오스 비엔티안(Vientiane)을 시작으로 매년 세계 각국에서 개최되고 있는데, 이번 총회는 지속가능한 개발전략을 제시한 "리우선언(1992년)"이후 20년과 "세계생태관광의 해 선포(2002년)"10년을 맞이해 2011년 캄보디아 시아눅빌에서 열린 제3차 총회에서 경기도와 한국생태관광협회가 공동으로 유치의사를 표명해 성사됐디

이번 총회는 "세계평화를 위한 생태관광(Ecotourism for Global Peace)"이라는 주제로 진행되며, 9월 2일 DMZ 일원 공식 현장방문을 시작으로, 3일과 4일 생태관광의 영향력, 생태관광 이니셔티브와 성공사례, 생태관광 동향과 기술 및 생태관광 우수사례와 권고사항 등 총 4개 전체회의와 생태관광리더포럼, 학술심포지엄, 비즈니스포럼 및 NGO 특별회의 등 다양한 회의가 동시 진행되었다.

특히, 이번 총회는 생태관광에 대한 국제적인 관심도가 높아지면서 수징 UNWTO 아태국장, 니키타 로포킨 IUCN 세계보호지역위원회 의장, 베아테 예쎌독일 연방 자연보전청장, 아메드 사밈 몰디브 관광부 장관, 카우섬 사로우스 캄보디아 관광부 차관, 캘리 브리커 세계생태관광협회장, 리춘룽 아태생태관광협회장, 킴 치텀 호주 생태관광협회회장 등 국제기구, 각 국 정부기관 및 단체에서 다양한 전문가들이 대거 참석해 발제와 토론을 진행하였다.

9월 3일 개회식에서는 'DMZ로 떠나는 아주 특별한 여행'이라는 영상을 통해 국내외 참가자들에게 "DMZ 일원과 장항습지의 지속가능한 보전과 현명한 이용"에 관한 메시지가 전달되며, 김문수 경기도지사는 환영사를 통하여 "경기도는 세계 유일의 분단지역이며 지난 60여 년 간 자연의 모습이 그대로 살아있는 곳이며 97종의 멸종 2700여의 동식물이 서식하는 등 수많은 멸종 동식물이 서식하는 DMZ를 품고 있는 지역이기에, 세계적 생태관광지로 선정하였으며 DMZ만의 고유한 생태 자원 보전과 활용방안에 노력하고 있고, 유네스코생물권보전을 추진하고 있다"고 밝히며, 국내외 참석자들에게 안보와 역사적 자원도 풍부한 곳인 DMZ를 답사하고, 자연자원의 가치를 보전하면서 지역 경제를 활성화할 수 있는 지속가능한 비전이 제시될 수 있도록 많은 토론과 제안을 당부하였다.

폐회식에서 채택된 "고양선언문(Goyang Declaration)"에는 전 세계 생태관광 리더들이 매년 정례적으로 현안을 논의할 수 있는 세계생태관광리더포럼 구성, 세계생태관광 교육훈련센터 설립, DMZ 글로벌 트러스트에 전 세계인의 동참 촉구, 생태관광 재능기부 네트워크 구축 등에 관한 내용들이 포함돼 향후 세계 생태관광에 대한 이니셔티브를 우리나라가 주도적으로 이끌고 나갈 수 있는 기반을 조성되었다.

이와 함께 아시아산림협력기구(AFoCO), 세계보호지역위원회 아시아 집행이사회(IUCN WCPA Asia Steering Committee), 아시아태평양생태관광협회 연례회의(APES Annual Meeting) 및 아시아공원총회(Asian Parks Congress) 특별세션 등 국제기구와 연계한 다양한 특별 부대행사가 개최돼 생태관광과의 연계·협력을 모색하는 기회로 활용되었다.

자료 : 김현(2013.7.17), "한반도 평화생태벨트 추진방향", 한반도 평화생태벨트 세미나, 강원도청

[그림 11-6] 세계생태관광총회 및 회장 인터뷰

### ❖ 개발 가이드라인 제정 등 정부의 생태관광 육성

자연친화적 관광자원을 입지선정 시부터 생태녹지축과 지형, 지세를 고려하며, 계획수립 단계에서는 원형보존, 생태복원을 감안하고, 공사 시행시에는 친환경 자재를 사용하고 건설 폐기물을 재활용하는 가이드라인을 만들어 유도하고, DMZ과 철새도래지 등 대표 생태관광지를 지정 확대하고, 유엔환경계획(UNEP)가 장려하는 그린패스포트를 개발하여 보급할 계획이다.

## ❒ 남북관광과 DMZ관광의 거점 조성

### ❖ 남북한 관광교류의 거점, 임진각 평화누리, 캠프 그리브스

향후 남북 관광교류가 재개되고 DMZ 평화생태관광의 거점은 임진각 평화누리에서 시작하여 캠프 그리브스에서 창작, 생성을 하는 허브로 발전시키고 인근 도라산 평화공원과 평화촌과 연계하여 DMZ으로 연결한다는 구상이다. 또 임진각 주변을 걷는 평화누리길은 김포, 파주, 연천, 포천으로 이어지고 나아가 동해안까지 확대될 것으로 예상된다.

임진각 평화누리는 임진각 평화센터, 평화누리 공연장, 장단역 증기기관차 보호각, 방공호 전시장, 카페안녕, 주차장 등 기반시설이 갖춰져 있는 플랫폼이다.

파주시 민통선내 반환공여지인 캠프 그리브스 기지 일부를 DMZ 관광, 문화예술 용도로 활용할 수 있게 됨에 따라 기지 활용하는 계획이다. 이 기지는 1950년 7월 정부가 미군기지로 제공한 뒤, 2004년 8월 주둔 미군이 철수를 완료하고, 2007년 한미정부간 미군공여지 반환결정에 따라, 2012년 10월 이를 활용하기 위한 MOU를 경기도, 1사단, 파주시, 경기관광공사가 체결하고 조성하여 2013년 말 개관하였다.

기존의 시설인 콘센트 막사를 병영체험 숙소로 개조하고, 탄약고를 전시공연장으로 활용하는 등 물탱크, 숙소, 유류탱크, 철로 등 모든 구조물을 창작개념을 결합하여 재생시켜 새로운 병영체험 안보관광허브로 활용할 계획이다.

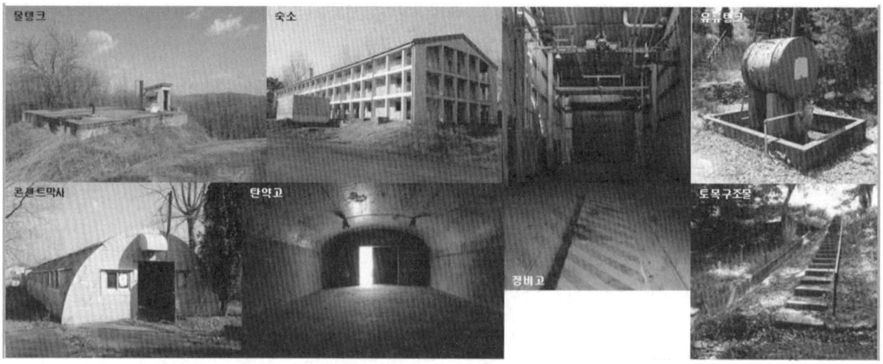


자료 : 김현(2013.7.17), "한반도 평화생태벨트 추진방향", 한반도 평화생태벨트 세미나, 강원도청

[그림 11-7] 캠프 그리브스 관광자원

### ❖ 두 개의 선, 사진집 발간과 전시회 개최

한국의 DMZ와 독일 Green Belt를 세계 거장들의 사진을 통해 재조명하는 사진집이 한글과 독일어로 병기되어 발간되었다. 2013년은 DMZ 60주년이 되고, 독일의 그린벨트 10주년이 되며, 한국과 독일의 수교 130주년이 되는 의미를 담은 사진들이 한국내에서는 임진각에서 정기전으로 열리고, 광화문을 비롯하여 지방에서도 열릴 예정이다. 한편 해외에서는 독일에서 전시되고, 2014년에는 미국 앨러바마, 뉴욕, 워싱턴 등지에서 개최할 예정이다.

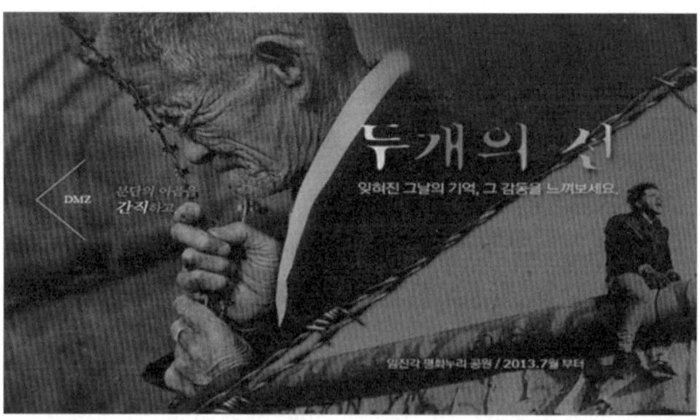


자료 : 김현(2013.7), "두개의 선", 사진 전시회, 경기관광공사

[그림 11-8] 두 개의 선 사진 전시회 포스터

## ❐ 정전 60주년

### ❖ 정전 60주년 주요사업

2013년은 한국전쟁 발발 이후, 정전 60주년이 되는 해다. 이와 함께 DMZ도 생겨나게 되었고, 이는 우리 민족의 아픔이자, 지금은 치유하고 가야 할 일이기도 하지만, 세계 유일의 생태보고이기도 하다.

또 형화를 염원하는 모든 사람들이 모여 소통과 화합을 이루어내는 공연과 행사를 정전기념일인 7월 27일부터 광복절인 8월 15일까지 집중적으로 개최하였다.

❖ 정전 60년, DMZ 60년! 전쟁과 분단의 아픔을 풀어내는 자리
❖ 평화를 염원하는 모든 이들이 한자리에 모여 소통, 화합하는 감동이 있는 공연
～ 경기도 DMZ 60년 대표행사로 정전협정일~광복절 기간 개최

자료 : 경기도(2013), "정전 60주년 사업"

[그림 11-9] 정전 60주년 주요사업

# 2 경기도 관광개발계획

## ❒ 관광개발정책

### ❖ 관광개발의 개념

관광개발은 “관광수요 충족을 위하여 관광자원, 교통, 숙박시설, 서비스 시설, 사회간접시설 등을 제공 또는 향상시키는 활동”이라 한다.

관광자원에는 경관, 공원 등 자연관광자원, 역사문화, 문화유산 등 문화관광자원, 테마파크 등 인공시설관광자원이 있는데, 자연관광자원으로는 기후, 경관, 해안, 산악, 지형, 생태계, 공원, 온천, 보호구역이 있고, 문화관광자원은 역사유적지, 문화유산, 예술, 도시, 박물관, 요리, 음악, 연극, 축제, 스포츠를, 인공시설관광자원은 테마파크, 쇼핑시설, 카지노, 컨벤션시설을 대표적이라 할 수 있다.

교통에는 대량관광 가능한 철도, 국제관광의 활성화 계기를 만들어 준 항공, 여행의 생활화를 가져온 자동차, 새로운 휴양·레저문화를 여는 크루즈 등이 있다.

숙박시설은 호텔, 모텔, 콘도미니엄, 고급민박, 장기체류형 호텔, 휴가 캠프장, 생태숙박시설, 전통숙박시설이 있고, 지원서비스시설로는 쇼핑시설, 레스토랑, 은행, 편의점, 세탁서비스, 관광기념품점, 면세점, 관광특산품점, 명품점 등을 들 수 있고, 사회간접시설로는 전기, 상수도, 하수도, 공원, 보행도로, 정화시설, 난방시설, 쓰레기 매립장 등이 있다.

### ❖ 관광개발의 유형

#### 1) 개발방식의 기준

거점관광개발은 개발가치가 상대적으로 우세한 지역을 대상으로 집중적인 투자와 개발 유도하는 방식으로 효율성에 선택 기준을 두며, 개발주체는 중앙정부로 하향식 추진방식이 보편적이다. 사례로는 관광단지조성계획, 국제관광

도시추진계획 등을 들 수 있다.

균형관광개발은 다양한 관광자원을 대상으로 고유한 자원적 특성을 살려 균등한 투자와 개발 유도하는 방식으로 형평성에 선택 기준을 두며, 개발주체는 지방정부가 되며, 상향식 추진방식이 보편적이다. 사례로 지역별 관광개발계획, 권역별 관광개발계획이 있다.

### 2) 관광개발 추진방식

통합 관광개발은 재정적, 기술적 능력을 갖춘 개발시행주체를 지정, 시행주체의 주도적 역할을 통해 개발사업이 종합적으로 추진되며, 상대적으로 개발추진속도는 신속하며, 부분사업간 조정도 가능하다. 개발시행주체는 대규모 민간사업자, 공기업 형태의 정부투자개발기구가 일반적이다. 보통 리조트사업자, 테마공원사업자, 공공투자관련 공기업이 주로 추진하는 방식이다.

촉매 관광개발은 종합적으로 추진하는 개발시행주체가 지정되지 않고, 자율적 참여방식으로 추진되며, 선도사업자는 핵심적인 관광자원개발 사업만을 추진하고, 부수적인 각종 시설 및 지원서비스 사업을 별도로 유치하는 촉매적 기능을 담당한다. 발추진속도가 상대적으로 느리고, 부분 사업 간 조정이 어렵다. 대체로 카지노사업, 골프장사업자, 컨벤션센터 개발자들이 추진하는 방식이다.

## ❖ 관광개발의 발전과정

버틀러(Butler, 1980)는 생애주기적 관점에서 리조트의 발전과정을 설명하는데, 1단계인 탐험단계는 소수의 관광자가 관광지의 매력을 발견하고 찾아오는 단계며, 2단계 도입단계는 관광자의 수가 증가하면서 관광시설 및 서비스가 부분적으로 시작되는 단계며, 3단계 개발단계는 본격적 관광개발이 이루어지는 단계며, 4단계 강화단계는 관광개발의 효과가 극대화되는 단계고, 5단계 정체단계는 관광개발의 수용여건이 포화상태에 도달한 단계, 마지막 6단계로 새로운 단계의 개발이 다시 시작되는 단계인 재도약단계 혹은 관광자 관심으로부터 멀어져 쇠퇴하는 단계인 침체단계로 접어든다.

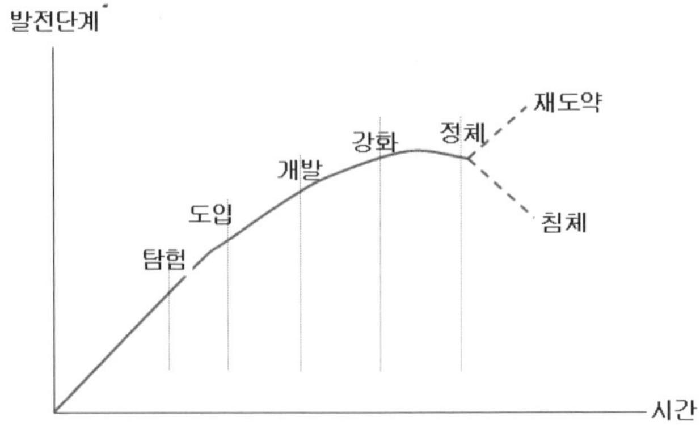


자료 : 이연택(2003 : 103), 『관광정책론』, 일신사

[그림 11-10] 버틀러의 리조트 생애주기

## ❒ 관광개발기본계획과 권역별계획

### ❖ 관광개발 기본계획

문화체육관광부장관은 「관광진흥법」 제49조에 의거하여 관광자원을 효율적으로 개발하고 관리하기 위하여 전국을 대상으로 다음과 같은 사항을 포함하는 관광개발기본계획을 수립하여야 한다.

① 관광여건 및 관광동향에 관한 사항
② 관광수요 및 공급에 관한 사항
③ 관광자원의 보호 · 개발 · 이용 · 관리 등에 관한 사항
④ 관광권역의 설정에 관한 사항
⑤ 관광권역별 관광개발의 기본방향에 관한 사항
⑥ 기타 관광개발에 관한 사항

또 관광개발기본계획은 10년, 권역계획은 5년 주기로 수립되는데, 기본계획은 현재 3차까지 수립되었다. 『제1차 관광개발기본계획(1992~2001)』은 7대권 24개 소권으로 분류, 계획을 수립, 『제2차 관광개발기본계획(2002~2011)』은 16개 광역지방자치단체를 기준으로 설정, 권역별 계획 수립하였으며, 『제3차 관광개

발기본계획(2012~2021)』은 다음과 같다.

① 전국을 7개 관광 개발 권역화 : 수도 관광권(서울 · 경기 · 인천), 강원 관광권, 충청 관광권, 호남 관광권, 대구 · 경북 관광권

② 기능적 6개 초광역 관광벨트으로 보완 : 서해안관광벨트, 동해안관광벨트, 남해안관광벨트, 한반도평화생태관광벨트, 백두대간생태문화관광벨트, 강변생태문화관광벨트

## ❖ 관광개발정책의 기조 변화

1960~70년대는 공공주도형 관광개발정책의 기틀을 마련한 시기로 1970년대에 공공주도 관광개발 정책이 체계화되기 시작하였고, 전국을 10대 관광권으로 권역화하였으며, 「관광기본법」도 1975년에 제정되었다.

1980년대는 국내관광진흥이 관광개발의 목적으로 부상한 시기로, 국내관광 활성화로 정책전환에 따라 관광개발계획이 수립되었고, 관광단지, 국민관광지, 국립공원, 대중 숙박시설 등 개발되기 시작하였고 「관광진흥법」도 1986년에 세정되었다.

1990년대는 관광개발 정책이 체계화된 시기로 1998년 문화관광부에서 관광개발이 중요한 정책으로 부상되었고, 제1차 관광개발기본계획수립으로 5대권 24 개발소권 설정하였다.

2000년대는 광역화와 환경친화적 개발정책이 추진된 시기로 지역개발을 위해 광역 관광권 설정하고, 참여정부의 주요 과제로 삼았다. 또 관광환경 훼손이 대두되며 환경보전을 고려한 관광개발계획이 수립되기 시작하였고, 2007년부터 녹색성장 기조에 따른 관광개발이 부상되었다.

최근에는 지속가능한 관광개발이 개발과 보전의 논리를 넘어선 새로운 접근 논리로 등장하였는데, 관광개발의 기여에 대한 균형적 인식의 개발, 관광개발 투자에 대한 수익보장, 관광객의 만족도 향상, 지역주민의 삶의 질 향상에 목적을 두고 있으며, 정부의 과제는 환경문제에 대한 지속적인 관리체계 유지, 관광개발정책의 전과정을 통해 지속가능성의 유지를 위한 기준과 지침 제시, 지방

정부의 관광개발정책에 대한 관리와 조정이 부각되고 있다.

### ❖ 관광개발 권역계획

시・도지사(특별자치도지사는 제외)가 「관광진흥법」 제51조에 의거하여 권역계획을 5년주기로 수립하여야 한다. 이때 수립한 전역계획은 문화체육관광부장관의 조정과 관계행정기관장과 협의를 거쳐 확정하여야 한다. 대개 기본계획에 입각하여 권역계획이 수립되나, 5년단위로 수립하므로 오히려 관광진흥5개년계획등 최근 동향을 반영하는 경우가 많다.

## ❐ 제5차 경기도 권역별 관광개발계획

경기도는 2012년 3월 22일 도 관광 비전과 관광개발 기본방향 등을 담은 『제5차 경기도 권역별 관광개발계획(2012~2016)』(이하 권역계획)을 발표했다.

이번 권역계획은 '경기도의 품격을 높이는 창조관광 여건조성과 사업창출'이라는 비전을 제시했으며, 도를 지역특성에 맞게 6개 권역(평화생태권, 산악 레저권, 한강 문화권, 역사 문화권, 해양 레저권, 도시 복합권)으로 분류해 급변하는 관광 트렌드 변화에 적극 대응, 관광시장을 선도하겠다는 내용을 담았다.

경기도는 권역계획 추진을 위해 우선 '유니버설스튜디오 코리아 리조트(USKR)'를 신규 관광단지로 지정할 계획이다. 이에 도내 관광단지는 기존 15개소에서 16개소로 확대된다. 아울러, 기존 관광지는 노후시설 정비 및 관광활성화 프로그램을 개발해 내・외국인 관광객을 적극 유치할 방침이다.

또한 수도권 주민의 문화 감수성과 창의력을 향상시킬 수 있는 볼거리를 제공하기 위해 핵심전략 관광자원개발 사업을 추진한다. 사업 대상은 '양평 Co-nature 복합휴양단지', '김포 애기봉 평화공원' 등 19개소로 4차 권역계획보다 9개소 늘어났다.

경기도는 총사업비로 오는 2016년까지 6조4010여억원을 투입할 예정이다. 13조의 생산효과와 10만1514여명의 고용창출, 7조8178억원의 부가가치, 9920억원의 소득원이 발생할 것으로 추정하고 있다.

## ❒ 서해안 종합 개발계획

### ❖ 아시아 경제 중심지, 서해안 간척지

그리스, 스페인, 이탈리아 등 주요 유럽국의 국가부채 증대와 중국의 경기둔화로 전 세계가 경제위기를 극복할 수 있는 방안을 찾느라 허덕이고 있다. 우리나라 역시 국내 경제성장의 돌파구 마련이 절실한 시점이지만 적절한 대응전략은 나오지 못하고 있다. 지금 세계는 경제적인 국경의 장벽이 완화되고 자본과 인재, 기술이 집적된 지역경제공간이 중요시되는 추세로 전환하고 있다. 지금까지 국가가 지역의 경쟁력에 결정적인 역할을 했다면 이제는 지역의 경쟁력이 국가의 경쟁력을 대표하며 도시 브랜드와 기업 브랜드가 부각되고 있는 것이다. 이런 상황 속에서 서해안의 경기만은 주목할 만한 거점 지역이다. 대송・화성 지구는 서해안간척지로 풍부한 수변자원과 수도권 배후시장, 인천국제공항 접근성 등의 이점을 갖고 있기 때문이다.

하지만 그동안 매립권자인 농림식품부(농어촌공사)와 정부 관계부처 및 국토해양부,[3] 경기도, 화성시, 안산시 등 지자체 간에 간척지 개발방향을 둘러싸고 여전히 이견이 재하고 있다. 이 지역을 미래 성장거점으로 확보하기 위해서는 관계기관 간 개발 방향의 차이를 해소하고 빌진방향을 수립해야 한다. 국토해양부는 2010년 말 발표한 『서해안권 발전종합계획』에서 화성지구와 대송지구가 속한 경기도 서해안권을 '슈퍼경기만'의 '국제비즈니스・물류・첨단산업이 복합된 동북아경제거점'으로 육성한다는 계획을 수립했다. 이처럼 중앙과 지방정부를 중심으로 중국을 겨냥한 서해안권의 다양한 계획들이 수립되고 있지만 통합적 틀 속에서 적정 기능을 분산 배치하는 것은 여전히 미흡한 실정이다. 이제 경쟁력을 가진 글로벌 메가경제권으로 부상하기 위해서는 필요한 개발계획을 사전에 도출하고, 도출된 계획들을 주변 도시, 지역들과의 유기적인 연계를 고려해 효율적으로 배치하는 전략 추진이 필요하다. 박재홍 수원대 교수는 슈퍼경기만 메가 경제권을 형성하기 위한 두가지 추진과제로 '대송 간척지의 문화

---

3) 2013년 국토교통부와 해양수산부로 분리되어 업무도 분리

·여가 거점화'와 '화성 간척지의 국가 미래 R&D 거점화'를 주장하고 있다. 대송 간척지는 전통, 문화, 건강, 농업이 조화를 이루는 사람 중심의 동북아 융합문화·치유·레저·식품 클러스터를 주요 콘셉트로 한다. 최근 여행에 정보기술과 레저, 의료, 예술, 농업, 직업체험, 게임 등 다양한 분야를 결합한 융·복합 창조관광 산업이 내수를 위한 신성장산업으로 부상하고 있다 이러한 상황에서 대송 간척지는 최고 수준의 글로벌 한국형 문화·서비스 산업 기반으로 구축한다는 계획이다.

구체적으로 한국의 전통문화 체험공간 및 전통 주거공간을 도입하고 한국의료기술과 휴양이 접목된 메디파크를 건설한다. 또한 한국형 달링하버와 같은 감성적 주변 '레저-휴양' 공간을 조성하고 고부가 농축산업 클러스터 기반을 구축한다. 그 외에도 산학연 융합 축산클러스터 및 말 산업단지를 조성하고 지역의 친환경 작물을 활용한 와인 등의 식품산업과 테라피, 휴양과 접목된 고부가가치 식품관광산업을 육성한다는 계획이다. 이렇게 조성될 경우 대송 간척지는 '전통-관광-레저-식품-의료' 등 다양한 서비스 산업분야와 연계돼 국내수산업을 선도할 기반이 구축될 것으로 예상된다. 또한 농업의 첨단산업화 방안을 제시하고 한국농업의 구조변화를 선도하는 첨단 농업 R&D의 근거지로 자리잡게 될 것이다.

두 번째, 화성 간척지는 수도권 유일의 대규모 전략적 유보공간이다. 박재홍 수원대 교수는 세계를 선도하는 최첨단 융합기술 기반 확립을 위해 그린카 개발을 위한 융복합형 R&D기지를 조성하고 신재생 에너지기술 연구개발 기반 구축, 첨단연구인력 양성을 위한 한국형 과학기술대학을 설립해야한다고 제안했다. 이것이 구축되면 그린카-첨단소재-녹색산업 등 다양한 미래산업 분야와 연계해 융복합을 선도하는 컨트롤타워 역할을 기대할 수 있다. 나아가 화성 간척지는 세계 최고수준을 선도하는 대한민국 제조 기술의 영속성을 확보할 수 있을 것이다.

# [평가 문항]

**다음 질문에 맞는 답을 골라 번호를 ( )에 넣으시오.**

**01** DMZ 세계평화공원 설명 중 틀린 것?

① 대통령이 미 의회, 광복절 경축사에서 제안하였다.
② 경기도지사는 단계적 남쪽에서 북쪽으로 확대할 구상이다.
③ 경기도는 지역추진단을 구성하되 통일부, 경기도, 강원도, 군사령부, 연구기관이 참가해야 한다.
④ 위치는 경기도 내 판문점 일대로 결정되었다.

**02** 생태관광의 설명 중 틀린 것?

① 걷기, 자전거, 캠핑, 웰빙 등은 생태관광이 아니고 철새조망, 늪 관찰 등이 생태관광이다.
② 지역주민들의 삶의 질을 높이는 자연지역으로의 책임있는 여행이다.
③ 자연환경보전 이외 국가 자부심 기후변환 등 환경에 대응할 수 있는 장점이 있다.
④ 자연자원과 문화자원을 즐기고 훼손이 적은 자연지역으로의 환경적 책임 있는 여행으로 자원보전에 기여한다.

**03** DMZ생태관광 설명 중 맞는 것?

① 미국의 게티즈버그 역사공원과 그랜드캐년 국립공원을 합한 것과 견줄만 하다.
② 5천종 이상의 다양한 생태자원이 서식하고 있다.
③ 국민이 공감하고 세계가 인정하는 글로벌 명품 관광지다.
④ 세계 유일하지는 않지만, 보전해야할 가치가 있는 자원이다.

**04** **남북관광과 DMZ관광의 거점들의 설명 중 맞는 것?**

① 임진각 평화누리, 도라산 평화공원, DMZ으로 연결된다.
② 임진각 평화누리는 평화센터, 공연장, 카페 등이 있어 국민관광지로 역할만 수행하면 된다.
③ 캠프 그리브스는 미군공여지에서 반환되어 기존 병영시설에 창작예술개념을 결합하여 새로운 안보관광지로 조성한다.
④ 한국의 DMZ과 독일의 그린벨트는 모두 횡적으로 조성되어 있다.

**05** **정전 60년 기념행사가 아닌 것?**

① 세계생태관광총회
② 참전용사 초청행사
③ 천지진동 페스티벌
④ 대성동마을 60주년 행사

**06** **권역별 관광개발계획이 아닌 것?**

① 제5차 계획은 2012년부터 2016년까지 관광개발계획이다.
② 평화생태권, 산악 레저권, 한강 문화권, 역사 문화권, 해양 레저권 등 5개 권역으로 특성에 맞게 분류되었다.
③ USKR을 관광단지로 지정하면 도내 관광단지는 16개가 된다.
④ 핵심전략 관광자원개발 사업으로 양평 Co-nature 복합휴양단지, 김포 애기봉 평화공원 등이 포함되어 있다.

**정답** 01 ④ 02 ① 03 ③ 04 ③ 05 ① 06 ②

**해설**

**01** 위치는 경기도, 강원도 어느 곳으로 결정되지 않았음

**02** 걷기, 자전거, 캠핑, 웰빙 등도 광의의 생태관광에 포함됨

**03** DMZ 평화생태공원은 미국의 게티즈버그 역사공원과 엘로스톤 구립공원을 합한 것에 견줄만한 것이고, DMZ에는 한반도에 서식하는 동식물의 약 30%가 넘는 3천여 종이 서식, 세계에서 유일한 곳임.

**04** DMZ 평화생태관광의 거점은 임진각 평화누리에서 시작하여 캠프 그리브스에서 창작, 생성을 하는 허브로 발전시키고 인근 도라산 평화공원과 평화촌과 연계하여 DMZ으로 연결, 평화누리는 국민관광지이자 생태관광의 거점이며, 독일의 그린벨트는 종적으로 조성됨

**05** 세계생태관광총회는 2012년에 개최됨

**06** 6개 권역(평화생태권, 산악 레저권, 한강 문화권, 역사 문화권, 해양 레저권, 도시 복합권)으로 분류

## 임진각은 국민관광지이며 대북선전지가 아니다

**경기관광공사 마케팅본부장 오용수**

얼마 전 친목모임에서 단풍철을 맞이하여 경기도의 가볼만한 곳을 추천해 달라는 부탁을 받았다. 경기관광공사에 재직하니 자주 듣는 질문이다. 수원 광교산, 화성 용주사, 의왕 왕송호수, 고양누리길, 가평 연인산, 파주 감악산, 양주 청암민속박물관, 포천 운악산, 명성산은 이미 웹사이트를 통해 널리 알렸기에 조금 색다른 경기북부코스를 추천하였다.

먼저 북쪽으로 가서 임진각을 기점으로 율곡의 자취가 남아있는 화석정이나 자운서원을 돌아보고 헤이리 마을의 멋진 예술과 건축미를 살펴본 뒤 입구의 영어마을을 거쳐 프로방스에서 점심식사를 하고 파주 출판도시에 들려 자주 못 보던 책 만드는 곳과 요즘 중국, 동남아 관광객 필수코스로 자리 잡은 '스킨애니버서리'에서 맛사지로 하루의 피로를 풀고 나오다가 롯데, 첼시 아울렛을 들려 함께하지 못한 이들을 위한 쇼핑을 하면 좋다고 제안하였다. 물론 외국인관광객들도 즐겨 찾는 코스라는 말을 덧붙였다.

그런데 다음날 추천 첫 번째인 임진각에서 탈북단체가 북으로 전단을 날려 보낸다고 하자, 북에서는 10월 19일 "삐라를 살포하면 임진각에 무자비한 군사적 타격을 실행할 것"이라며 위협을 가해왔다. 이에 민관군 합동으로 대책을 강구하며 22일 임진각 일대를 출입제한을 하고 주민들도 대피시키고 관광객들도 발길을 돌리게 하였다. 이날 전단을 못 보낸 단체는 오후에 강화에서 25일에는 김포에서 보냈다.

전단 살포는 1870년 보불 전쟁 중 파리에서 포위당한 프랑스측이 결사항전을 담은 전단을 프로이센 진영에 날린 이래, 2차 세계대전, 베트남, 아프가니스탄 전에서 적의 사기를 떨어뜨리는데 사용되어 왔다. 우리나라에서도 한국전쟁 때 유엔군이 25억장의 전단을 뿌렸고 북측도 3억장을 살포하였다고 한다.

정전 이후에도 상호 비방의 전단이 오가다 2000년 남북정상회담 이후 중단되다가 2008년 이후 재개되고 있는데, 탈북자 단체의 전단에는 북지도층 세습, 식량난, 인권탄압 내용을 담고 있어 북측에서 민감하게 반응하고 있다.

그런데 임진각은 군사분계선에서 7km 남쪽에 위치한 국민관광지다.[4)]

1972년에 임진각이 세워지고 1986년 조성된 망배단(望拜壇)은 북에 고향을 둔 실향민들이 명절이나 기일에 찾아와 고향과 가족을 기리며 통일을 기원하는 곳이었다. 1994년 관광객 증가추세에 따라 교통부는 임진각을 '국민관광지'로 지정, 개발키로 하였다. 2005년 건립된 경기평화센터에는 DMZ내 자연과 생태사진을 전시하고 있고 옥상에는 전망대가 북으로 향한 망원경이 설치되어있다. 또 1953년 휴전협정 이후에 한국군 포로 12,773명이 자유를 찾아 귀환한 다리인 '자유의 다리'가 있고, 전쟁 통에 멈춰버린 경의선 장단역 증기기관차를 전시하고 있다. 최근에는 철책선을 따라 자전거를 타는 DMZ자전거투어의 출발점이 되어있고, 인근 평화누리에는 3만평의 잔디 위에 파주포크페스티벌, 평화콘서트 등이 열리고 매년 어린이날에는 5만명이 넘는 가족들이 찾는다. 앞으로 미군이 반환한 병영막사를 체험장으로 만들게 되면 세계인들의 관광명소로 발전하게 될 것이다.

연간 5백만 명의 국내외 관광객 특히 중국관광객을 비롯한 60만 명이 넘는 외국관광객들이 찾는 임진각은 우리 국민들이 즐겨 찾는 관광지이고, 특히 수학여행과 체험학습지로 국내외 청소년들에게 반드시 보여주어야 할 교육현장이며, 세계 유일의 DMZ와 남북한 연계관광의 시발점이 될 중요한 곳이다. 이곳을 일부 단체의 돌발행동으로 북의 위협대상이 되어 공들인 국내외 관광객들이 못 오게 되거나 갑자기 다른 곳으로 변경해야 하는 것은 너무나 큰 손실이다. 또 군사적 위협으로 일정변경 설명을 들은 관광객들은 일순간이나마 즐거운 여행이 얼마나 두려움으로 떨게 될 것인가! 천만 명 외래객 유치를 위하여 온 국민이 한마음으로 노력하고 있는 이때 찬물을 끼얹혀서야 되겠는가. 이제 임진각을 대북선전지가 아닌 평화와 통일의 관광지로 거듭나게 모두 힘을 합하자.

2011년4월18일

4) 관광지란 자연적 또는 문화적 관광자원을 갖추고 관광객을 위한 기본적인 편의시설을 설치하는 지역으로서 관광진흥법에 따라 지정된 곳을 말한다.

# 제 12 장

## 2020년의 지방관광

- 경기관광이 대한민국 관광의 미래를 연다 -

# 12 2020년의 지방관광

- 경기관광이 대한민국 관광의 미래를 연다 -

## 1 경기도 관광의 현재

### ❒ 관광환경 분석

#### ❖ 인구 감소 우려에도 경기도는 인구 증가로 관광잠재력 확대

세계 총인구는 2013년 1월 현재 71억명으로 미국 인구조사국에서 예측하고 있다. 2011년 10월에 70억명, 60억명은 1999년 10월, 50억명은 1987년에 돌파한 것으로 볼 때 증가세는 둔화되고 있다고 보인다. 그러나 출산율은 1970년대에는 4.32명에서 2000년대는 2.56명으로 감소하고, 수명은 1970년대 58.2세에서 2000년대에는 67.6세로 연장되고, 고령화현상이 가속화될 것으로 보인다.

우리나라는 2013년 7월 1일 현재 5,022만명으로 인구밀도는 500명/km$^2$로 세계 3위에 해당한다. 또 2012년 출생아는 484,550명으로 2010년 471,265명보다 2.8% 증가했고, 출생률도 1.297%으로 2010년 1.244%, 2009년 1.226%보다 연속 증가했다. 그러나, OECD국각 중 항가리를 제외하고 가장 낮은 초 저출산국가의 경계선에 있다.

경기도는 2012년에는 1,238만명이며, 2010년말 기준 1,207만명으로 2위 서울 1,058만명보다 150만명이 많은 전 국민의 23.5%를 차지하고 있다.[1] 인구밀도는

1) 경기통계/통계명/주제별통계/인구/인구추이(전국), http://stat.gg.go.kr

1,187명/km$^2$이고, 2012년 출생자는 전국 1위인 124,747명이나, 출생률은 1.355%로 전남(1.642%), 충남(1.496%), 제주(1.487, 울산(1.481%)보다 낮다.

즉, 출생률은 낮고 고령화는 지속되는 상황에서도 경기도는 오히려 인구가 증가하고, 출생자도 가장 많이 늘어나는 추세로 관광잠재시장은 탄탄하다고 볼 수 있다.

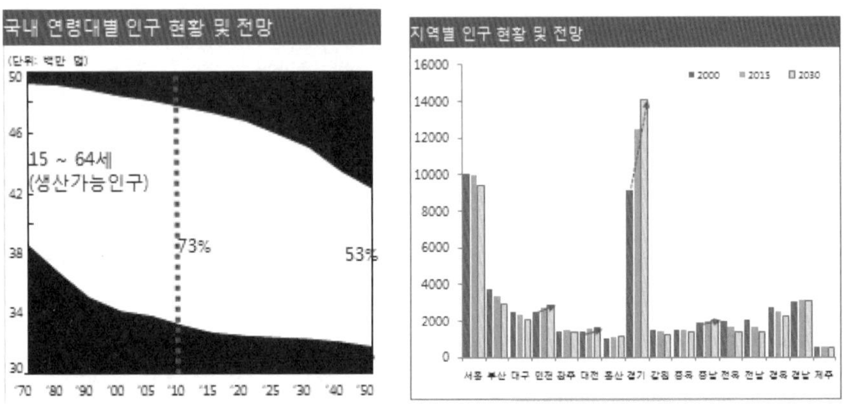


자료 : 경기관광공사(2011), 중장기 경영전략

[표 12-1] 연령대별 지역별 인구현황과 전망

## ❖ 경기도 가구 가처분소득과 관광 관련 지출도 증가세

세계 경제는 미국과 유럽에서 미국과 일본, 이제는 중국과 미국이 중심역할을 하고 있고, 아시아 국가들의 성장세는 세계경제를 리드하고 있다. 1인당 국민소득이 2012년에 룩셈부르크($106,406), 카타르($104,756), 노르웨이($99,170), 스위스($78,881), 호주($67,394)이며 한국은 $22,589(34위)였다.

우리나라의 1인당 국민소득은 지속적으로 증가하는 추세며, 100만원 미만의 저소득 가구의 분포는 소폭 감소되었으나, 400만원 이상 고소득가구 분포는 크게 증가하였다. 또 가구당 가처분 소득도 2012년 1/4분기에 256만8천원이고, 이 중 오락문화비 지출이 5.9% 증가하였고, 음식·숙박비는 7.9% 증가, 기타 상품 및 서비스도 8.1% 증가하였다.

전체 가구 중 50세 이상 중고령층이 차지하는 비중은 2003년 30.9%에서 2012년 43.3%로 10년 간 12.4%p 증가했다. 반면 평균 소비성향(가처분 소득 대비 소비지출 비중)과 소비지출 증가율은 다른 연령층에 비해 감소폭이 상대적으로 크다. 평균소비성향이 4.2%p 하락이나, 50~59세 가구는 2003년부터 10년간 5.5%p, 60세 이상은 7.7% 하락했다.[2)]

경기도의 1가구당 월평균 소득액은 2009년 기준 3,124천원으로 전체적으로 상위권에 해당되고, 오락문화, 음식 · 숙박, 서비스 등 지출이 확대된 반면, 50대 이상이 2010년 기준 40.3%이므로 이들의 가처분소득이 감소되는 점은 다소 악재로 보인다.

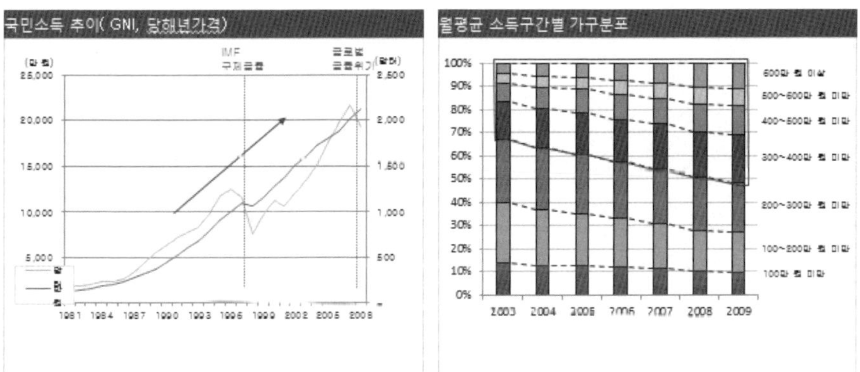


자료 : 경기관광공사(2011), 중장기 경영전략

[표 12-2] 국민소득과 가구별 소득

## ❖ 사회적 요인

IT 기술의 발달로 라이프스타일이 트라이슈머(Trysumer)의 증가, 소자(小子)화로 인한 1인 가구의 증가, 온라인 쇼핑몰 이용 확대, 여성들의 사회활동 확대 및 소비의 주체로 등장하게 되었고, 지구 온난화가 급속히 진행되고, 저탄소 친환경에 대한 관심도 높아지게 되었고, 다문화 가정의 증가와 급속한 국제화, 전

2) 김군수(2013), "중고령층 소비둔화의 원인과 대책" 경기개발연구원

통문화와 인문학에 대한 관심의 증가현상이 나타나고 있다.

이러한 사회적 현상이 관광에도 영향을 미치며, 개인관광의 확대, 스마트폰 등장으로 관광정보 서비스의 현재(現在)화와 전국(全國)화가 급속히 진행되며, 주5일 수업제에 따른 가족 교육여행 확대, 캠핑의 등장과 펜션의 쇠퇴, 복지·보상여행의 증가 등이 두드러지고 있다.

경기도도 1인 가구의 증가와 다문화가정의 집중화[3)]가 현실화되고 있고, 수도권 가족여행의 캠핑 확대와 생태관광 및 에듀볼런투어 확산이 두드러지게 나타나고 있다.

### ❖ 경기도의 인프라

도로는 남북으로 도로고속도로 6개(경부, 중부, 중부내륙, 제2중부, 서해안, 용인~서울)과 동서로 4개(경인, 제2경인, 영동, 평택~안성)를 비롯하여 국도, 지방도가 서울과 경기도 시·군으로 촘촘히 연결되어 있으나, 출퇴근 시간의 교통정체는 심각하며, 이에 따른 경기도 관광의 교통 만족도(3.80)가 낮다.

철도는 경부선, 경의선, 경원선, 지하철도 1호선, 3, 4호선 등 주요 간선이 연결되어 있고, 특히 분당선은 연장되어 수원까지 확대되고 있다. 그러나 용인경전철과 의정부 경전철은 이용도 제고가 과제가 되고 있다.

철도와 지하철을 보완하는 광역버스는 서울과 경기도 주요 시·군을 연결하는 역할을 하고, 특히 M버스는 신도시를 중심으로 직행개념으로 출퇴근이나 이동시 버스전용선을 이용하여 예측가능한 교통수단이 되고 있다. 그러나 관광측면에서는 시외버스나 고속버스를 이용하는 경우가 많지만 터미널에서 내려 다시 이동해야 하는 불편함이 있다.

공항은 인천과 김포는 인접하고 있어 전혀 불편이 없고 특히 수원, 분당, 일산, 의정부 등 주요도시와는 직행버스로 연결되어 편리하다. 청주공항은 경기 남동부지역인 안성과 이천과는 그다지 멀지 않고, 서울과 연계시 중간지점으로

3) 2010년 등록 외국인은 285천명으로 국내 외국인(933천명)의 30.9% 차지하며 전체 인구의 2.3%에 해당

활용될 수 있다.

항만은 평택항에 중국과 4개의 국제여객항로가 설치되어 있고, 인천항이 인근에 위치하여 중국과의 여객노선이 다수 있으나, 크루즈 여객터미널은 인천항에만 설치되어 있고, 향후 확장될 예정이다. 또 국내 연안항구로 화성 궁평항, 전곡항이 있다.

### ❖ 경기도의 관광자원

경기도의 지정 관광지는 2011년 현재 16개소가 있는데, 북부에 11개(공릉, 대성, 백운계곡, 산장, 산정호수, 소요산, 수동, 임진각, 장흥, 한탄강, 덕포진), 남부에 5개(신륵사, 용문산, 평택호, 평택 내리, 에버랜드)가 있고, 이들 대부분은 계곡, 호수, 산악 등 자연자원을 활용한 곳이 대부분이다.

경기도를 권역별로 나누어 그 특성을 살펴보면,

첫째, 평화생태권(김포, 파주, 연천)의 주요관광자원은 한탄강, 백학저수지, 임진강, 초평도 습지, 임진각 평화누리 공원, 파주 헤이리 마을, 벽초지수목원 등이 있다.

국제적 수준의 평화, 생태자원을 보유하고 있으며, 서울 중심지와 인접하고 있어 배후시장이 풍부하며, 인천공항과도 인접하여 외국관광객도 접근이 용이하나, 군사・정치적 환경에 따라 안정화가 어렵고, 각종 규제로 인하여 시설 개발이 어려운 점이 있다.

둘째, 자연휴양문화권(포천, 동두천, 의정부, 양주)의 주요 관광지는 산정호수, 백운계곡, 허브아일랜드, 아트밸리, 소요산, 장흥관광지, 북한산 국립공원 등이 있다.

풍부한 자연자원과 산악자원으로 산악레저휴양공간으로 활용 가능하며, 미군기지 이전으로 개발 가용지 확보가 용이하나, 서울에서의 접근성이 불편하고, 관광자원간 연계가 부족하여 다양한 관광활동이 어렵다는 제약이 있음.

셋째, 한강생태문화권(가평, 양평, 남양주, 구리, 하남, 여주)의 주요 관광지는 아침고요수목원, 쁘띠프랑스, 유명산・축령산 자연휴양림, 두물머리, 세미원,

세종대왕릉, 신륵사, 이포보, 자전거 도로 등이 있다.

북한강과 남한강이 합쳐지는 상수원 지역으로 수변, 생태, 문화 관광자원이 산재해 있고, 4대강 살리기로 한강수계가 정비되었으나, 개발규제로 인한 관광기반시설들이 미흡하거나 낙후된 곳이 많지만, 주변 역사문화자원과 연계하여 활용도가 높다.

넷째, 역사문화권(광주, 이천, 안성, 용인, 수원, 오산)의 주요 관광지는 수원화성, 융건릉, 남한산성, 도자박물관, 테르메덴온천, 안성맞춤 박물관, 바우덕이 공연장, 에버랜드, 한국민속촌 등이 있다.

조선시대 역사자원이 전역에 분포되어 있고, 교통의 발달로 지역간 연계성이 뛰어나지만, 관광활동의 형태의 차이점과 편차가 심하고, 도시와 농촌지역에 관광자원이 산재해 있다.

다섯째, 해양레저권(시흥, 안산, 화성, 평택)의 주요 관광지는 시화호, 갯골, 월곶포구, 조력발전소, 대부도, 제부도, 전곡항, 궁평항, 평택호, 풍도 등 서해안 섬과 갯벌이 있다.

서해안과 연접하여 풍부한 해양자원을 보유하고 있고, 특히 수도권에서 바다를 보거나 해양체험을 할 수 있는 가장 인접한 곳이며, 국제해양과 해양레저의 허브가 되고 있음. 그러나 크루즈관광은 인천보다 약세며 기반시설이 갖춰지지 않았고, 전남・북, 충남의 해양생태체험 프로그램에 비해 다소 빈약한 점도 있다.

여섯째, 도시복합문화권(고양, 부천, 광명, 안양, 군포, 의왕, 과천, 성남)의 주요 관광지는 킨텍스, 한류월드내 원마운트 등, 호수공원, 부천 판타스틱 스튜디오, 웅진플레이도시, 철도박물관, 서울랜드, 서울대공원, 과학관, 잡월드, 율동공원 등이 있다.

서울과 인접하고 다양한 관광자원을 보유하고, 도시 산업기반을 활용한 자연과 산업과 관광이 어우러지는 융복합형 관광이 가능하며, 공원시설과 테마파크를 잇는 관광자원은 수도권의 레저시설이 되고 있다. 한편 서울에 의존도가 높으나, 교통체증 등으로 만족도가 크게 높지 않은 단점도 있다.

## ❒ 관광산업 현황

### ❖ 경기도의 관광산업(2012년 기준)

#### 1) 여행업

경기도의 여행업 중 일반여행업은 132개 업체, 국외여행업이 930개, 국내여행업이 729개 업체가 영업을 하고 있다. 이 중 대부분은 경기도민의 아웃바운드 해외여행이나 인트라바운드 국내여행을 취급하는 여행업이고, 일반여행업도 서울, 제주에 이어 3번째로 많고, 수원시, 고양시 등에 분포되어 있지만 국내외 모든 여행업무를 취급하는 곳이 대부분이나, 외국인관광객을 유치하는 인바운드 여행업은 대부분 서울에 소재하는 업체에 의존하고 있는 실정이다.

#### 2) 관광숙박업

「관광진흥법」에 의한 관광숙박업 중 호텔업 가운데 관광호텔업은 75개소 중 특급호텔이 수원 3개소, 부천, 평택, 이천에 각각 1개소로 6개에 불과하였으나 2013년에 고양시에 MVL호텔 킨텍스와 여주 썬밸리 호텔, 수원 밸류호텔 등 특급호텔 4개소가 개관되었다. 특히 국내 최대규모의 컨벤션센터 킨텍스 주변에 호텔이 전무하여 불편이 많았으나, MVL호텔이 개관되며 활력이 되고 있다. 가족호텔업이 산정호수 1개소는 휴업중이고, 호스텔업은 1개소가 있고, 휴양콘도미니엄은 16개소가 있다. 이밖에 관광편의시설업 중 관광펜션업에 30개소, 외국인관광 도시민박업도 71개소가 있다.

「공중위생관리법」에 의한 숙박시설인 모텔도 수원 인계동의 20개 모텔을 비롯하여 시흥 월곶동의 15개 모텔 등 각지의 모텔들이 외국인관광객이 숙박할 수 있도록 시설을 개조하고, 종사원들의 서비스 교육에 임하고 있다. 또 이들은 굿스테이 지정을 받아 차별화전략을 펼치고 있다.

또 서비스드 레지던스도 서울 도심에서는 활발하게 운용되고 있으나 경기도에서는 성남 분당에서 검토되고있고, 도내 병원과 학원등에서 오피스텔을 임차하여 사용하는 경우도 있다. 최근 의료관광호텔이 「관광진흥법」에 추가되어, 1~2개소가 개설될 전망이다.

경기도의 숙박시설 중 관광호텔은 꾸준히 증가하며 국내외 관광객을 수용에 상당부분은 확보되었다고 보나, 지역별로는 부족한 곳이 많다. 또 특급호텔 건설을 촉진하기 위하여 도세(취득세)를 감면해 주는 지원책을 펼치기도 하고, 모텔의 전환에도 앞장서서 지원하고 있다.

### 3) 관광객 이용 시설업

관광객을 위하여 음식・운동・오락・휴양・문화・예술 또는 레저 등에 적합한 시설을 갖추어 이를 관광객에게 이용하게 하는 업이나, 2종 이상의 시설과 관광숙박업의 시설 등을 함께 갖추어 이를 회원이나 그 밖의 관광객에게 이용하게 하는 업으로 전문 휴양업, 1・2종 종합휴양업, 자동차야영장업, 관광유람선업, 관광공연장업, 외국인전용관광기념품판매업으로 나뉘져 있다.

전문휴양업은 관광객의 휴양이나 여가선용을 위하여 숙박시설(공중위생관리법상 숙박시설 포함) 또는 음식시설(휴게음식점, 일반음식점, 제과점에 필요한 시설)을 갖추고 전문휴양시설(민속촌, 해수욕장, 수렵장, 동물원, 식물원, 수족관, 온천장, 동굴자원, 수영장, 농어촌휴양시설, 활공장, 스키장・요트장・골프장 등 체육시설, 산림휴양시설, 박물관, 미술관) 중 1종류이상의 시설을 함께 갖추어 이를 관광객에게 이용하게 하는 업을 말한다. 서울랜드, 테르메텐온천리조트 등이 있다.

종합휴양업은 제1종과 2종이 있는데 1종의 숙박시설은 여관, 모텔 등도 가능하나, 2종은 관광숙박시설이어야 한다.

(1) 제1종 종합휴양업은 관광객의 휴양이나 여가 선용을 위하여 숙박시설 또는 음식점시설을 갖추고 전문휴양시설 중 두 종류 이상의 시설을 갖추어 관광객에게 이용하게 하는 업이나, 전문휴양시설 중 한 종류 이상의 시설과 종합유원시설업의 시설을 갖추어 관광객에게 이용하게 하는 업을 말한다. 경기도에는 에버랜드, 한국민속촌 등이 있다.

(2) 제2종 종합휴양업은 관광객의 휴양이나 여가 선용을 위하여 관광숙박업의 등록에 필요한 시설과 제1종 종합휴양업의 등록에 필요한 전문휴양시설 중 두 종류 이상의 시설 또는 전문휴양시설 중 한 종류 이상의 시설

및 종합유원시설업의 시설을 함께 갖추어 관광객에게 이용하게 하는 업이고, 경기도에는 없고, 강원도에 용평리조트 등이 있다.

자동차야영장업은 자동차를 이용하는 여행자의 야영·취사 및 주차에 적합한 시설을 갖추어 관광객에게 이용하게 하는 업으로 경기도에는 가평 자라섬 야영장 등이 있다.

관광유람선업 중 일반관광유람선업은 「해운법」에 따른 해상여객운송사업의 면허를 받은 자나 「유선 및 도선사업법」에 따른 유선사업의 면허를 받거나 신고한 자가 선박을 이용하여 관광객에게 관광을 할 수 있도록 하는 업이고 경기도에서는 화성에 1개 업체가 있으나, 크루즈업은 경기도에는 없다.

관광공연장업은 관광객을 위하여 적합한 공연시설을 갖추고 공연물을 공연하면서 관광객에게 식사와 주류를 판매하는 업으로 경기도에는 안양시에 5개소가 있다.

외국인전용 관광기념품판매업은 외국인 관광객(출국 예정 사실이 확인되는 내국인을 포함한다)에게 물품을 판매하기에 적합한 시설을 갖추어 국내에서 생산되는 주원료를 이용하여 제조하거나 가공된 물품을 판매하는 업으로 경기도에는 18개소가 있는데 이천시에 집중되어 있다.

이밖에 면세점업도 2013년 12월 24일, 수원 이비스호텔에 앙코르면세점이 개관하여 유일하게 영업을 하고 있다.

### 4) 국제회의업

국제회의시설업은 대규모 관광 수요를 유발하는 국제회의를 개최할 수 있는 시설을 설치하여 운영하는 업으로 킨텍스가 대표적이다.

국제회의기획업은 대규모 관광 수요를 유발하는 국제회의의 계획·준비·진행 등의 업무를 위탁받아 대행하는 업으로 경기도에 13개소가 있다.

〈표 12-1〉 경기도의 관광사업체 현황

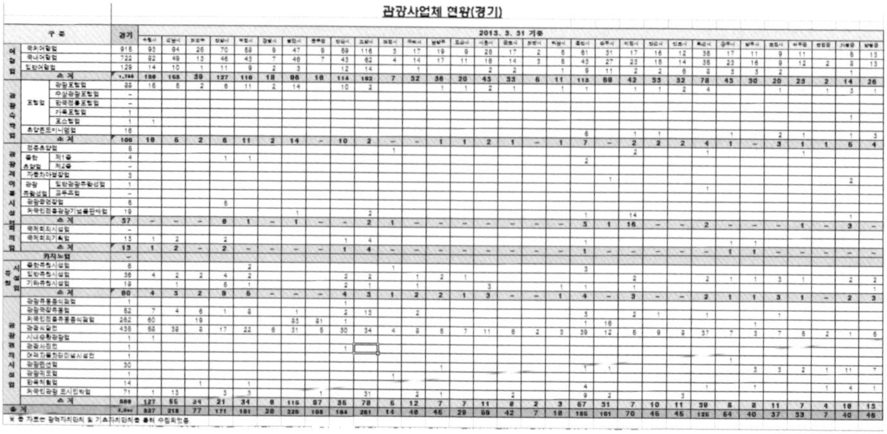

관광사업체 현황(경기)

2013. 3. 31 기준

| 구분 | | | 경기 |
|---|---|---|---|
| 여행업 | 국외여행업 | | 916 |
| | 국내여행업 | | 722 |
| | 일반여행업 | | 129 |
| | 소계 | | [illegible] |
| 관광숙박업 | 호텔업 | 관광호텔업 | 88 |
| | | 수상관광호텔업 | - |
| | | 한국전통호텔업 | - |
| | | 가족호텔업 | 1 |
| | | 호스텔업 | 1 |
| | 휴양콘도미니엄업 | | 16 |
| | 소계 | | 106 |
| 관광객이용시설업 | 전문휴양업 | | 6 |
| | 종합휴양업 | 제1종 | 4 |
| | | 제2종 | - |
| | 자동차야영장업 | | 3 |
| | 관광유람선업 | 일반관광유람선업 | 1 |
| | | 크루즈업 | - |
| | 관광공연장업 | | 6 |
| | 외국인전용관광기념품판매업 | | 19 |
| | 소계 | | 37 |
| 국제회의업 | 국제회의시설업 | | - |
| | 국제회의기획업 | | 13 |
| | 소계 | | 13 |
| 카지노업 | | | - |
| 유원시설업 | 종합유원시설업 | | 6 |
| | 일반유원시설업 | | 36 |
| | 기타유원시설업 | | 18 |
| | 소계 | | 60 |
| 관광편의시설업 | 관광유흥음식점업 | | 1 |
| | 관광극장유흥업 | | 52 |
| | 외국인전용유흥음식점업 | | 262 |
| | 관광식당업 | | 436 |
| | 시내순환관광업 | | 1 |
| | 관광사진업 | | 1 |
| | 여객자동차터미널시설업 | | 1 |
| | 관광펜션업 | | 30 |
| | 관광궤도업 | | 1 |
| | 한옥체험업 | | 14 |
| | 외국인관광 도시민박업 | | 71 |
| | 소계 | | [illegible] |
| 총계 | | | [illegible] |

※ 본 자료는 광역자치단체 및 기초자치단체를 통해 수집되었음.

자료 : 경기도관광협회(2013), 홈페이지(www.gta.or.kr)

### 5) 카지노업

카지노업은 전문 영업장을 갖추고 주사위·트럼프·슬롯머신 등 특정한 기구 등을 이용하여 우연의 결과에 따라 특정인에게 재산상의 이익을 주고 다른 참가자에게 손실을 주는 행위 등을 하는 업으로 국내에는 외국인전용카지노가 서울에 3개, 부산 2개, 인천 1개, 대구 1개, 강원 1개, 제주 8개로 16개가 있으며, 238만명이 입장하여 1조2,510억원의 매출을 올렸다. 한편 「폐광지역 개발지원에 관한 특별법」에 의해 설립된 내국인출입카지노인 강원랜드는 302만명이 입장하여 12h2,092억원의 매출을 올렸다.

경기도는 카지노가 전혀 없고, 평택, 파주, 한류월드에 카지노 설치를 기대하고 있다.

### 6) 유원시설업(遊園施設業)

종합유원시설업은 유기시설이나 유기기구를 갖추어 관광객에게 이용하게 하는 업으로서 대규모의 대지 또는 실내에서 안전성검사 대상 유기시설 또는 유기기구 여섯 종류 이상을 설치하여 운영하는 업으로 경기도에는 6개소가 있고,

일반유원시설업은 유기시설이나 유기기구를 갖추어 관광객에게 이용하게 하

는 업으로서 안전성검사 대상 유기시설 또는 유기기구 한 종류 이상을 설치하여 운영하는 업으로 경기도에는 38개소가 있고

기타유원시설업은 유기시설이나 유기기구를 갖추어 관광객에게 이용하게 하는 업으로서 안전성검사 대상이 아닌 유기시설 또는 유기기구를 설치하여 운영하는 업으로 경기도내에는 18개소가 있다.

### 7) 관광 편의시설업

관광유흥음식점업은 식품위생 법령에 따른 유흥주점 영업의 허가를 받은 자가 관광객이 이용하기 적합한 한국 전통 분위기의 시설을 갖추어 그 시설을 이용하는 자에게 음식을 제공하고 노래와 춤을 감상하게 하거나 춤을 추게 하는 업으로 경기도에는 안산시에 1개소가 있다.

관광극장유흥업은 식품위생 법령에 따른 유흥주점 영업의 허가를 받은 자가 관광객이 이용하기 적합한 무도(舞蹈)시설을 갖추어 그 시설을 이용하는 자에게 음식을 제공하고 노래와 춤을 감상하게 하거나 춤을 추게 하는 업으로 경기도에는 52개소나 있다.

외국인전용 유흥음식점업은 식품위생 법령에 따른 유흥주점영업의 허가를 받은 자가 외국인이 이용하기 적합한 시설을 갖추어 그 시설을 이용하는 자에게 주류나 그 밖의 음식을 제공하고 노래와 춤을 감상하게 하거나 춤을 추게 하는 업으로 경기도에는 262개소가 수원, 평택, 동두천 등 미군주둔지에 많이 분포되어 있다.

관광식당업은 식품위생 법령에 따른 일반음식점영업의 허가를 받은 자가 관광객이 이용하기 적합한 음식 제공시설을 갖추고 관광객에게 특정 국가의 음식을 전문적으로 제공하는 업으로 경기도에는 435개소가 수원, 용인, 성남, 고양, 안산 등 골고루 분포되어 있다.

시내순환관광업은 「여객자동차 운수사업법」에 따른 여객자동차운송사업의 면허를 받거나 등록을 한 자가 버스를 이용하여 관광객에게 시내와 그 주변 관광지를 정기적으로 순회하면서 관광할 수 있도록 하는 업으로 경기도에는 수원의 시티투어 1개소만 법적 등록되어 있으나, 가평, 양평, 용인, 안산, 고양에서

도 시티투어가 운행되고 있다. 이밖에도 외국인 전용 시티투어가 서울-판문점, 서울-민속촌-에버랜드, 서울-고양-파주 코스로 운영되고 있다.

관광사진업은 외국인 관광객과 동행하며 기념사진을 촬영하여 판매하는 업으로 경기도에 1개소가 안산에 있다.

여객자동차터미널시설업은 「여객자동차 운수사업법」에 따른 여객자동차터미널사업의 면허를 받은 자가 관광객이 이용하기 적합한 여객자동차터미널시설을 갖추고 이들에게 휴게시설·안내시설 등 편익시설을 제공하는 업으로 경기도에는 광주시에 1개소 있다.

관광펜션업은 숙박시설을 운영하고 있는 자가 자연·문화 체험관광에 적합한 시설을 갖추어 관광객에게 이용하게 하는 업으로 경기도에는 30개소가 있고, 가평과 양평에 많이 분포되어 있다. 그러나 최근 캠핑 붐에 따라 펜션이용이 다소 감소되고 있고, 야영장업이 신설될 전망이다.

관광궤도업은 「궤도운송법」에 따른 궤도사업의 허가를 받은 자가 주변 관람과 운송에 적합한 시설을 갖추어 관광객에게 이용하게 하는 업으로 경기도에는 과천시 등 2개소가 있다.

한옥체험업은 한옥(주요 구조부가 목조구조로서 한식기와 등을 사용한 건축물 중 고유의 전통미를 간직하고 있는 건축물과 그 부속시설을 말한다)에 숙박체험에 적합한 시설을 갖추어 관광객에게 이용하게 하는 업으로 경기도에는 14개소가 용인, 가평에 많이 분포되어 있다.

외국인관광 도시민박업은 「국토의 계획 및 이용에 관한 법률」상 도시지역(「농어촌정비법」에 따른 농어촌지역 및 준농어촌지역은 제외한다)의 주민이 거주하고 있는 다음의 어느 하나에 해당하는 주택(단독주택 또는 다가구주택 혹은 아파트, 연립주택, 다세대주택)을 이용하여 외국인 관광객에게 한국의 가정문화를 체험할 수 있도록 숙식 등을 제공하는 업으로 경기도에는 71개소가 고양, 성남, 용인을 중심으로 분포되어 있다.

〈표 12-2〉 전국 관광사업체 현황

전국 관광사업체 현황(2013. 6. 30 기준)

| 구분 | | | 서울 | 부산 | 대구 | 인천 | 광주 | 대전 | 울산 | 경기 | 강원 | 충북 | 충남 | 전북 | 전남 | 경북 | 경남 | 세종 | 제주 | 합계 | 2012년 | 증감 |
|---|---|---|---|---|---|---|---|---|---|---|---|---|---|---|---|---|---|---|---|---|---|---|
| 여행업 | 국외여행업 | | 3,138 | 592 | 288 | 231 | 214 | 196 | 107 | 930 | 169 | 175 | 207 | 317 | 215 | 252 | 336 | 14 | 102 | **7,483** | 7,461 | 22 |
| | 국내여행업 | | 1,816 | 428 | 284 | 210 | 205 | 182 | 98 | 729 | 175 | 191 | 220 | 301 | 306 | 306 | 342 | 13 | 588 | **5,794** | 5,727 | 67 |
| | 일반여행업 | | 1,836 | 65 | 42 | 39 | 40 | 34 | 10 | 132 | 25 | 18 | 2 | 53 | 23 | 26 | 40 | 2 | 153 | **1,940** | 1,764 | 176 |
| | 소계 | | 6,590 | 1,085 | 614 | 480 | 459 | 412 | 215 | 1,791 | 369 | 384 | 429 | 671 | 544 | 584 | 718 | 29 | 843 | **16,217** | 14,952 | 265 |
| 관광숙박업 | 호텔업 | 관광호텔업 | 156 | 48 | 20 | 21 | 18 | 19 | 9 | 75 | 38 | 21 | 17 | 25 | 34 | 45 | 41 | - | 54 | **841** | 862 | -21 |
| | | 수상관광호텔업 | - | - | - | - | - | - | - | - | - | - | - | - | 1 | - | - | - | - | **1** | - | 1 |
| | | 한국전통호텔업 | - | - | - | - | - | - | - | - | - | - | - | - | 2 | 1 | - | - | 1 | **4** | 5 | -1 |
| | | 가족호텔업 | 4 | 1 | - | - | - | 1 | - | 1 | 9 | 1 | - | 5 | 7 | 1 | 8 | - | 26 | **63** | 65 | -2 |
| | | 호스텔업 | - | 2 | - | - | - | 1 | - | 1 | - | - | 2 | - | 1 | - | - | - | 18 | **25** | 15 | 10 |
| | 휴양콘도미니엄업 | | - | 4 | - | 1 | - | - | - | 16 | 58 | 8 | 14 | 5 | 5 | 16 | 8 | - | 44 | **179** | 190 | -11 |
| | 소계 | | 160 | 55 | 20 | 22 | 18 | 21 | 9 | 93 | 104 | 30 | 33 | 35 | 50 | 63 | 57 | - | 143 | **913** | 937 | -24 |
| 관광객이용시설업 | 전문휴양업 | | - | 1 | - | 1 | - | - | - | 5 | 1 | 3 | 4 | 2 | 1 | 5 | - | - | 31 | **54** | 47 | 7 |
| | 종합휴양업 | 제1종 | - | 1 | 1 | - | - | - | - | 4 | 3 | 1 | - | - | 1 | - | 2 | - | - | **13** | 15 | -2 |
| | | 제2종 | 2 | - | - | - | - | - | - | - | 5 | 1 | 2 | 1 | - | - | - | - | - | **11** | 6 | 5 |
| | 자동차야영장업 | | - | - | - | 2 | - | - | - | 3 | 4 | - | 2 | 2 | 5 | 4 | 3 | - | 1 | **26** | 16 | 10 |
| | 관광유람선업 | 일반관광유람선업 | 1 | 4 | - | 5 | - | - | - | 1 | 2 | - | 2 | 6 | 5 | - | 6 | - | 7 | **39** | 34 | 5 |
| | | 크루즈업 | - | 1 | - | - | - | - | - | - | - | - | - | - | - | - | - | - | - | **1** | 3 | -2 |
| | 관광공연장업 | | 3 | - | 1 | - | - | - | - | 5 | - | - | - | 1 | - | - | - | - | 2 | **12** | 11 | 1 |
| | 외국인전용관광기념품판매업 | | 105 | 16 | 1 | 16 | - | - | - | 18 | - | - | - | - | - | 5 | 1 | - | 40 | **202** | 209 | -7 |
| | 소계 | | 111 | 23 | 3 | 24 | - | - | - | 36 | 15 | 5 | 10 | 12 | 12 | 14 | 12 | - | 81 | **358** | 341 | 17 |
| 국제회의업 | 국제회의시설업 | | 1 | 1 | 1 | - | 1 | 1 | - | - | - | - | - | - | - | - | 1 | - | 1 | **7** | 7 | - |
| | 국제회의기획업 | | 335 | 24 | 16 | 5 | 5 | 17 | 4 | 13 | 4 | 3 | - | 2 | - | 2 | 8 | - | 27 | **465** | 410 | 55 |
| | 소계 | | 336 | 25 | 17 | 5 | 6 | 18 | 4 | 13 | 4 | 3 | - | 2 | - | 2 | 9 | - | 28 | **472** | 417 | 55 |
| 카지노업 | | | 3 | 2 | 1 | 1 | - | - | - | - | 2 | - | - | - | - | - | - | - | 8 | **17** | 18 | -1 |
| 유원시설업 | 종합유원시설업 | | 3 | 1 | 2 | - | 1 | 1 | - | 6 | 6 | 1 | 4 | - | 3 | 4 | 5 | - | - | **37** | 34 | 3 |
| | 일반유원시설업 | | 9 | 16 | 10 | 9 | 2 | 1 | 6 | 38 | 21 | 9 | 16 | 14 | 17 | 10 | 11 | - | 13 | **202** | 190 | 12 |
| | 기타유원시설업 | | 6 | 4 | 2 | 2 | 1 | 4 | 1 | 18 | 8 | 6 | - | 4 | 3 | 4 | 9 | - | 1 | **73** | 102 | -29 |
| | 소계 | | 18 | 21 | 14 | 11 | 4 | 6 | 7 | 62 | 35 | 16 | 20 | 18 | 23 | 18 | 25 | - | 14 | **312** | 326 | -14 |
| 관광편의시설업 | 관광유흥음식점업 | | 5 | 8 | 7 | 1 | 1 | 4 | - | 1 | - | 4 | 9 | 3 | - | 3 | 3 | - | 3 | **52** | 97 | -45 |
| | 관광극장유흥업 | | 28 | 10 | 7 | 14 | 5 | 7 | 3 | 52 | 10 | 2 | - | 8 | 8 | 2 | 8 | - | 2 | **164** | 184 | -20 |
| | 외국인전용유흥음식점업 | | 3 | 16 | 36 | 4 | 3 | 2 | 22 | 282 | 3 | - | - | 15 | 1 | 25 | 39 | - | 7 | **438** | 369 | 69 |
| | 관광식당업 | | 698 | 154 | 20 | 95 | 45 | 83 | 51 | 435 | 38 | 26 | 36 | 52 | 13 | 18 | 67 | - | 71 | **1,898** | 1,976 | -78 |
| | 시내순환관광업 | | 1 | 1 | 2 | 1 | - | 1 | - | 1 | 8 | - | - | 1 | 2 | 3 | 4 | - | - | **23** | 21 | 2 |
| | 관광사진업 | | 16 | 1 | - | - | - | - | - | 1 | - | - | - | - | - | - | - | - | 1 | **19** | 17 | 2 |
| | 여객자동차터미널시설업 | | - | - | - | - | - | - | - | 1 | - | - | 1 | - | 1 | - | - | - | - | **3** | 11 | -8 |
| | 관광펜션업(휴양펜션업) | | - | 2 | - | 6 | - | - | - | 30 | 73 | 12 | 69 | 21 | 19 | 47 | 59 | - | 62 | **399** | 333 | 66 |
| | 관광궤도업 | | - | 1 | 1 | - | - | - | - | 2 | 6 | - | - | - | - | - | - | - | - | **10** | 6 | 4 |
| | 한옥체험업 | | 68 | - | 5 | 3 | 1 | - | 1 | 14 | 18 | 16 | 17 | 64 | 202 | 173 | 42 | - | - | **624** | 538 | 86 |
| | 외국인관광 도시민박업 | | 245 | 45 | 8 | 23 | 1 | 2 | 2 | 71 | - | - | - | 9 | 10 | 6 | 1 | - | - | **422** | 146 | 276 |
| | 기타관광편의시설업(제주) | | - | - | - | - | - | - | - | - | - | - | - | - | - | - | - | - | - | **-** | 1 | -1 |
| | 소계 | | 1,062 | 238 | 98 | 147 | 56 | 99 | 79 | 870 | 152 | 80 | 131 | 172 | 254 | 277 | 223 | - | 146 | **4,052** | 3,699 | 353 |
| 총계 | | | 7,277 | 1,447 | 754 | 690 | 543 | 556 | 314 | 2,865 | 680 | 498 | 623 | 910 | 883 | 958 | 1,044 | 29 | 1,263 | **21,341** | 20,688 | 653 |

자료 : 한국관광협회(2013), 홈페이지(www.koreatravel.or.kr)

## ❒ 관광객 현황

### ❖ 국내관광객 현황

#### 1) 경기도, 당일여행은 부동의 1위, 숙박여행은 전국 2위

국민여행 실태조사[4]에 의하면, 국내 당일여행은 경기도가 2010년부터 2012년 현재 14%대로 부동의 전국 1위를 차지하고 있다. 2, 3위는 경남, 서울이 각축을 벌이고 있고, 전남, 경북, 부산이 다음 그룹을 이루고 있다.

한편 숙박여행은 강원도가 부동의 1위(12.0%~13.7%)를 차지하고 있지만, 경기도는 2010년 4위(10.5%)에서 2011년에는 2위(10.5%), 2012년에도 2위(11.2%)로 상승세를 타고 있다.

특히 2012년 1위인 강원(12.2%)에 근접하였고, 3위인 경남(10.2%)와는 간격이 벌어졌다는 점이 주목할 만하다.

4) 문화체육관광부·한국문화관광연구원(2013), 『2012 국민여행 실태조사』

〈표 12-3〉 2010~2012 국내 숙박 · 당일여행 방문지

(단위 : %)

| 구분 | | | 1위 | 2위 | 3위 | 4위 | 5위 |
|---|---|---|---|---|---|---|---|
| 국내여행 | 숙박여행 | 2012년 | 강원(12.2) | 경기(11.2) | 경남(10.2) | 경북(9.9) | 전남(9.1) |
| | | 2011년 | 강원(13.7) | 경기(10.5) | 경북(10.4) | 경남(9.2) | 충남(9.1) |
| | | 2010년 | 강원(12.1) | 경북(11.3) | 충남(10.5) | 경기(10.5) | 서울(8.9) |
| | 당일여행 | 2012년 | 경기(14.3) | 경남(11.3) | 서울(11.0) | 전남(10.1) | 부산(9.5) |
| | | 2011년 | 경기(14.0) | 서울(11.7) | 경남(10.1) | 전남(8.9) | 경북(8.7) |
| | | 2010년 | 경기(14.0) | 경남(13.3) | 경북(10.9) | 서울(10.2) | 충남(9.0) |

자료 : 문화체육관광부 · 한국문화관광연구원(2013 : 34), 「2012 국민여행 실태조사」

연령별로 유아 · 초등학생을 가진 30대가 경기도 선호가 높고, 1인당 국내여행 횟수도 경기는 2.04회로 부산(2.69회)보다는 낮지만,경쟁지인 강원(1.41회), 제주(1.16회)보다 높다. 또 국민들의 여행지별 1인당 평균 비용은 강원(62,819원), 경기(57,814원), 제주(55,038원)의 순이나, 관광여행은 강원(52,754원), 제주(49,780원), 전남(34,494원), 경북(30,942원), 경기(28,442원)의 순으로 경기도가 다소 떨어진다.

### 2) 경기도 여행지출 2위

경기도의 여행 지출은 강원(2조7,215억원), 경기(2조5,047억원)로 전국에서 2위다. 강원도는 숙박여행이 대부분을 차지하여 2조3,950억원이나, 경기도는 숙박여행(1조3,560억원)과 당일여행(1조1,487억원)과 비슷하다.

한편 국내여행 이동총량을 보면, 경기도의 국내여행이 4,446만일, 숙박여행은 2,712만일, 당일여행이 1,734만일이나, 강원도는 국내여행이 3,381만일, 숙박여행이 2,991만일, 당일여행이 390만일이다. 이와같이 경기도는 당일여행의 비중이 높기 때문에 1회당 여행일수나 지출액은 낮을 수 밖에 없다.

즉, 국내여행 경험자들의 1회당 국내여행 일수는 여행지별로 제주가 3.25일, 강원이 2.16일로 평균(1.87일)보다 높으나 경기는 1.61일로 낮다.

국내여행경험자의 1인당 지출액도 제주(579,744원), 강원(267,313원), 경기(189,812원)의 격차가 크고, 제주의 1/3에 불과하다. 또 1회당 평균 지출액도 제주(527,751원)가 단연 높고, 강원이 176,221원인데, 경기는 95,609원으로 매우 낮았다.

### 3) 경기도 관광여행 만족도와 재방문 의향은 하위권

경기도에 가구여행자와 개인여행자의 관광여행 만족도는 각각 3.93, 3.98점이고, 재방문 의향은 3.82, 3.91이다.

숙박시설 만족도는 3.91, 3.84점, 식당 및 음식 만족도는 3.70, 3.72점이고, 쇼핑 만족도는 모두 3.66점이었다. 관광정보 및 안내시설 만족도는 3.83, 3.79점, 관광지 편의시설 만족도는 각각 3.89, 3.84점이며, 체험 프로그램 만족도는 3.94, 3.84점, 관광지 물가 만족도는 3.27, 3.49점이며, 관광지 혼잡도 만족도는 3.47, 3.63점이며, 재방문 의향은 3.91, 3.82점이며, 타인추천 의향은 3.88, 3.79점이었다.

## ❖ 외국인관광객 현황

### 1) 국적별

경기도 방문 외래관광객은 2012년 전체 방한 외래객(1,114만명)에서 외래객 실태조사에서의 경기도 방문율(21.3%)을 곱하면 237만명으로 추산된다.

국적별로는 중국관광객이 59만6천명, 일본이 40만8천명, 태국이 26만7천명, 미국이 22만명, 대만이 15만4천명, 말레이시아 7만6천명, 홍콩이 5만2천명, 싱가포르가 4만3천명이다.

2011년과 비교하면, 태국과 말레이시아는 증가하였으나, 홍콩, 대만은 감소하였고, 중국과 일본은 소폭 증가하였다.

또 2012년 국적별, 경기도 방문 비율은 태국이 69%, 말레이시아가 42.9%, 싱가포르와 대만이 각각 28.3%, 28.2%, 중국은 21%며, 일본은 11.6%에 불과하며, 홍콩도 14.4%다. 한편 미국(31.6$)과 캐나다(28.5%), 인도(31.2%), 호주(25.7%)로 비교적 높은 비율을 나타냈다.

〈표 12-4〉 주요 국적별 경기도 방문 외래객 현황

(단위 :명, %)

| | 2011년 | | | 2012년 | | |
|---|---|---|---|---|---|---|
| | 방한객수(명) | 경기도 방문율 (%) | 경기도 방문객수 (명) | 방한객수(명) | 경기도 방문율 (%) | 경기도 방문객수(명) |
| | A | B | A*B | A | B | A*B |
| 전체 | 9,794,796 | 23.8 | 2,331,161 | 11,140,028 | 21.3 | 2,372,826 |
| 일본 | 3,289,051 | 12.3 | 404,553 | 3,518,792 | 11.6 | 408,180 |
| 중국 | 2,220,196 | 26.4 | 586,132 | 2,836,892 | 21.0 | 595,747 |
| 홍콩 | 280,849 | 21.2 | 59,540 | 360,207 | 14.4 | 51,870 |
| 싱가포르 | 124,565 | 32.1 | 39,985 | 154,073 | 28.3 | 43,603 |
| 대만 | 428,208 | 43.5 | 186,270 | 548,233 | 28.2 | 154,602 |
| 태국 | 309,143 | 78.4 | 242,368 | 387,441 | 69.0 | 267,334 |
| 말레이시아 | 156,281 | 37.7 | 58,918 | 178,082 | 42.9 | 76,397 |
| 호주 | 122,494 | 22.1 | 27,071 | 128,812 | 25.7 | 33,105 |
| 미국 | 661,503 | 31.0 | 205,066 | 697,866 | 31.6 | 220,526 |
| 캐나다 | 122,223 | 25.5 | 31,167 | 128,443 | 28.5 | 36,606 |
| 영국 | 104,644 | 22.5 | 23,545 | 110,172 | 19.5 | 21,484 |
| 독일 | 99,468 | 18.4 | 18,302 | 102,262 | 18.3 | 18,714 |
| 프랑스 | 69,459 | 16.3 | 11,322 | 71,140 | 19.4 | 13,801 |
| 러시아 | 154,835 | 23.2 | 35,922 | 166,721 | 19.0 | 31,677 |
| 중동 | 104,163 | 21.3 | 22,187 | 122,191 | 19.3 | 23,583 |
| 인도 | 92,047 | 31.4 | 28,903 | 91,700 | 31.2 | 28,610 |
| 기타 | | 27.8 | | | 27.4 | |

자료 : 저자가 작성

### 2) 경기도 방문지

경기도에서 에버랜드(41.8%) 방문율이 가장 높았고, 수원화성(24.3%), 휴전선/판문점(22.7%), 민속촌(21.3%)의 순으로 나타났다.

연도별로 보면, 에버랜드는 2009년보다 증가(30.7 → 41.8%)하였고, 수원화성은 정체(23.2 → 24.3%), 휴전선/판문점(26.9 → 22.7%)과 민속촌(37.5 → 21.3%)은 감소하고 있다.

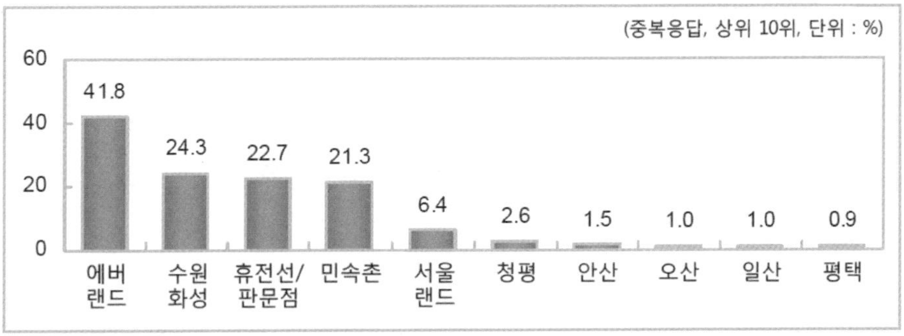


자료 : 문화체육관광부 · 한국문화관광연구원(2013 : 41), 「2012 외래관광객 실태조사」

[그림 12-3] 외래객의 경기도 방문지

### 3) 국가별 방문지

일본관광객은 수원(46.9%)이 가장 많이 방문하였고, 휴전선/판문점(17.8%), 민속촌(13.7%), 청평(11.4%) 순이나, 에버랜드는 2.7%에 불과하였는데 이 는 일본 내 테마파크가 많기 때문인 듯하다.

중국은 에버랜드(55.1%), 민속촌(30.9%), 수원화성(16.2%), 휴전선/판문점(10.3%)의 순이고, 대만, 태국도 에버랜드, 수원화성, 민속촌 순이었다. 그러나 태국의 경우는 와우정사 방문율이 높다.

홍콩은 에버랜드, 민속촌(23.3%), 휴전선/판문점(15.3%), 서울랜드(12.5%)의 순으로 나타났고, 싱가포르도 에버랜드, 민속촌, 휴전선에 집중되고 있다. 말레이시아는 에버랜드, 민속촌, 휴전선, 수원화성 순이다.

미국, 캐나다, 영국은 휴전선이 50% 이상으로 가장 높고, 민속촌, 수원화성, 에버랜드 순이었다. 러시아는 민속촌, 수원화성, 에버랜드에 관심을 보였고 중동은 수원화성, 휴전선/판문점, 민속촌의 순이었다.

### 4) 성별, 연령별, 목적별 방문지

남성은 에버랜드, 휴전선/판문점, 수원화성 순이고, 여성은 에버랜드, 민속촌, 수원화성 순이었다. 에버랜드는 10대, 20, 30대 순으로 연령이 낮을수록 좋아하고, 수원화성과 휴전선은 61세 이상이 가장 선호하였다. 여가/위락/휴가 목적자는 에버랜드, 수원화성, 민속촌, 휴전선 순이었고, 쇼핑 목적자는 에버랜드, 민속촌, 수원화성을 선택하고, 뷰티, 건강, 치료 목적자는 수원화성, 에버랜드, 청평, 서울랜드 순이었다.

여행횟수가 많아질수록 에버랜드는 낮아졌고, 수원화성은 높아졌다. 휴전선과 민속촌도 1회 때가 가장 많았다.

〈표 12-5〉 거주지역별 경기도 방문지

(중복응답, 상위 10위, 단위 :명, %)

| 구분 | 사례수 | 에버랜드 | 수원화성 | 휴전선/판문점 | 민속촌 | 서울랜드 | 청평 | 안산 | 오산 | 일산 | 평택 |
|---|---|---|---|---|---|---|---|---|---|---|---|
| 전체 | 2,555 | 41.8 | 24.3 | 22.7 | 21.3 | 6.4 | 2.6 | 1.5 | 1.0 | 1.0 | 0.9 |
| 일본 | 494 | 2.7 | 46.9 | 17.8 | 13.7 | 0.3 | 11.4 | 3.9 | 0.7 | 3.2 | 1.0 |
| 중국 | 673 | 55.1 | 16.2 | 10.3 | 30.9 | 9.8 | 0.0 | 1.7 | 0.2 | 0.2 | 0.2 |
| 홍콩 | 62 | 58.8 | 8.1 | 15.3 | 23.3 | 12.5 | 0.0 | 0.0 | 0.0 | 0.0 | 0.0 |
| 싱가포르 | 48 | 61.6 | 5.3 | 26.8 | 31.3 | 3.5 | 0.0 | 0.0 | 0.0 | 0.7 | 0.0 |
| 대만 | 186 | 78.5 | 16.8 | 5.6 | 11.1 | 5.0 | 0.8 | 0.0 | 0.8 | 0.0 | 0.0 |
| 태국 | 281 | 91.1 | 28.5 | 1.9 | 12.7 | 2.6 | 0.0 | 0.5 | 0.4 | 0.0 | 0.1 |
| 말레이시아 | 85 | 73.8 | 10.0 | 12.6 | 31.1 | 8.0 | 0.0 | 0.0 | 0.5 | 0.4 | 0.0 |
| 호주 | 38 | 15.2 | 7.7 | 83.9 | 21.6 | 4.8 | 0.0 | 0.0 | 0.7 | 0.8 | 0.0 |
| 미국 | 252 | 18.9 | 19.7 | 55.6 | 22.4 | 7.6 | 1.5 | 0.6 | 6.3 | 0.9 | 5.1 |
| 캐나다 | 41 | 17.3 | 15.5 | 67.4 | 21.3 | 6.2 | 0.9 | 0.0 | 0.0 | 1.7 | 0.9 |
| 영국 | 25 | 12.1 | 17.9 | 63.4 | 23.6 | 4.5 | 1.2 | 2.9 | 1.2 | 0.0 | 2.3 |
| 독일 | 19 | 11.0 | 25.3 | 54.6 | 13.7 | 13.4 | 1.5 | 0.0 | 0.0 | 3.2 | 5.0 |
| 프랑스 | 15 | 26.0 | 19.1 | 55.4 | 32.2 | 9.8 | 0.0 | 0.0 | 0.0 | 0.0 | 1.3 |
| 러시아 | 24 | 45.3 | 18.6 | 21.4 | 9.7 | 30.9 | 0.0 | 9.4 | 0.0 | 2.9 | 0.0 |
| 중동 | 26 | 31.4 | 12.3 | 30.5 | 17.3 | 16.4 | 0.0 | 1.7 | 2.1 | 0.0 | 3.7 |
| 인도 | 21 | 40.3 | 50.4 | 18.9 | 36.0 | 16.0 | 0.0 | 0.0 | 1.2 | 0.0 | 2.5 |
| 기타 | 265 | 20.7 | 24.0 | 46.2 | 21.1 | 7.6 | 1.8 | 0.4 | 0.7 | 1.6 | 0.3 |

자료 : 문화체육관광부・한국문화관광연구원(2013 : 143), 「2012 외래관광객 실태조사」

# 2 2020년의 경기도 관광

## ❐ 관광환경의 변화

### ❖ 근로 인구, 가처분 소득, 휴일의 증가로 관광수요 확대

경기도는 지금도 전국에서 가장 인구가 많은 곳(12,423천명)이지만, 출생률은 낮아지고, 고령화는 가속화되더라도 타 지역에서 노동인구가 꾸준히 유입되므로 전체 인구가 증가되고, 특히 17세 이상의 관광인구는 많아지고, 잠재수요는 늘어나게 될 것이다.

경제 분야에서 2020년 우리나라는 메모리반도체와 디스플레이는 세계 1위, 휴대폰은 세계 2위로 미국, 중국과 함께 세계 3대 IT강국이 될 것이라는 야심찬 계획을 발표되었다. IT가 3천억 불 수출, 경제성장 1%를 올리겠다고 한다. 삼성전자의 평택 고덕산업단지가 조성되고, 피주의 LG 디스플레이 공장은 더욱 확대되고, 평택항은 자동차수출량이 가장 높다. 이런 경기도의 경제적 성장은 개인 가처분소득을 높이고, 관광지출을 할 수 있는 경제적 여유가 확대될 것이다.

사회적으로 일자리 창출이 최우선인 정부정책과제를 바탕으로, 청년 일자리와 노년층 일자리 를 확대하고, 공공부문에서 비정규 노동자의 정규직화를 계기로 2020년에는 비정규 노동자는 거의 자리를 감추고, 시간제 노동자 혹은 파견제가 보편화 되고, 대다수의 근로자들은 생애 이모작을 보편화 될 것이다. , 또 야근, 휴일근무 뿐만 아니라 연차휴가를 저축해 연차휴직으로 활용할 수 있는 근로시간저축계좌제도 보편화되고, 2014년에 추석이 휴일과 겹치게 되어 대체휴가제를 실시하게 되는데, 2020년에는 모든 국・공휴일이 토・일요일인 경우에는 대체휴가제가 실시되어 3연휴와 주휴가, 월휴가 등 장기휴가가 보편화되고, 이들 중 상당수가 관광수요로 전환하여 관광산업은 확대될 전망이다.

### ❖ GTX와 시티투어버스를 잇는 연계 관광 활성화

도로는 제2 경부고속도로의 추진과 서울과 주변지역 간의 민자 고속도로 건설이 추진되고, 국도, 지방도도 거미줄처럼 연결되어 자가용을 이용한 주말관광은 더욱 확대될 전망이다.

철도는 KTX의 수서-의정부 연장으로 경기 동북부의 철도이용이 편리하게 되었고, GTX(수도권광역급행철도/ 킨텍스-강남-동탄, 의정부-왕십리-금정, 청량리-인천 송도)의 완공과 지하철과의 연계로 경기도는 지금의 서울처럼 철도와 지하철을 이용하여 수도권을 손쉽게 이동할 수 있게 되었고, 당일관광은 경기도 선호도가 더욱 높아지게 될 것이다. 또 GTX역과 KTX역을 중심으로 시티투어버스가 연결되어 있고, 주변관광지와 입장권 할인까지 이루어지는 여행상품이 다양하게 마련되어 있다.

인천공항철도와 KTX, GTX, 지하철, 공항버스의 연계가 원활하게 이루어져 인천공항과 북부 한류월드와 남부 수원, 용인으로의 접근은 더욱 편리하게 될 것이다. 또 인천공항에서 경기관광버스가 남북부를 구분하여 운행하며 개인관광객을 이동수단 뿐만 아니라 직접 관광에 참여시키기도 한다.

평택항의 여객선의 도착시간대 별로 평택시티투어와 함께 평택역, 평택터미널로 연결되는 셔틀버스를 운행하며, 인천항 여객선 터미널에서 경기도내 지역으로 교통편도 확대될 것이다.

### ❖ 지역과 형태를 융복합하는 경기도 관광지

기존의 관광지들이 주로 자연자원을 중심으로 이루어졌으나, 관광객들의 추세는 테마파크, 체험 중심으로 변하고 있어 기존의 자연자원과 새로운 테마자원이 결합하는 형태의 관광지가 각광을 받게 될 것이다.

김포, 파주, 연천을 잇는 평화생태권은 세계 유일의 DMZ을 비롯하여 향후 개성과 연계관광이 기대된다. 특히 남북간의 교류 확대가 이루어지게 되면 전 세계관광객들이 반드시 찾게되는 필수 코스가 될 것이다. 물론 파주 남쪽의 출판단지와 인근 관광지와 문화, 쇼핑, 의료관광과도 연계가 될 것이다.

포천, 동두천, 의정부, 양주를 잇는 자연휴양문화권도 포천의 음식(이동갈비, 막걸리 등), 온천, 동두천의 미군 주둔지를 재생시킨 복합관광시설(공연장, 식당, 쇼핑센터, 숙박시설, 위락센터 등), 양주의 예술, 문화시설과 연계하며, 남양주, 가평을 잇는 휴양관광명소로 각광받게 될 것이다.

가평, 양평, 남양주, 구리, 하남, 여주의 한강생태문화권은 한강의 상수도 보호지역이란 제약을 활용하여 생태관광명소로 육성하고 인근의 역사문화시설과 자연경관을 살린 펜션, 캠핑 등 레저, 스포츠 명소로 자리잡게 될 것이다.

광주, 이천, 안성, 용인, 수원, 오산을 잇는 역사문화권은 수원화성, 융건릉, 남한산성, 세종대왕으로 이어지는 역사관광지, 용인과 수원의 한류 드라마촬영장, 광주, 이천, 여주의 도자기 테마파크, 용인의 에버랜드, 한국민속촌은 경기도의 관광천국이 될 것이다. 특히 용인경전철과의 연계성을 원할히 하여 서울에서 에버랜드, 민속촌은 지하철과 경전철로 다닐 수 있는 손쉬운 관광지가 될 것이다.

시흥, 안산, 화성, 평택의 해양레저권은 수도권의 해양관광지로 대부도, 제부도와 전곡항, 궁평항, 평택호, 시화호, 풍도, 육도, 비파도 등 섬과 해안을 잇는 각종 해양관광의 천국이 될 것이다. 특히 궁평항 일대는 한국최대의 항공, 해양 스포츠의 메카로 발선될 것이다.

고양, 부천, 광명, 안양, 군포, 의왕, 과천, 성남의 도시복합문화권은 도시민을 위한 공원과 과학, 직업체험시설과 MICE, 의료관광 등 융·복합관광이 활성화 될 것이다.

## ❖ 새로운 시대를 여는 관광산업

### 1) 여행업

여행업은 일반여행업 대형회사와 국외·국내여행업 1인 여행사 같은 초소형 여행사로 양극화가 진행될 것이다. 패키지여행도 항공권, 숙박, 현지교통, 가이드 등 모든 것을 포함하는 풀패키지와 필요한 것만 조합하는 고객맞춤형으로 변할 것 같다. 특히 에어텔이나 숙박·교통만 혹은 자유시간을 많이 포함하는 형태다. 해외 여행업체는 국내여행업계와 계열화를 추진하거나, 상호 지분공유와 인력교환까지도 이루어질 것이다. 물론 국내 여행사의 현지법인화도 속도를 더할 것이다.

경기도의 여행업은 여전히 국내·외 여행업은 확대되지만, 일반여행업도 규모는 확대되나, 인바운드 부분은 정체를 이룰 것이다. 따라서 서울 소재 여행업체들을 보다 적극적으로 활용함이 적절하다.

### 2) 관광숙박업

관광호텔업은 2020년에는 고양 한류월드 주변에 대형호텔이 2~3개가 설립되고 비즈니스 호텔도 1~2개가 개관이 되어 주변 시설들과 조화를 이루며 경기북부의 관광허브 역할을 담당하게 될 것이다. 특히 남북관광이 원할히 이루어지면 그 역할은 점점 확대될 것이다. 이밖에도 수원, 화성, 성남 등지에도 다양한 형태의 호텔이 건립될 것이다.

가족호텔업은 복지개념이 도입되더라도 쇠퇴할 것으로 보이며, 호스텔업은 오히려 확대될 것으로 보인다. 휴양콘도미니엄도 확대될 전망으로 프리미엄, 디럭스, 레귤러로 차별화가 이루어질 것이다.

모텔도 수원 인계동과 시흥 월곶동과 같이 중국인관광객용 숙박시설로 개보수를 하는 형태로 변신을 하거나 굿스테이로 지정받아 비즈니스고객을 위한 숙박시설로 변화를 도모하는 곳이 확대될 것이다.

서비스드 레지던스는 성남 분당에서 검토되고있고, 의료관광호텔은 가평 청심국제병원 등 2~3개소가 개설될 것이다.

### 3) 관광객 이용 시설업

해수욕장, 동물원, 식물원, 수족관, 온천장, 동굴자원, 활공장, 스키장, 요트장, 골프장 등 시설 중 1개 이상을 갖추고, 숙박시설과 음식점을 갖춘 전문 휴양업이나, 전문 휴양시설을 2개 이상 필요로 하는 제1종 종합휴양업은 물론, 관광숙박시설과 2종 이상 전문휴양시설이 필요한 제2종 종합휴양업은 전체적으로 확대될 것이다. 특히 테마파크는 USKR과 같은 대형복합화와 단일 테마형으로 전개될 전망이다. 따라서 사업주 입장에서 일반 숙박시설과 음식점에 휴양시설을 복수로 갖추면 되는 제1종 종합휴양업(에버랜드, 한국민속촌)의 형태가 편리할 것으로 보인다.

평택항에서 항구 내외, 주변을 순회하며 선상식사를 겸한 관람, 음악회를 할 수 있는 일반관광유람선업은 미군과 산업단지, 외국인관광객들에게 새로운 매력을 주게 될 것이고, 궁평항, 전곡항에서 외해로 나와 주변 섬들을 돌아보며 유람선업도 안정화될 것이다. 한편 크루즈업은 인천항의 수용태세보다 수요가 확대되고, 평택항의 여객부문이 확대되면 크루즈터미널이 마련되고 중국, 일본 등 연근해를 잇는 크루즈가 활성화 될 것으로 보인다.

공연물을 공연하면서 관광객에게 식사와 주류를 판매하는 관광공연장업도 소폭이지만 확대될 전망이다.

외국인전용 관광기념품판매업은 도자기 등 전문 업종을 제외하고는 침체할 것으로 예상되나, 사후면세환급제도가 정착되며 내・외국인이 함께 이용하는 쇼핑센터나 기념품점은 활발하게 운영될 것이다.

「관세법」에 의한 면세점업은 국내 주요 공・해항과 주요 관광지에 시내면세점이 확장될 것이다. 또 국내 면세점은 전 세계 주요 공항이나 복합리조트의 면세점으로 진출하게 될 것이다.

### 4) 국제회의업

국제회의시설업은 북부에는 킨텍스, 남부에도 중규모의 컨벤션시설이 등장하게 되고, 국제회의기획업은 킨텍스를 비롯하여 남부의 컨벤션센터, 수원, 성남 등지의 호텔시설 등을 활용하여 활발한 활동이 전개될 것으로 보이며, 여행업과 겸업하는 형태가 확대될 것이다.

### 5) 카지노업

외국인전용카지노는 내국인이 출입할 수 없으므로 외국인들의 야간 관광활동에 매력이 되고 있다. 특히 호텔, 전문식당, 쇼핑센터, 테마파크, 면세점과 함께 운영을 하면 효과적이므로 2020년에는 한류월드내에 외국인전용카지노를 포함한 복합리조트가 개장되어 주변 관광시설인 킨텍스, 원마운트, 병원들과 연계한 관광명소가 될 것이다. 또 평택에도 외국인전용카지노를 포함한 복합레저시설이 설치되어 미군들과 중국관광객들이 즐겨찾는 곳이 되고, 한편 남북관광이 활발하게 되면 DMZ 인근에 소규모 외국인전용카지노가 추가로 설치될 것이다.

내국인출입카지노는 USKR과 그 일대에 복합리조트시설을 설치하여 동북아 지역의 새로운 관광명소가 될 것이다. 물론 내국인들의 출입제한과 입장료 부과 등 제한조치와 국민들의 인식변화가 전제조건이다.

### 6) 유원시설업

유기시설이나 유기기구를 갖추어 관광객에게 이용케 하는 종합유원시설업이나 일반유원시설업, 기타유원시설업은 대형 종합유원시설업 1,2개를 제외하고는 도시주변에 소규모로 축소, 유지될 것으로 보인다.

### 7) 관광 편의시설업

관광객에게 음식을 제공하고 노래와 춤을 추거나 감상하게 하되, 한국 전통 분위기의 시설을 갖춘 관광유흥음식점업과 일반적 시설의 관광극장유흥업, 외국인이 이용하기 적합한 시설의 외국인전용 유흥음식점업은 성격상 크게 확대되지는 않을 것으로 보인다. 그러나 특정 국가의 음식을 전문적으로 제공하는 관광식당업은 국민소득, 가처분소득의 증가에 따라 고객이 확대되고, 외래관광객도 여행중 자국 음식점을 찾는 경우가 많으므로 업장도 확대될 것으로 예상된다.

시내순환관광업은 수원, 가평, 남양주, 양평, 용인, 안산, 고양에서는 관할행정 구역 내를 순환하는 시티투어가 운행되는 한편, 수원-화성-오산, 가평-남양주-양평, 광주-이천-여주, 용인-안성, 고양-파주, 평택-아산 등 인근지역을 함께 돌아보는 시티투어가 보편화될 것이다. 또 서울에서 출발하는 외국인관광객용 시티투어도 서울-판문점, 서울-민속촌-에버랜드, 서울-고양-파주, 서울-평택-아산-안성 코스로 운영될 것이다.

관광사진업과 여객자동차터미널시설업은 쇠퇴기를 맞게 될것으로 보이나 새로운 안내사, 안내소 기능을 융합하면 재생할 수도 있다.

관광펜션업은 최근 캠핑 붐에 밀려 다소 감퇴하고 있으나, 교통과 경관에 따라 성쇄가 교차할 것이며, 호텔, 콘도미니엄보다는 작고 모텔, 민박보다는 큰 규모로 유지 될 것이다.

관광궤도업은 환경보호형 케이블카 설치가 오히려 자연보호에 기여함을 인식하고, 주요 관광지의 케이블카 설치가 확대될 것이다.

한옥체험업은 내외국인들의 한옥체험형 숙박시설로, 외국인관광 도시민박업은 도시의 한국인 가정체험형 숙박시설로, 농촌관광민박도 농촌체험형 숙박시설로 모두 B&B형태를 띠며 전국적으로 확대될 것이다.

이밖에 의료관광은 수원, 안양, 용인, 성남을 중심으로 하는 중증환자 유치로 1인당 의료수입이 전국 1위가 되고, 고양, 파주, 부천을 중심으로 피부, 성형 등 의료클러스트가 형성되고, 경기도 병원은 물론 서울 강남의 성형외과 환자와 보호자들도 경기도의 관광명소를 돌아보는 시티투어와 할인쿠폰을 이용한 개인관광객들로 붐비게 될 것이다.

국내병원의 해외진출도 활발하게 진행되어 한국인 의료인들이 해외에서 진료를 하고 외국인환자들을 한국으로 보내는 첨병역활도 할 것이다.

## ❐ 2020년 경기도 방문 관광객

### ❖ 국내관광객

#### 1) 경기도, 당일여행은 부동의 1위, 숙박여행도 전국 1위

경기도의 당일여행은 2020년이 되어도 부동의 1위를 지키고, 숙박여행은 캠핑의 지속적 증가와 펜션의 부활 및 개성관광의 부활로 영・호남에서의 방문객들이 증가가 뒷받침이 될 것으로 예상된다.

#### 2) 경기도 1인당 평균 여행비용도 1위

국민들의 여행지별 1인당 평균 비용도 숙박여행이 1위가 되면 경기도가 1위가 될 것이나, 관광여행 비용은 체재일수가 짧은 경기도가 중위권에 머무를 수 밖에 없다. 따라서 방문객수 재방문객 증대와 체재일을 늘이는 전략을 꾸준히 병행해야 한다.

### 3) 경기도 관광만족도 3위

경기도에 가구여행자와 개인여행자의 관광여행 만족도는 각각 3.93, 3.98점보다 향상되어 강원의 4.10점대 이상이 되야 3위권이 될 것이다.

숙박시설의 적정한 가격과 종사원들의 서비스와 시설에 대한 대응이 만족도를 높일 수 있고, 식당 및 음식 만족도는 무엇보다 청결성과 서비스, 가격대비 맛과 양이 결합되면 높아진다. 쇼핑 만족도는 시설과 다양한 품목, 적정한 가격, 종업원의 친절함이 좌우한다. 관광정보 및 안내시설 만족도는 정확하고 신속한 서비스가 필수며, 관광지 편의시설 만족도는 안전성과 편리성, 종업원의 서비스가 좌우하고, 체험 프로그램 만족도도 강사의 성실성과 콘텐츠가 중요하다. 관광지 물가 만족도는 다소 어려운 부분이나, 관광지 혼잡도는 GTX와 민자고속도로의 확충으로 개선될 것이고,

그 결과 재방문 의향도 4.3 이상이 되며, 타인추천 의향도 4.2점 이상이 될 것이다.

## ❖ 외국인관광객

### 1) 국적별

경기도 방문 외래관광객은 2020년 전체 방한 외래객(2,000만명)에서 외래객 실태조사에서의 경기도 방문율(25.0%)을 곱하면 500만명이 될 것이다.

〈표 12-6〉 경기도 방문 외래객

| | 2020년 | | | 2012년 | | |
|---|---|---|---|---|---|---|
| | 방한객수(명) | 경기도 방문율 (%) | 경기도 방문객수 (명) | 방한객수(명) | 경기도 방문율 (%) | 경기도 방문객수(명) |
| | A | B | A*B | A | B | A*B |
| 전체 | 20,000,000 | 25.0 | 5,000,000 | 11,140,028 | 21.3 | 2,372,826 |
| 일본 | 4,500,000 | 15.0 | 675,000 | 3,518,792 | 11.6 | 408,180 |
| 중국 | 10,000,000 | 27.5 | 2,750,000 | 2,836,892 | 21.0 | 595,747 |
| 동남아 | 4,000,000 | 30.0 | 1,200,000 | 360,207 | 14.4 | 51,870 |
| 구미주 | 1,500,000 | 25.0 | 375,000 | 154,073 | 28.3 | 43,603 |

자료 : 저자가 작성

국적별로는 중국관광객이 275만명, 일본이 67만5천명, 태국 등 동남아가 120만명, 미국 등 구미주가 37만5천명으로 추정된다.

### 2) 주요 방문지

고양, 부천, 광명, 안양, 군포, 의왕, 과천, 성남의 도시복합문화권은 한류월드를 중심으로 MICE, 의료관광과 카지노 복합리조트와 서울 외곽의 각종 위락시설은 경기도내 외래관광객의 방문율이 가장 높은 곳으로 변하게 될 것이며,

광주, 이천, 안성, 용인, 수원, 오산을 잇는 역사문화권내 에버랜드와 수원화성, 한국민속촌은 여전히 방문율이 두번째로 높을 것이며,김포, 파주, 연천을 잇는 평화생태권내 세계 유일의 DMZ은 남북관광의 활성화와 함께 셋째로 많이 찾는 곳이 될 것이다.

시흥, 안산, 화성, 평택의 해양레저권과 가평, 양평, 남양주, 구리, 하남, 여주의 한강생태문화권과 포천, 동두천, 의정부, 양주를 잇는 자연휴양문화권에도 외래관광객의 방문은 증가될 것이나.

## ❒ 경기도 관광이 대한민국 관광의 미래를 엽니다

경기도 관광이 2020년에는 중국인관광객 275만명을 비롯한 외래객이 5백만명 유치가 이루어지고, 한류월드에는 MICE, 의료, 카지노 복합리조트가 조성되어 경기도 최대의 관광지로 등장하게 되고, DMZ은 세계 유일의 관광자원으로 수원, 용인의 역사문화・테마파크 중심의 관광객이 몰려들게 될 것이다.

국내관광에서도 당일관광은 물론 숙박관광과 관광수입까지 모두 전국 1위가 되었으나, 체재일수와 만족도는 상위권으로 진입할 수 있도록 양보다 질에 비중을 둔 관광정책이 기대된다.

특히 GTX를 중심으로 교통이 편리하게 됨에 따라, 관광호텔을 비롯한 도심형민박이 확대되고, USKR, 에버랜드, 한국민속촌 등 다양한 테마파크를 찾는 관광객은 증가일로며, 킨텍스를 중심으로 대규모 국제회의가 열리고, 광역을 잇는 시티투어, 환자치료는 물론 수도권 환자의 관광은 경기도가 메카가 되는 의

료관광, 한류월드의 K-pop 아레나의 상설 공연과 인근의 카지노 복합리조트도 국내외 관광객으로 번창일로를 걸을 것이다.

토플러 협회 소속 미래학자들이 40년 뒤 일어날 40가지를 최근 발표하였다. 어쩌면 10년 후의 일에 대한 고민이 그리 빠르지 않을지도 모르겠다. 관광산업의 미래가 밝다고 미래학자들이 말하지만, 땀 없이 얻어지는 결과란 없다.

다른 산업보다 합리적 전략을 바탕으로 배전의 노력과 각오로 관광 경기도를 열어야 한다.

바로 경기도 관광이 대한민국 관광의 미래이기 때문이다.

# [평가 문항]

다음 질문에 맞는 답을 골라 번호를 ( )에 넣으시오.

**01** 경기도의 관광환경 설명 중 틀린 것?

① 고속도로, 철도, 버스 등 교통에 대한 만족도가 높다.
② 가처분소득이 늘어나고 휴가시간도 늘어나게 된다.
③ IT 기술의 발달로 관광정보 입수가 용이하게 되었다.
④ 인구는 지속적으로 증가하고, 노동인구가 많다.

**02** 경기도의 관광자원 설명 중 틀린 것?

① 역사문화권의 중심은 수원화성, 에버랜드, 한국민속촌이다.
② 한강생태문화권은 한강의 상수도 보호구역을 중심으로 생태관광과 레포츠의 중심지역이다.
③ DMZ이 포함된 평화생태관광권은 김포, 파주, 연천, 포천으로 구성된다.
④ 도시복합문화권은 고양, 성남, 부천, 과천 등 서울 인접지역으로 MICE, 의료관광 등이 활발하게 진행된다.

**03** 경기도 관광산업 설명중 맞는 것?

① 경기도에는 국내여행업, 국외여행업보다 일반여행업이 많다.
② 최근 킨텍스MVL호텔, 여주 선밸리호텔이 개관하였는데 이는 경기도의 취득세 면제에 힘입은 바 크다.
③ 관광객이용시설업중 제2종 휴양업에는 에버랜드, 민속촌가 있다.
④ 외국인전용카지노는 서울에 3곳, 부산에 2곳, 경기도에 1곳이 있다.

**04** **경기도 관광현황 설명 중 맞는 것?**

① 경기도의 당일여행, 숙박여행, 관광지출 모두 전국 1위다.
② 국내관광 만족도가 높아 재방문 의향도 높다.
③ 경기도 방문 외래객 중 중국관광객이 일본관광객보다 많다.
④ 외래객이 많이 찾는 곳은 에버랜드, DMZ, 민속촌, 수원화성 순이다.

**05** **2020년 경기도 관광의 미래가 아닌 것?**

① 근로인구와 가처분소득이 전국에서 1위.
② GTX 개통으로 관광객의 접근 용이하게 된다.
③ 한류월드에는 MICE 등 복합리조트가 형성된다.
④ 한옥체험, 외국인도시민박업 등은 B&B 형태를 띤다.

**06** **2020년 경기도 관광객 설명중 틀린 것?**

① 당일관광, 숙박관광, 관광수입 전국 1위
② 관광여행 고객만족도 1위
③ 외래관광객 500만명 경기도 방문
④ 중국인관광객이 과반수 이상 차지

**정답** 01 ① 02 ③ 03 ② 04 ③ 05 ① 06 ②

**해설**

**01** 서울과 경기도 시·군으로 촘촘히 연결되어 있으나, 출퇴근 시간의 교통정체는 심각하며, 이에 따른 경기도 관광시 교통 만족도(3.80)가 낮다.

**02** 평화생태권(김포, 파주, 연천)의 주요관광자원은 한탄강, 백학저수지, 임진강, 초평도 습지, 임진각 평화누리 공원, 파주 헤이리 마을, 벽초지수목원

**03** 일반여행업은 132개 업체, 국외여행업이 930개, 국내여행업이 729개 업체이며, 에버랜드, 한국민속촌는 제1종 종합휴양업, 외국인카지노는 경기도에는 없음

**04** 경기도의 숙박여행, 관광지출은 전국 2위, 가구여행자와 개인여행자의 관광여행 만족도는 각각 3.93, 3.98점이고, 재방문 의향은 3.82, 3.91. 외래객이 많이 찾는 곳은 에버랜드, 수원화성, DMZ, 민속촌 순이다.

**05** 2020년 경기도의 가처분소득이 전국에서 1위가 될지는 미지수임.

**06** 가구여행 및 개인여행의 관광여행 고객만족도 1위인 제주는 4.40, 4.44, 2위인 강원의 4.0에 근접한 수준으로 향상이 기대됨.

## 경기도 관광은 대한민국 관광의 미래다

[충정로 칼럼] 경기관광공사 마케팅본부장 오용수

지난 3년간 경기도 관광이 많이 변했다. 경기도에 처음 부임한 2011년 초와는 확연히 달라졌다. 전국 최고의 관광도시, 경기도. 이제는 꿈이 아니라 눈앞의 목표다.

국내 당일 여행지로 경기도는 2010년부터 현재까지 14%대로 부동의 전국 1위를 차지하고 있다. 하지만 숙박여행은 여전히 강원도가 1위다.

숙박여행지로 경기도는 2010년 4위에서 2011년, 2012년에는 2위로 상승한 정도다.

숙박여행지 경기도를 위해 고민에 고민을 거듭한 끝에 결국 '발상의 전환'이 필요하다는 것을 깨닫게 됐다. 수도권 주민에게만 매달릴 것이 아니라 지방의 여행객들을 경기도로 오게 하자는 생각을 하게 된 것이다.

이에 2012년부터 부산·대구·광주를 직접 찾아가 경기도 여행을 알렸다. 경기도 관광설명회를 열어 경기도의 매력을 설파했고, 그 지역 여행 관계자들을 초대해 경기도의 멋을 보여줬다. 그 결과 경기도를 멀리 떨어진 수도권 정도로만 알았던 그들은 몰라서 오지 않았던 경기도를 찾기 시작했다.

수도권 공략도 쉬지 않았다. 캠핑붐을 한껏 활용해 난공불락이던 수도권 주민들의 생각을 바꿔나갔다. 캠핑 최적지는 '경기도'임을 홍보하는 것은 물론 지역 전통시장과 연계한 캠핑축제도 꾸준히 열어 캠핑문화를 확산시켰다.

경기도 방문 외래관광객은 2011년 233만명에서 2012년에는 237만명으로 소폭 증가했다. 그러나 올해는 연초부터 북핵 위협으로 임진각·판문점 관광객이 급감했고, 일본 엔화의 약세에다 동북부 대지진 회복을 위한 일본의 비자면제. 보조금 지원 등에 밀려 고전하고 있는 실정이다.

하지만 경기도에는 비무장지대(DMZ), 에버랜드, 수원화성 등 대표 관광지와 아직 알려지지 않은 수많은 여행지가 있다. 공공과 민간 여행업계가 손을 맞잡고 이를 적극적으로 알리면서 조금씩 희망도 보이기 시작했다.

에버랜드, 민속촌, 웅진 플레이도시, 쁘띠프랑스, 양지리조트의 해외 담당 직원들과 함께 해외박람회와 설명회를 다녔다. 담당자들은 직접 경기도 홍보에 열을 올렸고, 관광공사도 힘을 보태니 이제 해외에서 긍정적 반응들이 들려온다. '곰파'(GOMPA · Gyeonggi Overseas Marketing Association)라는 자생적인 해외마케팅협의회까지 생겼다.

이제 전국 어느 곳보다 관이 앞장서고 민이 밀어주는 최상의 콤비를 이뤄 해외 마케팅에서 약진하고 있다. 어려운 여건에도 힘을 합한 결과 올해 경기도를 찾은 외국인 관광객은 255만명 이상이 되리라 전망한다.

경기도에는 세계 유일한 생태관광지인 DMZ가 있고, 이는 시간이 지날수록 소중함을 더할 것이다. 남한강과 북한강이 만나는 양수리, 임진강과 한강이 합류하는 유역과 시화호 등 생태관광지 역시 그 가치를 더해 갈 것임을 자부한다. 한류의 본거지인 한류월드에 K-팝 아레나가 들어서고, 호텔 · 원마운트 · 출판도시 · 아울렛이 함께 한다면 경기도는 문화관광의 중심지로도 성장할 것이다

관광의 꽃이라는 컨벤션도 그 열매를 맺고 있다. 킨텍스를 활용한 국제회의와 전시회가 연이어 열리고 있고, 최고 수준의 의술을 활용한 의료관광 역시 인기를 끌고 있다.

아시아 최대 규모의 항공전과 서해안 시대를 여는 보트쇼 등 경기도 각시의 축제는 세계인의 축제로 발돋움할 것으로 기대된다. 수도권광역급행철도(GTX) 개통, 유니버설 스튜디오 개설, 대규모 쇼핑센터와 카지노가 포함된 복합리조트 건설 등이 예정돼 있다. 경기도 관광은 기존의 시설과 함께 찬란한 빛을 발할 것이다.

관광산업의 미래가 밝다고 미래학자들이 말하지만 땀없이 얻어지는 결과란 결코 없다. 치밀한 전략을 바탕으로 배전의 노력과 각오로 관광 경기도를 열어야 한다. 경기도 관광은 곧 대한민국 관광의 미래이기 때문이다.

아주경제 2013년12월12일

# 부록

## 정전 60주년 주요사업

# 1 국제 심포지엄

지난 60년의 停戰을 회고하고 미래의 남북 共存·共榮을 모색하는 DMZ 국제 심포지엄을 통해, 한반도 평화와 DMZ의 지속 발전을 위한 남북화해 협력방안 모색

## ❒ 행사개요

❖ 주제 : 정전(停戰)에서 공존(共存)·공영(共榮)으로

- 소주제 : 한반도의 공존·공영, 남북화해 협력방안, DMZ 평화적 이용 등

❖ 일시/장소 : 2013. 7. 23 (화) / 도라산역

- 북쪽으로 가는 첫 번째 역으로 남북화해 협력 및 한반도 평화통일을 염원하는 대표적 장소

❖ 주최/주관 : 경기도 / 경기개발연구원

❖ 후 원 : 외교통상부, 통일부, 환경부, 국토교통부, 파주시 등

❖ 참 석 자 : 도지사, 강연자 등 400명

- 국내외 저명인사, 전문가, 지자체와 의회 대표, 대학생, 일반인 등

## ❒ 추진내용

❖ Target : 대학생을 포함한 젊은 세대 및 일반 대중

❖ 세부내용

- 토크콘서트 : 유명인사 대중 친화적 강연 뒤 관객과 남북 공영 방안 토의
  * 백선엽 장군, 경의선 마지막 기관사, 탈북자 출신 조명철 의원 등
- 국제심포지엄 : 기조연설, 국제적 인사 찬조연설, 남북화해 협력방안 논의
- 부대행사 : 민북투어(도라산전망대, 제3땅굴 등), DMZ 60년 사진전 등

❖ 진행방식 : 일방적 연설이 아닌 쌍방향 대화

- 유투브·인터넷을 통하여 각 발제자 입장에서 함께 토론할 관객모집
- 토론 직접참여 그룹은 사전 인터넷 모집 후 선정

❖ 홍보 : 홈페이지, SNS 통한 실시간 홍보, 국내외 언론 취재 지원

## 2 참전용사 초청행사 계획

6·25 전쟁 국내·외 참전용사 본인과 후손을 초청하여 희생과 공헌에 감사하는 행사 추진 및 화합의 장 마련

### ❐ 초청인원 및 대상 : 200명

❖ 해 외 : 40명 (7.25. ~ 7.29.)

- 2013년 4월 순방(시애틀) 때 만난 참전용사 및 가족
- 자매지역 참전용사 및 가족(터키 이스탄불, 캐나다 B.C.주, 호주 퀸슬랜드, 미국 버지니아 등)
- 참전용사 출신 찰스 랭글 미연방 하원의원, 새미리(다이빙 올림픽 2연패) 선수

※ 중국 참전용사는 3박 4일 일정으로 (사)한국국제문화교류원에서 추진

❖ 국 내 : 160명(7.27~7.28 1박 2일간 초청)

- 참전용사 및 가족 100명, 이북5도민회 20명, 개성시민회 20명, 북한이탈주민 20명

※ 27일 만남의 장 행사에 참여하고 28일 귀가

### ❐ 행사흐름

| 입국 | ⇨ | 안보현장 견학 | ⇨ | 해외·국내 참전용사 만남(도지사,각국 대사 등) | ⇨ | 천지진동 페스티벌 참이 | ⇨ | 전통문화 체험 | ⇨ | 출국 |
|---|---|---|---|---|---|---|---|---|---|---|
| | | | | | | | | | | |

### ❐ 행사내용

❖ 경기도와 인연이 있는 해외(UN) 및 한국 참전용사를 초청하여 감동을 주는 만남의 장 마련

- 한국과 특별한 인연이 있는 사연 발굴 및 만남의 기회 마련
- 같은 전투에 참가했던 전우를 찾아 전우애를 나누는 감동적인 만남 추진

❖ 천지진동페스티벌을 통해 모두가 하나되어 즐길 수 있는 어울림마당 개최
- 풍물 연주, 군가 및 아리랑 합창, 참전용사 다큐멘터리 상영, 퍼포먼스 공연 등

❖ 임진각 및 판문점 견학, 서울시내 관광, 전통문화 체험 등

## 3 천지진동 페스티벌 : PEACE

DMZ 60주년을 맞이하여 '정전이 아닌 평화 원년 선포', 내 안으로부터의 평화, 모든 이가 바라는 평화를 주제로 천지진동페스티벌 Ⅲ 추진

### ❒ 천지진동 행사개요

❖ 공 연 명 : 천지진동페스티벌Ⅲ 「PEACE」

❖ 공연일정 : 2013년 7월 27일(토) 18:00~21:30

❖ 공연장소 : 파주 임진각 평화누리

❖ 공연주제 : 두드림으로 타인과 내가 하나되어 진심으로 우리 모두의 평화의 바램을 담는 PEACE 캠페인

### ❒ 천지진동 사업방향

❖ '13년 천지진동 페스티벌 주제는 「PEACE」로, 정전 기념일이 아닌 나만의 평화를 실천하는 평화원년의 날(Peace Day)로 선포
- '나'의 개념 안에 갇힌 한계를 벗어나 구세대-신세대, 유아-노인, 종교, 인종, 국가를 뛰어넘는 평화

❖ 기존 관객들의 관람형 페스티벌에서 참여형 페스티벌로 전환하여 다양한 방식(평화콘서트, 평화조형물, 평화대장정)으로 내가 만드는 평화행사 개최
- 「세라토닌 드럼클럽」 행진 : 학교내 문제아 1천명으로 구성된 클럽으로 드럼으로 문화인성을 고양하여 모범적인 청소년으로 선도

- 「두드림국토대장정」 : 대학생 5백명으로 구성되어 부산 등 전국 3곳에서 출발하여 사물놀이와 농활지원을 하며 임진각까지 대장정

## ❐ 주요 행사내용 : PEACE PERFORMANCE

| 구분 | 부제 | 공연시간 | 공연컨셉 |
|---|---|---|---|
| act1 | 평화릴레이<br>「두드림」 | 19:00~19:40 | 경기도대표사물놀이(김덕수패사물놀이) 1,000명, 세라토닌 드럼클럽 1,000명, 두드림국토대장정 500명이 함께하는 평화 길놀이 |
| act2 | 평화콘서트<br>「환호성」 | 19:40~21:00 | 세계 각국에 흩어져 있는 참전용사와 이북5도민, 새터민 등이 한 자리에 모여 평화 기원 감동 콘서트 |
| act3 | 평화천지진동<br>「어울림」 | 21:00~21:30 | 김덕수패사물놀이를 중심으로 함께하는 평화난장<br>* PERFORMER = 관객 = PEACE MAKER |

❖ PEACE PEOPLE : 평화를 기원하는 모든人(인)

- PEACE DIRECTOR천지진동페스티벌 총감독(김덕수)
- PEACE COORDINATOR 천지진동페스티벌 Boom up 관련 총괄
- PEACE LEADER 대국민 평화수호자(사회유명인사, 연예인)
- PEACE MAKER 평화를 염원하는 대한민국의 모든 국민

## ❐ Boom up Event

| NO | 사업명 | 행사컨셉 |
|---|---|---|
| 1 | 평화기원<br>「두드림국토대장정」 | - 부산(UN기념공원)에서 시작하여 평화누리 임진각까지 이어지는 평화대장정<br>- 사물놀이와 함께 전국에서 울려 퍼지는 평화 릴레이 두드림 |
| 2 | 평화를 주제로 한<br>「설치미술」 | - 설치미술가 및 학생이 참여하여 나만의 평화의 장 만들기<br>- 제작한 조형물을 전시한 평화존 구성 |

# 4 대성동 마을 60주년 기념행사

DMZ 자유의 마을(대성동마을) 명명 60주년을 축하하고 평화를 염원하는 마을 회갑식 개최로 평화의 중요성을 부각하는 기회 제공
※ 자유의 마을(대성동 마을) 명명일 : 1953년 8월 3일

## ❒ 기본개요

❖ 일시/장소 : 2013.8.2.(금) 11:30 / 대성동 마을

❖ 참석대상 : 100여명
- 도지사, 백선엽장군, 유엔사, 참전 21개국 대사, 중립국감독위원회 등

❖ 주관 : 자유의 마을 대성동 운영위원회
※ 경기콘텐츠진흥원과 연계하여 추진

❖ 행사내용 : 명예주민증 수여, JSA만화 스케치물 기증, 떡케익 절단식, 타종, 오찬, 영화 관람 등

## ❒ 행사계획

| 시 간 | | 소요 (분) | 내용 | 비고 |
|---|---|---|---|---|
| 부터 | 까지 | | | |
| 11:30 | 11:35 | 5 | 개회 및 주요참석자 소개 | |
| 11:35 | 11:40 | 5 | 인사말씀 /환영사 | |
| 11:40 | 11:45 | 5 | 추진경과 보고 | |
| 11:45 | 11:50 | 5 | 대성동 명예주민증 수여 | |
| 11:50 | 11:55 | 5 | JSA만화 스케치물 기증 | 한국만화가협회장 (조관제 만화가) |
| 11:55 | 12:05 | 10 | 대성동마을 특산물 전달 | |
| 12:05 | 12:10 | 5 | 대성동 쌀로 만든 대형 떡케익 절단식 | |
| 12:10 | 12:20 | 10 | 『평화의 종』타종 | |
| 12:20 | 13:20 | 60 | 오찬 | |
| 13:20 | 13:30 | 10 | 영화관으로 이동 | |
| 13:30 | 14:50 | 80 | 영화관람 | |

## 5 평화기원 국제 콘서트

경기도 DMZ가 세계평화의 메카임을 전세계에 알리는 축제의 장 마련 한·중·미 3개국 평화지향 뮤지션이 어우러지는 평화의 콘서트 개최

### ❒ 행사개요

❖ 일자 : 2013. 8. 3. (토)

❖ 장소 : 임진각 평화누리 야외공연장

❖ 참석대상 : 참전용사, 주한미군, 한국군, 일반인 등

❖ 주요 공연자

- 세계적인 평화지향 뮤지션 : U2, 밥 딜런, 존 바에즈, 조지클루니 등(섭외중)
- 중국 뮤지션 : 샤오징텅
- 국내 뮤지션 : 김장훈, 들국화, 애프터스쿨, 오렌지카라멜 등

### ❒ 행사내용

❖ K-pop 히트곡, 한국적 전통과 첨단기술이 공존하는 스펙타클한 공연

❖ 참전용사들과 함께 하는 무대, 참전국에 감사의 표시하는 공연

❖ 한국, 미국, 중국의 뮤지션이 함께 평화를 기원하는 콘서트

❖ 영상과 공연이 어우러지는 무대

### ❒ 홍보방법

❖ 행사내용 유투브(Youtube)를 통한 전세계 생중계

❖ 옥외 전광판, 지하철 광고, 케이블 TV를 통한 광고

❖ SNS 등 인터넷을 통한 행사 홍보

# 6 통일촌 브랜드마을 개장행사

DMZ 브랜드마을 육성사업으로 조성된 통일촌 브랜드마을의 개장을 알리고 DMZ의 거점 아이콘으로서의 통일촌의 역할을 홍보하는 기념행사임

## ❒ 행사개요

❖ 일시 : 2013. 8. 14.(수)

❖ 장소 : 파주 통일촌마을 일원 (마을 입구, 공원, 박물관 등)

❖ 주요내용

- 통일촌 마을 역사, 생활문화 및 DMZ 안보·생태 등 관련자료 전시
- 6.25 전쟁 참가자, 마을 원로 등 초청 공연(작은 음악회 등) 개최
- 통일촌 에코뮤지엄 관람 및 마을안길 탐방 등
- 안전행정부 지원「통일촌 DMZ 브랜드 마을」조성 사업 완료에 따른 개장식 개최

〈통일촌 DMZ 브랜드마을 조성〉

◈ 기간/장소 : '12.7. ~ '13.6 / 파주시 군내면 백연리 일원(통일촌)
◈ 사업내용 : 통일촌 에코뮤지엄 조성(마을박물관, 마을길 조성 등)
※ 안행부 브랜드 세계화 시범사업 공모 선정 사업

## ❒ 세부행사내용

❖ 개장식: 브랜드마을 사업 완료에 따른 개장식으로 테이프컷팅, 기념식수 추진, 일반인을 대상으로 사연을 모집 후 초청대상자 선정

❖ 기념공연: 마을 주민들로 구성된 주민동아리 난타, 합창단 공연과 거리 연극, 마임 등 초청공연을 개최

❖ 체험프로그램운영: 통일촌만의 특화환경 이용한 프로그램 운영

- 지역 특산품(장단콩)을 이용한 식품 만들기, 주민먹거리 가게 운영

# 참고문헌


■ 국내문헌

경기관광공사(2011), 『중장기 경영전략』, 경기관광공사, 수원

______(2011), 『2011 경기국제항공권 모니터링』, 경기관광공사, 수원

______(2012), 『2012 경기안산항공권 평가 및 방문객 분석』, 경기관광공사, 수원

______(2013), 『2013 경기안산항공권 모니터링 결과보고서』, 경기관광공사, 수원

______(2013), 『2011 경기도 공공기관 경영실적 보고서』, 경기관광공사, 수원

______(2013), 『두개의 선(Two Lines)』, 경기관광공사, 수원

______(2013), 『즐거운 가족캠핑 만들기』, 경기관광공사, 수원

경기도(2012), 『제5차 경기도 권역별 관광개발계획(2012~2016)』, 경기도, 수원

고태규 · 이황 · 김길래(2010), 『의료관광상품론』, 소화, 서울

국회 문화체육관광방송통신위원회(2011), 『관광 숙박시설 확충 지원 등에 관한 특별법안 심사보고서』, 국회, 서울

권 순(1998), 『관광정책론』, 백산출판사, 서울

권유홍(2009), "관광콘텐츠와 관광", 『관광학총론』, 백산출판사, 서울

김남조 · 조광익(1998), 『지속가능한 관광개발과 지역주민 참여』, 한국관광연구원, 서울

김덕기 · 김현주(2013), 『관광산업의 고도화를 위한 생태계 구축방안』, 한국문화관광연구원, 서울

김상태(2009), 『산업관광 활성화 방안』, 한국문화관광연구원, 서울

김철원(2008), 『컨벤션 마케팅』,법문사, 서울

______(2009), "컨벤션산업", 『관광학총론』, 백산출판사, 서울

김현주(2012), 『방한 외래관광객 지방분산을 위한 정책방안』, 한국문화관광연구원, 서울

김흥식(2012), 『도심활성화를 위한 외국인 개별관광객 숙박인프라 확충방안』, 경기개발연구원, 수원

김휴종(2005), 『한류관광마케팅의 파급효과분석 및 향후 발전방향』, 한국관광공사, 서울

류광훈(2012), 『한국형 복합리조트 제도화 방안』, 한국문화관광연구원, 서울

문화관광부(2006), 『중저가 관광호텔 타당성 조사』, 문화관광부, 서울

문화체육관광부 · 한국문화관광연구원(2010), 『2009 외래관광객 실태조사』, 문화체육관광부, 서울

______(2011),『제3차 관광개발기본계획(2012~2021)』, 문화체육관광부, 서울
______(2012),『2011 국민관광 실태조사』, 문화체육관광부, 서울
______(2012),『2011년 기준 관광동향에 관한 연차보고서』, 문화체육관광부, 서울
______(2012),『2011 외래관광객 실태조사』, 문화체육관광부, 서울
______(2013),『2012 국민관광 실태조사』, 문화체육관광부, 서울
______(2013),『2012년 기준 관광동향에 관한 연차보고서』, 문화체육관광부, 서울
______(2013),『2012 외래관광객 실태조사』, 문화체육관광부, 서울
박석희(1995),『테마파크의 비밀』, 일신사, 서울
______(2009), "테마파크",『관광학총론』, 백산출판사, 서울
박시현 외(2012),『농촌관광의 새로운 방향과 정책과제』, 한국농촌경제연구소, 서울
방정배 · 한은경 · 박현순 (2007),『한류와 문화 커뮤니케이션』, 커뮤니케이션 북스, 서울
신용석(2011),『컨벤션 지원정책 개선방안』, 한국문화관광연구원, 서울
심원섭(2011),『해외 관광정책 추진사례와 향후 정책방향』, 한국문화관광연구원, 서울
______(2012),『미래 관광환경 변화 전망과 신관광정책 방향』, 한국문화관광연구원, 서울
양광호(2009), "관광자원개발",『관광학총론』, 백산출판사, 서울
원융희 · 오용수(2003),『관광전략의 이해』, 백산출판사, 서울
유지윤(2011),『의료관광통계 생산방안 연구』, 한국문화관광연구원, 서울
이연택(2003),『관광정책론』, 일신사, 서울
이병태(2008),『법률용어사전』, 법문북스, 서울
이장춘(2011),『관광정책학』, 대왕사, 서울
이원희(2011),『신한류를 활용한 인바운드 관광정책 방향』, 한국문화관광연구원, 서울
이종수(2009),『행정학사전』, 대영문화사, 서울
이창현(2012),『경기도 마이스산업 중장기 육성방안』, 경기도, 수원
이충기 · 권경상 · 김기엽 · 박창규(2006),『카지노산업의 이해』, 일신사, 서울
이충기(2009), "카지노산업",『관광학총론』, 백산출판사, 서울
이후석(2009), "영상미디어관광",『관광학총론』, 백산출판사, 서울
장병권(1996),『한국관광행정론』,일신사, 서울
______(2009), "관광정책",『관광학총론』, 백산출판사, 서울
장성수(2009), "관광자원개발계획",『관광학총론』, 백산출판사, 서울
정강환(1996),『이벤트관광전략: 축제와 지역활성화』,일신사, 서울
______(2009), "관광이벤트와 문화관광축제",『관광학총론』, 백산출판사, 서울

최자은(2013), 『지역관광발전 추진체계 개선방안 연구』, 한국문화관광연구원, 서울
최진우(2012), 『외국의 문화관광정책 및 행정체계 연구』, 한국문화관광연구원, 서울
한국관광공사(2006), 『농촌관광 지원체계개선 및 상품선진화를 위한 해외 사례연구』, 한국관광공사, 서울
______(2008), 『해외 한류 및 한류관광 동향』, 한국관광공사, 서울
______(2008), 『2007 외래관광객 실태조사』, 한국관광공사, 서울
______(2009), 『2008 외래관광객 실태조사』, 한국관광공사, 서울
______(2009), 『의료관광시장 동향』, 한국관광공사, 서울
______(2011), 『2011 가족여행 실태조사』, 한국관광공사, 서울
______(2011), 『인천・경기권역 지역관광 발전을 위한 연구』, 한국관광공사, 서울

## ■ 국내 논문 등

경기관광공사(2013), "2013년 경기도 의료관광 활성화 계획", 경기관광공사, 수원
______(2012), "2012 도내 캠핑숙박관광 활성화 추진결과", 경기관광공사, 수원
______(2013), "2013 경기도 가족캠핑 릴레이 페스티발 참가자 설문 결과보고", 경기관광공사, 수원
경기도(2013), "경기의료관광정보센터 구축・운영 계획", 경기도, 수원
국토해양부 (2010), "서해안권 발전종합계획", 국토해양부, 서울
김군수(2013), "중고년층 소비문화의 원인과 대책", 『이슈& 진단』 98호, 경기개발연구원, 수원
김도영(2012), "한국형 산업관광 활성화를 위한 선택속성에 대한 연구", 『벤처창업연구』 7(4), 한국벤처창업연구학회, 서울
김상태(2013), "한국관광의 현재와 미래과제", 「경기관광공사 강의자료」, 수원
김영덕(2009), "한류와 일류-한일 문화교류현상 고찰", 「慶應大 동아시아연구소 월례회 자료집」, 도쿄
김　현(2011), "생태관광 활성화 전략과 과제", 생태관광 아카데미, 경기관광공사, 수원
______(2013), "한반도 평화생태벨트 추진방향", 한반도 평화생태벨트 세미나, 강원도, 춘천
______(2013), "두개의 선", 사진 전시회, 경기관광공사, 수원
김효경(2009), "관광, 산업을 비추다", 『한국관광정책』 37권, 한국문화관광연구원, 서울
문화체육관광부 (2012), "산업관광 활성화방안", 문화체육관광부, 서울

______(2012), “관광 숙박산업 활성화방안”, 문화체육관광부, 서울
______(2013), “관광불편해소를 위한 제도개선 및 전략관광산업 육성방안”, 문화체육관광부, 서울
문효진(2010), “한류 패러다임 변화와 미래를 위한 과제”, 「국회 세미나 자료집」, 국회, 서울
박광무(2013), “창조관광, 관광산업에서 창조경제의 실현”, 「제1회 제주융합포럼 자료집」, 제주관광공사, 제주
박은진(2013), “DMZ 세계평화공원과 접경지역의 미래”, 『이슈& 진단』 104호, 경기개발연구원, 수원
백낙종(2013), “의료산업 해외진출 사례”, 의료산업 융복합발전포럼, 수원
사행산업통합감독위원회(2013), “사행산업 통계정보”, 사감위 홈페이지, http://www.ngcc.go.kr/
오용수(2005), “한류관광의 발전방향”, 「한류 심포지엄 자료집」, 한류발전협의회, 도쿄
______(2006), “한국 카지노산업 발전을 위한 정책적 접근방안 연구, 박사학위논문, 경원(가천)대학교, 성남
______(2010), “한류의 변천과 한류관광의 경쟁력 창출”, 『한국관광정책』 42호, 한국문화관광연구원, 서울
______(2011), “내국인출입카지노 증설을 중심으로 한 한국카지노산업의 정책방안 연구”, 『관광학연구』, 35(10), pp.223-246, 한국관광학회, 서울
______(2012), “경기도 관광마케팅전략”, 「경기도 인재개발원 교육자료집」, 수원
______(2012), “에듀볼런투어”, 「경기도 시군 부단체장 회의자료집」, 포천
______(2013), “경기도 의료관광 활성화 추진방향”, 경기관광공사, 서울
______(2013), “한류월드 주변 경기북부 상품개발”, 「경기도 찾아가는 실국장회의 자료」, 경기도, 수원
______(2013), “경기도 관광자원”, 「지방행정연수원 교육자료집」, 수원
이민재 · 김동엽(2010), “문화관광산업의 한 · 중 · 일 국제경쟁력 비교연구”, 『관광학연구』 34(7) pp. 401-419, 한국관광학회, 서울
이수진(2013), “지역살리기와 축제”, 『이슈& 진단』 98호, 경기개발연구원, 수원
이창현(2012), “경기도 마이스산업 중장기 육성방안 연구 중간 보고서” 한국컨벤션전시산업연구원, 서울
이동환(2012), “지역발전과 캠핑문화도시 추진사례”, 「제2회 지역 순회 세미나 자료집」, 춘천

이 훈(2013), "관광문화 현상의 건화: 일상의 관광과 행복한 여가", 『문화융성시대 국가정책의 방향과 과제』, pp.189-209, 한국문화관광연구원, 서울

정희경 · 이계희(2010), "신한류가 일본과 중국관광객들의 한국 재방문의도에 미치는 영향", 『관광학연구』 34(6) pp. 249-270, 한국관광학회, 서울

조진호(2013), "외국인관광객이 모텔촌에 간 까닭은", 외래객 1천만명 유치 성과 보고처 발표 자료, 서울

카타오카 토모유키(2009), "한류 재고", 「한류 심포지엄 자료집」, 한류발전협의회, 도쿄

한국보건산업진흥원(2013), "2012년 외국인환자 유치실적 주요결과", 한국보건산업진흥원, 서울

______(2012), "2011년도 경기도 외국인환자 유치실적 분석결과", 한국보건산업진흥원, 서울

■ 해외 문헌

伊藤正視(1994), 『テーマパークの秘密』 日本経済新聞社, 東京

香川真 · 日本国際観光学会 (2007), 『観光学大事典』、木楽舎, 東京

鈴木忠義 (1984), 『現代観光論』, 有斐閣, 東京

寺前秀一(2006), 『観光政策制度入門』, ぎょうせい, 東京

寺前秀一 · 日本観光研究学会(2009), 『観光政策論』, 原書房, 東京

前田勇(1995), 『觀光學 總論』, 學文社

______(2003), 『21世紀の觀光學』, 學文社

Butler, R.(1980), *The Concept of Tourist Area Life Cycle of Evolution: Implication for Management of Resources*, Canadian Geographer, 19(1)

Eyestone, R.(1978), *From Social Issues to Public Policy*, N.Y.: Free Press, pp. 69~86.

Laswell, H.(1951). The Policy Orientation. In. D. Lerner & H. Lasswell(eds.), *The Policy Sciences: Recent Development in Scope and Method*. Stanford : Stanford University Press. pp.3~15.

McIntosh, R.W. & Goeldener, C.R.(1990). *Tourism: Principles, Practices, Philosophies*, 6th ed., N. Y. : John Wiley & Sons. pp. 3~4.

WTO(2004), *Abstract of Rural Tourism in Europe*: Experiences, Development and Perspectives. WTO. 〈http://puck.wtoelibrary.org/vl〉

UNWTO(2011). *Tourism towards 2030*.

______(2011). *World Tourism Highlights.*

______(2012). *World Tourism Barometer.*

World Economic Forum(2013), *The Global Competitiveness Report 2013-2014*, WEC., Geneve.

World Travel & Tourism Council(2013), http://www.wttc.org/

■ 인터넷 및 언론보도

〈기관·협회 홈페이지 등〉

걷기여행길 홈페이지, http://www.koreatrails.lr.kr

경기도(2013), "경기도 통계", 경기도 홈페이지, http://stat.gg.go.kr/

경기도 관광협회(2013), "관광사업체 현황", 경기도 관광협회 홈페이지, http://www.gta.or.kr/

경기도 농촌체험관광 홈페이지, http://www.kgtour.kr

뉴질랜드 관광청 홈페이지, http://www.tourismnewzealand.com.

뉴질랜드 i-SITE 홈페이지, http://www.i-site.org.nz.

영국 문화매체체육부 홈페이지, http://www.dcms.gov.uk/

영국 관광청 홈페이지, http://www.visitbritain.org/

영국관광청 발행물 홈페이지, http://www.insights.org.uk/

위키백과 홈페이지, http://ko.wikipedia.org/

일본관광청 홈페이지, http://www.mlit.go.jp/kankocho/

일본 도쿄도(東京都) 홈페이지, http://www.metro.tokyo.jp/

일본 후쿠오카시(福岡市) 홈페이지, http://www.city.fukuoka.lg.jp/

일본정부관광국(JNTO) 홈페이지, http://www.jnto.go.jp/

일본여행업협회 홈페이지, http://www.jata-net.or.jp/

중화인민공화국 국가여유국 홈페이지, http://www.cnta.gov.cn

한국관광협회 중앙회(2013), "전국 관광사업체 현황", 한국관광협회 중앙회 홈페이지, http://www.koreatravel.or.kr/

한국여행업협회 홈페이지, http://www.kata.or.kr/

한국민족문화대백과(1996), 『디지털 한국민족문화대백과사전 EncyKorea』 한국학중앙연구소 홈페이지, http://encykorea.ask.ac.kr

〈테마파크 홈페이지〉

도쿄 디즈니랜드 홈페이지, http://www.tokyodisneyresort.jp/

디즈니랜드 파리 홈페이지, http://www.disneylandparis.co.uk/
미라지호텔 카지노 홈페이지, http://mirage.com/casino/
싱가포르 관광청 홈페이지, http://www.yoursingapore.com/content/traveller/ko/
에버랜드 홈페이지, http://www.everland.com/
웅진플레이도시 홈페이지, http://www.playdoci.com/
원마운트 홈페이지, http://www.onemount.co.kr/
유니버설 스튜디오 재팬 홈페이지, http://www.usj.co.jp/
유니버설 스튜디오 할리우드 홈페이지, http://www.universalstudioshollywood.com/
티볼리 공원 홈페이지, http://www.tivoli.dk/en/
한국민속촌 홈페이지, http://www.koreanfolk.co.kr/
홍콩 디즈니랜드 홈페이지, http://park.hongkongdisneyland.com/

〈축제 홈페이지〉
경기 세계도자비엔날레 홈페이지, http://www.kocef.org/n02_biennale/2012/01_01.asp
김제 지평선축제 홈페이지, http://festival.gimje.go.kr/index.sko
수원화성문화제 홈페이지, https://shfes.suwon.go.kr/main.asp
여주 오곡나루축제 홈페이지, http://yjfestival.co.kr/
이천쌀문화축제 홈페이지, http://www.ricefestival.or.kr/
자라섬재즈페스티벌 홈페이지, http://www.jarasumjazz.com/the10th/home/
파주 북소리축제 홈페이지, http://www.pajubooksori.org/
화천 산천어축제 홈페이지, http://www.narafestival.com/01_icenara/

〈언론보도〉
문병기(2013), "아시아 카지노 전쟁", 「동아일보」, 6월 8일자
박수윤(2013), "불법도박 연간 75조원… '지하경제' 온상", 「연합뉴스」, 4월 15일자
박일한(2013), "서비스드 레지던스가 수상하다는데 …왜?", 「헤럴드경제」, 4월 10일자
이경형(2013), "DMZ평화공원과 함께 해야 할 일", 「내일신문」, 8월 21일자
전영수(2013), "도쿄디즈니랜드 '성공마법 30년', '인구변화' 극복… 어른 고객 집중 공략", 「한국경제매거진」 914호, 6월 12일
조성룡(2005), "신한류 개념부터 바로세우기", 「문화시론」, 11월 24일자
한구현(2010), "한류의 미래, 스토리가 답이다", 「중앙일보」, 10월 1일자

# 찾아보기

**| ㅈ |**

**| ㅊ |**

**ㅋ**



**ㅌ**



**ㅍ**



**ㅎ**

**| 1 |**



**| 2 |**



**| 4 |**



**| C |**



**| D |**

## 저자 소개

■ **오용수**

한국외국어대학교 일본어학과(학사)를 졸업한 뒤 경희대학교 대학원 관광경영학과(석사)를 졸업하고 가천(경원)대학교 대학원에서 관광경영을 전공하여 경영학박사학위를 받았다. 1979년 한국관광공사에 입사한 이래 30년간 업계협력부장, 일본부장, 해외마케팅실장, 기획조정실장, 개발기획실장, 카지노사업단장, 관광교육원장, 국내마케팅실장 등을 역임하였으며, 일본에서 후쿠오카, 오사카, 도쿄지사장으로 활약하다 2011년부터 3년간 경기관광공사에서 관광마케팅본부장으로 재직하였다.
일본의 규슈산업대학, 교토의 도시샤(同志社)대학원, 도쿄의 도요(東洋)대학과 용인대학교, 경희대학교 대학원 등에서 강의를 하였으며, 가천(경원)대학교 관광경영학과 겸임교수로 국제관광, 관광정책, 관광마케팅, 카지노사업, 문화관광, 관광법규에 대하여 풍부한 실무 경험을 바탕으로 강의를 겸하고 있다.
특히 한일 양국의 정부, 지방자치단체, 관광기관 등에서 자문활동과 신문, 방송에도 칼럼, 대담을 통하여 관광을 논하고 있으며, 한일문화관광연구소장으로 활동하고 있다.

**지방관광정책론**

2014년 1월 25일 초판 1쇄 인쇄
2014년 1월 30일 초판 1쇄 발행

저 자 오 용 수
발행인 寅製 진 욱 상

발행처 백산출판사
서울시 성북구 정릉로 157(백산빌딩 4층)
등 록 : 1974. 1. 9. 제 1-72호
전 화 : 914-1621, 917-6240
FAX : 912-4438
http://www.ibaeksan.kr
editbsp@naver.com

저자와의 합의하에 인지첩부 생략



값 25,000원
ISBN 978-89-6183-845-0